모두가
가면을 벗는다면

Unmasking Autism

모두가 가면을 벗는다면

자폐인 심리학자가 탐구한,

자신의 모습으로 살아가는 법

데버 프라이스 신소희 옮김

디플롯

가면을 쓰는 것은 본능적인 반응이었다.
마치 갈색 대벌레가 나뭇잎에 닿으면
초록색으로 변하는 것처럼.
사람들의 손을 바라보고,
입술을 바라보고, 눈썹을 바라보는 것.

_ 아난드 프랄라드Anand Prahlad,
《흑인 아스퍼거인의 내밀한 삶The Secret Life of a Black Aspie》에서

내가 정체성을 깨닫기 전에
인터넷에서 만난 자폐인 여러분에게.
가장 고통스럽게 방황하던 시절,
여러분의 우정만이 안식처였습니다.

차례

일러두기

- 단행본·잡지·시리즈 등은《 》로, 영화·음악·편명 등은〈 〉로 표기했다.
- 원문에서 이탤릭으로 강조한 것은 굵은 글씨로 처리했다.
- 본문의 미주는 저자 주, 각주는 옮긴이 주다.

• 들어가며

소외되고 외면당하는 기분

2009년 여름 클리블랜드에서 시카고로 이사했을 때만 해도 친구를 사귀리라고는 전혀 생각지 못했다. 당시 스물한 살이던 나는 근엄한 성격이었고 사교 활동을 꺼렸으며 정말로 내게 다른 사람은 필요 없다고 믿었다. 대학원을 다니기 위해 도시로 이사 왔으니 잡생각에 빠지지 않고 수업과 연구에 온 힘을 쏟을 수 있겠다고만 생각했다.

그때까지만 해도 고독은 내게 잘 맞았다. 나는 학문적으로 탁월했으며 '정신생활'에 몰두하느라 내가 느끼는 온갖 문제를 외면하고 지낼 수 있었다. 섭식 장애로 소화 기관이 망가진 데다 성별 불쾌감gender dysphoria*으로 인해 사람들이 나를 바라보는 시선이 불편하다고 느꼈지만, 그 이유는 아직 깨닫지 못한 터였다. 나는 사람들에게 다가가거나 대화를 시작하는 방법을 몰랐다. 딱히 배우려

* 출생 시 지정받은 성별과 스스로의 성정체성이 일치하지 않아 발생하는 불쾌감, 괴로움, 불행 혹은 그러한 감정으로 인해 일상생활에 문제가 생기는 현상이다.

하지도 않았다. 대부분의 인간관계가 짜증스러웠고 내가 무시당한다고 느꼈기 때문이다. 그나마 남은 소수와의 관계도 위태로운 상태였다. 나는 다른 사람들의 문제를 떠맡고 그들의 감정을 대신 관리해주려고 했으며, 불합리한 요청을 거절할 요령도 없었다. 교수가 되는 것 말고는 내가 인생에서 무엇을 원하는지도 몰랐다. 가족을 만들고 싶지도 않았고 취미도 없었으며 내가 진정으로 사랑받을 수 없는 인간이라고 믿었다. 하지만 성적이 좋았고 지적으로 뛰어나다는 칭찬을 많이 받은 만큼, 그런 장점에만 집중하고 나머지는 모두 내겐 의미 없는 방해물로 치부하기로 했다.

대학원에 입학해서도 새 동기들과 어울려 노는 일은 드물었다. 어쩌다 그들과 만나면 어색한 감정을 숨기고 '유쾌한' 친구로 보이기 위해 술을 퍼마시곤 했다. 그렇지 않으면 주말 내내 혼자서 집에 머물며 논문을 읽거나 희한한 인터넷 세상에 빠져들었다. 취미를 붙일 엄두도 나지 않았고 운동이나 요리도 꺼렸다. 가끔씩 성욕이 생기거나 관심을 받고 싶어지면 사람들을 만나기도 했지만, 모든 인간관계가 감동 없고 기계적으로만 느껴졌다. 나 자신이 다양한 면모를 지닌 한 인간이라는 사실을 실감할 수 없었다.

나는 끝장난 것일까

그해 겨울쯤 나는 결국 홀로 좌초된 난파선이 되어버렸다. 일어날 의욕도 없어서 뜨거운 물이 쏟아지는 샤워기 아래 한 시간씩 앉아 있기도 했다. 사람들과 대화하기도 힘들었다. 연구 아이디어가 떠오르지 않았고 공부에도 전혀 흥미가 없어졌다. 지도교수와의 면담 중에 눈알을 굴리다가 혼쭐이 나기도 했다. 밤이 되면 뼛속까지 파고드는 압도적인 절망감에 한참을 흐느껴야 했고, 방 안을 서성이며 손날을 세워 내 관자놀이를 후려치곤 했다. 나는 감방에 갇힌 죄수처럼 고독했지만, 사교성도 없고 감정적으로 자각하지도 못했으니 그 상태에서 빠져나올 수가 없었다.

어쩌다 이처럼 비참한 상황에 처했는지 이해할 수 없었다. 내게도 친구와 인생이 필요하다는 걸 내가 어찌 알았겠는가? 그 누구를 만나도 만족스럽지 않은데 어떻게 다른 사람과 관계를 맺을 수 있겠는가? 내가 정말로 즐기거나 좋아하는 게 과연 뭘까? 사람들 사이에 있으면 나의 모든 솔직한 반응을 검열하고 평범한 관심사와 감정을 가진 사람인 척해야 할 것 같았다. 게다가 사람들 자체가 너무 부담스러웠다. 다들 지나치게 시끄럽고 변덕스러운데다 레이저 광선처럼 날카로운 눈빛으로 나를 노려보는 것 같았다. 나는 그저 방해도 비난도 받지 않고 어둠 속에 앉아 있고만 싶었다.

내게 뭔가 근본적인 문제가 있다는 생각이 들었다. 내가 망가졌다는 건 누구든 한눈에 알아볼 수 있었지만, 어디가 어떻게 망가졌는지 설명하기는 불가능했다. 나는 이후로도 몇 년을 이런 상태로 지냈다. 지쳐 쓰러지도록 일하고, 감정적으로 무너지고, 사회적 접촉이나 자존감은 오직 연애 상대에게 의존하고, 한밤중에 '친구 사귀는 법' 같은 단어를 구글 웹에 검색하면서. 그러면서도 누군가에게 도움을 요청하거나 내 감정을 털어놓을 생각은 결코 하지 않았다. 나는 매우 편협한 원칙을 고수했으며, 그중에서도 가장 중요한 원칙은 철벽을 치고 독립적으로 산다는 것이었다.

마침내 상황이 바뀌기 시작했다. 2014년 여름휴가로 오하이오 주 선더스키의 시더포인트 놀이공원에 갔을 때였다. 우리 가족은 항상 똑같은 일정을 선호해서 해마다 그곳에 놀러가곤 했다. 나와 함께 온수 욕조 안에 앉아 있던 사촌동생(얼마 전 대학에 입학했다)이 학교에 적응하기가 어렵다고, 최근에 자폐증* 진단을 받았다고 고백했다. 그러고는 나더러(마침 사회심리학 박사 학위를 딴 직후였다) 자폐 스펙트럼 장애에 관해 아는지 물었다.

"미안하지만 그쪽은 잘 몰라. 난 정신질환이 있는 사람이 아니라 '정상적'인 사람의 사회적 행동을 연구하거든." 나는 이렇게 대답했다.

사촌은 그간 힘들었던 모든 일들을 털어놓기 시작했다. 동기들과 친해지기가 얼마나 힘들었는지, 자기가 얼마나 당황했고 과잉 자극에 시달렸는지. 치료사는 자폐증 때문일 수도 있다고 했는데, 그러고 보면 우리 가족 전반에 자폐 성향이 있다는 것이었다. 우리 가족은 변화를 꺼렸다. 다들 감정을 입 밖에 내지 않으려 했고 판에 박힌 피상적인 대화만 주고받는 편이었다. 음식의 질감과 강한 맛에 유난히 집착하거나, 다른 사람들이 죽도록 지루해하는데도 계속 자기 관심사만 이야기하는 친척도 있었다. 변화가 생기면 어쩔 줄 모르기 일쑤였고, 새로운 경험을 하거나 친구를 사귀러 바깥 세상에 나가는 일도 드물었다.

---

* Autism을 자폐, 자폐성 장애 등으로 번역하기도 하나, 혼동을 피하기 위해 대한의사협회 의학용어집 제6판에 등재된 용어를 채택했다.

사촌의 이야기를 듣다 보니 퍼뜩 두려워졌다. 전부 틀린 말이기를 바랄 수밖에 없었다. 자폐증은 수치스럽고 인생을 망가뜨리는 질병이라고 내심 생각했으니까. 그 말을 들으면 나와 함께 학교를 다녔지만 몸놀림이 어색해서 다들 무시했던 '울보' 자폐아 크리스가 떠올랐다. 텔레비전 드라마 《셜록》의 베네딕트 컴버배치나 《빅뱅 이론》의 셸던처럼 내성적이고 까칠한 캐릭터가 생각나기도 했다. 자폐증이라는 말은, 사람이라기보다는 물체에 가깝게 보일 만큼 과묵하며 크고 투박한 헤드폰을 쓰지 않으면 식품점도 가지 못하는 아이들을 연상시켰다. 나는 심리학자였지만 자폐증에 관해서는 지극히 비속하고 뻔하고 비인간적인 선입견에 사로잡혀 있었다. 내가 자폐증 환자라면 나는 완전히 끝장난 거였다.

물론 이미 오래전부터 끝장났다고 느껴왔지만 말이다.

숨겨진 사람들

휴가가 끝나고 집에 돌아오자마자 가방을 내려놓고 방바닥에 앉았다. 무릎 위에 노트북 컴퓨터를 올리고 자폐증에 관한 검색 결과를 집요하게 읽어 내려갔다. 논문, 블로그 게시물, 유튜브 동영상, 진단 심사 자료까지 닥치는 대로 읽어치웠다. 이 집요한 조사 과정은 대체로 당시의 내 동거인 몰래 진행되었다. 내가 평생 열중해온 모든 것들을 남들에게 숨겨왔듯이 말이다. 나는 얼마 지나지 않아 **그 습성** 또한 자폐인들의 공통점이라는 것을 알게 되었다. 우리는 관심 가는 주제에 집착하고 남들에게 기이해 보일 만큼 맹렬히 열중하는 성향이 있지만, 그로 인해 조롱받고 나면 자신의 **특별한 관심사**를 감추려 한다. 나는 이미 자폐증을 **우리**라는 관점에서 생각하고 있었으며, 자폐인 커뮤니티에 뚜렷이 나타난 내 모습을 보는 게 두려우면서도 설레었다.

자폐증에 관해 읽을수록 더욱 많은 것이 명확해져갔다. 나는 항상 시끄러운 소리와 밝은 빛 앞에서 당황하곤 했다. 인파가 들끓는 곳에서 느닷없이 화를 내거나 남들의 웃음과 수다에 분노를 터뜨리기도 했다. 스트레스가 너무 심하거나 슬픔에 빠지면 말이 잘 나오지 않았다. 나는 이 모든 점들을 오랫동안 숨겨왔다. 그런 면모를 드러내면 재미없고 불쾌한 사람으로 보이리라 믿었기 때문이다. 하지만 이제는 왜 나 자신에 대해 그처럼 끔찍한 확신을 품었는지 의아해졌다.

자폐증은 나의 새로운 집착이 되었다. 자폐증에 관해 읽고 생각하는 걸 멈출 수 없었다. 하지만 이전에도 내게는 특별한 관심사가 많았다. 어린 시절에는 박쥐를 관찰하거나 공포 소설에 열광한 기억이 난다. 아이고 어른이고 할 것 없이 내 관심사가 너무 '이상하다'거나 '지나치다'며 흉보곤 했다. 나는 여러모로 '과한' 아이였다. 다른 사람들이 보기에 내 눈물은 철없는 투정이었고 내 의견은 시건방진 비아냥거림일 뿐이었다. 나는 자라면서 덜 나대고 덜 민망해지는 법을, 자신을 숨기는 법을 배웠다. 남들이 어떻게 행동하는지 연구했다. 머릿속으로 대화를 분석하며 많은 시간을 보냈고 사람들을 더 잘 이해하기 위해 심리학 책을 탐독했다. 그러다 보니 사회심리학 박사 학위도 받게 되었다. 다른 사람들에게는 당연하게 보이는 사회 규범과 사고방식을 면밀히 연구할 필요가 있었기 때문이다.

혼자서 자폐증에 관해 조사한 지 약 1년 만에 자폐인권 옹호 단체를 발견했다. 자폐인들이 주도하는 조직은 자폐증을 지극히 정상적인 개인의 차이로 보아야 한다고 주장했다. 이런 사상가들과 활동가들은 우리의 삶이 결코 잘못되지 않았다고 말했다. 우리가 망가졌다고 느끼는 이유는 사회가 우리의 필요를 충족시켜주지 못했기 때문이라고 말이다. 나는 랍비 루티 리건Rabbi Ruti Regan('진정한 사회적 기술' 블로그 운영자)나 애머시스트 셰이버Amythest Schaber('뉴로원더풀Neurowonderful' 동영상 시리즈 제작자) 같은 사람들에게서 **신경다양성**neurodiversity을 배웠다. 그러면서 상당수의 자폐성 장애가 사회적 배제 때문에 발생하거나 악화된다는 사실을 인식하게 되었다. 이런 지식과 자신감으로 무장한 채 자폐인들과 실제로 만나고, 자폐증에 관한 글을 인터넷에 올리고, 신경다양인Autistic people을 위한 지역 모임에 참석하기 시작했다. 나처럼 오랫동안 자기혐오에 빠져 혼란을 겪다가 성인이 되어서야 자신의 장애를 인식한 자폐인이 수없이 많다는 사실을 알게 되었다. 자폐인들은 어린 시절부터 어색한 티가 뚜렷이 났지만 도움을 받기는커녕 조롱만 당했다. 내가 그랬듯이 그들도 다른 사람들과 어울리기 위한 대처 방법을 개발했다. 상대방의 이마를 쳐다보며 눈을 맞추는 척하거나, 텔레비전에서 본 대사를 그대로 외워서 대화하는 것이다.

이처럼 자폐증을 숨긴 사람들 상당수는 사회에서 인정받기 위해 지능이나 그 밖의 다른 재능에 의지했다. 그럴 수 없는 사람들은 놀라울 만큼 소극적으로 변했다. '나대는' 것처럼 보이지 않으려면 성격을 죽여야 했기 때문이다. 그렇게 둘러친 유순하고 사회적인 겉치장 아래에서 그들의 삶은 무너져갔다. 상당수는 자해, 섭식 장애, 알코올 중독에 빠졌다. 그들은 폭력적이거나 불만족스러운 인간관계에 갇혀버렸고 어떻게 해야 남들에게 인정받거나 환영받는다고 느낄지 몰랐다. 거의 대부분이 우울증에 걸렸고 깊은 공허감으로 괴로워했다. 그들의 삶은 자기 불신, 신체에 대한 혐오, 욕망에 대한 두려움으로 점철되어 있었다.

나는 이런 운명에 굴복하는 자폐인들의 유형이 뚜렷이 구분된다는 것을 알아차렸다. 여성, 트랜스젠더, 유색인종은 어린 시절에 자폐증 증상을 보여도 무시당하거나, 고통을 호소하면 '교활한' 혹은 '공격적인' 아이로 취급받았다. 정신건강 관련 지원을 받을 수 없는 빈곤한 환경에서 자란 이들도 마찬가지였다. 동성애자나 젠더 비순응gender nonconforming* 남성은 남성 자폐증의 이미지에 잘 맞지 않아 진단을 받지 못하는 경우가 많았다. 노인들의 경우 어렸을 때 자폐증에 관해 밝혀진 바가 거의 없었기에 제대로 진단받을 기회조차 주어지지 않았다. 이와 같은 제도적 배제로 방대하고 다양한 자폐증 인구 전체가 어둠 속에서 살아가야 했다. 이는 현재 내가 **가면 자폐증**masked Autism이라고 부르는 숨겨진 자폐증을 초래했다. 연구자, 정신건강 의료인, 그리고 자폐인이 주도하지 않는 자폐인 단체(예를 들어 많은 비난을 받고 있는 오티즘 스픽스Autism Speaks**) 상당수가 여전히 외면하고 있는 장애다.

---

* 전통적인 관점에서 남성이나 여성의 전형적인 특징과 일치하지 않는 경우를 말한다.

** 자폐증을 부모에게서 아이를 떼어놓는 끔찍한 고통이자 치료가 절실한 질환으로 간주하는 단체다.

여기서 가면 자폐증이란 대부분의 진단 도구와 거의 모든 언론 매체가 묘사하는 표준 이미지에서 벗어난 자폐증 전반을 의미한다. 자폐증은 매우 복잡하고 다면적인 장애이기에 다채로운 특성과 다양한 증상이 나타날 수 있다. 가면 자폐증에는 계급, 인종, 성별, 나이, 의료 접근성 부족이나 기타 질환 때문에 고통을 호소해도 진지하게 받아들여지지 않는 경우도 포함된다.

덜 심각하게 받아들여지는 여성의 장애

어릴 때부터 잠재적 자폐인으로 분류되는 경우 대부분은 이른바 '남성적' 관심사와 취미를 즐기는 백인 남자아이이다. 또한 그런 상대적 특권을 누리는 집단 내에서도 대체로 부유층이나 중상류층 아이만이 자폐증 진단을 받는다.[1] 자폐증을 임상의가 설명하거나 언론 매체에서 묘사할 때는 항상 이런 아이들을 예시로 삼았다. 모든 자폐증 진단 기준은 이 집단에서 나타나는 증상을 기반으로 한다. 이처럼 편협한 자폐증 개념으로 인해 모든 자폐인이 상처받고 있다. 심지어 자폐증 진단에 가장 많이 반영되는 부유한 백인 시스젠더*** 남자아이 자신도 마찬가지다. 우리는 너무 오랫동안 백인 자폐증 남성이 부유한 부모에게 끼치는 '번거로움'을 기준으로 정의되어왔다. 우리의 복잡한 내면, 고유의 욕구와 소외의식, 정상인들이 안겨주는 당혹과 혼란과 폭력 모두가 수십 년간 외면당해온 것도 기존의 자폐증 개념 때문이다. 우리는 우리에게 결핍되었다

*** 생물학적 성별과 심리적인 성별이 서로 일치하는 일. 또는 그러한 사람을 의미한다.

고 여기는 것들에 의해서만, 우리의 장애가 활동지원사, 교사, 의사를 비롯하여 우리 삶에 영향을 미치는 이들에게 도전으로 여겨질 때만 자폐인으로 정의되었다.

수년 전부터 심리학자들과 정신의학자들은 '남성' 자폐증보다 훨씬 경미하고 사회적으로 적합해 보이는 하위 유형인 '여성 자폐증'이 존재한다고 주장해왔다.[2] 이른바 여성 자폐증에 해당하는 사람은 남들과 눈을 맞추고 대화할 수 있으며 안면 경련과 감각 과민을 숨길 수 있다. 자기가 자폐인임을 전혀 모르고 그저 수줍거나 예민한 사람이라 자처하며 수십 년을 살아갈 수도 있다. 최근에는 일반 대중도 여성 자폐인이 존재한다는 사실에 점차 익숙해지고 있다. 제나라 네렌버그Jenara Nerenberg의 《유별난 게 아니라 예민하고 섬세한 겁니다》나 루디 시몬Rudy Simone의 《아스퍼걸》 같은 양서가 여성 자폐인에 대한 인지도를 높이는 데 기여했다. 코미디언 해나 개즈비Hannah Gadsby나 작가 니콜 클리프Nicole Cliffe처럼 유명한 여성들이 자폐인이라고 공개적으로 밝힌 것도 도움이 되었다.

하지만 '여성 자폐증'이라는 개념에는 심각한 문제가 있다. 어째서 일부 자폐인들이 증상을 숨기려 하는지, 어째서 그들의 요구가 오랜 기간 무시당하는지 제대로 설명하지 못하기 때문이다. 무엇보다도 모든 여성 자폐인이 여성 자폐증 하위 유형에 속하진 않는다. 많은 여성 자폐인들이 뚜렷한 자기 자극 행동自己刺戟行動*을

* 신체의 일부분이나 사물을 반복적으로 움직임으로써 감각 기관을 자극하는 행동이다. 자신의 신체에 해를 끼치는 게 목적인 자기 상해와는 구분된다.

하고 사회화에 어려움을 겪으며 정신적 멜트다운과 셧다운 상태에 빠진다. 자폐인 과학자이자 활동가인 템플 그랜딘Temple Grandin이 바로 그런 경우다. 그랜딘은 단조로운 어조로 말하고 사람들과 눈을 맞추지 않으며, 어릴 때부터 감각 자극과 물리적 압박에 대한 욕구가 강했다. 오늘날 기준으로는 매우 명백하고 전형적인 자폐 증상을 보였음에도, 그랜딘은 성인이 되어서야 자폐증 진단을 받았다.[3]

여성 자폐인은 '증상'이 경미하기 때문에 간과되는 것이 아니다. 그야말로 전형적인 자폐성 행동을 보이는 여성도 단지 여성이라는 이유만으로 수년 동안 진단을 받지 못할 수 있다. 전문가들이 여성의 경험을 남성의 경험보다 덜 심각하게 받아들이기 때문이다.[4] 또한 여성만 자폐증을 무시당하고 외면당하는 것은 아니다. 남성과 논바이너리nonbinary**의 자폐증도 종종 간과되고 있다. 눈에 덜 띄고 사회적으로 더 은폐된 자폐 유형이 '여성' 자폐증이라고 불린다는 사실은 자폐증이 아무도 예외일 수 없는 광범위한 사회적 배제 현상이라기보다 성별에 따른, 정확히는 출생 시 지정된 성별에 따른 현상임을 시사한다. 여성이라고 해서 생물학적으로 자폐 증상이 '경미한' 것은 아니다. 자폐증 진단에서 소외된 사람들은 사회적 주변인이라는 이유로 증상을 외면당한 것이다.

** 여성과 남성으로 구분하는 기존의 이분법적인 성별 구분에서 벗어난 성 정체성으로, '젠더퀴어'와 유사한 의미로 사용된다.

가면에서 벗어나기

자기 인식 수단이나 방법을 찾지 못하고 자폐 특유의 증상으로 파괴적이라거나 지나치게 예민하다거나 성가신 아이라는 말만 듣는 자폐인은 신경전형인neurotypical*의 가면을 만들어낼 수밖에 없다. 그런 가면을 계속 쓰고 있으면 자괴감에 시달리고 기진맥진하게 마련이다.[5] 우리가 꼭 의식적으로 가면을 쓰지는 않는다. 가면을 쓴다는 건 우리 외부에서 강요되는 배제 상태를 말한다. 벽장closet** 속 동성애자는 어느 날 갑자기 벽장에 들어가기로 결심하는 것이 아니라 애초부터 그 속에서 태어난다. 이성애 규범 사회에서 동성애는 드문 일탈이나 변태 행위로 취급받기 때문이다. 마찬가지로 자폐인도 신경전형성이라는 가면을 쓴 채로 태어난다. 모든 사람은 거의 동일한 방식으로 생각하고, 사회화하고, 감정을 느끼거나 표현하고, 감각 정보를 처리하고 의사소통을 한다고 간주된다. 누구나 자신이 속한 문화의 규칙을 따르고 그 속에 자연스럽게 녹아들어야 한다. 우리는 남들과 다른 자기표현과 자기 인식 도구가 필요하지만 이를 얻지 못한다. 그리하여 한 인간으로서 세상에 나오자마자 타자화와 혼란을 겪는다. 또 다른 삶의 방식이 존재한다는 것을 깨달을 때에야 비로소 가면을 벗을 수 있게 된다.

나는 지금까지의 내 삶과 그간 겪은 거의 모든 난관이 가면 자폐증이라는 개념을 통해 이해될 수 있다는 걸 깨달았다. 섭식 장애는

---

* 신경질환이나 인지 장애가 없는 사람을 의미한다. 자폐가 없다는 의미의 '비자폐인'과 구분된다.

** 남들에게 정체성을 숨긴 상태를 가리킨다.

내 몸 특유의 자폐성 동작을 징벌하는 방법이자, 내 몸을 통상적인 미의 기준에 맞추어 부정적인 관심으로부터 스스로를 보호하는 수단이었다. 사회적 고립은 다른 사람들에게 거부당하기 전에 내가 먼저 그들을 거부하기 위한 것이었다. 일중독은 자폐성 과몰입의 징후이자 내 감각에 혼란을 유발하는 공공장소를 회피할 구실이었다. 나는 인정받고 싶었지만 방법을 몰랐기에 불건전한 공의존 관계에 빠져들었고, 나 자신을 당시의 파트너가 원하던 모습에 억지로 맞추려 했다.

몇 년 동안 자폐증에 관해 조사하고 사회 현상으로서의 가면을 충분히 이해한 후 인터넷에 글을 올리기 시작했다. 그러면서 내 글에 공감하고 이입하는 사람들이 무척 많다는 것을 알게 되었다. 알고 보니 자폐증은 결코 드문 질환이 아니었다(오늘날 전체 인구의 약 2퍼센트가 자폐증 진단을 받고 있으며, 임상적 증상이 없거나 진단을 받지 못하는 사람은 훨씬 더 많다).[6] 직업이나 인간관계를 통해 만난 사람들 중에 자신도 신경다양인이라고 내게 남몰래 고백한 이들이 많다. 자폐인의 전형적 이미지와 달리 시각 디자인, 연기, 뮤지컬, 성교육 등 논리 중심적이거나 기계적이지 않은 영역에서 정규직으로 일하는 자폐인들을 만나기도 했다. 오랫동안 정신의학계에서 비인간적인 대우를 받아온 흑인과 라틴계 및 원주민 자폐인도 더 많이 알게 되었다. 처음에는 경계성 인격 장애, 적대적 반항 장애, 자기애성 인격 장애 등으로 오진되었던 자폐인들도 만났다. 성별에서나 신경 유형에서나 자신이 남들과 '다르다'고 항상 느껴온 트랜스젠더와 젠더 비순응 자폐인도 여럿 접했다.

이들의 삶에서 자폐증은 개성과 아름다움의 원천이었지만, 이들을 둘러싼 능력주의는 엄청난 소외와 고통의 원천이 되었다. 대부분은 수십 년을 방황하고 나서야 진정한 자기 정체성을 발견할 수 있었고 십중팔구는 오랫동안 써온 가면을 벗기가 무척 어렵다는 것을 깨달았다. 이 사실을 아는 것만으로도 나는 마음이 더 편안해졌고, 상처받고 외로운 느낌도 한결 나아졌다. 많은 자폐인들은 자신을 숨겨야 한다고 배워왔지만, 우리가 커뮤니티에 더 많이 참여할수록 가면을 써야 한다는 압박감은 줄어들었다.

나는 다른 자폐인들과 시간을 보내면서 인생이 반드시 말 못할 고통일 필요는 없음을 깨달아갔다. 자폐인들과 함께할 때면 더 솔직하고 직설적으로 말할 수 있었다. 조명을 낮춰달라거나 다른 사람의 향수 냄새가 옅어지도록 창문을 열어달라는 편의를 요청할 수도 있었다. 사람들이 내 곁에서 편안히 지내고, 자신의 특별한 관심사를 열심히 이야기하고, 조금씩 떨어진 곳에서 신나게 몸을 흔들 때마다 내 정체성에 대한, 내 뇌와 몸의 작동 방식에 대한 수치심이 덜해졌다.

나는 수년 동안 사회심리학자로서 숙련된 역량을 활용해 자폐증을 다룬 과학 서적을 읽었고, 자폐인 활동가, 연구자, 교육자, 치료사와 교류하며 우리가 공유하는 신경 유형을 이해해갔다. 또한 가면을 벗고 사람들 앞에서 숨기도록 길들여진 취약하고 변덕스럽고 괴상한 내 모습과 소통하려고 노력했다. 자폐인권 옹호 단체의 여러 주요 인사들을 알게 되었고, 자폐증 치료사, 교육자, 활동가가 자신과 다른 자폐인들의 억제를 완화하고 가면을 벗게끔 훈련시키는 많은 개발 자료들을 읽어보았다.

이제 나는 요란한 소음과 밝은 빛을 견디지 못한다는 사실을 숨기지 않는다. 사람들의 말이나 몸짓을 이해할 수 없으면 무슨 뜻인지 설명해달라고 요청한다. 자동차를 몰거나 아이를 갖는 것과 같은 '어른'의 관습적 기준에는 전혀 관심이 없지만, 그래도 문제 될게 없다는 사실을 깨달았다. 나는 매일 밤 봉제인형과 함께 자고, 이웃에서 들려오는 소음을 차단하기 위해 선풍기를 크게 틀어놓는다. 흥이 나면 양손을 파닥이며 제자리에서 꿈틀거린다. 기분 좋은 날이면 이런 면들 때문에 내가 유치하거나 소심하거나 나쁜 사람이 되진 않는다고 생각할 수 있다. 나는 있는 그대로의 나를 사랑하고, 다른 사람들도 내 진짜 모습을 사랑할 수 있다. 정체성에 더 솔직해지면서 교수이자 작가로서도 더욱 발전할 수 있었다. 학생들이 힘들어할 때면 그저 평범하게 살아가려고만 해도 얼마나 노력해야 하는지 그들에게 공감해줄 수 있다. 멀쩡하고 존경받는 전문가처럼 보이려 애쓸 때보다 내 목소리로 내 관점에서 글을 쓸 때 독자와 더욱 깊게 소통할 수 있다. 가면을 벗기 전에는 내가 저주받은 존재이며 안에서부터 죽어가는 것 같았다. 산다는 것이 거짓된 열정에 매달린 기나긴 행군처럼 느껴졌다. 지금도 사는 게 쉽지는 않지만, 그래도 살아 있음을 놀랍도록 실감한다.

내가 자신을 인식하고 가면을 벗게 되면서 느꼈던 깊은 안도감과 공동체 의식을 모든 자폐인이 느낄 수 있었으면 한다. 나는 또한 우리 각자가 더 진정한 자신으로 살아가려고 노력하며 우리에게 필요한 편의를 요구하는 것이 자폐인권 옹호 단체의 앞날에 필수적이라고 믿는다. 이 책을 통해 자폐인들이 자신을 이해하고 동료 신경다양인들과 힘을 합쳐 점차 가면을 벗을 자신감을 얻도록 돕고 싶다.

신경다양성의 세상

가면을 벗는 행위는 자폐인 당사자의 삶을 획기적으로 개선시킬 수 있다. 진정한 자아를 가둬두면 감정적으로나 신체적으로나 치명적이라는 사실이 여러 연구를 통해 거듭 밝혀지고 있다.[7] 신경전형성 규범에 순응하면 잠정적으로 사회에 받아들여질 수는 있지만, 동시에 엄청난 실존적 대가를 치러야 한다. 가면 쓰기는 신체적 피로, 심리적 소모, 우울증, 불안,[8] 심지어 자살 충동까지 유발하는 고된 수행일 뿐 아니라[9] 이 세상이 우리에게 접근하기 어려운 곳이라는 사실을 은폐할 수 있다. 정상인, 아니 비자폐인이 우리의 요구를 듣지 못하고 우리의 싸움을 보지 못한다면 우리에게 맞추어 적응할 이유가 없다. 우리는 마땅히 받아야 할 대우를 요구하고, 우리를 간과해온 사람들에게 맞추면서 살아가기를 멈춰야 한다.

신경전형성 거부는 혁명적인 장애 정의 구현이자 급진적인 자기애 실천이다. 하지만 자폐인이 가면을 벗고 장애인으로서의 솔직한 모습을 세상에 드러내려면 먼저 진정한 자기 정체성을 되찾아도 될 만큼 안전하다고 느껴야 한다. 자기 신뢰와 자기 연민을 키우는 것은 그 자체로 또 하나의 여정이다.

이 책은 신경다양인(또는 잠재적 신경다양인)으로서 자신을 한층 더 깊이 받아들이고 싶은 모든 이들을 위한 것이다. 신경다양성이란 자폐증부터 주의력 결핍 과다 활동 장애ADHD, 조현병, 뇌 손상, 자기애성 인격 장애까지 아우르는 폭넓은 개념이다. 이 책에서는 자폐인에 초점을 맞추긴 했지만, 나는 자폐인과 여타 신경다양인 집단 간에 공통점이 많다는 것을 발견했다. 많은 자폐인들이 정신 질환 증상과 특징을 보이며 동반 및 중복 진단을 받는다. 우리 모두가 정신질환에 대한 낙인을 내면화하고 있으며 '정상' 범위에서 벗어나는 걸 수치스러워한다. 정신질환 혹은 정신장애가 있는 사람들 대부분은 신경학적 기대에 짓눌려왔으며, 상처 입을 수밖에 없는 게임의 규칙 아래에서 인정받으려고 허덕이다가 몇 번이나 실패한 경험이 있다. 따라서 신경다양인의 자기 수용을 향한 여정에는 거의 항상 가면을 벗는 과정이 필요하다.

이 책에서는 고정관념을 깨는 다양한 자폐인들을 소개하려고 한다. 또한 자폐증이 어떻게 정의되어왔는지, 그리하여 어떻게 오늘날의 애매하고 소외된 처지에 이르렀는지도 역사적으로 서술할 것이다. 자폐인의 실생활 사례와 다양한 심리학 연구를 바탕으로 가면 자폐증의 양상을 묘사하고, 많은 자폐인들이 나이를 먹고서야 자신의 전반적 장애를 깨닫게 되는 이유를 설명할 것이다. 평생 자폐증을 숨기는 일이 얼마나 고통스러운지 논의하고, 자폐증이 심신과 인간관계의 건강에 얼마나 해로운지 보여주는 자료도 공개하려고 한다.

무엇보다도 이 책에서는 가면 자폐인이 자신의 신경학적 특성에 솔직해지기 위해 취할 수 있는 전략을 보여주고, 신경다양성을 포용하는 세상은 어떤 모습일지 설명할 것이다. 언젠가는 우리 모두가 스스로를 멋진 괴짜이자 파격적인 개인으로 받아들이고 배척이나 폭력에 대한 두려움 없이 있는 그대로 살아갈 수 있기를 바란다. 이 책에서 소개한 전략을 개발하기 위해 다양한 자폐증 교육자, 치료사, 강사, 작가와 대화했고, 내 일상에서도 직접 시험해보았다. 이런 전략을 통해 삶이 개선된 자폐인과 만나보기도 했다. 이런 사례를 통해 가면을 (적어도 반쯤은) 벗은 이들의 생생한 모습을 구체적으로 확인할 수 있을 것이다. 신경전형인의 시각에서 자신을 평가하는 데 집착하지 않게 되면 인간관계 규범과 일상 습관부터 옷차림과 집 안 인테리어까지 모든 것을 자유롭게 바꿀 수 있다.

우리 모두가 가면을 쓰지 않고 살아갈 수 있지만, 가면을 벗기까지의 과정은 무척 어려울 수 있다. 애초에 왜 가면을 쓰기 시작했는지 생각해보면 온갖 해묵은 고통이 떠오르게 마련이다. 이 책을 쓰는 데 도움을 준 교육자이자 자폐성 장애인권 운동가인 헤더 R. 모건Heather R. Morgan은 가면을 분석하고 마침내 벗을 수 있게 되려면 먼저 세상으로부터 숨겨온 우리의 자아가 충분히 신뢰할 만한 존재임을 인식해야 한다고 강조했다.

"일단 가면 뒤에 안전한 사람이 있다고 다른 이들에게 알려야 합니다. 그 전에 가면을 쓰게 된 이유를 탐색하거나 가면을 벗으려 하면 위험할지도 모릅니다. 무사히 착륙할 장소를 확보하지 않고서는 가면 벗기에 관한 논의 자체가 치명적일 수 있습니다."

내 삶과 이 책을 쓰기 위해 만난 자폐인들의 삶은 가면을 벗는 과정이 힘들지만 견뎌낼 가치가 있다는 사실을 증명해주었다. 하지만 이제 막 여정에 나섰고 자기 정체성을 확신할 수 없어 혼란에 빠져 있다면, 저 너머에 긍정적인 자신의 모습이 기다리고 있다는 걸 믿기 어려울지도 모른다. 대중매체에 등장하는 부정적인 자폐증 이미지를 아직 떨쳐내지 못했거나, 가면을 벗으면 제 구실을 못하고 괴상하거나 사랑받지 못할까 봐 걱정스러울 수도 있다. 특히 사회에서 소외된 처지라면 자폐증을 드러낼 경우 현실적이고 물리적인 위험이 따른다는 점도 알고 있을 것이다. 자신의 진정한 모습을 드러내는 건 위험하다고 충분히 합리적인 근거에 따라 판단할 수 있으며, 언제 어떻게 가면을 벗어야 자신에게 이로울지 판단하기 어려울 수도 있다. 그러니 우선 가면 벗기의 긍정적 측면은 무엇일지, 억제가 줄어든 삶은 어떨지 잠시 생각해보자.

다음 표는 모건이 직접 개발하여 의뢰인과의 첫 면담에서 실시하는 연습 내용이다. 가면 자폐인이 자신을 좀 더 신뢰하고, 가면 너머에 아름다운 무언가가 존재한다고 생각해보는 데 도움이 되도록 만들어졌다.

다 적으려면 꽤 오래 걸릴 것이다. 며칠 또는 몇 주 동안 다양한 상황과 시기에 겪은 여러 순간을 떠올리고 되돌아볼 수 있다. 이런 순간에 관해서는 책 뒷부분에서 다시 언급하겠지만, 일단 지금은 기억을 떠올리는 것만으로도 얼마나 기분이 좋은지 느껴보자.

많은 사람들이 가면을 쓰게 만드는 구조적 폭력에 관해 논의하고 가면 쓰기가 자폐인의 삶에 미치는 해악을 살펴보려면 이따금씩 이런 기억으로 돌아가서 힘을 얻는 게 좋다. 당신이 망가지지 않았으며 가치 있고 진정한 삶을 위한 설계도는 이미 당신 안에 존재한다는 사실을 이런 기억들로 되새겨보자.

가치 기반 통합 과정 1단계
이유 찾기

지침 당신의 인생을 통틀어(유년기, 청소년기, 성인기, 학교, 직장, 휴가, 취미 등) **온전히 살아 있다**고 느꼈던 다섯 장면을 떠올려보자. "아, 항상 이랬더라면 내 인생도 정말 멋졌을 텐데!"라는 감탄과 경이로움을 느낀 순간도 있을 것이다. 마음 깊이 힘을 불어넣어주고 다음 도전에도 맞설 준비가 되었다는 자신감과 만족감, 성취감을 안겨준 순간들 하나하나를 적어보자. 각각의 순간과 관련된 사연을 최대한 자세히 서술하며, 그 순간이 **어째서** 그토록 강렬하게 기억에 남았는지 구체적으로 그려보자.

순간 1

순간 2

순간 3

순간 4

순간 5

1

왜 ‘망가진 사람’과 ‘완벽한 정상인’을 구분할까

자폐인은 인류의 정상적인 일부이며
비자폐인과 똑같은 자질을 보일 수 있다.
그렇다, 누구나 어느 정도는 자폐증이 있다.
바로 그래서 존중받고 받아들여질 자격을
더 확대해야 한다는 것이다.

크리스털은 어린 시절 장난감을 가지고 노는 대신 일렬로 늘어놓곤 했다. 벽을 쳐다보며 담요를 잘근잘근 씹었고, 사람들이 놀리거나 빈정대도 왜 그러는지 몰랐다. 오늘날 심리학자들이 보기에는 전형적인 자폐 증상들이다. 하지만 크리스털이 성장한 1990년대에는 이런 행동이 바로 자폐증 진단을 받을 만큼 "자폐적으로 보이진 않았다".

"엄마는 사실 내가 검사를 받아야 한다고 생각했지요. 하지만 할아버지가 말렸어요. 할아버지는 제가 정말 착한 아이고 아무 문제도 없으니 절대 안 된다고 하셨죠! 그런 건 꿈도 꾸지 말라고요."

아마도 크리스털의 할아버지는 손주가 낙인이 찍혀 평생 학대를 받지 않도록 지켜주려는 생각이었으리라. 그의 할아버지만 그랬던 것은 아니다. 장애와 정신건강 문제에 따르는 낙인은 흔히 진단 회피로 이어진다.[1] 장애인이라고 공개적으로 밝힌다는 것은 대부분의 타인에게 무능하고 비인간적인 존재로 간주된다는 의미다. 자신의 장애 상태를 위장하는 것은 해롭고 자기 파괴적이지만 결코 편집중적인 행동은 아니며, 오히려 장애인이 직면하는 편견에 대한 합리적인 대응이다. 자폐증뿐 아니라 정신질환이 있거나[2] 신체장애를 숨긴[3] 사람들도 진단에 따를 수치심을 피하려고 이런 선택을 내리곤 한다.

우리 아버지는 평생 뇌성마비와 발작 장애를 숨겨왔다. 아버지의 건강 문제를 아는 사람은 할머니와 어머니뿐이었지만, 결국에는 나도 알게 되었다. 아버지는 대학도 다니지 않았다. 캠퍼스 이동 지원 서비스를 이용하려면 장애를 드러낼 수밖에 없었기 때문이다. 아버지는 소근육 조절을 못한다는 게 드러날까 봐 글씨를 쓰거나 타자를 칠 필요가 없는 일만 했다. 어린 시절 나는 아버지의 잔디 깎는 사업 광고 전단을 대신 입력해드리곤 했다. 아버지는 컴퓨터를 조작할 수 없었으니까. 나는 10대가 되어서야 아버지의 병에 관해 들었다. 아버지는 어머니와의 결혼 생활이 파탄 난 뒤에야 끔찍한 비밀을 말하는 것처럼 흐느끼며 내게 고백했다. 아버지가 자란 애팔래치아 지역의 작은 마을에서는 장애를 공공연히 드러내는 일이 용납되지 않았기에 할머니의 말씀대로 숨겨야만 했다고 말이다. 아버지는 당뇨병으로 사망하는 날까지 떨쳐낼 수 없는 수치심과 자기혐오에 시달렸다(나이를 먹고 당뇨병에 걸렸을 때도 치료받기를 거부했다).

아버지가 돌아가시고도 수년이 지나서야 내가 자폐인임을 깨달았다. 아버지는 장애를 숨기는 일이 얼마나 고통스럽고 자기 파괴적인지 내게 처음으로 보여준 사람이었다. 그분은 평생 자기 정체성을 숨기며 살아왔고 그에 따른 방어기제로 인해 서서히 죽어갔다.

1990년대에는 자폐증이 제대로 이해받지 못하고 악마화된 만큼 잠재적 자폐아를 둔 부모들 사이에서 진단 회피가 흔했다.[4] 자폐인은 지적 장애인으로 간주되었으며 지적 장애인은 존중받지 못하고 무시당했기에, 많은 가족들이 아이에게 자폐증이라는 꼬리표를 붙이지 않으려고 안간힘을 썼다. 크리스털의 할아버지는 손주를 편견과 유아화로부터 보호하려고 했지만, 한편으로는 크리스털에게 중요했던 자기 인식과 교육적 지원, 그리고 자폐인 커뮤니티에 대한 소속감도 부정했다. 크리스털 본인의 의사와 아무 상관없이, 사회적 소수자라는 꼬리표가 붙는 것보다 신경다양성을 숨기고 괴로워하는 편이 더 낫다고 판단한 것이다. 그 결정의 무게는 이제 20대 후반의 성인이 되어 자폐증 진단을 받은 크리스털이 감당해나가야 한다.

"내가 자폐증이라는 사실을 너무 늦게 안 것 같아요. 사람들이 제 말을 믿으려 하지 않아요. 내가 너무 잘사는 것 같고 전혀 힘들어 보이지 않는대요. 솔직히 난 평생 힘들게 살아왔고 지금도 여전히 힘들지만, 누가 그런 얘길 듣고 싶어 하겠어요."

나는 지금껏 수백 명의 자폐인에게서 크리스털과 비슷한 사연을 들었다. 자세한 내용은 조금씩 다르지만 줄거리는 항상 동일하다. 아이가 일찍부터 힘들어하는 티를 내도 가족과 교사는 장애를 언급하지 않으려고 한다. 부모나 조부모도 자폐 스펙트럼인 경우에는 '사회적 스트레스, 감각 과민, 위장 질환, 인지 장애 따위는 누구나 겪는 일이다. 우리도 마찬가지다'라면서 아이의 호소를 무시한다. 아이 주변의 사람들에게 장애는 개인이 어떻게 기능하고 어떤 도움을 필요로 하는지의 문제가 아니라 손상의 징후일 뿐이다. 그래서 그들은 장애라는 꼬리표를 멀찍이 밀어버리고 아이에게 괜히 소란 피우지 말라고 타이른다. 유별나게 행동하거나 도움을 요청하면 안 된다고 꾸짖으면서, 아이가 한계를 극복하고 강인해지도록 돕는 것이라 믿는다.

가면을 쓴 자폐아는 여전히 고통스럽지만 사는 게 왜 이리 힘든지 설명할 길이 없다. 또래 친구들과 친해지려고 애써도 따돌림을 당할 뿐이다. 그들도 꼬집어 말하긴 어렵지만 아이에게 뭔가 '수상한' 구석이 있다고 느끼기 때문이다. 아이는 결코 채워지지 않을 애정 결핍에 시달리지만, 일말의 애정이나마 얻으려면 미미하고 눈에 띄지 않는 존재가 되기 위해 발버둥 쳐야 한다. 그래서 점점 더 자신을 낮추며 그런 대우가 불공평하다고 항의하는 내면의 목소리를 잠재운다. 열심히 일하고 욕심내지 않으며 가능한 한 사회 규범에 따라 행동한다. 최대한 자신을 내세우지 않으며 스스로의 감정을 표현하지 못하는 어른으로 자라난다. 그렇게 협소한 신경전형성의 틀에 갇혀 수십 년을 살아가다가 한바탕 신경쇠약을 겪고 나면 수면 아래에서 일어나는 온갖 혼란에 직면할 수밖에 없다. 그때서야 자신이 자폐인임을 깨닫게 된다.

크리스털의 임계점은 몇 달에 걸친 자폐성 번아웃Autistic burnout의 형태로 나타났다. 자폐성 번아웃이란 자폐인의 능력이 저하되기 시작하고 스트레스에 대한 내성이 크게 떨어지는 만성 피로 증상을 뜻한다.[5] 대학 졸업 논문을 마친 후 크리스털은 심각한 번아웃에 빠졌다. 대학을 졸업하기까지 동기들보다 몇 년이 더 걸렸지만 정확한 이유는 설명할 수 없었다. 무너지지 않고 일상생활을 유지하려면 수강 신청을 취소할 수밖에 없었다. 학점을 꽉 채우는 건 불가능했다. 왜 적게 수강하는지 묻는 사람에게는 직장 생활을 병행 중이라고 거짓말했다.

대학교 졸업반이 된 크리스털은 연극과의 연중 최대 규모 공연에서 무대 디자인을 감독해야 했다. 수십 가지 소품을 구상하고 재료를 조달하고 제작을 관리하면서 이 모든 과정을 대형 구글 스프레드시트로 정리하는 일은 지독하게 힘들었다. 게다가 마지막 남은 학점도 이수해야 했다. 크리스털은 탈모에 체중 감소를 감수하면서도 버텼지만, 프로젝트를 마치자마자 무너져버렸다.

"졸업하고 석 달 내내 엄마 집 침대에 누워 있었어요. 구직도 그만두고 샤워도 거의 하지 않았죠. 맥도널드 햄버거만 먹어서 침실 바닥에 포장지가 잔뜩 쌓여갔고요. 그 상황에서도 가족들은 여전히 내가 게을러서 그런 거라고 했어요."

마침내 크리스털은 텔레비전을 보거나 반려견과 놀아주는 것도 불가능한 무기력 상태에 빠졌다. 딸이 걱정된 어머니는 전문의를 만나보자고 제안했고, 곧바로 자폐증 진단이 내려졌다.

"나도 처음에는 도저히 믿을 수 없었어요. 가족들은 아직도 믿지 않으려고 하죠. 내가 어릴 때부터 보였던 온갖 징후를 계속 외면해왔듯이 말이에요."

크리스털도 이제야 알게 된 것이다. 자기가 왜 남들만큼 바쁘게 살 수 없는지, 왜 은행 업무를 보거나 두 시간짜리 강의를 수강하는 것처럼 기본적인 일과만으로도 말은커녕 생각도 못할 만큼 피곤해지는지 말이다. 실제로 규칙적인 생활에는 더욱 많은 의지력이 필요했다. 자폐인은 일에 착수할 때 무기력증을 느끼기 쉽고,[6] 복잡한 활동을 논리적 순서에 따라 단계별로 쪼개는 데 어려움을 겪는다.[7] 그러다 보니 단순한 집안일부터 구직 지원이나 세금 신고까지 모든 일이 끔찍이 힘들거나 심지어 도움을 받지 않고서는 불가능할 수 있다.

자폐증에 따른 기본적인 인지 및 감각 문제 외에도, 크리스털은 항상 '정상'으로 보이려고 엄청난 에너지를 쏟아야 했다. 끊임없이 손가락을 빨고 싶은 충동과 싸워야 했고, 누가 말을 걸어오면 억지로 상대방의 말과 얼굴에 주의를 기울여야 했다. 책을 읽으려고 하면 보통 사람보다 두 배의 시간이 걸렸다. 그렇게 하루 일과를 마치고 나면 침대에 앉아서 감자튀김을 먹는 일 말고는 아무것도 할 수가 없었다. 하지만 크리스털의 어머니와 할아버지는 이 새로운 설명을 못미더워했다. 크리스털이 정말로 평생 그처럼 심하게 고통스러웠다면 자기들도 그 사실을 알아챘을 것이라고 말이다.

"어떻게든 그분들에게 이해시키고 싶어요. 자폐증은 일반적인 생각과 다르다는 사실을요."

고정관념에 빠진 자폐증

크리스털의 경우처럼 여성의 자폐증이 종종 간과되는 이유 중 하나는 대중뿐 아니라 전문가들도 자폐증에 관해 근본적으로 오해하고 있어서다. 비교적 최근까지만 해도 많은 사람들이 자폐증은 극히 드물고 남자아이에게만 생기며 쉽게 알아볼 수 있는 병이라고 믿었다. 영화 〈레인맨〉에서 더스틴 호프먼이 연기한 인물을 예로 들어보자. 중증 장애가 있어 가정에서 키우기에는 너무 '까다로운' 아이라는 이유로 어릴 때 시설에 수용되었고, 남들과 눈을 맞추지 않으며, 잘 지켜보지 않으면 위험하게 돌아다니고, 타고난 수학 재능은 비장애인 동생의 개인적인 이익을 위해 악용된다. 이를 통해 알 수 있듯 우리는 누구나 자폐증이 사람을 기괴하고 무력하게 만드는 끔찍한 병이며, 천재적인 능력만 아니면 자폐인의 삶은 타인에게 무가치하다고 생각하는 데 익숙해져 있다.

크리스털이 어렸을 때인 1990년대 중반에는 아스퍼거 증후군 Asperger Disorder*에 관해 막연하게나마 아는 사람도 많지 않았다. 아스퍼거 증후군은 기술 분야에서 일하고 매우 똑똑하지만 괴짜이며 대체로 무례한 남성 특유의 '고기능' 자폐 유형이라는 고정관념이 있었다. 어느 쪽이든 자폐증이라고 하면 사회성이 떨어지고 냉담하며 숫자를 좋아하는 남성과 연관되었다. 자폐증의 원인이나 자폐인의 감정에 관해 아는 사람은 드물거나 아예 없었다. 뇌전증**, 사회 불안, ADHD, 외상 후 스트레스 장애PTSD 등의 정신장애와 자폐증에 공통점이 있다는 사실도 밝혀지지 않았다.

흔히 생각하는 것과 달리 자폐증은 무례함, 남성성, 수학 실력으로 정의되지 않는다. 사회적 신호를 잘 파악하지 못하거나 타인과

* 대인 관계에서 상호작용에 어려움이 있고 관심 분야가 한정되는 특징을 보이는 정신과 질환이다.
** 경련과 의식 장애를 일으키는 발작 증상이 나타나는 질환이다. 유전적인 경우도 있으나 외상外傷, 뇌종양 등의 원인으로 나타나기도 한다.

의 접촉을 주저하는 등 명확한 행동 징후로 자폐를 정의해야 할지는 아직 과학적으로 결론이 나지 않았다.[8] 다른 사람이 알아챌 수 있는 자폐증의 외적 신호에 초점을 맞추기보다도, 자폐증의 신경생물학적 지표와 자폐인이 직접 말하는 내적 경험 및 어려움에 주목할 필요가 있다.

자폐증은 신경질환이다. 자폐증은 대대로 이어질 수 있는 발달장애이며[9] 대부분 유전적 요인 때문으로 추정된다.[10] 하지만 반드시 단일 요인에 의한 것은 아니며 **복합적으로 결정**되기도 한다. 자폐증과 관련된 유전자는 매우 다양한 듯하다.[11] 자폐성 뇌는 하나하나가 고유하며 독특한 연결 패턴을 나타낸다.[12] 자폐증이 발달장애로 간주되는 것은 자폐인의 발달 단계가 필연적으로 신경전형인보다 지연되기 때문이다. 자폐인 상당수는 비자폐인보다 훨씬 늦게까지 꾸준히 사회적·정서적 기술이 발달한다.[13] (하지만 이는 자폐인이 애초에 자신의 정보 처리 방식에 맞지 않는 신경전형성 기반 기술을 배우다 보니 완전히 새로운 자기만의 사회적·감정적 대처 방법을 개발해야 해서일 수도 있다. 자세한 내용은 나중에 더 살펴보겠다.) 뇌 전반에 나타나는 독특한 차이로 인해 정보를 걸러내고 이해하는 방식이 신경학적 표준을 벗어나면서 자폐증이 나타난다.

자폐성 뇌는 주의력, 의사 결정, 충동 조절, 감정 처리를 돕는 부위인 전대상피질[14]의 발달 정도에 차이를 보인다. 자폐인은 복잡한 상황을 빠르고 직관적으로 처리하는 데 도움이 되는 뇌 세포인 폰 이코노모 뉴런VEN의 발달이 느리고 한정적이다.[15] 자폐성 뇌는 뉴런이 흥분하는 방식도 비자폐성 뇌와 다르다.[16] 아주 단순하게 설명해보자면 자폐인의 뉴런은 쉽게 활성화되며, 뇌가 무시하려 하는 성가신 변수(다른 방의 수도꼭지에서 물이 떨어지는 소리)와 주의를 기울여야 하는 중요한 정보(사랑하는 사람이 다른 방에서 나직이 울음을 터뜨리는 소리)를 쉽게 구별하지 못한다. 다시 말해 약한 자극에도 쉽게 주의가 산만해지는 한편 정작 의미 있고 강한 자극은 놓칠 수 있다.

자폐성 뇌는 신경전형성 뇌와 다른 독특한 연결 패턴을 보여준다. 갓난아기의 뇌는 대체로 과도하게 연결되어 있으며, 대부분의 인간 발달은 인생 경험과 학습을 바탕으로 서서히 쓸모없는 연결을 가지치기하여 더 효율적으로 환경에 반응하게 되는 과정이다. 그러나 연구자들은 자폐성 뇌의 일부 영역이 평생 과연결 상태인 반면 나머지 영역은 (상대적으로) 연결이 부족할 수 있다는 사실을 발견했다. 하지만 와이즈먼과학연구소의 신경생물학자들이 발견했듯 자폐성 뇌는 하나하나 연결 패턴이 다른 만큼 이에 관해 한마디로 요약하기는 어렵다. 실제로 자폐인의 뇌 배선은 (연구자들에 따르면 가지치기 패턴이 일관적인) 신경전형성 뇌보다 다채로운 것으로 보인다.[17] 와이즈먼과학연구소의 과학자들은 이를 바탕으로 자폐성 뇌가 환경에 각각 다르게 반응한다는 이론을 제시했다. 신경전형성 뇌는 외부 세계로부터의 감각적·사회적 입력에 쉽게 적응하는 반면, 자폐성 뇌 발달과 가지치기는 '혼란'을 겪는 것으로 보인다.[18]

자폐인은 하고, 비자폐인은 못하는 것들

한편 신경과학자들이 **글로벌-로컬 간섭**이라고 부르는 현상은 자폐인이 비자폐인보다 덜하다.[19] 우리는 사소한 세부 사항에 집중하는 경향이 있다. 그것이 비자폐인에게 보이는 총체적인 '큰 그림'과 일치하지 않더라도 말이다. 현실에 존재할 수 없는 왜곡된 3D 물체의 도면을 베끼는 데 자폐인이 비자폐인보다 훨씬 더 뛰어나다는 것을 보여주는 일련의 연구가 있다.[20] 비자폐인은 물체의 전체 이미지가 성립 불가능하다는 사실을 알고 당황했지만, 자폐인은 이미지를 구성하는 선과 면 하나하나에 집중하여 도면을 처음부터 다시 그려낼 수 있었다. 세부 사항에 대한 뛰어난 주의력은 우리가 사회적 상황을 탐색하는 방식에도 그대로 적용된다. 예를 들어 상대방의 외모나 감정 표현을 전체적으로 인식하기보다 얼굴의 작은 특징에 집중하는 식이다.[21] 그래서 많은 자폐인이 얼굴인식 불능증(얼굴을 인식하지 못하는 증상)[22]을 겪고 신경전형인의 얼굴에서 감정을 읽기 어려워하는 것이다.

이 모든 것을 종합하면 자폐인은 대체로 다음 표와 같은 특성을 보인다고 할 수 있다.

자폐증과 관련된 몇 가지 신경학적 특성을 설명하는 김에 한 가지 더 명확히 짚고 넘어가겠다. 생물학적 지표가 존재하는 장애가 증상만 존재하는 장애보다 반드시 더 '실제적'이거나 본격적인 것은 아니다. 게다가 자폐증은 여전히 뇌 검사가 아니라 자폐인의 행동과 그가 겪는 어려움을 바탕으로 진단된다. 자폐증에 신경학적 특성이 있다고 해서 섭식 장애나 약물 중독보다 더 공감받을 자격

자폐인의 특성

- 외부에서의 사소한 자극에도 과민하게 반응한다.
- 정보나 감각 데이터 가운데 무시해야 할 것과 신중하게 고려해야 할 것을 잘 구분하지 못한다.
- 큰 그림보다는 세부 사항에 고도로 집중한다.
- 꼼꼼하고 신중하며 분석적이다.
- 의사 결정 과정이 효율적이기보다는 체계적이다.
- 정신적 지름길이나 직감에 의존하지 않는다.
- 어떤 상황을 처리할 때 신경전형인보다 시간과 에너지를 더 많이 필요로 한다.

이 있다는 뜻은 아니다. 자폐증이 항상 특정한 방식으로 작동하거나 고난을 주게 마련이라는 의미도 아니다.

인간의 차이를 생물학적으로 이해한다는 것은 여러모로 유익한 일이지만, 장애를 신체적 '원인'으로 환원한다면 정말로 위험하다. 이런 행위는 우리의 운명이 생물학에 좌우되며 우리가 신경전형인보다 어떤 면에서 영구불변하게 열등하다는 결론으로 이어질 수 있다. 실제로 일부 연구에 따르면 우울증이나 ADHD와 같은 장애를 온전히 생물학적인 것으로 이해하는 사람들이 이런 장애가 있는 이들을 더욱 꺼린다고 한다.[23] **장애인은 어쩔 수 없는 존재**라는 생각은 대체로 비인간적이고 구속적이기 쉽다. 그런 관점이 오히려 자유로움과 해방감을 준다고 생각하는 장애인 당사자들도 있긴

하지만 말이다.

사회가 소외된 집단을 받아들이려고 간을 보기 시작할 무렵이면 **원래 이렇게 태어났다**는 표현이 동원되게 마련이다. 예를 들어 2000년대 초반에 많은 이성애자 앨라이Ally*들이 동성애는 선택이 아니며 타고난 성정이기 때문에 동성애자를 지지한다고 주장했다. 당시에는 '게이 유전자'의 존재를 탐색하며 태아가 뱃속에서 특정 호르몬에 노출되면 게이가 될 수 있다고 주장하는 대중 과학 저술이 많았다.[24] 오늘날에는 아무도 동성애의 생물학적 원인을 언급하지 않는다. 적어도 미국에서는 동성애자의 존재를 정당화하기 위해 동성애는 선천적인 것이라고 변명할 필요가 없어졌다. 누군가가 동성애를 '선택'하더라도 문제될 것은 없다. 동성애도 충분히 괜찮은 것이니까. 마찬가지로 자폐인이 사회적으로 받아들여질 자격이 있는 것은 그런 뇌를 타고났기 때문이 아니라 자폐증도 충분히 괜찮은 것이기 때문이다.

자폐증은 신중한 이해 방식과 연결된다. 자폐인은 세상을 이해할 때 대체로 감정이나 직관보다 논리와 이성에 의존한다. 중요한 것과 중요하지 않은 것을 어떻게 구분해야 할지 몰라서 모든 장단점을 깊이 파고들며, 때로는 지나치게 깊이 파고들기도 한다. 비자폐인과 달리 익숙한 상황이나 자극에 쉽게 습관화되지 않는 편이다 보니 익숙한 상황도 완전히 새로운 것으로 받아들이는 경우가 많다.[25]

* 성소수자를 지지하는 비성소수자를 뜻한다. 성소수자 차별의 당사자는 아니지만 그 차별을 반대하고 연대한다는 의미가 담겨 있다.

이 모든 과정에는 많은 에너지와 집중력, 시간이 필요하기 때문에 쉽게 지치고 과부하가 걸린다. 하지만 한편으로 이런 과부하가 실수할 가능성을 낮추기도 한다. 한 실험 연구에 따르면 자폐인은 비자폐인이 흔히 빠지는 편견에 훨씬 덜 취약한 것으로 나타났다.[26] 비교적 간단한 수학 문제를 예로 들어보자.

방망이와 야구공의 가격은 1.1달러다. 방망이가 야구공보다 1달러 더 비싸다. 야구공의 가격은 얼마일까?

실험 연구 결과 비자폐인의 80퍼센트 이상이 틀리게 대답했다. 질문을 재빨리 훑어보고 직관적으로 야구공 가격이 10센트라고 대답한 것이다.[27] 하지만 정답은 5센트다. 방망이는 야구공보다 1달러 더 비싼 1.05달러이므로 합쳐서 딱 1.1달러가 된다. 일견 당연해 보이는 오답을 피해서 정답을 제시하려면 더욱 신중한 이해 과정이 필요하다. 비자폐인 대부분의 기본 사고방식은 당연해 보이는 답을 선택하는 것이다. 하지만 정보를 직관적으로 처리할 수 없는 자폐인은 '뻔한' 답을 보지 못하기에 문제를 더욱 꼼꼼하게 분석해야 하며, 이로써 정답을 맞힐 확률이 훨씬 더 높아진다.

조금은 다른 사람들

물론 느리고 신중한 이해 방식에도 나름의 단점이 있다. 남들이 설명해주지 않은 아이러니나 '뻔한' 함축적 의미를 포착하지 못할 수도 있다. 비자폐인들은 종종 우리가 지나치게 생각이 많거나 너무 느리고 우유부단해서 대답하지 못한다며 비난한다. 게다가 파악해야 할 정보가 너무 많을 경우 우리는 당황해서 어쩔 줄 모르지만, 신경전형인들은 대충 쓱 보고 넘어간다.

자폐인은 상향식으로 세상을 파악한다. 장애이자 개인별 차이의 원인으로서 자폐증을 간명하게 이해하기 위한 최선의 요약은 '우리는 신중하고 체계적이며 상향식으로 세상을 파악한다'는 것이다. 반면 비자폐인들은 지극히 하향식으로 세상을 파악한다. 처음 가보는 식당처럼 새로운 환경에 들어서면 일단 주위를 둘러보고 주문 방법, 좌석 위치, 기대할 수 있는 서비스, 나아가 얼마나 큰 소리로 말해야 하는지에 관해 합리적 결론을 내리는 것이다. 그들의 뇌는 즉시 소리와 빛 등의 외부 자극을 감지하고 그에 맞춰 조정된다. 예를 들어 구석에 있는 핀볼 기계의 작동 음이 잠시 거슬릴 수도 있지만 곧 익숙해져서 무시할 수 있게 된다. 종업원이 다가와서 예상치 못한 말을 하거나 주문하려던 메뉴가 매진되었어도 큰 어려움 없이 대화를 나눌 수 있다. 미리 외워둔 대화 각본에 의존하지 않아도 되고, 입력된 모든 정보를 세심하게 분석하여 의미를 파악할 필요도 없다. 그들은 어떻게든 즉석에서 대처할 수 있다.

반면 자폐인은 선부른 추측이나 빠른 직관에 근거해 판단을 내리지 않는다. 우리는 각각의 외부 요소를 개별적이고 의식적으로 처리하며 거의 아무것도 '당연하게' 받아들이지 않는다. 우리가 낯선 식당에 처음으로 가면 내부 구조를 이해하거나 주문 방법을 파악하는 데 오래 걸릴 수도 있다. 일단 종업원이 테이블로 오는 식당인지, 아니면 손님이 계산대에서 직접 원하는 메뉴를 주문해야 하는 곳인지 분명히 파악해야만 한다(많은 자폐인들은 식당에 들어가기 전에 철저히 사전 조사를 함으로써 이런 사실을 숨기려고 한다). 식당 안의 모든 조명, 웃음소리, 냄새는 우리의 감각 체계에 뭉뚱그려져 포착되는 것이 아니라 하나하나 따로 인식된다. 우리는 예측할 수 없는 상황에 대처하기 위해 경험을 분석하여 패턴을 찾는다. 웨이터가 X라고 하면 Y라고 대답해야 한다는 식으로 규칙을 외우고, 예상치 못한 일이 발생하면 어떻게 대응해야 할지 신중하게 정리한다. 너무 많은 변화는 우리를 기진맥진하거나 당황하게 할 수 있다.

자폐증은 자폐인의 삶 구석구석에 영향을 미친다. 물론 자폐증이 없어도 앞서 설명한 감정과 감각에 공감할 사람은 많을 것이다. **비자폐인**은 단지 자폐증이 없다는 뜻이며 정신질환이나 인지 장애가 전혀 없다는 뜻의 **신경전형인**과는 다르기 때문이다. 사회 불안 장애가 있는 비자폐인은 자폐인과 마찬가지로 붐비는 술집이나 식당을 부담스러워할 수 있다. 마찬가지로 PTSD가 있는 사람도 시끄러운 핀볼 기계 소리에 동요할지 모른다. 하지만 자폐증이 그 밖의 다른 장애와 구별되는 것은 삶의 모든 영역에 영향을 미치는 인지적·감각적 차이이기 때문이다. 예를 들어 사회 불안 장애가 있는 사람이 집에 혼자 있을 때 라디에이터가 덜컹거리는 소리를 듣고 공황에 빠지지는 않을 것이다(자폐증이나 감각 처리 장애가 없다면 말이다).

자폐증의 신경적·인지적 특성은 매우 광범위하게 나타나기에 인체와 뇌의 거의 모든 측면에 영향을 미친다. 자폐증은 조정 능력과 근육 긴장도, 타인의 얼굴에서 감정을 읽는 능력, 의사소통 기술, 반응 시간, 심지어 통증이나 배고픔을 인지하는 방식과도 관련된다.[28] 예를 들어 나는 타인의 얼굴을 봐도, 그가 즐거운지 슬픈지 알아차리지 못한다. 그 대신 눈, 이마, 입, 호흡, 자세의 미세한 변화를 하나하나 인식하고 종합하여 그의 기분을 추측해야 한다. 서로 모순되는 정보가 너무 많아서 의미를 파악하기 어려울 때도 종종 있다. 내게 타인의 감정 표현을 주의 깊게 분석할 기력이 부족할 때면 사람들이 이해할 수 없는 존재로 느껴져 불안에 빠지기도 한다.

자폐증은 활동에 집중하는 정도와 질감, 맛, 소리를 인지하는 방식에 영향을 미칠 수 있다.[29] 자폐인은 특정 관심사에 열중하고 (이를 흔히 **특별한 관심사**라고 한다)[30] 규칙을 곧이곧대로 따르는 경향이 있다. 상당수는 빈정거리는 말이나 비언어 신호를 잘 이해하지 못한다. 우리는 일상이 흐트러지거나 예상한 결과가 나오지 않으면 당황하기 쉽고, 새로운 기술을 배우는 데 비자폐인보다 훨씬 더 오래 걸릴 수 있다.

자폐증은 행동 문제다. 자폐증은 반복적인 자기 자극 행동[31]과 연결되는데, 이런 행동은 손을 파닥이는 것처럼 무해할 수도 있고 손가락을 피가 날 때까지 잘근잘근 씹는 것처럼 심각할 수도 있다. 자폐인에게 자기 자극은 중요한 자기 조정 수단이다. 심각한 불안과 스트레스를 해소해줄 뿐 아니라 기쁨과 감동을 표현하는 방법이 되기도 한다. 자기 자극은 오감을 고루 활용하는 다양한 방식으로 이루어질 수 있다. 어떤 사람은 목구멍이 울려 쾌감을 느끼게 하는 단어나 소리, 문구를 반복하는 반향 언어로 자극받기도 한다. 제자리에서 펄쩍펄쩍 뛰거나 몸을 흔들면서 신체의 **고유감각계** proprioceptive system(신체의 물리적 움직임을 추적하는 신경계)를 활성화하여 자기 자극을 가하는 사람도 있다. 사탕을 빨아먹거나 향초 냄새를 맡거나 라바 램프*를 바라보거나 녹음된 뇌우 소리를 듣는 것도 자기 자극 행동이 될 수 있다. 인간은 누구나 어느 정도 자기 자극을 가하지만(몇 년 전에 피젯 장난감**이 대유행한 것도 그 때문이다) 자폐인은 신경전형인보다 더 자주, 더 반복적으로, 더 극심하게 자기 자극에 의존한다.

미국정신의학협회에서 발행한 〈정신질환 진단 및 통계 편람DSM〉에 따르면 반복성은 자폐성 행동의 주요 특징이다. 실제로 자폐인 상당수는 반복 행동에 따르는 안정감을 갈망한다. 우리 대부분은 예측 불가능한 바깥의 인간세상과 달리 변함없는 일상을 선호한다. 매일 똑같은 식사를 반복하거나 심하게 편식할 수도 있다(이런 증상을 우리끼리는 **같은 음식 증후군**이라고 한다). 좋아하는 활동에 지나치게 집착하거나 과몰입한 나머지 밥을 먹거나 잠시 다리를 뻗고 쉬는 것조차 깜박한지도 모른다. 그런가 하면 영화나 텔레비전에서 들은 문구를 반복하기도 한다. '정상적' 사교 행위를 모방하기 위해서, 자신의 감정을 표현할 말을 찾지 못해서, 혹은 단순히 성대의 울림이 기분 좋게 느껴져서다. 심지어 특별한 관심사를 가지

* 내부에 든 액체가 계속 위아래로 움직이는 장식용 전기 램프를 말한다.
** 특별한 용도 없이 손가락 위에서 돌리는 단순한 행동을 반복하는 장난감이다.

는 것도 일종의 반복 행동일 수 있다. 많은 자폐인들은 똑같은 영화를 몇 번씩 다시 보고, 관심 있는 주제와 관련된 사실을 비자폐인보다 훨씬 열광적으로 읽거나 수집한다.

그러나 가면 자폐인에게 반복적 행동은 대체로 숨겨야 하는 부분이다. 손가락을 자주 씹어대거나 항상 똑같은 멜로디를 흥얼거린다면 남들이 알아차리고 놀려댈 테니까. 우리가 유별난 주제(예를 들어 장례지도학)에 **지나치게** 집착하는 것처럼 보이면 사람들은 우리를 이상하게 생각하고 거리를 둘 것이다. 우리 대부분은 자신의 열정과 특별한 관심사를 숨길 방법을 찾아야 한다. 예를 들어 관심사를 다루는 익명 블로그를 운영하거나 장거리 달리기, 휴대전화 만지작거리기 등 사회적으로 허용되는 에너지 발산 방법을 찾을 수 있다.

자폐인은 위험에 처해 있다. 티모시어스 고든 주니어Timotheus Gordon Jr.는 자폐증 연구자이자 '자폐증 치료를 거부하는 자폐인들Autistics Against Curing Autism' 시카고 지부를 설립한 자폐인권 운동가다. 그는 자기 자극을 가할지 결정하고 자극의 종류를 선택하는 일이 현재 어느 지역에 있는지, 그곳 사람들이 어떻게 반응할지에 따라 크게 달라진다고 말한다.

"시카고 도심을 비롯한 일부 지역을 걸어 다닐 때는 헤드폰으로 음악을 들을 수 없어요. 그랬다간 강도를 당하니까요. 게다가 장난감 따위를 만지작거리면서 걸어 다니면 체포되거나 살해당하거나 구타를 당할 수도 있지요. 경찰이나 동네 사람들이 날 수상하게 여기며 뭔가 불법적인 일을 한다고 생각할 테니까요."

상황에 따라서는 농구공을 튕기는 것처럼 사회적으로 허용되는 행동으로 자기 자극 욕구를 숨기기도 한다고 티모시어스는 말한다. 흑인 자폐인으로서 그는 주변 사람들의 반응을 살피고 그들이 자신의 행동에 어떻게 반응할지 가늠하여 자제력을 발휘해야 하는 경우가 많다. 그에게 자신의 솔직한 모습을 드러낸다는 건 쉽게 저지를 수 없는 위험한 행동이다.

자폐인은 폭력을 당할 위험이 높을 뿐 아니라 정신건강도 악화되기 쉽다. 일부 가면 자폐인은 남들 앞에서 자기 자극을 가하거나 반복적인 행동을 할 수 없다 보니 그릇된 대처 방법으로 스트레스를 관리하려 한다. 그러다 보니 섭식 장애나[32] 알코올 및 약물 중독에 빠지고[33] 불안형 애착 유형이 될 가능성이 크다.[34] 우리는 사람들이 우리의 '진짜 모습'을 알아보면 싫어할지 모른다는 두려움에 깊이 관계 맺기를 회피하는 경향이 있다. 타인으로부터 거리를 두려고 하면 감정적·심리적으로 부정적인 결과가 생겨날 수 있다. 그렇게 점점 더 고립되고 사회성을 배울 기회도 줄어들어 사회적 무력화와 수치심의 악순환에 빠지게 된다.

자폐증은 위장 질환,[35] 결합조직 상해,[36] 발작[37] 등의 신체 증상과도 상관관계가 높은데, 주로 유전적 원인 때문이다. 자폐증은 ADHD[38]나 읽기 장애 등 다른 문제를 동반할 확률이 높다.[39] 많은 자폐인들은 정신적 외상을 입은 적이 있고 PTSD를 보이며, 앞서 언급했듯이 이런 증상을 평생 숨기면 우울증이나 불안증에 걸릴 위험이 크다.[40] 자폐증과 함께 나타나기 쉬운 질환은 이 밖에도 더 있지만, 자폐증과 겹치거나 자폐증으로 오인되는 추가 장애에 관해서는 앞으로 몇 장에 걸쳐 논의할 것이다.

자폐증은 신경다양성의 일종이다. 자폐성은 심리학에서 규범성 또는 신경전형성NT으로 정의하는 것과 구분되는 기능(또는 신경) 유형이며, 신경다양성 스펙트럼에서도 유난히 다양하고 변화무쌍하다. 우리는 규범에서 벗어났다는 이유로 다양한 방식의 처벌을 받는다. 자폐증의 양상은 매번 조금씩 다르며, 그 특성도 겉보기에 모순될 수 있다. 말을 못 하는 자폐인이 있는가 하면, 어릴 때부터 어휘 구사력이 뛰어나고 수다스러운 자폐인도 있다. 다른 사람들의 감정을 경이로울 만큼 쉽게 읽어내는 자폐인도 있고, 동물이나 사물에는 공감할 수 있지만 사람에게는 공감하지 못하는 자폐인도 존재하며, 공감 능력이 전혀 없는 자폐인도 있다.[41] 하지만 우리 모두는 타인을 배려하고 윤리적으로 행동할 수 있는 온전한 인간이다. 자폐인은 '특별한 관심사'가 전혀 없을 수도 있고, 반대로 다양한 주제에 열광할 수도 있다. 우리 중에는 특정 기술에 달인인 사람도 있고, 일상 하나하나 도움이 필요한 사람도 있다. 우리의 공통점은 한마디로 '상향식 처리 방식이 삶의 모든 측면과 세상살이에 영향을 미친다는 점, 그리고 비자폐인과 다르기에 온갖 실용적·사회적으로 계속 도전한다는 점'으로 요약할 수 있다.

주류 사회의 행동 평가 기준은 지극히 편협하기 때문에, 개인은 다양한 방식으로 이탈할 수 있고 그로 인해 처벌받을 수도 있다. 잦은 공황 발작은 섭식 장애처럼 신경다양성에 포함된다. 애착 트라우마나 거절당하는 게 두려워 친밀한 인간관계를 힘들어하는 것도 신경다양성 범주에 들어간다(경계성 인격 장애처럼 유난히 수치스럽게 여겨지는 신경다양성 유형도 있다).

고도로 의료화된 현재의 정신질환 분류에 따르면 거의 모든 사람이 하자가 있거나 비정상으로 간주될 수 있다. 적어도 우울하거나 대처 능력이 떨어져서 유난히 힘든 시기에는 말이다. 이렇게 보면 신경전형성은 사실 선택된 개인의 특권적 정체성이라기보다는 엄격한 문화적 기준에 가깝다. 언제나 신경전형성의 기준에 부합하는 사람은 없으며, 이처럼 경직된 기준은 모두에게 해롭다.[42] 이성애 정상성이 이성애자와 동성애자 모두에게 해로운 것처럼, 신경전형성도 정신건강 상태가 어떻든 모든 사람에게 해를 끼친다.

자폐증은 **신경다양성**의 원인 중 하나일 뿐이다. 신경다양성이란 사고, 감정, 행동에서 건강하지 않거나 비정상적이거나 위험하다고 낙인찍힌 광범위한 정신 상태를 아우르는 용어다. 이 용어는 1999년에 사회학자 주디 싱어Judy Singer가 제안했다. 싱어는 딸의 장애를 이해하기 어려워 고민하다가 문득 어린 시절 어머니에게서 본 증상과 자기 딸의 증상이 매우 비슷하다는 걸 알아차렸다고 독립 연구 논문에 서술했다. 싱어가 논문을 쓰던 당시에는 자폐증에 대한 이해가 부족했고, 싱어의 어머니(그리고 싱어 자신) 같은 성인이 자폐증 진단을 받는 경우도 드물었다. 싱어의 딸은 자폐증과 ADHD를 비롯한 여러 정신장애의 경계 영역에 있는 것처럼 보였다. 세 여성 모두 명확한 진단을 받기가 어려웠다는 점은 그들이 지극히 소외되었으며 사회적 소속이 없었다는 사실을 은폐할 뿐이었다. 하지만 그들의 고난을 쉽게 정의할 수 없다고 해서 그 고난이 존재하지 않는 것은 아니었다.

"양육자로서 나의 삶은 온갖 신념 체계의 전쟁터와도 같았다. 하지만 그 모든 신념 체계에는 한 가지 공통점이 있었는데, 바로 인간의 변화 가능성을 받아들이지 못한다는 것이었다"라고 싱어는 적었다.[43]

싱어는 아무도 정의하지 못했던 자신과 가족의 장애를 지칭하기 위해 신경다양성이라는 용어를 만들었다. 신경다양인이었던 그들은 신경전형인이 되길 요구하는 세상에서 고통을 겪었다. 이 용어는 저널리스트 하비 블룸Harvey Blume을 통해 대중화되었고 몇 년 뒤 장애인권 운동가들에게도 널리 받아들여졌다. 신경다양인이라는 말은 ADHD, 다운증후군, 강박 장애, 경계성 인격 장애까지 모든 정신 장애인을 아우른다. 뇌 손상이나 뇌졸중 환자, '저지능'으로 분류된 사람, 공식 진단은 받지 못했지만 평생 '미쳤다'거나 '모자라다'는 평가를 받은 사람도 포함된다. 싱어가 적절하게 언급했듯이, 신경다양성은 실제로 정신의학과에서 분류하고 설명할 수 있는 특정 '결함'이 있다는 뜻이 아니다. 사람들이 좀처럼 이해하지 못하거나 받아들이기를 거부하는 방식으로 다르다는 뜻이다.

자폐증은 다양하다. 자폐증의 신경학적·정신적 특성이 있는 사람들은 매우 다양하고 광범위하며, 그 증상도 모두에게서 조금씩 다르게 나타난다. 사실 자폐 성향은 완전히 모순적인 방식으로 나타날 수 있다. 나는 때로 읽기나 쓰기에 너무 집중한 나머지 바깥 세상을 완전히 잊어버리기도 한다. 그렇게 과몰입한 상태에서는 누가 말을 걸어도 듣지 못하고 오븐 끄는 걸 까먹어서 방 안에 연기가 가득해도 알아차리지 못한다. 그런가 하면 때로는 내 반려동물인 친칠라가 뛰어다녀서 우리가 찰캉찰캉 흔들리는 소리에 책 한 줄도 못 읽을 만큼 불안하고 산만해지기도 한다. 이처럼 양극단적인 두 가지 반응은 사실 동일한 원인에서 나온다. 바로 자폐인의 뉴런에 나타나는 과잉 흥분과 변덕스러운(적어도 비자폐인과 비교하면 그렇다) 자극 수용 및 차단 때문이다. 우리는 주변 소리에 쉽게 불안해지는 한편 실제로 주의를 기울여야 할 소음은 알아듣지 못하기 일쑤다.[44] 나는 바깥세상을 차단하고 무언가에 집중하려면 억지로 주의력을 짜내야 할 때가 많다. 평생 가면을 쓰다 보니 정신적 외상에 가까운 과다각성 상태에 빠진 모양이다. 내가 혼자인지, 즉 충분히 '안전'한지 판단하기 위해 외부 환경을 탐색하느라 감각계를 혹사하는 것이다. 정신적 외상 생존자가 빠지기 쉬운 과다각성 상태에는 흔히 심각한 감각 문제가 따른다.[45] 자폐인의 감각 문제가 (적어도 부분적으로는) 우리를 받아들이지 않고 심지어 종종 적대하는 세상을 살아가며 겪는 불안과 과다각성 때문이라고 주장하는 연구자들도 있다.[46]

자폐증은 스펙트럼이라는 말을 대부분 들어보았을 것이다. 옳은 말이다. 우리는 자폐 성향의 정도와 특성이 전부 다르다. 무증상 자폐인, 즉 정신과 의사가 공식 진단을 받을 정도는 아니라고 판단한 사람들도 있지만, 그들이 겪어온 고난은 우리와 다르지 않기에 충분히 자폐인 커뮤니티에 동참할 수 있다. 자폐증 진단을 받은 사람의 친척 중에 무증상 자폐인으로 추정되는 경우가 드물지 않다.[47] 물론 애초에 '무증상'이라는 판단도 정말로 당사자의 고통이 덜해서가 아니라 직업을 유지하고 사회 규칙을 준수하는 능력이 뛰어나서일 수 있다.

가면 자폐인은 사람들에게 자기 정체성을 밝힐 때 흔히 "누구나 어느 정도는 자폐증이 있다"는 대답을 듣는다. 이 말은 조금 거북하게 들릴 수 있는데, 우리가 겪어온 일들을 간과하는 것처럼 느껴지기 때문이다. 실제 양성애자로 살아가는 사람에게 "누구나 어느 정도는 양성애자다"라고 말하는 식이랄까. 사람들이 이렇게 말하는 이유는 대체로 비슷하다. 우리의 차이는 흔해빠진 것이며 특별히 힘들 일도 아니니 그냥 입 다물라는 의미다. 하지만 비자폐인들이 '누구나 어느 정도는 자폐인이다'라고 말한다는 건 그들이 정신장애 정의의 중요한 돌파구에 가까워졌다는 의미일 수도 있다.

우리는 왜 똑같은 특징을 보이는 사람들 중에서도 '망가진' 사람과 '완벽하게 정상적인' 사람을 구분할까? 그들의 차이는 무엇이며, 우리는 어째서 굳이 그들을 구분하는 걸까? 자폐인이 더 융통성 있고 사회적으로 너그러운 직장에서 실력을 발휘할 수 있다면, 나아가 모든 사람이 그런 혜택을 누린다면 어떻게 될까? 자폐인은 인류의 정상적인 일부이며 비자폐인과 똑같은 자질을 보일 수 있다. 그렇다, 누구나 어느 정도는 자폐증이 있다. 바로 그래서 존중받고 받아들여질 자격을 더 확대해야 한다는 것이다.

자폐증은 연령, 계층, 성별, 인종, 그 밖의 장애와 관계없이 누구에게나 나타날 수 있다. 자폐증과 자폐인은 지극히 다양하지만, 일반인은 물론 많은 정신건강 전문가들도 자폐증이라고 하면 딱 한 가지 이미지밖에 떠올리지 못한다. 이런 자폐증의 이미지를 '전형적' 자폐증typically pressing Autism이라고 말하기도 하지만, 이는 사실 잘못된 표현이다. 그보다는 **상투적** 자폐증Stereotypical Austism이라고 해야 할 것이다.

남자아이에 백인, 그리고 부유층

전형적 자폐증은 어릴 때부터 나타나서 보통 초등학교 저학년이 되면 명확히 진단할 수 있다. 전형적 자폐인은 신경전형적 사회에서 요구되는 방식으로 의사소통을 하지 않으며, 비언어성 장애인이거나 언어 발달이 느리다. 타인의 눈을 피하고 가까이 다가가는 것도 꺼린다. 제자리에서 몸을 흔들거나 자기 머리를 때리거나 소리치거나 조잘거리는 등 명확히 드러나는 반복적 행동을 보인다. 그들은 거의 항상 감각적 고통과 사회적 압박감에 시달리며 자신이 느끼는 심각한 고통을 숨기지 못한다. 부모는 이런 반응을 '행동 문제' 또는 '불순종'으로만 보기 때문에 자폐아의 멜트다운과 감각 과부하에 제대로 대처하지 못한다. 어쩌면 예전엔 얌전했던 아기를 '자폐증이 훔쳐갔다'고 불평할지도 모른다. 전형적 자폐인은 대체로 남자아이에 백인이며, 진단과 치료를 받을 수 있는(그리고 '적절하다'고 여기는 공공 행동 규범에 비교적 엄격한) 부유층 또는 중상류층 가정에서 태어났을 가능성이 크다.

하지만 전형적 자폐인이라고 해서 모두 100퍼센트 전형적이지는 않다. 기존의 모든 자폐증 진단 도구가 젠더 순응적인 부유한 백인 남자아이를 염두에 두고 개발되었음에도, 자폐증 진단을 받은 사람들 대다수는 이 놀랍도록 경직된 기준을 어떤 식으로든 이탈한다.[48] 여자아이, 흑인, 아메리카 원주민, 동양인, 라틴계[49]와 빈곤층[50]의 자폐증이 과소 진단된다는 사실을 고려하면 '전형적' 자폐증은 공식 통계 결과보다 훨씬 덜 전형적일 수 있다.

'전형적' 자폐증과 '비전형적' 자폐증의 경계는 모호하며, 자폐 성향의 심각함보다는 개인의 사회적 위치에 따라 정해지기 쉽다. 크리스털은 반복적 놀이 방식, 사회 참여 부족, 자기 자극 행동, 학교 과제 수행의 어려움 등 자폐증의 모든 전형적 지표를 드러냈지만, '전형적' 자폐인처럼 보이지 않는다는 이유로 대부분의 사람들에게 장애인으로 받아들여지지 못했다. 크리스털이 그토록 오래 힘들어했음에도 담임교사와 학교 상담사는 두 번 다시 자폐증의 가능성을 제기하지 않았다.

"성적표에는 내가 수업에 잘 참여하고 **예민한** 아이라고 적혀 있었어요. 내가 아이들의 괴롭힘에 너무 많이 울고 심하게 상처받는다는 걸 돌려서 표현한 거죠. 하지만 수학 시간에 딴생각한다고 해서 내가 심각한 셧다운 상태에 빠진 건 아니었어요. 난 그냥 몽상을 즐기고 가끔 울기도 하는 여자아이였을 뿐인데, 지금 생각해보면 남성 교사들 대부분에게는 여성성의 전형처럼 보였겠죠."

자폐성 셧다운은 자폐인이 지나친 자극과 스트레스로 더는 외부 환경에 대처할 수 없을 때 보이는 증상이다.[51] 울음, 자해, 외적 공격성을 동반하기 쉬운 자폐성 멜트다운에 비해 더 조용하고 내적인 반응이다. 셧다운 증상은 본질적으로 주변 환경으로부터 분리되기 위한 수단이다. 정신이 셧다운된 자폐인은 갑자기 잠들거나 묵묵부답하거나 혹은 (크리스털의 경우처럼) 몽롱해 보일 수 있다. 크리스털은 자기가 남자아이였다면 셧다운 증상을 보였을 때 사람들의 반응이 달랐으리라고 생각한다. 자고로 남자아이는 주체성과 자신감을 갖고 적극적으로 세상과 소통해야 하니까. 남자아이가 냉담하고 우울해 보였다면 누군가 좀 더 일찍 개입했을 테고, 크리스털의 경우처럼 아무도 언급하지 않는 가족 내의 비밀로 변질되진 않았으리라. 그 대신 크리스털의 부모는 딸에게 "유별나게 굴지" 말고 일어나서 "빠릿빠릿하게 움직이라"고 말했다. 크리스털이 혼란과 좌절로 쓰러져 울고 싶을 때도 부모는 그에게 좀 참으라고 말할 뿐이었다.

"내가 너무 예민한 탓이라는 말을 그만 들으려면 나 자신을 낮추고 아무것도 요구하지 말아야 했어요. 내가 뭔가를 잘못한다면 그건 잘할 수 있는 가능성이 아예 없어서라고 생각했죠. 애초에 아무것도 바라지 않는 게 나았어요."

자폐증 진단을 받은 크리스털은 이제 뿌리 깊은 자기 불신을 떨쳐내려고 한다. 울 때마다 남들의 눈치를 보지 않으려고, 스트레스를 받을 때마다 세상을 피해 숨지 않으려고 애쓰는 중이다. 자기가 감당할 수 있는 근무 시간은 주당 최대 20~30시간뿐이라는 사실을 염두에 두면서 생계를 꾸려나갈 수 있었으면 한다. 은근히 빈정거리거나 미묘하게 성차별적이지 않은, 공평무사하고 솔직하고 참을성 있게 설명할 수 있는 과외 교사를 찾아서 수학도 다시 배워보고 싶다.

"언젠가는 스스로를 돌아보며 내 마음에 들지 않는 면모가 사실은 나의 가장 큰 강점이라고 생각할 수 있을까요?" 크리스털은 생각에 잠긴다. "모르겠어요. 누군가 내게 자주 그렇게 말해주었어야 했어요. 하지만 이미 일어난 일은 받아들이려고 노력할 수밖에 없죠. 아직은 너무 마음이 아파서 그럴 수가 없지만요."

자신이 자폐인임을 뒤늦게 안 사람들 다수가 그렇듯 크리스털도 여전히 새로운 정체성 앞에서 혼란스러워하고 있으며, 자신이 지금까지 부당하게 대우받았다는 생각을 떨쳐내지 못한다. 이런 식으로 배제당하고 소외된 자폐인들이 너무나 많기에, 이 책에서는 몇 장에 걸쳐 더 많은 사례를 소개할 것이다. 하지만 먼저 전형적 자폐증이 왜 지금과 같은 이미지로 굳어졌는지 정확히 살펴볼 필요가 있다.

선입견이 놓친 집단

자폐인이 성별, 인종, 사회·경제적 위치 등으로 자폐증 진단을 받지 못한 경우, 가면을 쓸 필요성이 가장 커진다. 이들은 또래 백인 남성보다 더 상냥하고 고분고분하게 행동하도록 양육되는 경향이 있다. 예를 들어 발달심리학 연구자들은 여자아이의 사소하고 유희적인 공격 행위조차도 교사와 부모에게 '부적절한' 짓으로 여겨져 엄격한 꾸지람과 처벌을 받는다는 점을 꾸준히 지적해왔다. 여자아이는 장난감 두 개를 서로 부딪치기만 해도 훈계를 듣는 반면, 남자아이 대부분은 거칠거나 심지어 폭력적으로 노는 것도 허용된다.[52] 여자아이는 남자아이보다 한층 더 제한적인 사회 규범을 적용받기에 성가시거나 '폭력적'이거나 파괴적인 자폐 성향을 훨씬 더 일찍 숨길 줄 알게 된다. 유색인종 자폐인이나 트랜스젠더 자폐인, 그 밖의 다른 가면 자폐인에게도 비슷한 역학관계가 작용한다.[53]

자폐증 연구자들은 오랫동안 유색인종과 여아의 경우 자폐증이 드물고 증상도 덜하다고 믿어왔다. '여성 자폐증'이 덜 심각하다고 믿는 일반인들은 지금도 존재하지만, 대부분의 전문가들은 이처럼 소외된 집단 구성원들이 유별나거나 파괴적이어도 괜찮다는 사회적 관용을 얻지 못하며 똑같은 성향도 성별에 따라 다르게 받아들여진다는 사실을 인정한다.[54] 하지만 여성과 트랜스젠더, 젠더 비순응자를 비롯한 여러 소외 집단 자폐인이 은폐되는 경향은 여전하다.

자폐증이 '남자아이'의 장애라는 관념은 자폐증에 관한 서술이 처음 등장한 20세기 초반까지 거슬러 올라간다. 한스 아스퍼거Hans Asperger를 비롯한 초기 자폐증 연구자들은 자폐 스펙트럼에 속하는 여자아이들도 연구했지만, 보고서를 발표할 때는 여자아이들에 관한 내용을 대부분 빼버렸다.[55] 아스퍼거가 자폐증 여아에 관해 쓰지 않은 가장 큰 이유는, 오스트리아를 점령하고 장애인 대량 학살을 시작한 나치에게 지적 능력이 뛰어난 자폐인들의 '높은 가치'를 보여주고 싶었기 때문이다. 스티브 실버만Steve Silberman이 저서 《뉴로트라이브》에 서술했듯이, 아스퍼거는 그가 만난 '고기능' 자폐증 남아들이 나치 강제 수용소로 이송되지 않기를 바랐다. 실버만은 이 부분을 어느 정도 동정적으로 묘사했으며, 아스퍼거가 과학자로서 파시즘 정권과 결탁하여 소수의 아이들이나마 구해내기를 택할 수밖에 없었다고 했다. 그러나 최근 발견된 문서를 통해 아스퍼거가 과거에 알려진 것보다 훨씬 더 깊이 나치의 장애아 학살에 연루되어 있었음이 밝혀졌다.[56] 아스퍼거는 지능이 뛰어난

'꼬마 교수' 유형의 자폐아는 아꼈지만, 눈에 띄게 쇠약해진 자폐아는 대놓고 죽음의 수용소로 보냈다.

사회에 '유용한' 사람에게만 권리를 부여한다는 우생학적 이상에 영향을 받은 아스퍼거는 자폐증을 지적이지만 문제가 있는, 그리고 주로 부유한 집안 출신인 남자아이의 장애로 설명하는 데 집중했다. 자폐증 여아는 가치 있게 여기지 않았기에 아예 논의에서 제외했다.[57] 유색인종 자폐인은 아스퍼거뿐 아니라 당대 학자들 대부분에게 외면당했고, 심지어 미국과 같은 다인종 국가에서 연구하던 학자들도 마찬가지였다. 성소수자 및 젠더 비순응 자폐인의 존재도 비슷하게 무시되었다. 사실 최초의 유효한 자폐증 '치료법'인 응용행동분석 치료를 개발한 올레 이바르 로바스Ole Ivar Lovaas는 동성애 전환 치료법을 개발한 사람이기도 했다.[58] 이런 역사는 여전히 주류 퀴어 공간과 자폐인 집단 양쪽에서 소외감을 느끼는 여러 성소수자 자폐인의 삶을 괴롭히고 있다.[59]

영어와 독일어로 발표된 초기 연구들은 자폐증 남아만을 다루었기 때문에, 당시의 정신의학과 의사들은 자폐증이 '극도로 남성적인 뇌' 때문에 발생한다고 결론을 내렸다.[60] 자폐인은 너무 분석적이고 이성적이며 개인주의적이라 독립적으로 사회생활을 할 수 없다고 여겼다. 모든 자폐증 진단 지침이 이런 관점 아래에 작성되었고, 그렇게 수십 년 동안 악순환이 이어졌다. 자폐증 진단을 받은 대다수는 부유한 백인 남자아이였으며, 이들은 차후 연구에서도 자폐증을 정의하고 이해하는 기준이 되었다.[61] 백인 여자아이도 자폐증 진단을 받긴 했지만 누가 봐도 명백하게 '남성적'인 자폐증상을 보이는 소수에 한정되었다. 반면 비백인 자폐인은 반항적이거나 반사회적이거나 조현병이라고 분류되었고, 따라서 더 쉽게 감금하거나 시설에 강제 수용할 수 있었다.[62]

이런 경향이 시작된 지 한 세기가 지난 지금까지도 자폐증 진단은 여전히 성별과 인종에 따라 엄청난 격차를 보인다. 자폐증 남아와 여아의 비율은 수십 년 내내 4대 1을 유지하고 있다.[63] 크리스털과 같은 여성은 아직도 자폐증 진단을 거부당하기가 일상다반사인데, 그들이 '진짜' 자폐인이라기에는 너무 얌전하고 온순하기 때문이다. 트랜스젠더와 유색인종 자폐인도 비슷하게 배제된다.[64] 소수자 자폐인이 자신의 정체성을 깨닫고 커밍아웃할 경우 '자폐인처럼 보이지 않는다'는 말을 들을 위험을 감수하는 셈이다.

대중매체에 등장하는 거의 모든 자폐인 캐릭터는 무미건조한 말투에 무례한 태도를 보이며 과학에 관심이 많은 백인 남성이다. 애니메이션 시리즈 《릭 앤 모티》의 괴팍한 천재 릭[65], ABC 방송국의 드라마 《굿 닥터》에 나오는 유능하지만 냉정한 숀 머피, 《빅뱅 이론》의 똘똘하고 겸손한 척하는 셸던 쿠퍼를 떠올려보라. 이런 문화적 환경에서는 섬세하고 감성을 잘 드러내고 예술적이며 학구적 성공에 무관심한 자폐인의 입지가 협소해진다. 자폐증은 언제나 '싸가지 없는' 성격과 연결되기 때문에, 많은 자폐인들이 처음에는 의심받지 않으려 안간힘을 쓰며 과장되게 사람 좋고 원만하게 행동함으로써 약점을 벌충하려 든다. 우리 대부분은 수년간의 연구와 현실에서의 반례들을 접한 뒤에야 자폐증이 익히 들어온 것처럼 냉담하고 로봇 같은 상태가 아님을 깨닫게 된다. 자폐인이 기존의 오해와 얄팍한 고정관념에 노출되면 자신을 바라보는 방식이 왜곡되고 개성을 은폐하려 할 수 있다.

다음 연습 문제로 당신이 어린 시절 자폐증에 관해 어떤 메시지를 받아들였는지, 그로 인해 어떤 자기 인식과 가면을 형성했는지 생각해보자. 가면은 자폐인 스스로 가장 싫어하거나 두려워하도록 교육받은 자폐 성향에 영향을 받기 쉬운데, 그 이유는 앞으로 몇 장에 걸쳐 자세히 살펴볼 것이다.

최근에는 자폐인이 한층 다양하게 묘사되고 있다. 시트콤《커뮤니티》의 아베드 나디르는 팔레스타인 무슬림 남성으로 재기 넘치고 영화를 좋아하지만, 차가운 표정에 좀처럼 웃지 않는다는 점에서는 기존의 고정관념과 비슷하다. 인기 있는 멀티플레이어 게임 '오버워치'의 시메트라는 자신감 넘치는 인도계 자폐증 여성이며 직접 발명한 포탑으로 적들을 날려버린다. 넷플릭스 드라마《퀸스 갬빗》의 베스 하먼은 미모의 체스 선수이지만 약물 중독자이며 자폐인으로 암시된다. 내가 이런 캐릭터들을 접한 것은 자폐증 진단을 받고 다양한 자폐인들을 실제로 만나본 뒤 괴로워하는 백인 천재 이외의 자폐인 이미지를 찾아 나선 20대 후반에 이르러서였다. 자폐증의 정의를 다각적으로 깊이 탐구하는 일은 나를 이해하고 사랑하며 서서히 받아들여가기 위해 절대적으로 중요했다. 마찬가지로 내가 이 책을 쓰면서 면담한 여러 가면 자폐인들도 다양한 배경에 고정관념을 벗어난 '비정형' 자폐인들과의 만남을 중요하게 여겼다.

자폐증에 관한 고정관념

1 텔레비전이나 영화에서 본 자폐증의 이미지를 떠올려보자. 할 수 있다면 비슷한 시기에 접한 자폐인 캐릭터나 인물을 몇 명 적어보자.

2 자폐인(또는 자폐인이라고 암시되는) 캐릭터를 3~5단어로 묘사해보자. 예를 들어 〈레인 맨〉의 더스틴 호프먼은 냉담하고 무기력하지만 박식하고 천재적이라고 묘사할 수 있다.

캐릭터 ________________ 특성 ________________
캐릭터 ________________ 특성 ________________
캐릭터 ________________ 특성 ________________

3 다음 문장을 완성해보자.

자폐증을 잘 몰랐을 때는 모든 자폐인이 ________, ________, ________ (라)고 생각했다.

4 자폐증에 관한 이런 이미지들과 당신은 어떻게 다른가?

5 "넌 자폐인처럼 보이지 않는다" "네가 자폐인일 리 없다"는 말을 들은 적이 있는가? 그런 말이 무슨 의미라고 생각하는가? 그런 말을 들었을 때 기분이 어땠는가?

가면 자폐인은 기본적으로 어디에나 존재하지만, 자폐증의 성격상 사회에서는 잘 드러나지 않는다. 그들은 영업, 서비스업, 예술 등 흔히 전형적 자폐성 행동과는 양립할 수 없다고 여기는 다양한 분야에 종사한다. 많은 자폐인들이 억제와 회피라는 가면을 쓰고 있기에 적어도 남들이 꼭 집어낼 수 있을 만큼 사회적으로 어색하지는 않을 것이다. 많은 자폐인들이 감각 문제, 불안, 멜트다운 등 심각한 정신건강 증상을 겪지만, 이런 불행의 대부분을 최대한 사적인 영역으로 밀어둔다. 우리가 활용하는 정교한 대처 요령과 위장술 때문에 도움이 필요하지 않은 것처럼 보일지도 모른다. 하지만 이는 종종 삶에서 도움이 필요한 영역을 포기하는 대가를 치르고 얻어낸 가면이다. 인간관계를 삼가거나, 힘든 과목 수강을 취소하거나, 네트워킹과 사교가 필요한 분야의 일을 피하거나, 자신의 몸과 완전히 단절되고 엇나간 느낌 때문에 몸을 쓰는 활동에 참여하지 않을 수도 있다. 우리 대부분은 삶에서 뭔가 '잘못되었다'거나 '결여되었다'는 느낌, 즉 남들보다 훨씬 더 많이 희생하면서 그 대가는 훨씬 더 적게 받고 있다는 생각에 사로잡혀 있다.

자폐증 진단율은 매우 낮기 때문에, 자폐증이 실제로 얼마나 널리 퍼져 있는지 추정하기는 어렵다. 다만 자폐증이 대중에게 잘 알려지고 진단 절차의 편향성도 조금씩 줄어들면서 진단율이 꾸준히 상승하고 있다는 건 확실하다. 2020년 기준으로 어린이 쉰네 명 가운데 한 명이 자폐증 진단을 받았다. 불과 4년 전의 예순여덟 명 가운데 한 명에 비해 증가한 수치다. 1990년대에는 어린이 2500명

미국 내에서 한 해 동안 자폐증 진단을 받은 아동의 비율(%)

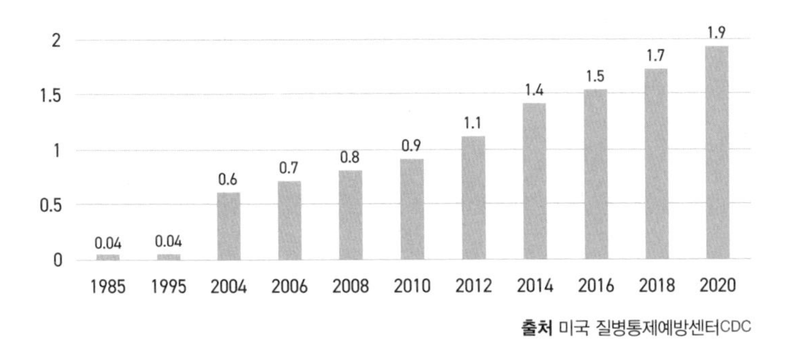

출처 미국 질병통제예방센터CDC

가운데 한 명만이 자폐증 진단을 받았다.[66] 모든 자료로 볼 때 여성, 트랜스젠더, 흑인과 라틴계, 빈곤층, 검사와 치료를 받지 못하는 이들의 정신건강 상태는 여전히 심각하게 과소 인식되고 있는 만큼, 이런 상승 추세는 앞으로도 멈추지 않을 듯하다. 미국에서 정신건강 지원이 필요한 사람들의 50퍼센트가 지원받지 못한다는 점을 고려하면[67] 자폐증 진단율은 그야말로 엄청나게 과소평가되고 있는 셈이다.

이 모든 자료를 볼 때 현재 미국 내 자폐인의 절반 이상이 진단을 받지 못한다고 추정할 수 있다. 이조차 치료받을 수 있는 모든 자폐인이 정확한 진단을 받는다는 전제하에 줄잡은 추정치이며, 우리는 이 전제가 사실이 아니란 걸 안다. 또한 자폐증은 유전성인 만큼, 공식 진단을 받아 이 통계에 포함된 모든 자폐아는 자폐 스펙트럼 친척이 여럿일 수 있다는 점에 유의해야 한다. 우리 가족은 거의 모두 어느 정도 자폐 성향이 있으며 자폐인 커뮤니티의 일원으로 간주될 수 있다. 설사 그중 몇몇은 공식 자폐증 검사를 통과

할 수 없거나 애초에 진단을 받는 데 관심이 없다 해도 말이다.[68]

이 책을 읽는 사람은 자신이나 아는 사람이 가면 자폐인 혹은 신경다양인인지 확인하고 싶을 것이다. 나는 지난 몇 년간 나 자신의 자폐증 발견 여정을 서술해왔다. 내가 인터넷에 글을 올릴 때마다 자기도 자폐 스펙트럼인 것 같다며 확인할 방법을 알려달라는 사람들의 메시지가 쇄도한다. 그들은 보통 자폐 스펙트럼 검사를 받는 방법을 우선적으로 물어본다. 그러면 나는 우선 세 가지를 되물어본다.

1. 자폐증 검사를 보장하는 보험에 가입되어 있는가?
2. 거주 지역에서 입증된 자폐증 성인 검사 전문가를 찾을 수 있는가?
3. 공식 진단으로 무엇을 얻고 싶은가?

첫 번째와 두 번째 질문은 대답하기가 상당히 어려울 수 있다. 미국에서는 성인의 자폐증 검사를 보장하지 않는 의료보험 상품이 많다.[69] 자폐증을 검사하고 진단할 자격을 갖춘 전문가는 많지 않으며(일반 심리학자는 자폐증 검사를 실시할 자격이 없다) 진단 과정에는 일반적으로 다양한 검사, 선별 설문조사, 심지어 가족 및 친구와의 면담까지 포함된다. 의료보험이 적용되지 않는다면 이 과정에 1200달러(한화 약 162만 원)[70]에서 5000달러(한화 약 676만 원)[71]에 이르는 비용이 들 수 있다.

설사 검사를 받을 여유가 있더라도, 성인 자폐증 진단이 가능한 전문가를 찾기가 무척 어려울 수 있다. 20대 중반인 내 친구 셉은 영국에서 자폐증 검사를 받으러 갔다가 누가 봐도 어린아이를 위해 고안된 검사를 받아야 했다. 치료사가 탁자 위에 다양한 장난감을 놓더니 그것들로 이야기를 만들어보라고 요청한 것이다(이는 어린아이를 위해 개발된 일반적 진단 도구의 일종인 자폐증 진단 관찰 도구 Autism Diagnostic Observation Schedule, ADOS다).[72] 셉의 어머니도 설문지를 작성해야 했지만 셉은 어머니의 답변 내용을 볼 수 없었다. 진단 과정 전반에서 자폐인 당사자는 완벽히 소외된다. 내가 이 책을 쓰면서 면담한 자폐인 일부는 여성이라거나 옷차림이 말쑥하다거나 말투가 단조롭지 않다는 이유로 수차례 검사를 거부당했다고 말했다. 때로 전문가들은 성인에게 자폐증 진단을 내리기보다 '비언어성 학습 장애'처럼 덜 수치스럽게 여겨지는 꼬리표를 달아주기로 결정하기도 한다.

크리스털의 이야기를 들어보자. "나는 전문가를 두 명 만나야 했어요. 첫 번째 전문의는 할아버지가 늘 말씀하시던 것과 똑같이 말했거든요. 여자아이가 자폐증인 경우는 드물고, 넌 아무 문제도 없다. 그러니 걱정하지 마라."

자폐증 검사 도구는 아직까지도 수십 년 전 부유한 중산층 백인 남자아이를 위해 개발된 것에서 크게 달라지지 않았다.[73] 하지만 수년간의 임상 경험을 통해 가면 자폐증을 알아보는 요령을 터득한 전문가들도 있다. 예를 들어 가면 자폐인은 상대방과 눈을 맞출 수는 있지만 상당수가 신경전형인에 비해 너무 강하게 또는 너무 오래 응시한다는 것이다. 그들은 또한 여성과 유색인종 자폐인의 경우 붙임성 있게 보여야 세상살이가 가능한 만큼 말투가 덜 단조로울 수도 있음을 이해할 것이다. 나아가 직장에서 종일 신경전형성을 가장해야 하는 사람들에게 나타나는 자폐증과 약물 중독 및 섭식 장애의 연관성도 알고 있을지 모른다. 하지만 이런 사실들이 검사 전문가 교육 과정에서 중시되지는 않기 때문에 자폐인의 외관에 대한 구시대적이고 성차별적이며 백인 우월주의적인 선입견을 끝까지 벗어나지 못하는 전문가도 많다.

여기서 세 번째 질문으로 넘어가보자. "공식 진단으로 무엇을 얻고 싶은가?" 당신은 미국 장애인법ADA(혹은 이와 유사한 다른 국가의 법률) 및 세계 곳곳의 차별금지법에 따라 중요한 사회적·법적 혜택을 받을 수 있다. 정신의학과 의사에게 진단을 받으면 남들이 당신의 문제를 더 진지하게 여겨줄 거라고 기대할지도 모른다. 공식 진단을 받는다면 학교나 직장에서 자폐성 장애 관련 편의를 제공받을 수 있으며, 고용주나 집주인이 문서상에서 편견을 드러낼 경우에도 법적 소송을 제기할 수 있다. 자폐증 진단으로 의료용 대마를 사용하거나 치료 동물을 키울 자격이 생기는 지역도 있다. 당신이 발달 장애인이라는 게 밝혀지면 게으른 엄살쟁이라며 헐뜯던 가족도 마침내 입을 다물지 모른다. 치료사나 의료인에게 신경 유형에 따른 치료를 받을 수도 있을 것이다. 대부분의 신경다양인들은 공식 진단을 통해 이런 결과들을 받길 기대한다.

안타깝게도 자폐증 진단을 받는다고 반드시 이런 혜택이 보장되는 것은 아니다. 자폐인이라고 차별받았다는 사실을 법정에서 입증하려면 방대한 자료가 필요하며,[74] 소송비용도 대부분의 장애인에게는 부담스러울 것이다. 장애 진단을 받으면 서류상으로는 정당한 편의를 제공받을 수 있지만, 많은 고용주와 교육자가 이를 거부하거나, 심지어 요청한 직원과 학생을 괴롭힌다(미국 장애인법의 한계와 일관성 없는 집행에 관해서는 8장에서 자세히 살펴보겠다). 나도 자폐인이 공식 진단을 받으면 가족과 친구의 비판에서 해방될 거라고 말해줄 수 있다면 좋겠지만, 그렇게 단언하기에는 내가 들은 반례가 너무나 많다. 의사의 진단을 받으면 가족들은 자폐증을 예전보다 더 두려워하거나, 진단을 빌미 삼아 당신의 판단력을 깎아내리거나, 당신을 어린아이처럼 취급할지도 모른다. 그렇다고 해서 자폐증 진단을 받지 말라는 것은 아니다. 다만 정신의학과 의사가 서명한 종이 한 장으로 마술처럼 각종 지원과 사회적 존중을 받을 수 있으리라고 기대하면 안 된다는 것이다.

게다가 자폐증 진단을 받는다고 특정 치료법이나 약물에 접근할 권한이 부여되진 않는다. 성인 자폐증에 대한 증거 중심 치료법은 아직 없기 때문이다. 치료사 대부분은 자폐증 성인 치료 훈련을 받지 않았으며, 많은 치료사가 자폐증에 관해 매우 피상적이고 구시대적인 관념을 드러낸다. 심지어 자폐증 전문가도 주로 어린이를 상대하다 보니 자폐아가 좀 더 순응적이고 수동적으로 행동하도록 '거드는' 훈련에 치우친다. 내가 아는 한 시카고에서 숙련된 가면 자폐증 성인 치료사는 한 명뿐이며, 내가 그에 관해 아는 것도 단지 다른 자폐인들이 유능한 사람이라고 보증해주었기 때문이다. 다른 도시에 사는 정신건강 의료인 중에 자기가 자폐인이며 동료 자폐인을 상대하길 좋아한다고 개인적으로 말해준 분들이 꽤 있긴

하다. 하지만 그들도 직장에서 자폐인임을 공개적으로 드러낼 수는 없다고 이구동성으로 말했다. 신경다양인이라고 밝혔다가는 동료들에게 무능하거나 전문성이 떨어진다고 간주될 위험이 너무 크기 때문이다.

물론 자폐증에 '대한' 치료법을 찾는다는 자체가 자폐인이 망가졌거나 아프다는 생각을 전제로 한다. 이는 신경다양성 운동이 단호히 거부하는 생각이다. 자폐증에 대한 약물이나 치료법은 없으며, 자폐인의 신경 유형을 바꿀 방법도 없다. 자폐인 커뮤니티의 구성원 대부분은 우리를 '고치려는' 시도에 반대한다. 어느 정도 성인에 맞추어 수정된 자폐증 치료법도 있기는 하지만, 치료사가 스스로 따로 배우지 않는 한 수정된 치료법의 존재조차 모를 수 있다. 자신이 자폐인임을 깨닫는 과정은 대체로 자기 수용, 커뮤니티 구축, 자기 옹호 능력을 키워가는 여정이며, 이를 위해 반드시 자폐증 진단을 받아야 하는 것은 아니다.

이런 모든 이유로 인해 나는 자폐인의 자기 결정을 굳건히 지지한다. **자가 진단**보다도 **자기 결정** 또는 **자기 인식**이라는 용어를 선호하는데, 자폐인 정체성을 100퍼센트 의학적인 관점보다는 사회적 관점으로 바라보는 것이 합당하다고 생각하기 때문이다.[75] 진단은 일종의 선별 과정이며, 너무 가난하거나 바쁘거나 흑인답거나 동성애자답거나 여성스럽거나 젠더 비순응적인 사람을 걸러내고 차단한다. 불공정하게 진단을 거부당한 자폐인들이야말로 우리 중에서도 가장 절실하게 연대와 정의가 필요한 이들이며, 우리는 그들을 외면할 수 없다.

크리스털처럼 어릴 때 진단을 받지 않은 것을 후회하는 자폐인도 많지만, 어릴 때 진단을 **받은** 자폐인은 편의를 지원받기 용이해지는 반면 제도적으로 더 심한 낙인이 찍히기도 한다. 장애인이라는 공식 인정은 양날의 검과 같아서 이혼 소송이나 자녀 양육권 소송에서 불리하게 작용할 수도 있고, 법적 성인이 되고 나서도 재정적 후견인의 보호를 받도록 종용하는 수단이 될 수도 있다. 그렇다고 무조건 자폐증 진단을 받지 말라는 건 아니다. 내가 아는 가면 자폐인 상당수는 그들의 자녀가 어릴 때 자폐증 검사와 진단을 받아서 정말 다행이라고 생각한다. 많은 자폐인들이 자녀의 자폐증 진단을 계기로 자신의 정체성을 탐구하기 시작한다. 가족이 자폐증 진단을 받았으니 나도 자폐증일지 모른다는 의구심을 제기할 경우 전문가가 더 진지하게 받아들일 가능성이 크다(내 경우에는 확실히 그랬다).

내가 아는 양육자들 중에 자폐증 검사를 긍정적으로 경험한 경우는 자녀의 주체성과 인간성을 존중받기 위해 수없이 싸워야 하리라는 굳센 각오로 진단 과정을 시작한 이들이었다. 이는 공식 진단을 받는 데 성공한 자폐증 성인의 경우도 마찬가지다. 안타깝게도 자폐인은 종종 의료진을 직접 가르쳐야 하는 처지에 놓인다. 특히 자폐아의 경우 경계를 존중받고 있는지, 이 치료가 정말 최선인지 확인하기 위해 대신 나서서 싸워주는 맹렬한 대변인이 필요하다. 당신이나 당신의 자녀가 자폐증 진단을 받길 원한다면 무리한 기대는 금물이며, 최대한 많은 정보로 무장해야 하고, 필요한 경우 몇 번이고 싸우거나 의료진을 바꿀 준비가 되어 있어야 한다.

길고 고되며 흔히 돈도 많이 드는 검사 과정을 감수하고 싶지 않다면, 굳이 그럴 필요는 없다. 당신의 경험을 증명하기 위해 의학적 서류가 필요한 것은 아니다. 자기 인식 자폐인이라고 해서 자폐인 커뮤니티에서 무시당하지도 않는다. 내가 자주 찾아가는 자폐인권 옹호 공간들은 대부분 자폐증 진단을 받은 사람과 받지 않은 사람을 구분할 수 없게 되어 있다. 그 문제는 정말로 중요하지 않기 때문이다.

나는 자폐인이 자신의 정체성을 정의할 권리가 있다고 믿는다. 자기 결정이야말로 오랫동안 우리를 가두고 통제하려 했던 의료기관으로부터 우리의 힘을 되찾아올 방법이라고 믿는다. 우리가 표준을 벗어났다는 점이 우리 자신을 이해하는 방식의 핵심일 필요는 없다. 자폐증이 근시나 주근깨와 다를 바 없이 개인적이고 가치중립적인 사실로 간주될 때까지 사회적 표준을 확장하려고 노력할 수 있다. 대중 인식과 인권 의식에서 큰 진전을 이룬다면 사회에서 자폐인의 위치도 서서히 회복되겠지만, 그래도 우리 모두는 여전히 자폐인일 것이다. 따라서 자폐증을 장애로 보는 관점이 우리의 자기 정체성을 형성하거나 커뮤니티에 속할 자격을 좌우해서는 안 된다.

우리에게 적절한 용어를 찾는 과정

이 책에서 나는 '자폐인Autistic'의 첫 글자를 대문자로 쓸 것이다. 농인 커뮤니티에 속한 사람이 '농인Deaf'을 그렇게 쓰듯이 말이다. 자폐증이 내 정체성의 떳떳한 일부임을 드러내고 자폐인만의 문화와 역사, 커뮤니티가 존재한다는 것을 알리기 위해서다. 자폐증이라는 용어는 오이겐 블로일러Eugen Bleuler가 처음 제시한 20세기 초부터 거의 항상 부정적이고 비인간적인 의미로 쓰여 왔으며, 오늘날까지도 많은 부모와 교육자가 자폐증을 끔찍이 두려워한다. 나는 자폐인의 첫 글자를 대문자로 표기함으로써 이 병이 실제로 우리 정체성의 중요하고 유의미하며 부끄러워할 필요가 없는 측면임을 알리고자 한다.

또한 이 책에서는 자폐증을 종종 '장애'로 칭할 것이다. **장애**는 나쁜 단어가 아니다. 장애가 있는 건 부끄러운 일이 아니기 때문이다. 우리는 이른바 '다른 능력이 있는differently abled' 사람이 아니라, 우리를 위해 만들어지지 않은 세상에서 권한과 선택권을 빼앗긴 장애인disabled이다. '다른 능력이 있는' '잘해인handi-capable' 등의 완곡어법은 1980년대에 장애인 자녀의 소외 상태를 축소하고자 했던 비장애인 양육자들이 만든 것이다. 장애인의 실제 억압 경험을 인정하길 꺼렸던 정치인들[76]은 이런 표현을 대중화하는 데 앞장섰다.[77] 이런 표현들은 현실을 은폐하며, 장애가 있는 신체와 정신에 대해 많은 사람들이 느끼는 불편한 감정을 드러낸다. 눈이 먼 사람은 '다른 시각'을 가진 것이 아니다. 볼 수 있는 사람들에 의해, 볼 수 있는 사람들을 위해 설계된 세상에서 다른 사람들과 같은 능력을 갖지 못한 것이다. 세상은 장애인에게 필요한 편의를 제공하지 않음으로써 그를 적극적으로 **불구화한다**. 장애를 장애라고 부르는 것은 장애인을 존중하고 우리가 받는 억압을 드러내는 방법이다. '다른 능력이 있다'는 그럴싸한 완곡어법은 장애의 현실을 지우려는 시도이며, 많은 장애인들이 이 표현을 불쾌하게 여긴다.

비슷한 맥락에서 나는 거의 항상 '자폐증이 있는 사람person with Autism'이 아니라 '자폐인Autistic'이라고 말한다. 자폐아의 비장애인 양육자는 흔히 장애나 정체성보다 개인을 강조하는 '개인 중심 표현'을 선호한다.[78] 장애인이 운영하지 않는 비장애인 복지 단체에서도 '개인 중심 표현'을 옹호하는 경향이 있다. 내가 아는 많은 임상의들과 사회복지사들도 교육 과정에서 항상 이런 식으로 장애를 개인의 정체성과 구분하도록 배웠다고 말한다.

그들은 흔히 장애인이 그의 장애로 정의되지 않았으면 해서 그런 표현을 쓴다고 말한다. 하지만 '자폐증이 있는 사람'처럼 장애와 개인을 분리하는 표현은 매우 해로울 수 있다. 자폐증은 개인에게 추가된 요소가 아니라 그의 삶과 정체성에서 결코 떼어낼 수 없는 특성이기 때문이다. 우리는 아시아인을 '아시아인으로 태어난 사람'이라고 부르거나 동성애자를 '동성애를 하는 사람'이라고 부르지 않는다. 이런 정체성을 개인의 일부로 간주하는 것이 이들을 존중하는 태도임을 알기 때문이다. '자폐증 진단을 받은 사람'과 같은 표현도 찜찜하긴 마찬가지다. 트랜스젠더 여성을 진정으로 존중한다면 '이 사람은 여성으로 식별되었다'고 말하는 것이 아니라 단순히 '이 사람은 여성이다'라고만 말하지 않겠는가.

이런 이유들로 인해 자폐인권 운동가 대다수는 정체성 중심 표현을 선호하고 '특별한' '다른 능력'과 같은 완곡어법을 꺼린다. 또한 '고기능' '저기능' 장애인이라는 말도 기피하며 그 대신 '지원 필요성이 높음'과 같은 표현을 선호한다. 다음 표는 커뮤니티에서 일

자폐 관련 용어	
권장 표현 개인이 할 수 있는 것과 할 수 없는 것, 어떤 지원이 필요한지에 관한 직접적 표현.	권장하지 않는 표현 완곡어법, 어려움을 축소하는 표현, 비하 또는 경멸 표현.
자폐인, 자폐성 장애인, 자폐 스펙트럼 장애인	자폐증이 있는 사람
자폐인이다	자폐증 진단을 받았다
장애인, 장애가 있는	'잘해인', '특별한 도움이 필요한', '다른 능력이 있는'
신경전형인, 비자폐인	정상인
지원 필요성이 높음, 지원 필요성이 낮음	저기능, 고기능
가면 자폐증	여성 자폐증, 아스퍼거, 고기능 자폐증
비언어성, 언어 상실	벙어리
지적 장애, 발달 장애	지체 부자유, 백치, '특별한'

반적으로 가장 선호하는 용어를 정리한 것이다.

하지만 자폐인 집단은 다양한 개인들로 이루어진 만큼, 선호하거나 기피하는 용어에 모두의 의견이 일치할 필요는 없다. 자폐인이라면 가장 지당하다고 생각하는 표현을 스스로 결정할 수 있다. 예를 들어 자신이 딱 잘라 자폐증이라고 말하기보다 '자폐 스펙트럼 장애'라고 말하기를 선호하는 사람도 있다. 그런가 하면 자기가 아스퍼거 증후군이라고 표현하는 사람도 있다. 아스퍼거의 우생학 연구에 뿌리를 둔 이미 폐기된 명칭인데도 말이다.[79] 과거에 아스퍼거 증후군이라는 명칭을 강요당했던 사람 중에는 이미 정들어버린 이 용어를 되찾길 원하는 경우가 있다. '양성애'라는 말은 한때 일종의 정신질환을 의미했지만,[80] 그렇다고 해서 양성애자에게 그 명칭은 불쾌한 내력이 있으니 쓰지 말라고 하는 사람은 없다. 민속학자 아난드 프랄라드Anand Prahlad는 《흑인 아스퍼거인의 내밀한 삶The Secret Life of a Black Aspie》이라는 책을 썼지만, 그가 '아스퍼거'라는 말을 사용한 것이 이 장애에 관한 케케묵은 백인 우월주의 관념을 다지기 위해서라고 생각할 사람은 없으리라. 나는 '고기능' 자폐인의 삶이 다른 자폐인의 삶보다 중요하다는 믿음에 의문을 제기하는 일이 모든 사람들의 언어에서 구시대적이거나 미심쩍은 용어를 삭제하는 일보다 훨씬 더 중요하다고 생각한다. 게다가 장애인권 커뮤니티는 장애 정도를 떠나서 누구나 편하게 접근할 수 있는 곳이어야 한다. 그러려면 정확히 우리가 선호하는 표현을 사용하지 않는 사람들에게도 관용과 이해를 보여야 한다.

자폐인 커뮤니티의 대다수는 쓰지 않으려는 용어이지만, 일부는 자신을 '저기능' 또는 '중증 자폐인'으로 칭하기도 한다. 기능적 명칭은 자폐증 경험을 지나치게 단순화하며, 자폐인을 생산성과 독립성에 따라 정의해야 한다는 의미로 받아들여진다. 이는 큰 문제다. 하지만 기능적 명칭은 말을 하고 혼자서 옷을 입고 멜트다운 상태를 숨길 수 있는 자폐인이 그렇지 못한 자폐인과 구분되는 사회적 특권을 지녔음을 강조하기 위해 사용될 수도 있다. 나는 삶의 모든 영역에서 '고기능'은 아니지만 상당수의 자폐인들보다는 수월하게 생활하는 편이다. 내가 사회에 받아들여지는 것은 예의 바르게 행동할 수 있고 생산성이 있기 때문이다. 지극히 장애인 차별적이지만 그렇다고 외면하거나 부정할 수도 없는 현실이다. 바람직하고 존경받을 만한 인물처럼 행동해야 한다는 것은 답답하고 고통스럽지만 한편으로는 신체 폭력, 시설 강제 수용, 빈곤, 고립으로부터 나를 지키는 수단이기도 하다. 내 친구 엔젤은 비언어성 지적 장애인인 자신의 삶이 내 삶과 크게 다르다는 점을 지적할 필요가 있다고 생각하며, 나도 그의 의견을 이해한다. 엔젤은 자신이 저기능 장애인이자 중증 자폐인이라고 말한다. 우리 커뮤니티의 몇몇 사람은 이 표현을 불쾌하게 여기지만, 나는 엔젤이 자신의 경험을 표현할 권리를 지지한다.

나는 모든 자폐인이 이런 명칭들과 고유한 관계를 맺고 나름대로의 의견을 낸다는 게 좋다. 우리의 의견 불일치는 자폐인 커뮤니티가 다양하고 독자적이며 자기 생각을 말하는 사람들로 가득하다는 것을 보여준다. 우리는 획일화된 집단이 아니며, 각자가 지나온 여정에 따라 다른 방식으로 자신의 정체성을 세상에 드러낸다. 이 책에서 나는 자폐인 각자가 자신을 일컫는 명칭을 존중하려고 최선을 다했다. 다시 말해 장애인권 단체에서 비자폐인에게 그런 표현을 함부로 쓰지 말라고 권할 이유가 충분하다는 점과 별개로, 이 책에서는 특정한 개인을 '자폐증이 있는 사람' 또는 '저기능'이라고 부를 수도 있다. 누군가 스스로 '아스퍼거인'이라거나 아스퍼거 증후군을 앓고 있다고 밝힌다면 나도 그 용어를 그대로 반영할 것이다. 이 책을 읽는 독자에게도 좋아하거나 싫어하는 용어와 관련해 구체적인 입장이 있겠지만, 그래도 내가 면담한 사람들이 자신의 명칭을 결정할 권리를 존중해주었으면 한다. 나 역시 그러려고 최선을 다했으니까.

2

평생 가면을 쓰는 사람들

자폐증은 다양한 색조와 명암으로 이루어지며
그 모두가 어우러질 때 더욱 아름답게 빛나는
무지갯빛 스펙트럼이다.
자폐증을 받아들인다는 건
가면을 벗고 우리의 생생한 색채를
안전하게 세상에 공유할 방법을 찾는 일이다.

30대 중반의 논바이너리 자폐인 바비는 이렇게 말한다. "나는 자폐증 여아로서 교육받거나 '사회화'된 적이 없어요. 그냥 이상한 아이이자 실패한 여성으로 자랐죠."

바비는 어린 시절 스포츠, 지역 식물과 버섯, 프로레슬링에 관심이 많았다고 한다. 과묵하고 무뚝뚝하며 '여성스럽게' 행동하지 않아서 '사내애 같다'며 또래 친구들로부터 따돌림을 당했다. 바비도 성별 규범에 맞추려고 애써봤지만 보기 좋게 실패했을 뿐이다. 바비는 소근육 조절을 못해서 화장하거나 필기구로 글씨를 쓰는 데 서툴렀다. 직접 짧게 자른 머리 모양 때문에 교내 식당에서 여자아이들에게 은근히 조롱을 당하기도 했지만, 바비는 무슨 상황인지 이해하지 못했고 "어머. 바비, 머리 예쁘게 잘랐네"라는 여자아이들의 탄성을 곧이곧대로 받아들였다. 아무도 바비가 자폐인이라고 생각하지 못했고, 트랜스젠더인지도 전혀 인식하지 못했다.

"난 그냥 '구석에 처박혀 있는 기분 나쁜 괴짜' 중에 하나였죠."

어른들은 바비의 고투를 성별이나 장애에서 소외되었다는 징후가 아니라 단순한 골칫거리로 치부해버렸다. 가면 자폐인과 성소수자는 여러모로 비슷한 경험을 공유하며, 두 가지 정체성을 모두 지닌 사람도 흔하다. 트랜스젠더나 자폐증 성인의 가족은 당황한 나머지 당사자가 어린 시절 이런 정체성의 징후를 "전혀 보이지 않았다"고 주장하기 쉽다.[1] 하지만 실제로는 여러 징후가 있었음에도 아이의 가족이 미처 보지 못했거나 외면했던 경우가 많다.[2] 부적응의 징후는 훈계, 경멸조의 '유익한' 제재("왜 그리 죽상이니. 좀 웃어봐!"), 또는 아이가 순응할 때까지 배제하는 행위 등으로 지워졌을 가능성이 높다. 바비는 머리 모양뿐 아니라 몸가짐, 말투, 사고방식, 편안하고 실용적인 옷차림에 대해서도 칭찬인 듯 비꼬는 말을 듣곤 했다. 하지만 나이가 들면서 자신에게 어떤 모습이 기대되는지 파악하게 되었고 '정상인'으로 보일 수 있게 외모를 더 여성스럽고 젠더 순응적으로 가꾸었다.

어린 시절에 바비를 있는 그대로 봐주는 사람은 아무도 없었다. 장애와 젠더 다양성을 부끄럽고 혐오스러운 것으로 가르치는 신념체계하에서 자기 아이에게 그런 성향이 있다고 인정하기는 어렵다. 1980년대와 1990년대 영화나 텔레비전 속의 자폐인은 모두 말이 없고 수동적이고 존재감이 미미했으며, 트랜스젠더는 변태적인 연쇄 살인범 혹은 평일 낮의 가십성 프로그램에나 출연하는 구경거리였으니 말이다.

요즘 바비는 트랜스젠더 자폐인 동지들과 친하게 지낸다. 큰아들의 초등학교 입학을 계기로 자신의 자폐증을 인식했고, 이후로 몇 년간 난생 처음으로 자기가 이상하지 않다고 느끼게 해준 인간관계를 다지기 위해 노력했다. 바비는 자기 친구들이 '망가진 장난감의 나라' 같다고 말했다. 모두가 이런저런 이유로 주류 사회에서 소외되었으며, 이들의 존재는 자폐증에 대한 대중적 담화에서조차 무시되기 일쑤다.

"우리는 사회를 처음부터 다시 구축해야 해요. 우리만의 뉴로퀴어neuro-queer 소집단을 만들어야겠죠. 다른 사람들은 아무도 우리를 끼워주려 하지 않을 테니까요."

이 장에서는 가면 자폐증이 생기기 가장 쉬운 집단을 소개하고자 한다. 이들은 수십 년 동안 체계적으로 진단을 거부당해왔으며, 신경다양성에 관한 대중적·정신의학적 논의에서 여전히 외면당하는 경우가 많다. 바로 크리스털과 같은 자폐증 여성, 바비와 같은 자폐증 트랜스젠더, 프랄라드와 같은 흑인 젠더퀴어다. 그중에는 가난한 성장기나 자폐증보다 더 눈에 띄는 신체 질환으로 신경다양성이 가려진 경우도 있다. 딱히 편의를 고려해주지 않아도 되는 '고기능' 장애인으로 여겨지지만 사실은 접근성과 지원이 부족하여 큰 불편을 겪기도 한다. 장애가 있는 약자임은 인정받았지만 자폐증이 아니라 경계성 또는 자기애성 인격 장애로 오진된 경우도 있다. 이들의 이야기를 통해 자폐인 커뮤니티가 얼마나 다면적인지, 그리고 장애에 관한 고정관념이 개개인을 얼마나 고통스럽게 옭아매는지 알게 될 것이다. 어쩌면 이런 이야기 속에서 당신 자신이나 지인의 모습을 발견할 수도 있다. 자폐증이 온전하고 풍부한 다양성으로 이해되고 받아들여질수록 자폐증으로 소외된 사람들이 얌전한 순응성의 가면을 쓸 이유도 줄어들 것이다.

가면 자폐증에 특히 취약한 집단

성별에 따른 자폐증 격차를 다룬 글과 연구는 대부분 자폐증 진단을 받는 여자아이가 턱없이 적다는 사실에 초점을 맞춘다. 연구자, 치료사, 심지어 일부 자폐인권 운동가들도 '여성 자폐증'을 언급하며,[3] 여자아이는 대체로 자폐 성향이 덜하거나 모호하게 나타난다는 사실을 지적한다.

자폐증 여아의 자기 자극 행동은 보통 신체를 손상하는 방식으로 나타나지 않는다. 팔을 깨물기보다는 머리카락을 비비 꼬거나 책을 가만히 펼쳤다 덮는 식이다.[4] 자폐증 여아는 수줍음을 타고 내성적으로 행동해도 똑같이 무뚝뚝하게 구는 남자아이만큼 우려의 대상이 되진 않는다. 반면 자폐증 여아가 울음을 터뜨리면 감정 폭발로 여겨지기 쉽다. 여자아이는 **실제로** 돌발 행동을 하거나 공격적으로 굴면 여자답지 못하다며 엄벌을 받을 가능성이 높기 때문에, 결과적으로 대부분의 남자아이보다 일찌감치 자신의 공격성을 검열할 수 있게 된다.[5] 성인은 남자아이보다 여자아이에게 말할 때 감정과 관련된 단어를 더 많이 쓰며,[6] 그리하여 자폐증 여아는 사회성 및 인간관계 기술이 남아보다 더 발달하곤 한다. 여자아이가 보편적으로 참여하는(그리고 참여하도록 권장되는) 놀이 대부분은 소꿉놀이나 가게 놀이 등 성인의 사회적 상호작용을 모방하는 형식이다.[7] 그 결과 많은 자폐증 여아가 남아보다 어릴 때부터 기계적으로 일상 대화를 진행할 수 있게 된다.

이런저런 이유로 인해 자폐증 여아는 남아보다 더 늦게 검사와 진단을 받곤 한다.[8] 그들 중에 상당수는 성인이 되어서야 자폐증 진단을 받거나, 아예 받지 못한다. 많은 자폐증 여성들은 크리스털이 그랬듯 사회적 불리함을 상쇄하기 위한 버팀목으로써 무해하고 얌전한 성미를 가지려고 한다. 안타깝게도 그들이 유순한 태도를 보일수록 그들의 고통은 더더욱 실존하지 않는 문제로 여겨진다.

다음 표는 대중적으로 알려진 '여성 자폐증'의 특성을 정리한 것이다. 《아스퍼걸》의 저자 시몬이 운영하던 (지금은 없어진) 웹사이트 Help4Asperger's에 게시된 목록을 다소 수정하였다.[9] 하지만 결코 완전한 목록은 아니며, 따라서 진단 도구로 사용할 수도 없다. 이미 언급했듯 모든 여성이 '여성 자폐증'이라는 것은 환원적 사고에 지나지 않는다. 그럼에도 임상의들은 성인 여성이 미처 진단받지 못한 자폐인일 수도 있는지 판단하기 위해 이런 목록에 의존하곤 한다는 사실을 유념해두어야 할 것이다. 이른바 '여성 자폐증'의 존재를 아는 사람들은 그것이 이 목록대로 나타난다고 배우게 마련이다.

이 목록에는 나와 내가 아는 여러 (성인기에 진단을 받은) 자폐인들의 성별을 초월한 공통점들이 포함되어 있다. 나처럼 뒤늦게 자폐를 깨달은 사람들만의 특정한 자폐성 행동 방식이 있다. 우리는 감정적으로 위축되어 있지만 온화하고 사회적으로 유연한 경우가 많다. 우리는 사회적 카멜레온이며 사람들의 호감을 사는 데 능숙하지만 속내를 좀처럼 드러내지 않는다. 우리는 스트레스를 다스리고 예측할 수 없는 바깥세상이 조금이나마 덜 무서워지도록 엄격한 일상 규칙을 세운다. **상대와 몇 초 이상 눈을 맞추고, 정해진 시간에 준비하기 쉬운 식사를 하고, 절대로 자기 이야기를 오래 하지 않고**

'여성 자폐증'과 흔히 연관되는 특성[10]

감정적 특성

- 때로는 사소한 일로도 폭발하거나 울음을 터뜨리는 습관이 있다.
- 자신의 감정을 인식하거나 분류하기를 어려워한다.
- 감정이 부글부글 끓어올라 폭발할 때까지 외면하거나 꾹 참는다.
- 다른 사람이 속상해하면 불안해하거나 쩔쩔매지만 어떻게 반응하거나 위로해야 할지 모른다.
- 장시간 사교 활동을 하거나 과도한 자극을 받으면 셧다운된 것처럼 '멍한' 상태에 빠진다.

심리적 특성

- 높은 수준의 불안, 특히 사회 불안을 호소한다.
- 변덕스럽고 우울증에 취약하다는 인상을 준다.
- 자폐증을 발견하기 전에 양극성 장애와 같은 기분 장애, 경계성 또는 자기애성 인격 장애로 진단받았을 수 있다.
- 거절당하는 것을 극도로 두려워하여 이를 피하기 위해 다른 사람들의 감정을 통제하려 한다.
- 자아의식이 불안정하고 남들의 견해에 크게 의존하는 경향이 있다.

행동 유형 특성

- 자제력으로 스트레스를 관리하려고 한다. 대체로 자유분방한 성격이지만 스스로 정해둔 엄격한 규칙을 따른다.
- 대체로 친숙하고 예측 가능한 환경에서 가장 편안하고 행복해한다.
- 외모, 옷차림, 행동, 관심사 등이 나이보다 젊어 보인다.
- 과도한 운동 혹은 칼로리 제한을 하거나 섭식 장애에 빠지기 쉽다.
- 신체에 심각한 문제가 생길 때까지 건강관리를 소홀히 한다.

- 스스로를 진정시키려고 끊임없이 꼼지락대거나, 반복적인 음악을 듣거나, 머리카락을 비비 꼬거나, 피부나 각질을 뜯는다.

사회적 특성

- 자신이 속한 집단의 관습과 관심사를 유연하게 받아들이는 이른바 '사회적 카멜레온'이다.
- 독학으로 많은 교양을 쌓았지만 대학이나 직장 내 사교 면에서 난관을 겪을 때가 있다.
- 수줍음이 많거나 과묵하지만 자신이 열광하는 주제를 놓고 토론할 때는 거침없는 모습도 보인다.
- 대규모 모임에서 언제 말을 해야 할지 좀처럼 판단하지 못한다.
- 대화를 먼저 시작하지는 않지만 누군가 다가오면 활발하고 편안하게 대응할 수 있다.
- 사교적일 수 있지만 주로 퍼포먼스에 가까운 얕고 피상적인 방식으로 교제한다. 더 깊은 우정을 쌓기를 어려워한다.
- 실시간으로 대화하다가 상대방을 실망시키거나 반대 의견을 드러내기를 꺼린다.

등등. 아무리 사근사근해지려고 노력해도 사람들은 여전히 우리가 '지나치게 예민'하다거나 '유치'하다거나 속내를 알 수 없다고 말한다. 우리가 어려움을 겪어도 우리를 무시하거나 더 규범에 맞게 행동하라며 사회적 '엄마' 노릇을 하려 든다.

이 목록은 아직도 치료사들 사이에서나[11] 자폐인과 그 가족을 위한 온라인 공간에 널리 퍼져 있다.[12] '여성 자폐증'을 공부하고자

하는 치료사들이 인터넷에서 이 목록을 접하고 그대로 받아들이거나 환자에게 전달하기도 한다. 많은 문화적 편견과 억측을 반영하는 개괄적이고 지극히 성별화된 특성들로 이루어진 목록인데도 말이다. 예를 들어 '어려 보인다'는 건 어떤 의미일까? 펀코팝* 장난감을 즐겨 모으지만 종합격투기도 좋아하는 덩치 큰 털보 남성에게 어려 보인다고 말할 수 있을까? 자기가 조랑말을 좋아한다고 새된 목소리로 말하는 원피스 차림의 자그마한 여성은 어떨까? 순수하고 수줍음 많은 자폐인으로 인식되는 사람과 소름 끼치고 거북하며 명백한 장애인으로 보이는 사람의 차이는 타고난 성격이나 행동보다도 인종, 성별, 체구와 같은 요소에 좌우되기 쉽다. 게다가 어떤 사람이 '변덕'스럽거나 '사회적 카멜레온'인지 객관적 기준이 있는 것도 아니다. 애초에 사회에서 크게 의심받지 않고 받아들여지는 사람은 사회적으로 위장하기가 더 쉽다.

위의 특성들을 흔히 '여성 자폐증'이라고 부르지만, 이 명칭은 자폐인 상당수가 트랜스젠더이자 젠더 비순응자라는 점을 무시하고 있다.[13] 트랜스젠더이자 자폐인인 내 경험은 '여성 자폐증'과 '남성 자폐증' 중 어느 쪽에도 완전히 들어맞지 않는다. 나는 항상 자신만만하고 단조로운 설교조로 말하는 등 남성 자폐증의 일부 특성을 보였지만, 10대까지 장난감을 가지고 상상하면서 노는 '예민하고' '미성숙한' 아이기도 했다. 어떤 특성이 '남성 자폐증'이나 '여성 자폐증'의 징후라고 말하는 것은 선천적으로 '남성적'이거나

* 대중문화 캐릭터를 2등신으로 제작하는 유명한 피규어 시리즈다.

'여성적'인 성격 유형이 있다고 말하는 것만큼 성별 환원적이다.

나 역시 바비처럼 '남자아이'나 '여자아이'라기보다 어딘가 이상한 괴짜로 자라고 사회화되었다. 여자아이들도, 남자아이들도 나를 동류로 여기지 않았고, 나 역시 그들과 동일시할 수 없었다. 나 자신이 '여자'가 아니고 심지어 인간도 아니라 잘못된 현실 속에 떨어진 신비로운 상상의 생명체처럼 느껴졌다. 나는 '젤다의 전설: 시간의 오카리나' 게임에 나오는 조용하고 중성적인 주인공 링크에게서 처음으로 내 모습을 발견했다. 링크는 말이 없고 어린 시절부터 엘프 공동체에서 자랐지만 거기에 속하지도 않는다. 그리고 이런 차이점 때문에 세상을 구할 운명을 타고난 특별한 존재가 된다. 링크는 용감하고 강인한 동시에 외모가 곱고 섬세하다. 남들을 대할 때는 대체로 서툴고 어리숙하지만, 그럼에도 중요한 일들을 해내고 어디에 가든 남들의 감사와 호감을 받는다. 나는 링크의 모든 면이 마음에 들었고 수년 동안 그에게 힌트를 얻어 나만의 스타일을 만들어냈다. 튜닉** 형태의 원피스를 입고 금발머리를 항상 길게 길렀다. 남들에게는 매력적인 여자아이라고 칭찬받을 만큼 충분히 '여성스러운' 스타일이었지만, 사실은 내가 가장 좋아하는 비디오 게임 속의 남성 캐릭터로 남몰래 교묘하게 변장하고 살아간 것이다. 벌레가 들끓고 무덥고 다른 사람들과 부딪혀야 하는 가족 캠핑 여행에서도 나는 링크가 되어 하이랄***을 가로지르는 모

** 허리 밑까지 내려와 띠를 두르는 낙낙한 블라우스 또는 코트 형태를 말한다.
*** 게임 '젤다의 전설' 시리즈의 무대가 되는 세계다.

험을 떠난 척하며 숲속을 헤맸다. 내게는 나 자신의 몸을 편안하게 받아들일 방법이 절실했고, 다른 방법을 전혀 찾을 수 없었을 때도 내게는 링크가 있었다.

사실 이런 경험은 자폐인에게 매우 흔하다. 많은 자폐인들이 신경전형인의 주류적 삶에서 소외되어 있기 때문에 주변 사람 대신 환상의 생물[14], 외계인, 로봇[15]이나 동물과 동일시하는지도 모른다.[16] 엄밀하고 분석적인 우리의 사고방식으로는 성별 이분법이 자의적이고 지극히 인위적인 규칙 같기에,[17] 자신만의 성정체성과 행동 규칙을 만들어내는 것이 당연해 보인다. 성별 이분법 바깥에서(또한 비인간계에서) 정체성을 찾는 일은 우리 상당수가 사회와 자기 신체로부터 얼마나 분리되어 있는지 자각하는 데 도움이 되기도 한다. "내가 '여성스럽게' 행동하기 어려운 것도 당연하지. 나는 인간의 껍질을 쓴 로봇이니까!" 자신의 신경 유형과 성정체성이 불가결한 관계라고 생각하는 자폐증 트랜스젠더를 가리켜 '오티젠더autigender'라고도 한다.[18]

자폐증과 트랜스젠더 정체성이 연관되어 있다고 생각하느냐는 질문에 바비는 이렇게 대답했다. "물론이죠. 양쪽 다 분리할 수 없는 나의 일부예요. 나는 자폐증 트랜스젠더인 동시에 트랜스젠더 자폐인이지요. 브래지어가 불편했던 건 트랜스젠더이기 때문이지만 딱 붙는 옷을 못 견디기 때문이기도 했어요. 내가 축구와 플래그 풋볼*을 한 건 '어엿한 남자'가 되기 위해서였지만, 뛰어다니는

* 수비수가 태클하는 대신 상대 공격수의 허리에 달린 깃발을 빼앗는 스포츠다.

동안에는 아무도 내게 말을 걸거나 뭐라고 대답해야 할지 모를 질문을 하지 않기 때문이기도 했죠. 그 모두가 하나로 묶여 있어요."

나도 마찬가지다. 내 자폐증과 트랜스젠더 정체성이 연결되어 있다는 게 좋다. 기분이 좋을 때는 내가 자폐인이라는 게 좋고, 자폐증이 자연스럽고 가치중립적인 내 정체성의 일부로 느껴진다. 그래서 자폐증이 내 젠더에 영향을 미쳤다고 해도 뭐가 문제인지 모르겠다. 나는 '정상적인' 사람이 아니며 그렇게 될 수도 없었기에 내 정체성이 주류를 벗어날 뿐 아니라 성별 이분법 바깥에 있다는 사실이 편안하다.

안타깝게도 '젠더 비판론적' 양육자와 정신건강 전문가 상당수는 그렇게 생각하지 않는다. 트랜스젠더 혐오자들은 젠더 다양성과 자폐증의 강한 연관성을 우리가 '진짜' 트랜스젠더가 아니라 '단지' 자폐증으로 혼란에 빠졌을 뿐이라는 의미로 받아들인다.[19] 이들이 보기에 자폐인은 자의식이 없고 쉽게 조종당하기에 자기 정체성이나 신체와 관련된 결정을 내릴 수 없는 존재다.[20] 《해리 포터》 시리즈의 작가 J. K. 롤링은 2020년 여름 자기 블로그에 〈터프terf(트랜스젠더를 배제하는 급진적 페미니스트) 전쟁〉이라는 글을 올렸다. 많은 트랜스젠더 남성이 사실은 관습적 여성성을 벗어난 자폐증 여성인데 인터넷상의 트랜스젠더 운동가들에게 영향을 받아 자신을 비非여성으로 정체화한다는 우려를 구체적으로 언급한 글이었다.[21] 롤링은 자신이 장애가 있는 '여성'들을 변호하려는 것이라면서, 트랜스젠더 청소년이 성정체성을 확인하고 필요한 서비스와 의료 지원을 이용할 권한을 규제해야 한다고 주장했다.

롤링의(그 밖에도 여러 젠더 비판론자의) 관점은 트랜스젠더와 자폐인 커뮤니티 양쪽에 지극히 비인도적이다. 누구나 그렇듯 우리도 신체 자율성과 자기 결정권이 있는 온전하고 복합적인 인간이다. 트랜스젠더 자폐인이 신경다양인으로 태어나지 않았더라도 '여전히' 트랜스젠더 자폐인이었을 것인가 하는 의문은 무의미하다. 자폐증은 우리 정체성의 핵심이기 때문이다. 우리에게 장애가(또는 트랜스젠더 정체성이) 없었다면 우리는 전혀 다른 사람이었을 것이다. 양쪽 모두 우리의 인격과 분리할 수 없는 결정적 요소다.

트랜스젠더 여성이자 비디오 게임 비평가 겸 작가인 로라 케이트 데일Laura Kate Dale은 평생 동안 평행선을 달려온 자신의 신경 유형과 성별에 관해 많은 글을 썼다. 회고록《불편한 이름: 게이 자폐인 트랜스여성인 나의 삶Uncomfortable Labels: My Life as a Gay Autistic Trans Woman》에서 그는 자신이 어린 시절 남자아이로 여겨졌지만 '자폐증이 있는 시스젠더 남자아이'와는 다른 경험을 했다고 썼다.[22] 로라는 밝은 색과 강한 맛을 기피하고 날씨에 따라 어떤 옷을 입어야 하는지도 모를 만큼 현실 감각이 없는 등 자폐증이 의심되는 면모가 많았다. 하지만 어린 시절 다양한 장애 검사를 받았음에도 상담사들은 그에게 자폐증이 없다고 여겼다. 로라는 사회에서 '남자아이'로 간주되었고, 자폐증이 있는 '남자아이'라면 그처럼 온순하고 상냥할 리가 없다는 것이었다. 로라는 여러모로 '여성 자폐증' 성향을 보였지만 세상은 아직 그를 여성으로 인정하지 않았다.

로라는 이렇게 적었다. "알다시피 남성 지정 성별로 태어나는 아이에 대한 고정관념이 있는데, 청소년기의 나는 그 고정관념과 좀처럼 들어맞지 않았다. 남자아이라면 경솔하고 지나치게 흥분하며 시끄럽고 폐쇄적으로 감정 표현을 해야 한다는데 (…) 나는 조용하고 내성적인 아이였다. 얌전하고 지시에 따르며 항상 적재적소와 적시에 해야 할 일을 하는 성격이었다."[23]

로라의 관심사는 대체로 남성적이라기보다 지극히 여성적으로 여겨지는 것들이었다. 크리스털과 마찬가지로 로라도 퉁명스럽거나 무례한 행동으로 수업을 방해하거나 남들을 속상하게 하는 일이 없었다. 로라의 내적 고통은 반 친구들이나 교사에게 아무 문제를 일으키지 않았기 때문에 그 누구의 눈에도 띄지 않았다. 많은 자폐증 시스젠더 여아들도 정확히 똑같은 경험을 한다. 심지어 로라의 자폐적 특성 일부는 장애 때문이 아니라 특이하거나 여성스러운 성격 때문으로 치부되기도 했다.

로라와 바비의 경험은 '여성 자폐증'이라는 용어에 오해의 소지가 있는 이유를 명확하게 드러낸다. 이 용어는 가면 자폐증의 원인이 지정 성별 또는 성정체성에 있다고 명시하지만, 사실 개인의 장애가 무시당하는 것은 사회적 기대 때문이다. 가면 자폐증은 생물학적 경험이 아니라 사회적 경험이다. '여성 자폐증'은 자폐증의 하위 유형이 아니라 자신의 신경다양성이 진지하게 받아들여지지 않는 사회에 대처하는 방식일 뿐이다. 또한 그런 입장에 처하는 사람은 여성일 때가 많다. 하지만 여성 말고도 여러 소외 집단이 가면 자폐증을 겪으며, 이런 경향은 지금까지 널리 인식되지 않았다. 특히 흑인과 라틴계 자폐인은 여성 자폐인과 마찬가지로 진단을 받지 못할 가능성이 높다. 장애를 식별하고 검사하는 방식이 인종

주의로 왜곡되어 있기 때문이다. 이들 역시 순응하지 않거나 복종하지 않는 경우 막대한 대가를 치러야 하므로 생존 수단으로써 가면을 쓰게 된다.

코드 전환을 요구받는 소수자 그룹

심리학과 정신의학은 처음부터 인종주의에 절어 있었다. 유럽 출신 백인이던 초기 임상의들은 자기네 문화의 사회 규범을 건강한 모습의 기준으로 삼았다.[24] 이들의 매우 편협하고 억압적인 정의에 따르면 인간성의 지표는 예의 바르고 잘 차려입고 박학다식한 백인이었으며, 그 기준에서 벗어난 자는 인간이 아니라 길들여져야 할 동물이나 마찬가지였다.[25]

정신질환의 현대적 개념이 형성된 것은 정신이 온전하다면 절제하고 체면을 지켜야 한다고 여기던 빅토리아 시대 영국에서였다.[26] 심지어 같은 영국인이라도 부유층과 달리 외모가 투박하고 예법을 칼같이 지키지 못하는 빈곤층은 야만적이고 불건전하다고 치부되었다. 영국 문화보다 감정 표현이 풍부하거나 덜 절제된 문화는 비이성적이고 외설적이며 공격적이라고 병리화되었다. 초기 정신의학과 의사들의 주된 관심사는 부유층 백인의 정신건강 문제(그리고 부유층 정신질환자가 사회적 명망이 높은 가족에게 끼치는 번거로움)였다. 그 외의 사람들은 기껏해야 차후에 고려할 문제였으며 최악의 경우에는 제거해야 할 대상이었다.

이런 역사는 처음부터 전문가들이 자폐증을 바라보고 정의하는 방식에 영향을 미쳤으며 지금까지도 지속되고 있다. 유색인종 자폐인은 인종차별과 편견으로 인해 증상이 나타나도 외면당하기 쉽고[27] 자폐증 전문의에게 위탁될 가능성이 낮다.[28] 그들의 문화를 이해하는 의료진을 찾기도 매우 어렵다.[29] 미국 전체 인구의 13.4퍼센트가 흑인이지만, 미국 내 정신건강 의료인 중 흑인은 약 4퍼센트에 불과하다.[30] 흑인과 라틴계 자폐인이 백인 치료사와 면담할 경우 분노와 같은 정상적인 감정 표현도 과도하거나 '위협적'이라고 오인될 수 있다. 게다가 다른 정신장애로 오진되는 일도 다반사다.[31] 애초에 정신건강 문제가 있다는 진단을 받을 수 있다면 말이다. 흑인 자폐인은 (여성이나 성소수자와 마찬가지로) 사회에서 백인 남성보다 더 순종적이고 순응적일 것을 요구받기 때문에, 자폐 성향과 부정적인 정신건강 증상을 숨겨야 하는 경우가 많다.

코미디언 크리스 록Chris Rock은 최근 자신이 자폐 스펙트럼이며 특히 비언어성 학습 장애 진단을 받았다고 밝혔다.《할리우드 리포터The Hollywood Reporter》와의 인터뷰에서 그는 눈치 없이 굴거나 모든 말을 문자 그대로 받아들이는 경향처럼 명백한 지표가 있었음에도 50대 중반에야 자폐증 검사를 권유받았다고 설명한다. 유쾌한 흑인 코미디언인 그가 겪는 사회적·감정적 어려움이 자폐증 때문이라는 건 말이 되지 않아 보였다.[32] 록 자신도 심리 치료는 백인들이나 받는 거라는 편견을 내면화한 탓에 자신의 정신건강 문제를 경시했다고 말한다.

이는 제도적이고 광범위한 문제다. 백인 자폐인이 진단을 받을 확률은 흑인 자폐인보다 19퍼센트 더 높고, 라틴계 자폐인보다는 65퍼센트 더 높다.[33] 또한 흑인 및 라틴계 자폐인은 더 나이가 들어서 진단을 받는데, 그만큼 의료 서비스를 늦게 이용한다는 의미다.[34] 아메리카 원주민 자폐인의 경우 진단을 받지 못하거나 진단이 늦어지는 비율이 더욱 높다.[35]

이처럼 해묵은 인종적·문화적 격차는 여러 가지 이유로 지금까지도 유지되고 있다. 가족의 사회적·경제적 지위가 낮을수록 모든 종류의 의료 서비스를 받을 가능성이 줄어든다. 게다가 자폐증 검사는 의료보험이 거의 적용되지 않고 비용이 수천 달러에 이를 수 있다. 인종주의는 교사와 전문가가 흑인과 라틴계 어린이의 자폐 성향을 인식하고 선별하는 방식에도 영향을 미친다. 백인 아이는 지시에 따르지 않고 방 저쪽으로 나무 블록을 던져도 훨씬 가볍게 혼나거나 어르고 달래는 말을 듣는다. 반면 흑인과 라틴계 아이가 똑같은 행동을 하면 훨씬 더 공격적으로 '교정'되거나 심지어 예비 범죄자 취급을 받기도 한다.[36]

작가 케티나 버킷Catina Burkett은 흑인 자폐증 여성으로, 자신의 장애에 대한 사람들의 인식이 흑인 여성에 대한 총체적 억압인 흑인 여성 혐오misogynoir 때문임을 잘 안다.[37]

"자폐증이 있는 사람은 생소한 상황에서 고집불통이거나 반응이 굼뜬 것처럼 보일 수 있다. 원칙을 고수하려다가 매정하다거나 고분고분하지 못하다거나 게으르다거나 공격적이라거나 구제불능이라는 말을 듣기도 한다."

나도 직장에서 (버킷의 표현을 빌리자면) 고집불통인 백인 자폐증 남성을 여럿 안다. 하지만 그런 자폐증 백인 남성이 고학력자이거나 코딩과 같은 특별한 기술을 익혔다면 어려움을 겪지 않을 수도 있다. 사실 기술 분야에서 일하는 자폐증 남성의 경우 살짝 거만하거나 냉담한 태도가 오히려 유리하게 작용할 수도 있다. 그들의 냉담함은 그들이 고뇌하는 천재, 왓슨들만 가득한 사무실의 셜록임에 틀림없다는 증명이 된다. 그러나 흑인 자폐증 여성은 조금 무뚝뚝한 감정 표현으로도 남들에게 '화났나 봐' '프로답지 못하네'라는 말을 들을까 봐 염려해야 한다.

"한 백인 여성 상사는 내가 상대에 따라 태도를 바꿀 줄 알아야 한다고 투덜거렸다. 상사의 비난이 점점 더 심해지면서 직장 분위기도 싸늘해졌다. 결국 나는 직장을 그만두어야 했다."

버킷의 상사의 요구는 한마디로 **코드 전환**이었다. 언어적·사회적 표현을 상황에 맞게 바꾸라는 것이다. 미국의 많은 흑인들은 코드 전환에 익숙하다. 이런저런 커뮤니티에 출입할 때마다 아프리카계 미국인 영어[38]와 표준어를 오가며 부정적 고정관념에 부합하지 않도록 외모, 몸가짐, 목소리 크기를 조정해야 한다.[39] 코드 전환은 자신이 특정 공간에 '소속'되어 있다고 암시하는 동시에 다수가 거부감을 느낄 면모를 언제 숨겨야 할지 파악하는 힘겨운 과정이라는 점에서 가면 쓰기와 비슷하다. 코드 전환은 도전적이거나 까다로운 과업을 수행하는 데 방해가 될 수 있는 어려운 인지 활동이며[40] 심리적 스트레스나 자신이 가식적이라는 느낌, 사회적 고립감을 유발한다.[41] 《하버드 비즈니스 리뷰Harvard Business Review》에 실린 보고서에 따르면 코드 전환을 수행하는 흑인 상당수가 이를 과다각성 상태라고 표현했으며, 백인의 불편함이나 적대감을 최소화하기 위해 자신의 언행을 끊임없이 통제해야 한다고 응답했다.[42]

흑인 자폐인과 가면 쓰기(그리고 코드 전환)의 관계는 다면적이고 복잡할 수 있다. 문화적 규칙에 맞게 신경전형성을 가장하는 것은 무척 고단한 일이다. 매번 상황에 맞춰 이런저런 은어와 태도를 구사하며 다양한 방식으로 행동해야 한다는 것은 그야말로 고난도의 사회적 수행이다. 자폐증 연구자이자 운동가인 티모시어스는 말투를 코드 전환하면서 오히려 자폐아로 낙인찍혀 사회적으로 더 배척받게 되었다고 말했다.

"나는 아프리카계 미국인이기 때문에 비표준어를 구사했지요. 언어 치료를 받으러 갔더니 아프리카계 미국인 영어를 버리고 표준 미국 영어를 쓰도록 훈련시키더군요."

그곳에서 티모시어스는 백인 중산층처럼 의사소통하도록 훈련받았다. 한마디로 출신 문화를 감추라는 이야기였다. 하지만 티모시어스의 학교에는 흑인 학생이 대부분이었기에 그 훈련은 전혀 도움이 되지 않았다. 오히려 그를 더욱 유별나 보이게 했을 뿐이다.

"학교 친구들은 대부분 아프리카계 미국인이거나 아프리카 출신이었어요. 내가 그 애들과 달리 영국인처럼 말한다며 놀림을 받아서 역효과만 났죠."

시간이 지나면서 티모시어스는 또래 친구들과 어울리기 위해 말투를 가장하는 법을 익히게 되었지만, 백인들이나 의료 기관을 상대할 때는 이른바 표준 미국 영어로 재전환해야 했다. 심리학 연구에 따르면 코드 전환은 심지어 신경전형인에게도 상당한 인지 자원을 요구한다.[43] 자폐증 여성 머라이어는 자기가 힘든 건 코드 전환 때문이라고 오랫동안 생각해왔지만, 결국 진짜 어려움은 신경전형인인 척하는 일이었음을 깨달았다고 내게 말했다. 버킷과 같은 흑인 자폐인에게는 코드 전환과 가면 쓰기를 동시에 수행하기가 끔찍하게 어려울 수 있다. 상사가 버킷을 함께 일하기 어려운 사람으로 본 것은 버킷이 필요할 때마다 밝고 열성적인 척할 수 없었기 때문이다.

유색인종 자폐인의 경우 적대적이거나 까다롭다고 간주되면 매우 위험할 수 있다. 흑인과 라틴계 자폐인이 의학 지침이나 치료사의 지시를 따르지 않다가 시설에 수용되고 법적 자율성을 박탈당하는 경우도 많다.[44] 때로는 경찰에 의해 수감되거나 살해당할 수도 있다. 2017년에 시카고 경사 칼릴 무하마드Khalil Muhammad는 비무장 상태이던 흑인 자폐증 청소년 리카르도 헤이스Ricardo Hayes를 총으로 쏘았다. 무하마드는 헤이스에게 위협을 느꼈다고 주장했지만, 조사 결과 헤이스는 그저 길가에서 조깅 중이었으며 무하마드에게 공격적인 태도를 보이지 않은 것으로 밝혀졌다.[45] 조지 플로이드George Floyd가 살해된 지 닷새 후 예루살렘에서는 이스라엘 경찰이 심각한 지적 장애로 말을 하거나 지시를 이해하지 못하는 자폐증 팔레스타인계 남성 이야드 할라크Eyad Hallaq를 총으로 살해했다.[46] 2021년 4월에는 시카고 경찰이 양손을 들어 항복 자세를 취하고 있던 열세 살 소년 애덤 털리도Adam Toledo를 총으로 살해했다. 애덤은 특수 교육을 받는 신경다양인이었다.[47] 경찰에게 살해당한 사람의 약 50퍼센트는 장애가 있으며,[48] 흑인이나 라틴계 자폐인은 살해당할 위험이 특히 더 높다.[49] 자폐증을 드러내면 여성과 성소수자는 인종에 관계없이 사회적·감정적으로 위태로울 수 있지만, 흑인이나 라틴계 자폐인은 목숨마저 위험할 수도 있다.

자신을 가둬둔다는 것의 의미

프랄라드는 《흑인 아스퍼거인의 내밀한 삶》에서 자폐증을 감추고 무해한 신경전형인의 가면을 쓰는 기분을 생생하게 묘사한다.

"나는 학교에서 가면을 쓰는 법을 배웠다. 학교에서는 조심해야 했다. 하지만 가면을 쓰는 것은 본능적인 반응이었다. 마치 갈색 대벌레가 나뭇잎에 닿으면 초록색으로 변하는 것처럼. 사람들의 손을 쳐다보고, 입술을 쳐다보고, 눈썹을 쳐다보는 것."[50]

그는 노예 제도가 폐지되고 두 세대밖에 지나지 않은 1950년대에 대농장에서 자랐다. 가족과 함께 시골에 살면서(가족 중 상당수는 자폐 성향이 있었다) 자연에서 위안을 얻었지만, 학교에 입학하자 곧바로 가면을 써야 했다. 흑인 자폐인이자 젠더퀴어였던 프랄라드는 공립학교에 입학하자마자 자신의 신경다양성뿐 아니라 부드럽고 여성적인 면모도 숨겨야 했다.

프랄라드는 자신이 다양한 환경에 맞추어 다양한 모습을 보여야 했다는 점을 책 전반에 걸쳐 설명한다. 전교생이 흑인이었던 초등학교에서 그는 유별나며 남자답지 않다고 여겨졌지만 크게 괴롭힘을 당하진 않았다. 하지만 인종이 통합된 고등학교에서는 백인들이 그에게 인종 정의의 선구자가 되라며 강한 압박을 가했다. 대학을 졸업한 프랄라드는 교수가 되었다. 학계에서 그는 일체의 취약한 감정을 숨기고 일상 언어와 속어를 하나하나 검열하며, 백인 동료들이 '비전문적'이라고 여기는 모든 것들을 감춰야 했다. 자폐인들은 대개 매우 솔직하며, 미국 흑인 문화는 대인 관계에서 직접적으로 '터놓고 이야기'하는 것을 선호한다.[51] 하지만 백인 비장애인이 대다수인 주류 기관에서는 자신의 생각을 곧이곧대로 말하거나 불만을 토로하면 다들 질겁한다. 프랄라드는 자신의 솔직하고 연약하며 진실한 부분을 숨기는 데 익숙해져야 했다.[52]

프랄라드는 거짓 자아를 만드는 것이 필요한 일이긴 했지만 그로 인해 사람들과 진정으로 소통하기가 불가능해졌다고 회고록 전반에 걸쳐 서술한다. 많은 가면 자폐인들이 그의 경험에 공감할 것이다. 우리는 다른 사람들과 거리를 유지해야 한다. 그들이 우리의 과몰입, 멜트다운, 강박, 감정 폭발을 보게 되면 우리를 존중하지 않을 테니까. 하지만 자신을 가둬둔다는 것은 온전히 사랑받을 수 없다는 의미이기도 하다.

"신경전형인들의 규칙을 따랐다면 나는 결코 살아남지 못했을 것이다. 하지만 내가 따른 규칙이 인간관계에서는 결코 최선의 선택이 아니었다. 내 규칙 중 하나는 어쩔 줄 모르겠으면 즉시 귀를 닫으라는 것이었다. 귀 기울이지 말 것, 나의 비밀을 지킬 것."

프랄라드는 여러 번의 이별과 수차례의 이혼을 겪은 후에야 자폐증 진단을 받았다. 그는 자신의 감정을 파트너와 공유하는 대신 말 그대로 도망치거나 마음속 동굴에 숨어들곤 했다. 프랄라드가 자기 수용의 길로 들어선 것은 그의 이런 성격이 자폐증 때문일지도 모른다는 세 번째 부인의 암시 덕분이었다.

다른 방법이 없을 때 가면 쓰기는 합리적인 생존 전략이다. 하지만 당신이 사회의 가치관에서 벗어날수록 더욱 정교한 가면을 써야 한다. 자폐증, 흑인 문화, **게다가** 퀴어 정체성이나 여성성까지 숨기려면 버거울 수 있다. 정신적 셧다운 상태로 자기 안에 파고드는 것 말고는 실행 가능한 대안이 없을 때도 있다. 어느 누구에게도 불쾌감을 주지 않기 위해 마치 벽지 무늬 같은 존재가 되는 것이다.

버킷과 프랄라드는 자신만만한 흑인에 대한 백인의 두려움을 유발하지 않기 위해 말없이 고분고분하게 고개를 숙이는 전략을 택했다고 서술한다. 한편 록처럼 밝고 재미있고 유쾌해 보이려고 애쓰며 살아가는 흑인 자폐인도 있다. 많은 자폐증 여성과 트랜스젠더가 무해하고 하찮은 존재가 되는 방식으로 사회에 적응하듯이 흑인 자폐인도 종종 겉치레 미소로 자신을 보호해야 한다.

파티와 놀이공원을 즐기는 자폐인

정신의학과 의사 블로일러는 1911년에 **자폐증**이라는 용어를 만들었다.[53] 자폐증autism이란 '고립된 자아'를 뜻한다. '다른 자아' 또는 '연결된 자아'를 뜻하는 비자폐인allistic과는 정반대 의미다.[54] 텔레비전이나 영화를 보면 자폐인이 얼마나 소외된 존재인지(또한 스스로도 그렇게 느끼는지)에 초점을 맞춘 사례가 부지기수다. 드라마 《세인트 엘스웨어》 최종화에서 지금까지의 이야기와 모든 등장인물은 자폐증 남자아이가 홀로 앉아 스노글로브를 바라보며 상상한 내용이었음이 밝혀지는 유명한 장면을 떠올려보라.[55] 좀 더 최근의 예로는 오스트레일리아의 가수 시아Sia가 제작하여 혹평을 받은[56] 영화 〈뮤직Music〉의 주인공 뮤직이 있다. 뮤직은 자기 할머니가 눈앞에서 죽는 것도 눈치채지 못하는 비언어성 자폐증 여성이다. 그는 말을 못하고 주어진 증강 커뮤니케이션 장치도 거의 사용하지 못하며, 정교하게 구성된 꿈 장면들을 통해서만 다른 등장인물들과 소통한다.[57] 뮤직의 고립되고 반사회적인 자아는 자신이 만든 세계에 갇혀 있다.

진단을 받은 자폐인 대다수는 내성적이라고 알려져 있지만,[58] 사실 상당히 외향적이고 활발한 자폐인들도 있다.[59] 실험 연구에 따르면 외향적 자폐인의 경우 자폐증과 관련된 일부 사회적 기술 결핍(예를 들어 얼굴인식 불능증)이 덜한 것으로 나타났다.[60] 사회적 접촉을 많이 할수록 사람들과 상호작용하는 연습도 더 자주 하게 되니, 외향적 자폐인이 남들과 더 쉽게 어울리는 것도 당연한 일이다. 또한 외향적 자폐인은 내성적 자폐인보다 감정 표현이 분명하고 또렷하기에 신경전형인이 더 쉽게 공감할 수 있다.

자폐인은 차갑고 위축되어 보일 수 있는 만큼 밝고 활달한 성격일 수도 있다. 사람들과 또렷이 눈을 맞추고 귀 기울여 경청하며, 누군가 관심 있는 화제를 꺼내면 신나게 대화에 참여하기도 한다. 외향적 자폐인은 사회적 예절에 서툴다고, 남의 말에 자꾸 끼어든다고, '지나치게 적극적'이라고, 심지어 히스테릭하다고 비난받기도 하지만, 대인 관계에 관심이 많다는 점은 대체로 심리적으로나 사회적으로 도움이 된다.[61]

안타깝게도 자폐증은 로봇처럼 냉담하게 행동하는 장애로만 묘사되기 때문에, 외향적 자폐인은 어린 시절 정확하게 식별되고 진단받는 경우가 드물다. 교사와 부모는 자폐아를 수다스러운 마당

발이나 학급 분위기를 어지럽히는 어릿광대 정도로 여긴다. 심지어 자폐아의 거창한 감정 표현과 폭발적 에너지를 '가식적'이라거나 '관심을 받으려는 짓거리'로 간주하기도 한다. 이런 꼬리표는 시간이 지남에 따라 외향적 자폐인이 남들과 어울리기 위해 쓰는 가면의 일부가 될 수 있다. 그는 혼자만의 시간이나 사회적 경계선을 존중받고 싶은 욕구를 무시당할지도 모른다. 예를 들어 티모시어스는 '파티의 주인공' 역할을 즐기는 사람으로 알려졌다 보니 자신도 가끔은 혼자 재충전하고 싶어 한다는 사실을 친구와 가족에게 이해받기 어려울 때가 있다고 말한다.

"우리 조부모님은 남부 출신이기 때문에 문화적으로 그 누구도 소외되지 않는 것이 중요했습니다. 슬플 때는 여럿이 함께 있는 게 최고라는 거죠. 하지만 저는 그럴 때 혼자 있어야 하거든요. 그런데 우리 가족들이나 동료들에게 혼자만의 시간이 필요하다고 말하면 다들 '안 돼, 너는 혼자 있으면 안 된다'라고 말하죠. 이럴 수도 저럴 수도 없어요."

외향적이고 사교적인 가면을 쓰면 자폐인의 어려움이 과소평가되거나 지워질 수 있다. 내 친구 베시는 활기차고 시선을 사로잡는 화사한 옷을 즐겨 입으며 내 평생 본 가장 멋진 문신으로 온몸이 뒤덮여 있다. 시카고의 연극과 서커스 예술계에서 수년간 활동해 왔으며 흥이 나면 깡충깡충 뛰면서 즐거워한다. 베시는 모델 활동도 좋아하고 신체와 관능미를 잘 드러낸다. 베시에게 자신의 스타일과 신체는 자아의 온전한 확장이다. 자폐인에게 이런 자질이 있다는 걸 알면 놀라는 사람이 많다. 자폐인 상당수가 몸놀림이 부자연스럽고 자기 몸을 어색해하며,[62] 따라서 자폐인은 스타일 감각이 없는 괴짜라는 고정관념이 만연해 있기 때문이다. 베시는 누가 봐도 자폐인이지만 동시에 매우 매력적이기도 하다. 내가 베시를 잘 몰랐다면 저렇게 밝고 우아하니 내성적이고 수줍음 많은 자폐인보다 훨씬 쉽게 남들과 어울릴 수 있겠다고 생각했으리라.

하지만 나는 베시를 잘 알기 때문에 전혀 그렇지 않다는 사실도 인식하고 있다. 베시는 예전 직장에서 일할 때 친구를 피상적으로 사귀기는 쉬웠지만 더 깊은 관계를 맺기가 무척 어려웠다고 한다. 자신의 언행이 남들에게 어떻게 받아들여질지 마음속에서 끊임없이 추측하고 상상했기 때문이다. 베시는 항상 자기가 어떻게 보일지 생각하느라 어떤 커뮤니티에서도 편안해하지 못한다. 베시의 완벽한 스타일은 자신의 인격과 개성을 인정받으려는 노력이기도 하다. 항상 오해받아온 베시에게는 하루하루가 자기 정체성을 드러내고 이해받기 위한 싸움과도 같다. 베시는 내성적이고 조용한 나만큼이나 힘겹게 가면을 쓰고 있다.

활발하게 사회적 접촉을 하는 자폐인들이 있듯이, 강렬한 감각적 자극을 추구하는 자폐인들도 있다. 흔한 통념과 달리 자폐증이 있다고 해서 청각이 놀랍도록 예리해지거나 눈이 빛에 지나치게 민감해지진 않는다. 자폐증이 실제로 영향을 미치는 것은 뇌가 감각을 통해 들어오는 모든 정보를 걸러내고 종합하여 일관된 총체를 만들어내는 방식이다. 이런 영향 때문에 자폐인은 **감각 추구자**(감각 부주의 유형이라고도 한다)[63] 또는 **감각 회피자**가 될 수 있으며, 대부분은 감각에 따라 양쪽 유형을 오간다.

앞서 1장에서 설명한 이런저런 이유로 인해, 신경전형인의 뇌는 자신이 보고 있(다고 생각하)는 '큰 그림'에 방해되는 소소한 세부 사항을 무시하곤 한다.[64] 은유적으로 말하자면 신경전형인의 뇌는 '숲'을 볼 때 시야를 복잡하게 하는 헐벗고 말라죽은 나무와 관목 덤불 따위를 뭉뚱그려버린다.[65] 이와 대조적으로 자폐인은 나무와 그루터기, 썩어가는 동물 사체 하나하나까지 전부 인식한다. 게다가 수천 개의 조각을 종합해 큰 그림을 만들기도 어려워서[66] 모든 것을 개별적으로 처리해야 한다. 정말 피곤한 일이다.

밤중에 내가 사는 집으로 돌아오면 온갖 감각 정보가 불협화음을 이루며 밀려든다. 스트레스가 심하거나 감정적으로 소진한 하루를 보내고 에너지가 고갈된 날에는 더욱 힘겹다. 이웃사람들의 시끄러운 수다, 복도 곳곳에서 문을 쾅쾅 닫는 소리가 들려온다. 엘리베이터가 굉음을 내며 1층으로 내려가고, 아래층에 사는 사람이 음악을 쾅쾅 틀어놓았고, 멀리서 구급차가 경적을 울리며 달려온다. 이런 감각 정보 하나하나가 균일한 배경음으로 융합되지 못하고 내 주의를 끌기 위해 경쟁하는 듯하다. 사실 이런 소음을 오래 견뎌야 할수록 나도 점점 더 짜증이 난다. 이런 상황에 대처하는 방법 하나는 바깥세상을 차단하고 주의를 흐트러뜨리는 모든 자극을 둔화시키는 것이다. 하지만 그만큼 효과적으로 감각적 난관에 대처하는 또 다른 방법이 있다. 모든 백색 소음을 압도하는 강렬하고 선명한 감각을 찾아내는 것이다.

감각을 추구하는 자폐인은 요란한 음악, 매운 음식, 불타오르듯 환한 색상, 다양한 활동과 움직임을 갈망할 수 있다. 그들이 공공장소에서 헤드폰을 쓰는 것은 사람들의 떠들썩한 소음을 차단하기 위해서가 아니라, 비트가 강한 신스팝 음악을 들으며 집중력과 안정감을 유지하기 위해서다. 감각 추구든 회피든 처리하기 힘든 정보의 공세를 파악하기 위한 수단인 것은 마찬가지다. 감각을 추구하고 놀기 좋아하는 페르소나는 매우 효과적인 가면일 수 있다. 끊임없이 전 세계를 여행하고 동네 술집에서 메탈 음악에 맞춰 신나게 춤추는 사람은 그 누구에게도 '지나치게 민감한' 장애인으로 의심받지 않을 테니까. 게다가 심지어 그 자신도 가면 쓰기를 즐기게 될지 모른다. 하지만 자극을 추구하는 것에도 결국은 한계가 있다. 작가 제시 메도스Jesse Meadows는 에세이 〈자폐인도 파티를 즐긴다〉에서 술과 약에 취한 '파티 걸' 페르소나가 사람들과 어울리고 감각적 위안을 찾는 데 도움이 되었다고 서술한다.[67] 하지만 결국 이런 생활 방식은 지속 불가능했고, 메도스는 더 건강하게 새로움과 자극을 추구할 방법을 찾아야 했다.

로건 조이너Logan Joiner는 여덟 살 때부터 롤러코스터에 대한 열정을 전 세계에 공유해온 10대 청소년이다. 그가 운영하는 두 개의 유튜브 채널(KoasterKids와 Thrills United)의 구독자는 합쳐서 3만 5000명에 육박한다. 로건은 다리 위에서 번지점프를 하거나 절벽에서 바다로 다이빙하거나 놀이공원에 가는 영상을 올린다. 자폐인인 그가 롤러코스터에 빠져든 것은 롤러코스터를 타면 뇌가 감각 정보를 처리하는 방식을 조절할 수 있기 때문이다.

"나는 예상치 못한 놀라움을 좋아하지 않아요.[68] 롤러코스터는 놀랍긴 해도 충분히 예상 가능하잖아요. 그래서 무섭지 않습니다."

놀이공원은 번잡하고 시끄러울지 몰라도 자폐인에게는 오히려 편안할 수 있다. 놀이공원은 예측 가능한 사회적 상호 작용과 거의 항상 비슷한 인스턴트 경험을 제공한다. 내부 구조는 명확히 표시되어 있고, 음식은 맛없지만 배부르고, 놀이기구 타기는 매번 몇 분 만에 끝나며, 표지판은 크고 선명하다. 일단 롤러코스터에 익숙해지면 예상 가능한 시점에 일관된 자극을 얻을 수 있다. 감각 추구자 자폐인에게는 트랙의 진동과 불어오는 바람이 묵직한 담요나 피젯 장난감처럼 강렬하지만 익숙한 신체 자극을 준다. 외워야 할 통계가 있고, 롤러코스터와 놀이기구의 개발 및 출시 역사를 배울 수 있으며, 관련 지식을 공유할 오타쿠 온라인 크리에이터 커뮤니티가 있다. 게다가 롤러코스터를 타는 동안에는 소리를 지르거나 팔을 휘둘러도 우스꽝스럽게 보이지 않는다. 많은 자폐인들이 목소리 크기를 조절하길 어려워하고 팔을 휘두르는 것을 즐기는 만큼, 롤러코스터나 라이브 공연장처럼 시끄럽고 소란스러운 공간은 남들의 비난을 피할 의외의 도피처가 될 수 있다.

내가 아는 자폐인들은 디제이, 영업사원, 스포츠 팀 감독, 비영리 단체의 모금 운동가, 곡예 비행사 등 다양한 직업에 종사한다. 그중에 외향적이고 감각을 추구하는 이들은 애니메이션 박람회, 하우스 파티, 선거 운동, 경쟁 스포츠를 즐긴다. 하지만 이런 유형의 자폐인은 매우 솔직하고 매력적이다 보니 장애인이라는 점을 간과당하기 쉽다. 자폐인이 사회생활에 어려움을 겪거나 업무에 뒤처질 때, 주변 사람들은 그가 전날 저녁 아무 문제없이 외출하여 공연장에서 파티를 즐겼다는 이유로 그의 고통이 '가짜'라고 말한다.

한 분야에서의 특출한 능력이 다른 분야에서 '충분히 노력하지 않는' 증거라며 비난받는 일을 장애인들은 너무나 자주 겪는다.

이처럼 거리낌 없고 활력 넘치는 이들의 자폐증은 좀처럼 식별되지 않으며, 천방지축인 어린 시절에는 더더욱 알아보기 어렵다. 이들이 어딘가 이상하다고 생각하는 사람도 십중팔구 자폐증이 아니라 ADHD를 의심하게 마련이다. 참고로 자폐증과 ADHD는 함께 나타나는 경우가 매우 많고 진단을 내릴 때도 구분하기가 상당히 어렵다.[69] 심리학자들은 이 둘을 '자매 질환'이라고 부르는데, 양쪽 모두 주의 산만과 감각 추구, 사람들의 따돌림으로 인한 깊은 고통 등을 주기 때문이다. 말이 나온 김에 종종 간과되는 또 다른 자폐인 집단, 즉 동반 및 중복 장애가 있는 자폐인들을 살펴보자.

얽히고설킨 장애 스펙트럼

정신질환과 장애 진단 분류는 여러모로 허점이 많다. 하나의 장애를 이루는 여러 증상과 성향은 함께 나타나는 경우가 다수이지만 항상 그렇지는 않으며, 시간이 지남에 따라 그중 다른 요소로 바뀔 수도 있다. 예를 들어 심리학자들은 불안과 우울증을 한 가지 장애의 구성 요소로 봐야 하는지, 아니면 상관관계만 있는 별개의 질환으로 봐야 하는지 수십 년 동안 논쟁을 벌여왔다.[70] 1940년대 정신의학과 의사들은 자폐증이 일종의 아동기 정신분열증이라고 믿었지만[71] 현대의 정신의학과 의사라면 아무도 그렇게 생각하지 않는다. 정신장애에 대한 이해는 유동적이며, 낙인이 찍히는 사람들도 시대와 문화적 맥락에 따라 달라진다.

종종 한 가지 이상의 장애 스펙트럼에 속하거나 여러 장애의 특성이 독특하게 결합되어 나타나기도 한다. 예를 들어 평생 단 한 번이라도 조증을 겪은 적이 있다면 우울 삽화*가 조증 삽화보다 훨씬 잦더라도 주요 우울 장애가 아닌 양극성 장애로 진단받을 수 있다. 또한 거식증의 저체중 요건을 충족하지 못하면 아무리 거식증으로 괴로워도 장애 진단을 받지 못할 수 있다. 자폐 스펙트럼 장애는 매우 다면적이고 다른 장애로 오진되기 쉽기에, 이런 역학 관계는 더욱 까다로워진다.

예를 들어 PTSD 당사자는 자폐인과 거의 비슷해 보인다. PTSD가 있으면 인파를 두려워하고 요란한 소음에 쉽게 동요하며 이해하기 어려운 상황에서 더욱 내성적으로 변하곤 한다. PTSD로 인한 과다각성은 가면을 쓴 상태와 거의 비슷해 보일 수 있다. 안전감을 유지하기 위해 끊임없이 위협적인 것은 없는지 주변 환경을 살피고 자기표현 방식을 조절하는 것이다. 문제를 더욱 복잡하게 만드는 것은 많은 자폐인들이 어린 나이에 정신적 외상을 입고 PTSD를 보인다는 점이다. 우리는 양육자에게 학대받거나 같은 반 친구들에게 괴롭힘을 당하거나 아동 폭력범의 '쉬운 먹잇감'이 되기 일쑤다. 아동 자폐증의 대표적인 치료법인 응용행동분석 치료는 자폐인에게 견디기 힘든 정신적 외상을 입힌다는 비판을 받아왔다.

---

* 증상이 계속되지 않고, 일정 기간 나타났다가 호전되기를 반복하는 패턴을 말한다.

이와 같은 이유들로 인해, 개인의 어떤 성향이 자폐증 때문이고 어떤 특성이 신경전형성 세상에서 신경다양인으로 살아가며 받은 정신적 외상 때문인지 분석한다는 건 불가능하며 심지어 해로울 수도 있다. 네덜란드에 사는 마흔 살 남성 다안은 자폐증으로 인해 부모에게 학대를 받았다. 그는 복합성 PTSD라는 진단을 받았으며, 이 진단이 수년 동안 그의 자폐증을 은폐하는 가면이 되었다고 말한다.

"모두가 내 이야기를 하는 것 같아요. 언제나 다들 내가 끔찍한 인간이라고 소리를 지르며 욕해댈 것 같죠. 이런 증상은 자폐증 때문이고 내가 다른 사람의 생각을 잘 이해하지 못해서일까요? 아니면 내가 스펀지를 싱크대 반대편에 놓기만 해도 온갖 욕설을 퍼부었던 우리 어머니 때문일까요? 정답은 없습니다."

다안의 첫 번째 치료사는 그의 두려움이 비합리적이라고 일깨워 주려 했다. 어머니는 이미 오래전에 돌아가셨으니 다시는 그를 해칠 수 없다고 말이다. 치료사는 다른 사람들이 위험한 존재라는 다안의 '비합리적 신념'이 깨지도록 도와줄 수 있다고 믿었다. 하지만 다안은 자폐증이라는 이유로 거의 매일 평생을 직접 상처받고 거부당해온 사람이었다. 그에게 사회가 위협적이라는 인식은 비논리적인 것이 아닌 현실이었다.

"나는 있는 그대로 관찰한 사실을 말했을 뿐이에요. '아, 당신 머리 잘랐네요'라는 식으로요. 그런데 사람들은 내가 자기를 놀린다고 생각했죠. 상사에게 한소리 듣기도 했어요. 같이 데이트했던 여자들은 내가 제대로 된 성인 남자답게 행동하지 않는다며 화를 냈죠.

마치 또다시 어머니한테 혼나는 것 같았어요. 그러고 나서 치료사는 내가 어머니에게 받은 정신적 외상 때문에 다른 사람들에게서 그분의 모습을 보는 거라고 말하더군요. 정말로 끔찍했고 돌아버릴 것 같았어요."

임상 연구에 따르면 다안의 경험은 전혀 비정상적이지 않다. 인지행동 치료처럼 '비합리적 신념'과 싸우는 데 초점을 맞춘 방식은 일반인과 달리 자폐인에게는 효과가 없다.[72] 그 이유 중 하나는 자폐인의 두려움과 억압 대부분이 지극히 합리적이며 평생의 고통스러운 경험에 기인하기 때문이다. 우리도 제법 이성적인 사람들이고, 상당수는 이미 자신의 생각과 감정을 면밀히(때로는 지나칠 정도로) 분석하는 데 익숙하다. 자폐인에게 감정에 휘둘리지 않게 하는 인지행동 훈련은 필요 없다. 사실 우리 대부분은 오히려 자신의 감정을 무조건 무시하도록 강요받아왔다.

다안은 최근 들어 새로운 치료사를 만나기 시작했다. 그의 새 치료사는 자폐증 성인에 관한 평생교육 과정을 단 한 차례 수강했을 뿐이지만, 그래도 대부분의 치료사들보다 더 많은 것을 알고 있었다. 그는 다안이 자폐증 검사를 받게 했고, 다안에게 적합한 치료 방법을 찾기 위해 관련 서적들을 읽기 시작했다.

"새 치료사는 자폐인의 정신적 외상 극복에 도움이 될 만한 연구가 많지 않다고 인정하더군요. 하지만 적어도 내가 검사받을 수 있게 해주었죠. 덕분에 다른 자폐인들과 온라인으로 대화할 수 있게 돼서 이해의 폭이 한층 더 넓어졌어요."

자폐증은 불안 장애와도 상당히 비슷하게 보일 수 있다. 어쨌든 자폐인 대부분은 다른 사람들과 함께 있는 거의 매 순간 불안감을 느끼니까. 지나치게 자극적이고 예측할 수 없는 환경은 우리의 투쟁-도피 반응을 유발하기 쉽다. 우리가 스트레스에 대처하려고 개발하는 습관과 반복적 행동은 강박 장애와 구분하기 어렵다. 자폐성 번아웃은 주요 우울증 삽화와 매우 비슷해 보인다. 이처럼 치료사가 가면 때문에 생겨난 부정적 정신건강 증상만 인식하고 정작 그 원인인 숨겨진 장애는 인식하지 못하는 일이 너무나도 많다.

진단을 받지 않은 일부 자폐인(특히 여성)은 '고도로 민감한 사람'으로 분류된다.[73] 고도로 민감한 사람은 대체로 직관적이고 감정이 여리며 쉽게 당황한다고 묘사된다. 이 용어는 일레인 N. 애런Elaine N. Aron이 만들었다. 그의 가족 구성원 중에도 고도로 민감한 사람이 있었는데, 이후에 자폐인이라고 밝혀졌다.[74] 자폐증에 따르는 낙인과 지극히 남성적이고 냉담한 이미지 때문에, 자폐 스펙트럼 여성 상당수는 자폐인보다 **불안하고 고도로 민감한 사람**이라는 표현을 더 선호하는 경우가 많다.

소외된 자폐인이 자폐증보다 더 심하게 비난과 오해를 받는 정신장애로 오진되는 경우도 있다. 예를 들어 성인 자폐증 여성이 경계성 인격 장애로 오진되는 일은 매우 흔하다.[75] 이런 진단을 받으면 끔찍한 상황에 처하게 된다. 경계성 인격 장애는 많은 치료사들이 가장 기피하는 질환이다.[76] 경계성 인격 장애가 있는 사람은 흔히 엄살을 피우며 요구가 많다고 여겨진다. 남들의 관심을 끌려고 하며 신뢰하기 어려울 뿐 아니라 폭언을 퍼붓기도 한다는 것이다.[77] 내가 가르친 심리치료사 견습생 상당수는 윗사람에게 경계성 인격 장애인들을 전염병처럼 피하라고, 그들과 절대 가까워지면 안 된다고 배웠다고 말했다.

경계성 인격 장애는 사실 '인격'보다도 애착 및 감정 처리와 관련된 장애라고 해야 더 정확할 것이다.[78] 경계성 인격 장애가 있는 사람은 거절당할까 봐 끔찍이 두려워한다. 자아의식이 불안정한 나머지 타인에게 받아들여지는 데 지나치게 의존하는 것이다. 가까운 사람들이나 치료사에게 물어보면 감정적으로 극단적이고 지나치거나 교활하다는 평을 듣기도 한다.[79] 이 장 앞부분에 제시된 '여성 자폐증의 특성'과 희한하리만치 비슷한데, 이는 우연이 아니다. 자폐증으로 인해 사람들에게 몇 번이나 거부당하고 정신적 외상을 입은 여성(과 기타 성소수자)은 흔히 자아의식이 불안정해지고 거절당하는 것을 두려워하며(충분히 이해할 만하다) 거의 항상 걱정에 시달린 탓에 격렬하고 지나치게 민감해진다.

나일라 역시 자폐증 진단을 받기 전에 경계성 인격 장애로 오진되었던 여성이다. 그는 불안정한 자아의식, 버림받는 데 대한 두려움과 그로 인한 감정적 멜트다운, 불확실한 자기 정체성 등 경계성 인격 장애와 비슷한 자폐 성향을 골고루 드러냈다.

"나는 애인이 원하는 대로만 행동하려고 했어요. 그 사람이 나를 떠나지 않게 하려고요. 스스로에게 너무 해롭고 나쁜 행동이었지요."

실제로 나일라는 혼자가 되지 않으려고 필사적으로 노력했다. 하키를 좋아하는 남자를 만나면 맨날 하키 유니폼만 입었다. 외모에 신경 쓰는 여자를 선호하는 남자를 만나면 매주 네일샵을 다녔다. 그런다고 관계가 잘 풀리는 것은 아니었지만, 나일라가 아는 방법은 그것뿐이었다.

"거짓된 삶을 살다 보니 자살 충동을 느꼈어요. 그런데 말이죠, 경계성 인격 장애가 있는 사람이 자살을 시도하면 사람들은 관심을 끌려는 수작이라고 생각해요. 나는 오히려 끊임없이 남들에게 이용당해도 꾹 참는 편이었지만, 경계성 인격 장애라는 딱지가 붙어버리니 남들에게는 히스테릭한 악당으로 보였나 봐요."

나일라는 가족이 자폐증 진단을 받고 나서야 비로소 자신이 어떤 사람인지 다시 생각해보게 되었다. 나일라의 어머니는 수십 년 동안 경계성 인격 장애만큼이나 악명 높은 질환인 자기애성 인격 장애로 진단받았지만, 예순다섯이 되어서야 자폐증이라는 진단을 받았다.

"엄마가 무척 자기중심적이긴 해요. 하지만 그건 말 그대로 남들이 무슨 생각을 하는지 이해하지 못하고 자기 머릿속에 갇혀 있기 때문이에요. 엄마의 행동이 이기적으로 보일 수도 있겠죠. 자폐증은 공감에 방해가 되니까요. 나는 공감을 너무 잘해서 고통스러울 정도인데, 엄마는 그 반대예요. 말 그대로 공감 능력이 전혀 없죠. 하지만 그게 나쁜가요? 엄마로서는 어쩔 수 없는 일인데요."

나일라는 어머니가 사려 깊지 못하고 고집이 세지만 세상을 깊이 걱정하는 여성이기도 하다고 말한다. 어머니는 자신의 활동에 방해되는 모든 것이 자기를 삶에서 배제시키는 위협이 될 수 있다고 받아들인다. 나일라는 어머니의 이런 면모를 이해하는 한편 열정적이고 헌신적인 면모를 존중하면서 더욱 안정된 모녀 관계를 맺을 수 있었다.

"엄마는 페미니즘과 환경 보호에 관심이 많아요. 관대한 분이지만 마음에 상처가 있죠. 성미가 까다롭긴 해도 나름대로 최선을 다하시는데, 흑인 여성이 1970년대에 정신의학과 치료를 받으려 했다는 이유로 나르시시스트 취급을 받은 것 같아요."

정신의학과 의사인 멩추언 라이Meng-Chaun Lai와 사이먼 배런-코언Simon Baron-Cohen은 의학 저널 《랜싯The Lancet》에 수록된 논문을 통해 한 세대에 걸친 자폐인 전체가 인격 장애로 오진되었다고 주장했다.[80] 그리고 당연하게도 오진된 사람들 대부분은 소외 계층 여성이었다. 나는 평소 배런-코언의 연구에 문제가 많다고 생각한다. 그는 자폐증을 "지극히 남성적인 뇌"로 간주해야 가장 잘 이해할 수 있다는 견해를 오랫동안 옹호해왔다.[81] 그러나 이번 연구에서 그는 많은 여성이 경계성, 히스테리성 또는 자기애성 인격 장애로 오진되는 탓에 자폐증 진단을 받지 못한다는 사실을 인정한 듯하다. 일단 인격 장애로 진단되면 건설적이고 공감적인 정신건강 치료를 받기가 매우 어려우며, 이런 낙인이 성차별이나 여성 혐오와 맞물려 있다면 더더욱 그렇다.[82]

ADHD와 자폐증의 공통점과 차이점

앞에서 간략히 언급했듯이 자폐증과 ADHD는 동반하기 쉬우며 여러모로 유사한 장애다. 양쪽 모두 개인의 '실행 기능'과 관련된다. 미리 계획을 세우고, 큰 목표를 작은 단계로 나누고, 논리적으로 작업 순서를 결정하고, 스스로 동기를 부여하여 완료하는 능력 말이다. 하지만 이런 활동에 어려움을 겪는다는 사실도 맥락과 문화에 따라 바뀔 수 있다. 지나치게 개인주의적이지 않은 세상에서는 혼자서 자동차 열쇠를 찾지 못하는 것이 장애가 아닐 수도 있다. 자폐인이나 ADHD 당사자는 자극을 받으면 주의가 산만해지기 쉬운 한편, 즐거운 활동에 과몰입하여 화장실에 가거나 식사하는 것도 몇 시간씩 잊기 쉽다. ADHD 당사자보다는 자폐인이 스스로 과몰입을 통제할 수 있다고 믿을 가능성이 크다. ADHD 당사자는 지루함과 과소 자극을 **고통스럽게** 느끼기 쉬운 반면, 자폐인은 고요와 적막을 훨씬 선호할 수도 있다. 두 신경 유형 모두 여성과 유색인종의 진단율이 낮으며, 어린 시절에 진단을 받지 못한 사람은 일반적으로 수십 년 동안 가면을 쓴 이후에야 자기 정체성을 깨닫게 된다.[83]

전문가들은 ADHD가 감정 처리와 사회적 기술 발달에 직접 영향을 미친다고 생각하진 않지만, ADHD 당사자는 흔히 남들로부터 부정적인 사회적 피드백(때로는 중립적인 것까지 포함해서)을 받으면 극심한 공포와 고통을 느끼는, 이른바 거절 민감성 불쾌감을 겪는다. ADHD 당사자는 거절을 무척 두렵고 괴롭게 여기기 때문에 가면 자폐인처럼 억제되고 남들의 기분을 맞추는 사회적 행동을 보일 수 있다. 자폐인은 남들의 감정을 추측하거나 무언의 사회 규범을 이해하는 걸 어려워하지만, ADHD 당사자 또한 상대가 지루해하는 것도 모르고 장광설을 늘어놓거나 비디오 게임과 같은 취미에 빠져서 동거인이 온 집안을 혼자 청소하느라 힘겨워한다는 사실을 알아차리지 못한다. 근본적인 메커니즘은 서로 다를 수 있지만 여러모로 동일한 어려움을 겪는 셈이다.

ADHD 당사자가 자폐인처럼 상향식으로 정보를 처리하진 않는 듯하다. 하지만 ADHD에 따르는 고도의 긴장과 불안은 압도적인 감각 정보에 대한 자폐인의 반응과 놀랍도록 비슷할 수 있다.[84] 가면 자폐인 중에는 과제 수행, 일정 엄수, 정리 정돈 등에 일반 자폐인보다 전반적으로 더 능숙한 이들도 있지만, 상당수는 만성 피로와 번아웃으로 일상생활에서 ADHD 당사자와 같은 어려움을 겪는다. 일상적 도움을 필요로 하는 자폐인도 많으니 자폐증이 ADHD보다 기능적이거나 체계적인 신경 유형이라고 말할 수는 없겠으나, 자폐증을 ADHD의 '혼돈'과 대조되는 '질서'로 여기는 고정관념이 있는 건 사실이다.

두 증상에는 공통점이 많지만 주목할 만한 몇 가지 차이점도 있다. 첫째로 ADHD는 자폐증보다 성인기에 진단받기가 쉬운 편이지만, 환자의 뇌가 '망가졌고' 자극제 치료를 받아야 한다는 수치스러운 전제가 따라붙는다.[85] 둘째로 ADHD 당사자와 자폐인은 필요한 편의시설이 다를 수 있다. ADHD가 없는 자폐인인 내 경우 차분하게 집중하려면 조용하고 개인적이고 청결한 공간이 필요하며, 고요하고 어두운 곳에서 자야 한다. 반면 ADHD 당사자는 종종 자극, 새로움, 감각적 입력을 필요로 한다. 예를 들어 텔레비전을 크게 켜두어야 공부를 할 수 있거나 음악을 틀어놓지 않으면 잠을 이루지 못할 수도 있다. 많은 자폐인들이 어수선함과 불결함을 부담스러워하는 반면, ADHD 당사자는 대체로 '시각적 소음'을 쉽게 무시하고 지저분한 것들을 시야에서 '지워'버릴 수 있다. 한편 ADHD가 있는 친구들은 종종 잡동사니 무더기를 뒤지지 못해 나

더러 대신 휴대전화와 열쇠를 찾아달라고 부탁하기도 한다. 그들에게 잡동사니 무더기는 백색 소음의 구렁일 뿐이지만, 나는 그 속에서 특정한 물체를 바로 찾아낼 수 있다.

ADHD가 있는 내 지인 상당수는 자기가 '시간맹'이라거나 시간이 나선형 또는 일련의 파동으로 움직이는 것처럼 느껴진다고 말한다. 반면 나는 시간을 매우 엄밀하고 선형적으로 인식하며 평생 단 한 번도 약속에 늦거나 마감을 놓친 적이 없다. ADHD가 있는 작가들과 창작자들은 밤늦게까지 작업에 열중하는 편이며 일관되고 거시적인 방식으로 작업을 진행한다. 반면 나는 규칙적인 일정에 따라 자료를 분석하고 세부사항을 하나하나 조합하는 방식으로 작업한다. 하지만 내게도 충동적이고 혼란스러운 면모가 있으니, 어린 시절 이를 잘 숨기지 못했다면 ADHD(또는 경계성이나 그 밖의 인격 장애)를 진단받았을지도 모른다.

내가 이 책을 쓰면서 면담한 자폐인 상당수는 ADHD가 있다. 이 책에서 인용한 여러 작가, 정신건강 의료인, 활동가도 마찬가지다. 자폐인권 옹호 단체에서 ADHD 당사자는 기본적으로 명예 회원 대우를 받는다. 자폐증과 ADHD는 모든 면에서 자매 질환이며, 공통된 커뮤니티를 이루는 매우 비슷한 두 집단이다.[86]

자폐증은 여러 정신질환 및 장애뿐 아니라 엘러스-단로스 증후군EDS, Ehlers-Danlos syndrome,*[87] 위장 질환,[88] 발작 등의 신체 장애와 함

* 콜라겐을 생성하는 유전자의 이상 때문에 쉽게 멍들고, 관절이 느슨해져 탈골되며, 피부에 탄력이 없어지고, 조직이 약해지는 질환이다.

께 나타나기도 한다.[89] 자폐증과 신체 장애가 있는 모건은 일부 장애가 자폐증과 유전적 지표를 공유하는 것으로 보인다고 말한다.

"생각보다 훨씬 흔히 일어나는 일입니다. 전형적 자폐증은 아니지만 유전자 염기서열에 자폐성 특징이 있는 장애인들이 있죠."

자폐증이 다른 질환이나 장애와 교차하면 자폐 성향이 새로운 형태로 나타나거나 완전히 은폐될 수도 있다. 나는 외상성 뇌 손상과 지적 장애가 있는 자폐증 청소년 엔젤의 가족과 가깝게 지낸다. 엔젤이 교통사고로 뇌 손상을 입기 전에 자폐증 진단을 받지 않았더라면 의사들은 엔젤의 자폐증을 식별하지 못했을지도 모른다. 예를 들어 엔젤이 말을 못 하는 건 교통사고로 인한 신경손상 때문이라고 믿었을 수도 있다. 그랬다면 엔젤은 증강 커뮤니케이션 기기도, 소셜 미디어 친구들과 채팅할 때 쓰는 아이패드도 받지 못했을 것이다. 다행히도 엔젤의 가족과 의료진은 그가 언어로 의사소통을 하지 않는 것이 자기표현 능력이 없어서가 아니라 자폐증으로 비언어성 자기표현을 선호하기 때문이라는 사실을 알아냈다.

주변 사람들에게 '고기능'이거나 지능이 높다고 여겨지지 않는 엔젤 같은 가면 자폐인은 드문 경우다. 물론 특정한 자폐인이 다른 자폐인보다 고기능이라거나 개인의 기능성이 한눈에 드러나는 이분법적 특성이라는 생각 자체가 미심쩍은 것도 사실이다. 이 같은 사고방식 때문에 많은 사람들이 자신의 장애를 은폐하고 공적인 '기능'에 수반되는 개인의 고통이 무시당하는 것이다. 게다가 이런 시각은 통상적 관점에서 생산성 있고 감동적인 삶을 영위하는 장애인만 살아갈 가치가 있다는 편견을 굳힌다.

생산성이 인간의 가치를 좌우해도 괜찮은가

신경전형인들은 신경다양인의 기능성 수준에 집착한다. 당신이 자폐인이지만 대화하거나 업무를 처리할 수 있다고 비장애인에게 말한다면, 그들은 즉시 당신이 얼마나 기능적인지 논평하기 시작할 것이다. 이런 발언에는 흔히 당신이 (잠시만이라도) 비장애인처럼 보일 수 있다면 사실상 장애인이 아니라는 암시가 담겨 있다. 내가 《게으르다는 착각》을 출간했을 때 홍보를 위해 언론에 출연한 유튜브 생방송에는 다음과 비슷한 댓글이 여럿 달렸다.[90]

"만약 프라이스 박사가 자폐인이라면 상당한 고기능이라고 해야 할 것이다. 자폐인 대부분은 평생 제대로 된 직업을 유지하기 어렵다. 남들과 의미 있고 적절한 의사소통을 할 수 없고, 지극히 사소하고 무의미한 일을 제외하면 그 어떤 일에도 오래 집중하지 못하기 때문이다."

이 댓글은 여러모로 틀렸다. 첫째로 댓글 작성자는 내가 '고기능'인 것처럼 보인다는 이유로 정말 자폐인인지 의심스럽다고 가정한다. 그는 내가 "만약" 자폐인이라면 단지 고기능일 뿐, 자폐인이 동시에 유능하고 성공한 인물일 순 없다고 생각한다. 댓글 작성자에게 이 두 가지는 양립 불가능한 것이다. 게다가 그는 내가 대화하는 한 시간 동안 완벽하게 정상적으로 보였기에 자폐인이 아니라고 생각하는 듯하다. 또 직업을 유지하는 것과 가치 있는 삶을 동일시한다는 사실도 눈에 띈다. 그가 보기에 나는 수익을 내는 작업에 집중할 수 있기 때문에 고기능 자폐인이다. 수익성이 없는 자폐성 열정은 그의 표현을 빌리자면 "사소하고" "무의미한" 것이다.

무의미하다는 표현도 유난히 눈에 밟힌다. 자폐인 자신의 감정과 즐거움은 전혀 중요하지 않고 다른 사람들이 그의 삶을 어떻게 보는지만 중요하다는 것이다.

신경전형인들은 우리가 정상적으로 보이기 위해 수행해야 하는 엄청난 그림자 노동을 인식하지 못하고 '기능할' 수 있으니 장애가 덜하다고 생각해버린다. 정상으로 보여야 한다는 자체가 얼마나 억압적인지도 깨닫지 못한다. 마치 뚱뚱한 사람이 자기가 뚱뚱하다고 당당하게 말하는데 날씬한 사람이 생색내듯 "넌 뚱뚱하지 않아! 그냥 글래머일 뿐이야! 넌 정말 예뻐!"라고 정정해주는 것과 비슷하다. 이런 반응은 뚱뚱함 자체와 뚱뚱해도 당당할 수 있다는 것을 불편해하는 속내에서 나오며, 뚱뚱한 사람은 아름다울 수 없다는 무의식적 편견을 드러낸다. 하지만 누구든 뚱뚱한 동시에 아름다울 수 있다. 두 가지 특성은 서로 완전히 다른 범주니까. 게다가 다른 사람의 아름다움에 따라 그의 가치를 정의하는 것은 모욕적이다. 거꾸로 공적 생활의 특정한 영역(또는 여러 영역)에서 잘 기능하는 자폐인도 다른 영역에서는 상당한 장애를 겪을 수 있다. 심지어 삶의 모든 영역에서 독립적으로 '기능'하지 못하는 자폐인도 있지만, 그렇다고 해서 그들의 가치와 존엄이 훼손될 수는 없다.

인스타그램 계정 @MyAutisticNurse는 별명이 '부Boo'인 한 '고기능' 자폐인의 삶을 보여준다.[91] 부는 어느 모로 보나 훌륭한 간호사로, 머릿속의 온갖 의학 정보를 마음대로 척척 기억해낼 수 있다. 부의 특기는 어린이 환자를 보살피고 달래는 일이다. 하지만 부에게도 말이 전혀 나오지 않을 때가 있다. 병원에서의 교대 근무가 유난히 힘들었던 날이면 몇 시간씩 좋아하는 장난감을 늘어놓으며 방바닥에 누워 있기도 한다. 다른 자폐인과 마찬가지로 감정적 멜트다운에 빠지거나 무기력해지기도 하지만, 뛰어난 지능과 능력 때문에 흔히 생각하는 '전형적' 자폐인과는 다를 수 있다.

2013년 전까지만 해도 〈정신질환 진단 및 통계 편람〉에서는 자폐증과 아스퍼거 증후군이 구분되어 있었다. 자폐증은 더 심각한 질환으로 여겨졌으며 주요 의사소통 결핍이나 지적 문제와 연관되었다. 반면 아스퍼거 증후군은 지능이 높은 사람에게 나타난다고 여겨졌으며, 말솜씨가 뛰어나고 감정적으로 냉담한 수학 천재나 컴퓨터 애호가와 연관되곤 했다. 2013년 개정판에서는 이 두 가지 명칭이 자폐 스펙트럼 장애ASD, Autism Spectrum Disorder로 통합되었다. 오늘날 임상의들은 자폐증이 아스퍼거 증후군과 어떻게 다른지 설명하는 대신, 어떤 사람이 "고기능인지 저기능인지" 또는 "지원 필요성"이 얼마나 되는지 논의한다.

자폐인권 옹호 네트워크ASAN를 비롯한 자폐인 주도 운동 단체에서는 **고기능**이나 **저기능**이라는 용어를 거부한다. 이런 용어들은 장애가 개인의 삶에 미치는 영향을 지나치게 단순화하고 인간으로서의 가치를 생산성과 동일시한다.[92] 말을 하고 타인과 소통하고 직업을 유지하는 사람은 외부 관찰자에게 충분히 '고기능'으로 보이겠지만, 그런 사람도 사적으로는 옷을 입을 때 도움을 받아야 하거나 누군가 식사 시간을 알려주어야 할지 모른다. 예를 들어 부의 남편은 부가 배고프고 힘이 없을 때 직접 먹을 것을 결정할 수 있도록 모든 간식을 읽기 쉽게 표로 정리해놓는다. 또한 양치질이나

머리 감기처럼 부에게 필요하지만 어려울 수 있는 활동을 하도록 동기를 부여해준다.

반면 혼자서 옷을 입지 못하거나 말을 못 하는 '저기능' 자폐인도 편의만 제공된다면 학교에서 뛰어난 성적을 받거나 복잡한 수학 방정식을 풀 수 있다. 작가이자 활동가인 이도 케다르Ido Kedar는 사람들과의 소통이 단절된 채로 어린 시절 대부분을 보냈다. 그는 말을 할 수 없었고 소근육 조절이 서툴러 글씨도 쓰지 못했지만, 아이패드에 글을 입력하는 법을 배워 블로그 '자폐증 나라의 이도'를 만들었다. 이도는 저서 두 권을 발표하고 여러 차례 인터뷰를 했으며 블로그에 자폐증과 장애 정의에 관한 글을 정기적으로 올린다. 또한 3.9라는 높은 학점으로 고등학교를 졸업하고 지금은 대학에 다니는 중이다. 이도는 학업에서나 지적으로나 상당한 고기능을 보여주며 이를 가능하게 하는 지원도 받고 있다. 하지만 이런 지원을 받지 못했던 과거에는 오랫동안 말을 하지 못한다는 이유로 줄곧 사회에서 '저기능' 취급을 받았다.

이도나 부의 사례는 기능 장애라는 명칭이 얼마나 피상적인지 잘 보여준다. 그럼에도 이런 명칭은 정신의학과 의사, 교사, 부모가 자폐증을 보는 방식에 영향을 미치며, 그리하여 '고기능'으로 간주되는 자폐인은 가면을 쓰기 쉬운 한편 진단을 받지 못하기 일쑤다. 일반적으로 자폐인이 어릴 때부터 말을 잘하고 사회성이 뛰어난 척할 수 있다면 '고기능'으로 분류되거나 아예 자폐인으로 식별되지 않을 가능성이 높다. 조금은 얄궂은데, 일찍 말문이 트이는 것은 아스퍼거 증후군의 초기 지표이기 때문이다.[93] 우리 엄마는 내가 생후 6개월에 처음으로 말문이 트였고 한 살쯤에는 문장으로 말할 수 있었다고 이야기한다. 이 시기에 내가 백화점 점원에게 인사하며 "포푸리 냄새가 나는 것 같아요"라고 말해서 엄마를 깜짝 놀라게 했다고 한다. 우리 가족에게는 이런 사연이 많다. 1990년대에 아스퍼거 증후군으로 간주되었거나 최근에는 '고기능'으로 분류되는 많은 사람들이 이와 비슷한 과잉 언어 유아기의 사연을 들려준다. 그렇다 보니 우리는 흔히 특수 교육이 아니라 영재 교육을 받곤 했는데, 이런 조치에는 장점도 있었지만 경계선을 존중받지 못하고 대상화되는 경험도 종종 따라왔다.

나를 비롯한 여러 '고기능' 자폐인에게 의사소통과 지능은 가면의 필수 요소가 되었다. 나는 결코 다른 아이들과 어울리지 못했지만, 어려운 단어에 대한 이해력과 그럴싸하게 들리는 의견으로 교사들을 감탄시킬 수 있었다. 내 언어 구사력은 고도로 발달했지만 사회성과 정서적 삶은 그렇지 못했다. 나는 다른 아이들이 관심 없는 주제에 관해 너무 많이 이야기해서 그들을 짜증나게 했다. 나를 '인상적'이라고 생각하는 어른들에게 집착했고, 내가 예의 바르게 행동하기만 하면 성숙한 인간으로서 다른 어른들에게 존중받을 수 있으리라고 생각했다. 나는 많은 '영재' 아동들과 마찬가지로 나의 지적 잠재력은 나라는 개인이 아니라 이 사회의 것이며, 따라서 내가 세상에 진 빚을 갚으려면 나의 유별남을 정당화해야 한다는 생각에 빠져들기도 했다. 청소년 시절 영어 교사들은 내 작문을 좋아했다. 나는 토론 팀에서도 두각을 나타냈지만, 친구들에게는 무뚝뚝하고 서먹하게 대했다. 개인적으로도 가게 물건을 슬쩍하거나 마음에 들지 않는 수업을 멋대로 빼먹는 등 무모한 짓을 저지르는 바람에 급기야는 경찰에 체포되고 퇴학당할 뻔했다. 똑똑한 우등생으로서의 내 모습에 너무 집착하다 보니 공부에 매달리느라 신체 건강은 소홀히 했다. 자폐인임을 깨닫기 전인 20대 중반까지 나는 칭찬받을 만큼 지적으로 보일 수 있지만 사생활은 엉망진창이고 그 누구와도 깊은 관계를 맺지 못하는 영원한 사춘기 청소년이었다.

나일라도 비슷한 경험을 했다. "내 인생이 가장 힘겨웠을 때도 나는 영업사원으로서 승승장구했어요. 누구에게든 매력적으로 보일 수 있었죠. 적어도 나를 잘 모르는 사람, 내가 살아나가기 위해 얼마나 술을 퍼마시고 거짓말을 밥 먹듯이 하는지 모르는 사람에게는 그렇게 보였을 거예요."

거창한 업적 뒤에 자기 파괴 성향을 숨기는 사람은 결코 제대로 기능하는 상태가 아니다. '기능성'이라는 개념은 자본주의 논리와 개신교 노동 윤리의 유산이다. 우리는 이 두 논리에 따라 생산성이 개인의 가치를 결정한다고 믿도록 길들여졌다.[94] 이런 세계관으로 인해 가장 타격을 받는 사람은 일할 수 없고 가치를 생산할 수 없으며, 따라서 학대받거나 시설에 강제 수용되거나 노숙자가 될 가능성이 가장 높은 장애인들이다. 한 사람의 사회적 가치(또는 생존권)를 생산성과 동일시하는 것은 슬프게도 매우 흔한 관점이지만, 동시에 인간을 심각하게 소외시키는 능력주의적인 관점이기도 하다. '시합에 참여할' 수 있고 생산적이며 존중받는 사람의 가면을 쓸 수 있는 자폐인에게도 해롭지만, 아예 시합에 나올 수 없는 자폐인에게는 위험하고 심지어 치명적이기 때문이다.

우리의 무지갯빛 스펙트럼

'자폐인권 옹호 네트워크'나 '자폐증 치료를 거부하는 자폐인들' 같은 공간에서는 자폐인으로 자기 인식하는 모든 사람을 받아들인다. 공정하고 저렴한 자폐증 검사를 받을 기회가 누구에게나 주어지진 않기 때문이다. 또한 무증상 자폐인도 어려움과 목표를 함께 나눌 수 있으며 우리와 나란히 설 자격이 있다. 자녀나 조카가 자폐증 진단을 받고 나서 자기도 자폐 스펙트럼이라고 인식하게 된 사람, ADHD나 PTSD와 같은 '자매 질환'이 있는 사람도 환영한다.

나는 자폐인이 자신의 정체성을 수치스러워하지 않기를, 수십 년 동안 써야 했던 답답한 가면을 벗을 수 있기를 바란다. 가면을 벗기 위한 첫 단계는 자신을 있는 그대로 받아들이고 비슷한 경험이 있는 사람들을 찾아 나서는 것이다. 이 과정을 시작하는 데 검사 결과 같은 건 필요 없다.

자폐인인지 의심스럽다면 가까운 자폐인권 옹호 네트워크 지부를 찾아가볼 것을 추천한다. 자폐인 당사자가 인터넷에 올린 글이나 동영상으로 우리의 경험과 정체성이 얼마나 다양한지 조금씩 알아보는 것도 좋다. 더 많은 것을 알아가다 보면 커뮤니티가 집처럼 편안하게 느껴질 것이다. 혹은 ADHD 당사자들의 커뮤니티나 더욱 광범위한 '매드 프라이드Mad Pride' 운동*이 더 잘 맞는다고 깨달을지도 모른다. 어느 쪽이든 잘된 일이다. 설사 당신이 자폐인이 아니라는 결론을 내리더라도, 자기 탐색 과정에서 더 많은 연대를

* 정신장애라는 '미친' 정체성을 자랑스러워하고 긍정하자는 운동이다.

필요로 하는 이 집단에 관해 많이 알게 될 것이다.

내가 처음으로 자폐인 정체성을 탐색하던 시기에도 자폐인 창작자들과 활동가들의 동영상을 통해 자폐인의 성격과 관심사가 얼마나 다양한지 알 수 있었다. 자폐인의 목소리를 더 많이 읽고 들을수록 자폐증이 저주처럼 느껴지지 않게 되었다. 내 정체성에 대한 수치심이 조금씩 사라지면서 그 자리를 자부심이 채우기 시작했다.

자폐인의 경험에 공감한다고 말할 수 있을 만큼 확신이 생긴 뒤로는 동료 자폐인들을 직접 만나보려고 노력했다. 티모시어스가 운영하는 지역 단체 '자폐증 치료를 거부하는 자폐인들'에 갔다. 시카고의 젠더퀴어 지원 모임에도 나갔는데, 절반에 가까운 참석자가 신경다양인이었다. 레딧reddit의 '자폐증번역AutismTranslated' 게시판을 비롯한 온라인 자폐증 지원 게시판에 글을 올리는 것도 나와 같은 사람들을 알아가는 데 효과적이었다. 자폐인권 운동과의 이런 연결은 심리 치료 기관보다 내게 훨씬 더 큰 도움이 되었다. 내 장애를 공식적으로 인정받기 위한 절차는 어렵고 관료적이었으며, 생각해보면 내 성정체성을 법적으로 인정받는 것만큼이나 공허하고 무의미하게 느껴졌다. 나는 국가가 내 성별을 인정해주기 훨씬 전부터 트랜스젠더였듯이 전문가들이 내 자폐증을 인정해주기 훨씬 전부터 자폐인이었다. 하지만 내가 자신을 받아들이고 가면을 벗은 결정적 계기는 내 '동족'을 발견하고 우리에게 아무 문제가 없다는 긍정적인 증거를 확인한 일이었다.

당신도 자폐인이라고 느낀다면 비슷한 공간과 지원을 직접 찾아나서기를 권한다. 자폐인권 옹호 네트워크는 여러 주요 도시에 지부를 두고 있으며, 온라인 자폐증 게시판은 기꺼이 질문에 대답하고 자신의 사연을 공유하며 격려해주는 사람들로 가득하다. 대부분의 소셜 미디어에서도 #ActuallyAutistic, #AdultAutistic 같은 태그로 여러 유익한 게시물을 찾아낼 수 있다. 자폐인이 자폐인을 위해 직접 만든 보조 기구를 찾아보는 것도 좋다. 예를 들어 스팀태스틱Stimtastic과 같은 웹사이트에서 판매하는 묵직한 담요나 피젯 장난감은 불안을 가라앉히는 데 유용하다. RealSocialSkills.org와 같은 블로그에서 소개하는 사회적 기술 세트를 활용하면 장애인이나 비장애인과의 상호작용에 자신감이 생길지도 모른다. 이런 수단을 쓰는 것은 문화적 전유나 '장애를 숨기는' 일이 아니다. 자폐인 친화적인 지원과 도구가 당신에게 도움이 된다면, 당신이 우리 커뮤니티에 속하거나 적어도 우리와 공통점이 많다는 증거를 또 하나 발견하는 셈이다.

궁극적으로 나는 당신이 자폐인인지 아닌지 말해줄 수 없으며, 또한 자폐증에 관해 이분법이나 단정적인 방식으로 논의할 필요도 없다고 생각한다. 자폐증은 다양한 색조와 명암으로 이루어지며 그 모두가 어우러질 때 더욱 아름답게 빛나는 무지갯빛 스펙트럼이다. 우리는 너무 오랫동안 스스로 망가졌거나 사랑받지 못할까봐 두려워하느라 우리를 독특하게 만드는 면모를 숨겨왔다. 자폐증을 받아들인다는 건 그런 가면을 벗고 우리의 생생한 색채를 안전하게 세상에 공유할 방법을 찾는 일이다.

다음 장에서는 초기 자폐증 연구 뒤에 숨겨진 능력주의, 성차별, 백인 우월주의가 많은 사람들에게 '가면'을 쓰도록 압박한 경위를 설명하겠다. 자폐인이 어린 시절부터 서서히 가면을 쓰는 과정을 간략하게 살펴보고, 가면의 구체적인 정의와 가면을 떠받치는 심리적 흐름을 과학적으로 논의할 것이다. 당신의 가면이 어디서 비롯되었는지 알아볼 수 있는 몇 가지 도구와 연습 문제를 제공하고, 가면을 쓰는 데 따르는 심리적·감정적 비용도 알아보려고 한다. 이후의 몇 장에서는 자폐증의 낙인을 떨쳐내고 가면을 벗으려 노력하는 자폐인들을 소개하고 자폐증 교육자, 상담사, 활동가 등이 개발한 몇 가지 요령과 조언을 공개할 것이다. 나아가 자폐인을 비롯한 신경다양인 집단이 정당한 대우를 받는 데 도움이 될 공공 정책 변화도 논의할 예정이다. 앞으로 몇 장에 걸쳐 설명하겠지만, 가면 쓰기는 자폐증만큼이나 널리 퍼진 질환이다. 가면을 쓴다는 건 단순히 억지웃음을 짓는 것 이상이며 우리가 자신을 인식하는 방식, 옷차림, 직업 선택, 인간관계, 심지어 집 안 인테리어에도 영향을 미친다. 가면을 벗으면 우리는 '세상에 맞추기' 위해 선택했던 모든 것을 재검토하여 더욱 진정성 있고 긍정적인 삶을 구축해 나갈 수 있다. 차이에 좀 더 너그러워진 세상은 우리 모두에게 더욱 안전하고 풍요로워질 것이다. 우리는 지금껏 강요받아온 삶의 방식에 의문을 제기하고 나 자신으로 당당하게 존재하기를 선택함으로써 바로 오늘부터 그런 세상을 만들어나갈 수 있다.

3

가면 속을 들여다보면

모두의 가면 뒤에는 깊은 고통이,
자신의 진정한 모습과 절대로 해서는 안 될 행동에 대한
온갖 고통스러운 신념이 숨겨져 있다.
가면을 벗을 때 제일 중요한 점은
가장 혐오하는 자신의 특성을 직시하고
이를 중립적으로, 심지어 장점으로 보기 위해 노력하는 것이다.

크리스털은 자신이 힘든 이유를 전혀 모르고 진단도 받지 못한 채 어린 시절 내내 침묵 속에서 괴로워해야 했다. 할아버지가 말했듯이 크리스털은 예의 바르고 다정한 아이였으며 교사들에게 귀여움을 받았다. 하지만 방긋방긋 웃는 얼굴과 달리 마음속은 끊임없는 사회적 혼란과 외로움에 허덕이고 있었다. 크리스털은 과학이나 수학처럼 설명이 명료하지 않은 과목을 배울 때면 당황해서 어쩔 줄 몰랐다. 학교에서 다른 여자아이들과 어울리기는 했지만 집에 와서 자고 가라거나 쇼핑몰 또는 스케이트장에 놀러가자고 초대받는 일은 드물었다. 크리스털은 남들 앞에서는 항상 고개를 숙이고 있었다. 집에서는 허구한 날 배가 아프다고 하소연했고 스트레스로 울화를 터뜨리기도 했다. 중학교에 들어갈 무렵 크리스털은 규칙적인 생활을 힘들어하다 못해 더는 견딜 수 없게 되었다.

"중학교에 들어가면 정말로 복잡한 시간표를 따라야 하거든요. 계속 과목이 바뀌고, 벨이 울려대고, 매시간 다른 교실로 이동하고, 방과 후 활동도 해야 하고, 눈코 뜰 새 없이 바쁘죠. 나는 상황 변화에 서툰데 갑자기 온종일 이랬다저랬다 움직여야 하니 엄청 힘들었어요."

많은 자폐인은 이 활동에서 저 활동으로의 전환을 어려워한다. 모든 변화에는 심리학자들이 말하는 실행 기능, 즉 행동을 계획하고 시작하는 것과 관련된 기술이 절실하다.[1] 자폐인 대부분에게 한 가지 일에 집중하기는 비교적 쉽지만 다른 일을 시작하기는 어렵다. 크리스털도 쉬지 않고 몇 시간씩 책을 읽을 수는 있었지만, 중학교에서는 교실이 너무 자주 바뀌었기 때문에 새로운 교실에 적응하고 집중하는 데 익숙해질 때쯤이면 다시 다른 교실로 옮겨야 했다. 평생 알고 지낸 아이 열다섯 명과 한 교실을 쓰다가 갑자기 낯선 수십 명의 이름과 얼굴, 인간관계를 익혀야 하는 중학교는 사회적으로도 과잉 자극이었다.

10대에 이르면 우정은 훨씬 더 복잡하고 어려워지며, 한편으로 주변의 기대치도 높아진다. 어른들은 예전처럼 친절하고 상냥하게 대해주지 않는다. 뭔가를 파악하는 데 오래 걸린다면 실행 기능이 떨어져서가 아니라 청소년 특유의 무심함 때문이라고 여겨진다. 친구를 사귀는 데 문제가 있다면 신경전형인들의 대화 규칙을 이해하지 못해서가 아니라 변덕스러운 10대이기 때문이다. 크리스털을 비롯한 많은 가면 자폐인들은 중학교에 들어가면서 수많은 난관에 처한다. 게다가 변해가는 낯선 몸에 익숙해져야 하는 사춘기까지 시작되면 전혀 생소한 문제들이 뒤따른다.

당시 크리스털은 수업 벨 소리를 들으면 불안하고 모든 것이 너무 빨리 움직인다고 느꼈을 뿐이다. 세상이 자기보다 두 배 빨리 움직이는 것 같았고 주변 사람들이 전부 흐릿해 보였다. 남들 앞에서 무엇에 관심이 있는 척했는지, 교사들에게 일일이 환심을 사기 위해 어떤 성격을 위장했는지도 기억나지 않는다고 했다. 크리스털은 번아웃에 빠졌고 인지 및 사회 기능도 더욱 저하되었다.[2] 이제는 학교 수업도 제대로 들을 수 없을 지경이었다. 누워서 멍하니 쉴 수 있는 혼자만의 공간이 절실할 뿐이었다. 하지만 아직 아무도 크리스털에게 도움이 필요하다는 걸 알아차리지 못했다. 크리스털은 엄마를 졸라 학교에 가지 않는 날이 많아졌다.

"허구한 날 집에 있게 해달라고 엄마를 설득하려니 정말 힘들었어요. 결국에는 쓸 수 있는 병가를 다 써버리고 말았죠. 하지만 복통을 핑계로 최대한 오래 결석했기 때문에 그나마 제정신을 유지할 수 있었던 거예요."

크리스털에게 아픈 척하는 것은 가면의 필수 요소였다. 과잉 자극을 주는 교실에서 벗어나 휴식할 시간이 절실했으니까. 같은 반 여자 친구들을 따라하고 그들이 좋아하는 것을 좋아하는 척하는 일 또한 가면의 일부였다. 학교생활이 점점 더 힘들어지자 크리스털은 과학이니 수학 같은 '남자애들' 과목에 무관심한 척하는 새로운 가면을 쓰기 시작했다.

"내 주변에는 화장이나 패션, 남자 친구, 연예인 가십에 관심 있는 여자아이들이 많았어요. 나도 그런 척할 수 있었죠. (…) **권태롭고 무심한 척**하는 건 생소한 대수학 기호 앞에서 혼란스러워하던 나 자신을 보호하는 수단이었어요. 선생님들은 내가 다 이해할 거라고만 생각하고 전혀 설명해주지 않았거든요. 뭐가 뭔지 전혀 모르겠다고 인정하는 대신 머리칼을 휙 쓸어 넘기며 '어휴, 이건 너무 따분해. 진짜 중요한 얘기나 해보자. 머라이어 캐리가 에미넴이랑 데이트한다며?'라고 말하면 됐죠."

크리스털은 이미 신경전형인들이 '당연하게' 받아들이는 일에 대해 도움을 요청해봤자 헛수고라는 사실을 알고 있었다. 그들은 크리스털의 질문을 피곤해하거나 시간을 때우려고 아무 말이나 한다고 생각했다. 하지만 크리스털은 정말로 선형 방정식에서 X가 무슨 역할을 하는지 몰랐다. 수학적 맥락에서 '작업 과정을 보여달라*'는 말의 뜻을 몰랐기 때문에, 자신의 추론 과정을 문장으로 설명하고 계산기의 어느 버튼을 눌렀는지도 일일이 적었다. 수학교사는 이를 일종의 개인적 모욕으로 받아들이고 크리스털에게 벌을 주었다. 크리스털은 작업 과정을 보여주려고 최선을 다한 행동이 무례했다는 사실에 당황한 나머지 방과 후 남아서 벌을 서는 동안 계속 울었다.

중학생의 행동거지와 관련해서도 정교한 규칙이 존재했지만, 크리스털은 규칙 하나를 완전히 위반하고 나서야 그런 게 있다는 사실을 깨달았다. 예를 들어 크리스털이 JC페니**에서 산 끔찍하게 촌스러운 날염 티셔츠를 입고 학교에 갔을 때 다른 여자아이들은 계속 웃어댔다.

"내가 왜 그리 남들과 다른지 변명하기 위해 말도 안 되게 멍청

* 문제풀이 과정을 적으라는 뜻이다.

** 미국의 백화점 체인이다.

한 여자애처럼 보여야 했어요. 나는 사람 구실을 잘할 수 없었지만 **여자애 노릇**은 잘할 수 있었거든요. 그리고 '**여성스러움**'은 내가 왜 그리 수학을 못하고 남들 앞에서 어리바리한지 설명해주는 좋은 핑계이기도 했죠. '잰 그냥 골 빈 애야.'"

티모시어스는 어린 시절 순수한 감수성을 감추고 오타쿠 취향을 숨기며 실제 성격보다 더 거칠고 냉담해 보이려 했다고 말한다.

"우리 문화에서 눈물은 나약함의 표시예요. 그리고 나약한 사람은 괴롭힘당할 수 있으니 일찍부터 공격성으로 슬픔을 감추고 싸우는 법을 배워야 했지요. 사회과학이나 역사 혹은 포켓몬처럼 오타쿠 같은 관심사도 숨겨야 했고요. 다들 그런 건 멋없고 괴상한 짓거리라고 여겼으니까요."

티모시어스도 크리스털과 비슷했다. 성 역할과 능력주의는 신경전형인 또래 친구들이 깔보고 응징할 면모를 숨기도록 그를 유도하고 강요했다. 티모시어스는 축구 애호(온갖 통계와 선수 관련 정보 외우기)처럼 성 규범에 맞는 관심사를 과시할 수 있었지만, 지나치게 예민하거나 유별나거나 남자답지 않게 보일 만한 관심사는 숨겨야 했다.

하지만 크리스털과 달리 티모시어스의 가면 자폐증 경험은 흑인에 대한 인종차별과 분리할 수 없다. 티모시어스는 이제 사고방식이 비슷하고 오타쿠 취향을 공유하는 많은 사람들과 진정한 관계를 맺었지만, 세계 곳곳을 돌아다니면서도 여전히 사람들의 편견을 걱정해야 한다. 어린 시절 그랬듯 나약해 보일까 봐 걱정해야 할 뿐 아니라, 백인들 사이에서나 백인이 운영하는 기관에서 흑인 남성인 자신이 너무 공격적으로 보이지 않게 조심해야 한다.

"내 원래 말투조차도 문제가 됩니다. 무뚝뚝하거나 직설적이거나 그냥 사실대로 말하는 것도요. 나는 있는 사실을 그대로 말할 때조차 가면을 써야 해요. 하지만 결국은 내가 하는 말이 아니라 내 말을 사람들이 어떻게 이해하는지가 문제죠. 실제로 사람들의 오해 때문에 말썽을 겪은 적이 있습니다."

나는 가면 자폐인 대부분이 아동기나 청소년기에 스스로 **수치스럽고 잘못된 존재**라고 깨닫는 결정적 순간을 겪는다고 생각한다. 말실수하거나, 상황을 오해하거나, 신경전형인들의 농담에 맞춰주지 못하는 순간 우리의 유별남은 만천하에 드러난다. 신경전형인들은 우리가 자폐인인 줄은 모를 수도 있지만 자폐증과 관련된 우리의 중요한 결점들을 인식하게 된다. 우리는 유치하거나 못돼먹었거나 자기중심적이거나 '화가 많거나' 지독하게 눈치 없는 사람들이다. 그리하여 이런 면모를 숨기는 데 온 힘을 쏟아붓고, 우리의 무거운 갑옷과 그 아래 감춰야 할 부끄러운 면모 간의 싸움으로 하루하루를 채운다.

내게 가면 쓰기는 항상 유치해 보이지 않기 위한 행위였다. 어린 시절 나는 줄곧 아기처럼 굴지 말라는 훈계를 들었고 그럴 때마다 창피해서 죽을 것 같았다. 합숙 캠프에서 처음 먹어보는 음식의 역한 질감에 울음을 터뜨렸다가 편식쟁이 울보라며 질책을 받았고, 결국 그 차디찬 라비올리를 억지로 삼킬 때까지 밤늦도록 식탁에 남아 있어야 했다. 균형 감각과 운동 조절 능력이 모자라서 '적절한' 나이에 자전거 타기를 배우지 못했을 때는 아버지에게 미숙하고 얼빠진 녀석이라는 꾸지람을 들었다(아마도 아버지 자신이 숨기고 있던 운동 장애 때문이었을 것이다). 어른이 되고 나서는 밤이면 창문에 블라인드를 치고 침실 문을 이중으로 잠근 채 동물 봉제인형을 껴안고 있었다. 누가 창밖을 지나가거나 내 방에 들어왔다가 내가 부드럽고 귀여운 것을 껴안으며 위안을 받는다는 민망한 사실을 알게 될까 봐 두려워서였다.

유치해 보일까 두려워하는 마음은 나뿐 아니라 다른 여러 자폐인에게도 깊은 상처를 남겼다. 장애인의 성숙함을 의문시하는 것은 비장애인 사회가 우리를 비인간화하는 주요 방식 중 하나다. 자고로 '성인'이라면 독립적이어야 한다지만, 누구나 알듯이 실제로 독립적인 사람은 아무도 없다. 모든 사람은 날마다 수많은 타인의 노력과 사회적·정서적 지원에 기대어 살아간다. 그럼에도 자급자족의 허상을 깨뜨리는 형태의 도움이 필요한 이들만이 미성숙하고 모자란 사람으로 여겨진다.[3]

예를 들어 배변에 도움이 필요한 사람을 보면 비장애인은 자기도 한때 기저귀를 찼으며 언젠가 또다시 기저귀가 필요할지 모른다는 사실을 떠올린다. 배변에 도움이 필요한 사람은 취약하며 다른 사람에게 의존해야 한다. 비장애인은 이 사실에 두려움과 거부감을 느끼며, 이 감정에 대처하기 위해 기저귀를 차는 사람은 자기와 본질적으로 다르다는 프레임을 동원한다. 기저귀를 차는 사람은 공감할 수 있는 상대가 아니라 영원한 어린아이, 비인간적이고 무능한 존재다. 마찬가지로 나의 '유치함'은 대부분의 '성숙함'이 진정으로 깨지지 않는 강인함이 아닌 무의미한 가짜 독립성과 냉담함일 뿐임을 비자폐인들에게 상기시켰다. 비장애인들은 나의 서툴고 취약한 모습을 보면서 자신도 어떤 식으로든 불안정하고 나약해질 수 있다는 사실에 직면하기를 꺼렸다. 그래서 나를 투명인간처럼 대하거나 내 유치한 습관을 변태적인 것으로 취급했다. 나는 성숙한 척하는 것만이 유일한 구원이자 내 인간성을 인정받을 유일한 방법임을 깨닫게 되었다.

나이가 들면서 나는 권태롭고 과장되게 독립적인 척함으로써 내면에 숨겨진 '유치'하고 '민망'한 면모를 과잉 교정했다. 나 역시 티모시어스처럼 시종일관 강인해 보이려고 했지만 실행 방식은 조금 달랐다. 친구들을 놀리고, 비웃듯이 눈을 굴리고, 무심하다 못해 아무것도 신경 쓰지 않는 것처럼 행동했다. 보이 밴드나 만화처럼 '유치한' 것을 좋아하는 사람을 마구 조롱하기도 했다. 남들 앞에서는 절대로 울지 않았고, 감정에 솔직한 사람을 보면 화를 냈다. 나는 두 번 다시 아기처럼 굴지 않겠다고 마음속으로 다짐했다. 이는 결코 남에게 도움을 요청하지 않겠다는 다짐이기도 했다.

당신의 가면은 어디에서 비롯되었나

당신이 가면 자폐인이거나 가면 자폐인으로 추정된다면 크리스털, 티모시어스 혹은 나와 같은 경험을 해보았을 것이다. 당신의 가면이 어디서 비롯되었는지 살펴보면 가면을 쓰게 만드는 고질적인 두려움을 이해하는 데 도움이 될지도 모른다. 멍청해 보일까 봐 두려워서? 아니면 유치해 보이는 게 겁나서? 어린 시절 남들에게 잔인하다고 비난받은 적이 있는가? 자신이 까다롭거나 이기적이라고

가면은 무엇으로부터 당신을 보호하는가?

1 어린 시절 극심하게 당혹스러웠거나 수치심을 느꼈을 때를 떠올려 보라. 어떤 상황이었는지 설명해보라.

2 그 경험을 떠올리면 어떤 감정이 느껴지는가?

3 다음 형용사를 원하는 대로 골라서 문장을 완성해보자.

그 순간 모두가 내가 ______________ 사람이라는 걸 알아차렸다.

____ 이기적인
____ 로봇 같은
____ 어리바리한
____ 미성숙한
____ 유치한
____ 역겨운
____ 자기도취적인
____ 난감한
____ 냉담한
____ 눈치 없는
____ 멍청한
____ 잔인한
____ 나약한
____ 한심한

기타 ____

4 나열된 형용사 중 당신이 가장 듣기 **싫어하는** 말은 무엇인가?

5 그 단어와 연관된 행동이나 습관을 몇 가지 나열해보자.

6 다음 문장을 완성해보자.

나는 사람들에게 받아들여지기 위해 ________________ 척하지만, 마음속 깊은 곳에서는 내가 그렇지 않다는 것을 안다.

____ 독립적인
____ 행복한
____ 멋진
____ 자신만만한
____ 너그러운
____ 사려 깊은
____ 성숙한
____ 조직적인
____ 따뜻한
____ 똑똑한
____ 특별한
____ 강인한
____ 선의 넘치는
____ 훌륭한

기타 ____

7 다음 문장을 완성해보자.

사람들이 나를 좋아해주길 바란다면 내가 ________________ 하다는 걸 절대로 드러내선 안 된다.

생각한 적이 있는가?

자폐인은 미성숙하거나 멍청하거나 냉담하거나 현실감각이 없다는 고정관념이 도처에 만연하다. 우리가 쓴 가면은 우리가 무엇보다도 거부하고 싶었던 자폐인에 대한 고정관념을 은폐하는 데 한몫하고 있다. 우리 모두의 가면 뒤에는 깊은 고통이, 자신의 진정한 모습과 절대로 해서는 안 될 행동에 대한 온갖 고통스러운 신념이 숨겨져 있다. 따라서 가면을 벗을 때 제일 중요한 점은 가장 혐오하는 자신의 특성을 직시하고 이를 중립적으로, 심지어 장점으로 보기 위해 노력하는 것이다.

가면이 어디서 비롯되었는지 생각해보기 위한 연습 문제(본문 145~146쪽)를 풀어보자. 자폐증의 부정적 특성은 이후 자아 개념을 재검토하고 가면 벗기를 연습하는 집중 과정에서 대부분 다시 언급된다.

자폐증의 실체를 살펴보고, 가면 자폐인들을 만나보고, 우리가 가면을 쓰게 하는 사회적·구조적 요인도 생각해보았으니 이제는 가면의 과학적 원리를 자세히 알아보자.

위장과 보완

심리학 문헌에 따르면 가면 자폐증은 **위장**과 **보완**이라는 두 가지 행동으로 이루어진다. '위장'은 신경전형인과 '구별되지 않기' 위해 자폐 성향을 숨기거나 모호하게 하려는 행동이다. 주된 목표는 자폐인이라는 사실을 들키지 않는 것이다. 그리고 '보완'은 자폐증에 따르는 난관과 장애를 '극복'하기 위해 특정한 전략을 동원

하는 것이다. 주된 목표는 독립적이고 고기능인 모습을 유지하는 것이다.[4]

크리스털은 얌전하고 소극적인 모습으로 사회에 녹아들려고 했지만, 이는 엄청난 혼란과 당혹스러움을 숨기기 위한 위장이었다. 유명인의 가십을 공부하는 것은 이야깃거리를 찾아 신경전형인인 친구들에 비해 부족한 대화 기술을 보완하기 위해서였다. 크리스털의 가면 중에는 보완인 동시에 위장인 행동도 있었다. 크리스털은 아픈 척함으로써 극심한 피로와 과부하 상태를 숨기는 한편(건강을 위장) 신경전형인에게도 적당한 구실을 내세워 절실했던 휴식을 취할 수 있었다(피로한 상태를 보완). 위장은 자폐인 고유의 특성과 어려움을 감추는 것이고, 보완은 편의를 요청할 수 없는 상황에서 필요한 이런저런 편법과 속임수를 찾아내는 것이다. 예를 들어 사회적으로 허용되고 성별 순응적인 주제인 축구에 관심 있는 척하는 것은 티모시어스에게 효과적인 보완 전략이었다.

모든 가면 자폐인은 자신에게 어려운 이런저런 과업 앞에 보완과 위장 전략을 두루 사용하며 살아간다. 예를 들어 자신의 특별한 관심사를 너무 많이 언급하지 않으려고 자제함으로써 언어적으로 위장하거나,[5] 만나기로 한 친구의 페이스북 게시물을 미리 살펴보고 어떤 대화를 나눌지 사전 파악함으로써 사회적으로 보완할 수도 있다.[6] 청각의 민감함을 감추기 위해 이를 악물며 고통을 견디고 불평을 참거나, 이를 보완하려고 눈에 띄지 않는 소형 노이즈 캔슬링 귀마개를 착용할 수도 있다.

신경전형인들은 흔히 가면 쓰기라는 개념을 일종의 사회적 과정이나 수행으로 이해한다. 물론 사회 규범을 외우고 친근한 척하는 것도 일종의 가면이지만, 이는 가면의 가장 명백한 형태일 뿐이다. 우리 대부분은 고유한 정보 처리 방식, 손발 협응력 부족, 편식, 신경전형인보다 더 많은 휴식이 필요하다는 사실 등 모든 것을 감춰야 한다. 가면 쓰기는 우리의 직업 분야, 옷차림과 행동거지, 거주지를 좌우한다.

많은 가면 자폐인들이 실행 기능에 문제가 있음을 숨길 수 있는 직업을 선택한다. 정규직에 요구되는 모든 회의와 사교 활동을 따라갈 수 없기에 프리랜서가 될 수밖에 없다고 깨닫기도 한다. 내가 처음부터 학계에 끌렸던 이유도 복장 규정이 없고 편한 시간에 근무하며 유별나게 굴어도 문제가 되지 않는다고 믿었기 때문이다. 업계 기준에 맞춰 전문성을 가장할 기력도 인내력도 없었기에, 나는 기술과 자격증을 획득하여 외모나 침착함이 아닌 지력으로 내 가치를 인정받는 보완 전략을 선택했다. 많은 자폐인들이 자폐 스펙트럼 장애가 비교적 무난하게 받아들여지는 기술 분야에 취업을 한다. 내가 만난 여러 신경다양인 성 노동자들은 유연한 근무 시간에 며칠만 바싹 일해도 임대료를 벌 수 있다는 점 덕분에 그 일이 자기에게 잘 맞는다고 말했다.

가면 자폐인은 자신의 한계와 필요를 중심으로 삶을 계획하고, 지나치게 힘들 것 같으면 전부 포기해버리기 쉽다. 훌륭한 이력서나 학업 성적표는 우리가 집 청소를 하지 않았고 머리를 빗지 않았으며 여가 시간에 다른 사람과 어울린 지 몇 달도 넘었다는 사실을 숨길 수 있다. 우리는 몇 가지 중요한 영역에서 고기능인 것처럼 보일 수 있지만, 그 모습을 유지하기 위해 다른 모든 영역을 희생해야 한다.

내 친구 제스는 보완에 관해 이런 식으로 설명한 적이 있다. "말하자면 식품점에 갔는데 아무도 못 볼 때 남몰래 주머니에 집어넣은 물건만 집으로 가져갈 수 있다는 거지. 다른 사람들은 그냥 원하는 만큼 계산대로 들고 가서 구입하니까, 우리가 왜 쇼핑을 힘들어하는지 이해하지 못하는 거야."

우리의 생존에 필요한 편의가 주어지지 않는 신경전형성 세상에서 거짓말하고 속이고 슬쩍하기란 얼마나 어려운가. 제스는 자폐증이 아니라 ADHD이지만, 그의 설명은 가면 자폐인에게도 해당된다. 신경다양인은 신경전형인보다 인지적·감정적으로 더 많은 도움이 필요하지만 그 사실을 남들에게 숨긴 채 하루하루를 살아가야 한다. '고기능'이라는 허울을 떠받치기 위한 우리의 대처 방식은 얼렁뚱땅 쌓아올려 불안정한 비계와도 같다. 그러니 당연히 가면 자폐인의 불안증[7]과 우울증[8] 비율이 높은 것이다. 누구든 평생 동안 훔친 음식만 먹을 수 있다면 굶주림과 과다각성 속에서 살아갈 수밖에 없다.

가면 쓰기는 부담스럽고 실존적 혼란을 주지만, 신경전형인들은 우리에게 보상을 제공하며 가면을 쓰라고 부추긴다. 가면을 쓴 자폐인은 '다루기'가 더 쉬워진다. 가면은 우리를 고분고분하고 얌전하게 길들여 그로부터 벗어나지 못하게 만든다. 신경전형인들은 우리가 가만히 고통을 견딜 수 있다는 걸 확인하고 나면 어떤 대가를 치르더라도 영원히 그렇게 있으리라고 기대하는 듯하다. 예의 바른 자폐인이 되는 것은 우리를 이중의 굴레에 빠뜨리고 우리가 바라는 것보다 훨씬 더 오래(그리고 훨씬 더 많은 곳에서) 가면을 쓸 수밖에 없게 한다.

'예의 바른 자폐인'이 되라는 말

정신의학과 의사들과 심리학자들은 항상 신경전형인에게 미치는 영향에 따라 자폐증을 정의해왔다. '중증' 자폐인은 더 심한 고통을 느끼는 사람이 아니라 더 파괴적이거나 성가시거나 불편한 방식으로 고통을 드러내는 사람일 수 있다. 가장 크게 소란을 피우는 자폐아가 의료 서비스를 받을 가능성도 가장 높은 반면, 마음속 고통을 숨길 줄 아는 자폐아는 애매하게 인정받을 수는 있어도 이해나 공감은 얻지 못할 수 있다.

벤저민 자블로츠키Benjamin Zablotsky, 매튜 D. 브램릿Matthew D. Bramlett, 스티븐 J. 블룸버그Stephen J. Blumberg는 부모가 자폐아의 '중증' 정도를 어떻게 인식하는지 파악하는 연구에 착수했다.[9] 연구진은 자폐아를 양육하는 약 1000세대 가구를 대상으로 설문조사를 실시한 다음 해당 자폐아의 중증도를 직접 측정했다. 연구진은 아이가 얼마나 고통을 느끼는지 부모가 정확히 알지 못하며, 아이의 행동이 부모를 괴롭히고 시간과 관심을 필요로 하는 정도에 따라 '중증'도를 판단한다는 사실을 밝혀냈다. 부모가 '고기능'이라고 판단한 아이 중 상당수가 극심한 감각적 고통을 말없이 견디고 있거나 학업과 사회성에서 크게 뒤처져 있었다. 이는 자폐증 성인에 대한 부정적 인식과 우리가 '정상적'으로 보이길 바라는 신경전형적 사회 제도의 기대와도 맞닿아 있다.

응용행동분석 치료가 가장 보편적인 아동 자폐증 치료로 자리 잡은 이유는 무엇보다도 자폐아를 고분고분하고 얌전하게 만들려는 바람 때문이다. 응용행동분석 치료는 자폐아가 신경전형적으로 행동하도록 훈련하는 데 중점을 둔다. 인지나 정서 치료가 아닌 행동 치료다. 응용행동분석 치료사에게 자폐아의 머릿속에서 무슨 일이 일어나고 있는지는 중요하지 않다. 아이의 외적 행동이 덜 '파괴적', 다시 말해 더 '정상적'이기만 한다면 말이다.

응용행동분석 치료사는 당근과 채찍을 사용하여 아이들이 자폐 성향을 숨기도록 훈련한다. 아이가 치료사와 눈을 맞추지 않거나 자신의 특별한 관심사에 관해 너무 길게 이야기하면 얼굴에 물을 뿌리거나 혀에 식초를 뿌리기도 한다. 아이가 반향 언어(반복적인 문구)를 쓰거나 손가락을 물어뜯거나 손을 파닥이면 그런 충동적인 행동을 억제하기가 아무리 힘들더라도 처벌받는다. 응용행동분석 치료를 받는 아이는 보완도 강제로 연습하게 된다. 주어진 대화를 정확히 앵무새처럼 따라하게 될 때까지 몇 시간씩 가만히 앉아 있어야 하고, '적당한' 시간만큼 치료사와 눈을 맞추기 전까지는 일어나서 놀 수도 없다.[10] '부탁해요' '고마워요'처럼 예의를 차리는 말을 적당한 어조로 할 수 있을 때까지 계속 반복하라거나, 조련당하는 개처럼 치료사가 손가락을 튕길 때마다 일어났다 앉기를 지시받을 수도 있다. 자폐아가 돌발 행동을 하거나 관심을 요구하면 치료사는 방에서 나가거나 아이의 고통을 무시하고 물러난다. 이런 방식은 자폐아에게 외부 세계의 도움을 기대하면 안 된다고 알려준다.

응용행동분석 치료사는 자폐아를 처벌하려고 전기 충격을 가하기도 한다.[11] 응용행동분석 치료에 쓰이는 전기 충격기는 2020년에 미국 식품의약국FDA이 잠시 금지했다가[12] 2021년부터 다시 허용했다.[13] 오늘날까지도 행동분석협회는 눈에 띄는 자폐 행동을 억제하기 위해 이 같은 '혐오적 도구'를 사용하는 데 찬성하고 있다. 2012년에는 응용행동분석 교육을 받은 특수교육 교사가 어린 학생들이 씹지 못하도록 크레파스에 핫 소스를 발랐다가 맹렬한 비난을 받기도 했다.[14] 이 사건은 단순한 폭력 행위가 아니라 응용행동분석 치료의 핵심 철학을 반영한다. 응용행동분석 치료를 창시한 로바스는 아이들에게 사탕을 주면서 치료사를 껴안고 뽀뽀하라고 강요하곤 했으니까.[15]

어린 시절 응용행동분석 치료를 받은 자폐증 성인 46퍼센트가 치료 경험 때문에 PTSD가 생겼다고 보고한다.[16] 많은 사람들이 특별한 관심사를 이유로 처벌받은 경험 때문에 자기가 열광하는 주제를 언급하는 것조차 수치스러워한다. '손 가만히'라는 말이 뼛속에 각인된 나머지 몸을 꼼지락대거나 자기 자극을 가하는 행동의 감정적·심리적 효과를 전혀 느끼지 못하는 사람도 있다. 많은 자폐인들이 부당한 요구를 거절하거나 분노와 두려움과 같은 감정을 표현할 줄 모른다. 어느 전직 응용행동분석 치료사는 익명의 블로그를 통해 자기가 환자를 조종당하고 학대당하기 쉽게 만들지 않았는지 걱정스럽다고 고백했다.

"서커스 동물 취급받아서 화가 난다고? 내 알 바 아니야. 내가 여기 온 건 너희를 사탕으로 꼬드겨서 아무것도 묻지 않고 내 말에 따르도록 조종하기 위해서야. 너희는 나중에 성범죄자, 가학적 교사, 간병인, 파트너의 훌륭한 먹잇감이 될 수 있겠지."[17]

자폐인들이 응용행동분석 치료를 혐오하든 말든 자폐아를 양육하는 부모들과 교사들은 이를 선호하는 경향이 있으며, 관련 연구들도 대체로 이 치료가 '효과적'이라고 평가한다. 치료의 효과가 자폐아의 감정이 아니라 신경전형적 관점에 따라 평가되기 때문이다. 응용행동분석 치료를 받은 자폐아가 얌전해지고 거슬리거나 '괴상한' 행동을 덜하는 건 사실이다. 문제는 자폐아가 자신을 미워하고 어른에게는 무조건 복종하도록 길들여진다는 점이다. 우울증 치료의 '효과'를 평가하기 위해 환자 본인에게 물어보는 것이 아니라 직장 상사에게 그가 잘하고 있는지 확인하는 셈이다. 안타깝게도 신경전형인 교사와 부모의 안정과 편의가 우선시되기 때문에, 응용행동분석 치료는 대부분의 의료보험 상품이 보장하는 유일한 '근거 중심' 자폐증 치료로 남아 있다. '예의 바르게 행동'하는 것이 심리적 건강보다 더 중요하다.

많은 자폐아들이 살아남기 위해서 고통을 숨기는 방법을 익히지만, 가면 자폐인은 이를 응용행동분석 치료에서 배우는 것이 아니라 일상의 일부로서 체득하게 된다. 나는 응용행동분석 치료를 받지 않았지만, 내 친구의 부모들은 내가 어색하게 몸을 비틀며 앉아 있으면 버럭 소리를 질렀다. 아무도 내게 '정상적인' 대화를 연습하라고 강요하진 않았지만, 내가 너무 큰 목소리로 말하거나 영화 대사를 인용하여 감정을 표현하면 아이들은 나를 비웃으며 슬

슬 피해 다녔다. 걸스카우트 대장은 내가 항상 가슴에 무릎을 대고 앉는다는 이유로 몇 년이나 전체 대원들 앞에서 나를 꾸짖었다. 내 몸은 '가고일' 자세(많은 자폐인들이 선호하는 자세다)로 웅크리고 앉아 있을 때의 압박감을 갈망했지만, 대장은 그 자세가 정말 보기 싫다며 매번 대원들 앞에서 내게 화를 내지 않고는 못 배겼다.

자폐증 교육자이자 사회 정의 컨설턴트인 크리스티아나 오베이섬너ChrisTiana ObeySumner는 자폐 성향 때문에 걸스카우트 활동 중 대놓고 망신을 당한 (나와 오싹하도록 비슷한) 경험에 관해 썼다.[18]

"나는 자기 자극을 얻기 위해 엄지손가락을 빨고 팔뚝을 얼굴에 댄 채 내 체취를 맡으며 코에 스치는 부드러운 솜털을 느끼곤 한다. 왠지는 몰라도 내가 일고여덟 살 때의 걸스카우트 대장은 이 행동을 무척 거슬려 했다. 그래서 다른 아이들을 모두 불러내 주위를 빙빙 돌며 놀려대게 했다."

가면 자폐인이라면 누구나 이와 비슷한 경험을 한다. 대부분의 가면 자폐인은 응용행동분석 치료라는 거대한 심리학적 총탄을 피해가지만, 우리는 여전히 있는 그대로의 우리 모습이 너무 찌증나고 이상하고 어색하고 부적절하고 냉담하다는 훈계를 끊임없이 듣는다. 또한 비순응적인 사람들의 신체와 정신이 어떤 취급을 받는지도 목격한다. 어떤 사람이 '유치한' 것에 열중하거나 특이한 버릇이 있거나 혹은 단지 보기 거슬린다고 모두의 비난을 받는 상황에서, 세상에 순응하기 위해 응용행동분석 치료를 받을 필요는 없다. 주변의 모든 사람들이 당신을 순응시키고 있을 테니까.

난생 처음 '전형적' 자폐인과 나를 의식적으로 비교하며 진짜 내 모습을 숨겨야 한다고 깨달았던 순간이 아직도 기억난다. 중학생 때였다. 나는 타악기 연주자인 크리스와 1미터쯤 떨어진 첼로 연주석에 앉아 있었다.[19] 크리스와 나는 체육 시간에 같은 특수교육을 받았다. 내가 특수교육을 받은 것은 협응력協應力이 부족하고 반응 속도가 비정상적으로 느리며 근육도 엄청나게 약하기 때문이었지만, 아무도 그것이 자폐증 탓이라고 생각하지 못했다. 반면 크리스는 아주 어렸을 때 자폐증 진단을 받았다.

크리스는 똑똑하고 수다스러웠다. 그는 사람들에게 제2차 세계대전 이야기를 하는 것을 좋아했다. 수업 시간에 갑자기 뜬금없는 질문을 던지기도 하고, 때로는 무의식중에 팔을 쭉 펴고 흔들며 자기 자극을 가하기도 했는데, 그의 제2차 세계대전에 대한 집착 때문에 사람들은 이 동작을 나치 경례로 생각했다. 아이들은 크리스를 비웃었고 교사들은 얕보았으며 학교 관리자들은 통제해야 할 골칫거리로 취급했다. 크리스는 내가 알던 최초의 자폐인이었고, 나는 그가 사람들에게 어떤 대우를 받는지 보면서 많은 것을 깨달았다.

그날 오케스트라 연습 시간에 나는 이미 다른 아이들의 시끄러운 소리로 신경이 곤두서고 짜증이 나 있었다. 타악기 연주자들은 북채를 휘두르고, 비올라 연주자들은 수다를 떨며 웃어대고, 바이올리니스트들은 악기를 조율하며 고음으로 요란하게 끽끽거리고 있었다. 그런 상황을 견뎌내기 위해 나는 짜증스러운 표정을 짓고 가슴 앞에 단단히 팔짱을 꼈다. 자폐인 기후 운동가 그레타 툰베리 Greta Thunberg의 유명한 찡그림과 매우 비슷했을 것이다.[20] 그것이 내가 시끄러운 소음과 사회적 혼란에 대응하던 방식이었다. 그때도 나는 취약해 보이지 않으려고 까칠한 고스족*처럼 굴고 있었다. 내 가면은 내게 당황한 모습을 드러내지 말고 사람들에게서 거리를 두라고 말했다.

크리스에게는 그런 선택지가 없었다. 그는 오케스트라 연습실의 요란한 소음에 짜증이 났다는 걸 감추지 못했다. 그래서 불안한 기색을 내비치고 눈에 띄게 흥분해서 보면대로 바닥을 쾅쾅 내리치며 불안을 해소하려고 했다. 아이들은 크리스가 불안해하는 모습을 비웃고 그로서는 이해할 수 없는 질문을 던지며 그를 자극하려 했다.

"야, 크리스," 한 남자아이가 소리쳤다. "넌 뱉어? 아니면 삼켜?"**

크리스는 계속 보면대로 바닥을 내리치며 생각에 잠겨 멍하니 허공을 응시했다. "둘 다 하는 것 같아." 그는 질문의 성적인 의미를 이해하지 못하고 진지하게 대답했다. 말 그대로 침을 뱉는지 삼키는지 물어본 줄 알았던 것이다. 아이들은 고개를 돌리고 낄낄 웃어댔다. 크리스의 온몸이 굳어졌다. 그제야 자기가 그들이 던진 덫에 걸렸음을 알아차린 것이다.

그때 어느 장난꾸러기가 화재경보기를 눌렀다. 이미 시끄럽던 연습실은 윙윙대는 벨 소리와 아이들의 고함으로 가득 찼다. 모두가 깔깔 웃고 난리법석을 피우며 연습실 문으로 몰려갔다. 나는 속이 울렁거리고 화가 났지만 평소처럼 짜증스러운 표정의 가면 뒤에 숨을 수 있었다. 하지만 크리스는 연습실 밖으로 달려 나가버

* 19세기 고딕 소설의 영향을 받아 음산하고 기괴한 스타일을 추구하는 하위문화 집단이다.

** 남성 성기에 구강성교를 할 때 나오는 정액을 암시하는 질문이다.

렸다. 운동장에서 가쁜 숨을 몰아쉬며 육상 트랙을 맴돌고 있는 그를 학교 관리자들이 발견했다. 우리는 창문 너머로 불 같은 건 나지 않았고 아무 일도 없다며 크리스를 달래는 어른들을 지켜보았다. 하지만 크리스가 괴로워한 것은 불이 아닌 소음과 아이들 때문이었다. 어른들이 크리스를 달래서 다시 연습실로 데려오기까지 한 시간이 걸렸다.

학교 안 모두가 크리스가 장애인인 줄 알면서도 그의 행동에 인내심을 보이지 않았다. 관리자들은 크리스를 달래려고 애쓰며 짜증스럽게 끙끙거렸고, 나를 비롯한 같은 반 친구들은 크리스가 뒤뚱거리며 육상 트랙을 맴도는 동안 농담을 주고받았다. 우리 모두는 그가 끔찍하게 미성숙하고 창피한 아이라고 생각했다. 나는 크리스에게서 내 안에 깊이 숨겨둔 자신의 끔찍한 면모를 보았고, 그래서 그 아이를 미워했다. 적어도 '멀쩡한 척'은 할 수 있는 내가 크리스보다 낫다고 생각했다. 내가 긴장하고 나약해진 모습을 아무에게도 보이지 않았다는 사실이 뿌듯했다. 나는 크리스에게 혐오감을 느끼면서도 동시에 호기심을 품었다. 그래서 이후로 오케스트라 연습이 있을 때마다 그를 주시하며 내가 숨겨야 할 모든 특성을 찾아내곤 했다. 그리고 더욱 철저한 냉담함과 분노의 위장으로 나 자신을 감싸기 시작했다.

나로서 살아남으려면 반드시 벗어야 하는 것

많은 가면 자폐인에게 사회적으로 부적절한 특성을 위장하는 최선의 방법은 정반대 방향으로 나아가는 것, 신경전형인들과 사회 제도가 혐오하라고 가르친 우리 자신의 모든 면모를 과잉 교정하는 것이다. 예를 들어 어린 시절 칭얼대는 엄살쟁이라고 놀림받은 자폐인은 지나치게 독립적이고 감정이 없는 사람처럼 위장할 수 있다. 한편 이기적이고 로봇 같다는 말을 자주 들은 자폐인은 상냥함과 친절함의 가면을 쓰고 강박적으로 남들의 기분을 맞추거나 교사의 귀여움을 받으려 한다. 우리가 살아가는 능력주의 사회의 여러 가치를 내면화하여 스스로와 다른 장애인들에게 투영하는 것이다.[21]

크리스 사건 이후 나는 자폐인임을 드러낼 수 있는 내 모든 면모를 숨기려고 안간힘을 썼다. '오글거리거나' 미성숙하게 보일까 봐 관심사를 숨기고 강렬한 감정을 드러내지 않으려 했다. 나는 과일박쥐와 비디오 게임을 강박적으로 좋아했지만 그에 관해 절대로 입 밖에 내지 않았다. 공공장소에 나갈 때는 헤드폰과 선글라스를 착용하고 그 누구의 얼굴도 쳐다보지 않았다. 나는 재치로 교사들을 감탄시켰고 토론 대회 트로피와 우등생 장학금을 받았으며, 그리하여 내가 남들보다 우월할 뿐 아니라 사실 뛰어난 지능 때문에 외톨이가 되었다고 믿게 되었다. 나는 누구도 내게 도전할 엄두를 못 낼 만큼 격렬한 사회적 공격성을 드러냈다. 그 당시 찍은 오래된 비디오 영상을 보면 나는 친구들을 비웃고 흥분하거나 순진한 티를 내는 아이들을 신랄하게 놀려대기도 한다. 친구들이 내게 정떨어질 만큼 잔인한 짓이었지만 어쨌든 나는 그런 행동을 완벽하게 수행했다. 다른 여러 가면 자폐인들과 마찬가지로 가면에 유익한 점보다 해로운 점이 훨씬 더 많으며 살아남으려면 가면을 벗어던져야 한다는 것을 마침내 깨달았을 때까지.

나는 ______ 것은 나쁘다고 배웠다	그래서 ______ 척해야 했다	이를 위해 다음과 같이 행동했다 (여백에 사례를 추가하시오)
오만한	겸손한	• 질문에 대한 답을 모르는 척하기 • 남들의 잘못된 말에 침묵하기 • '만약' '정말로' '그렇다면' '아마도' 같은 문구로 말을 완곡하고 모호하게 흐리기 • • •
냉담하고 무심한	따뜻하고 상냥한	• 기분과 관계없이 항상 미소 짓기 • 남들의 기분을 묻고 내 얘기는 하지 않기 • 화내는 상대를 달래주기 • • •
성가시고 귀찮게 구는	고분고분하고 얌전한	• 격렬한 감정도 마음속으로 조용히 삭이기 • 문제를 혼자서 해결하기 • 좋든 나쁘든 '방방대고 날뛰지' 않기 • • •
유치한	성숙한	• 어른이나 권위자의 조수처럼 행동하기 • 절제되고 '적절한' 몸가짐 보이기 • '선생님의 귀염둥이' 또는 '꼬마 박사' 노릇을 하며 또래와 거리를 두기 • • •

어리숙한	침착한	• 잘하지 못하는 활동은 처음부터 기피하기 • 냉담하고 무관심한 척하기 • 남들과 쉽게 대화할 수 있도록 머릿속으로 가상의 대화 연습하기 • • •
무기력한, 나약한	독립적인	• 상황을 이해 못했어도 고개를 끄덕이거나 웃기 • 삶을 통제하기 위한 습관과 '꿀팁' 개발하기 • 건강이나 행복을 희생해서라도 공적으로는 인생이 '잘 돌아가는' 것처럼 보이게 하기 • • •
예민한	굳센	• 욕구를 드러내지 않기 • 울거나 화내고 싶은 마음 자책하기 • 마음속의 모든 '파괴적' 감정을 다잡으려 하기 • • •
나약한	강인한	• 다른 사람을 조롱하거나 공격적으로 대하기 • 스스로 남보다 우월하다고 생각하기 • 사회적으로 여성스럽거나 연약하거나 부드럽다고 분류되는 모든 것을 경멸하기 • • •
괴상한	정상적인	• 남이 좋아하는 것을 체계적·분석적으로 연구하기 • 다른 사람이나 캐릭터의 태도, 옷차림, 어조를 따라 하기 • 나보다 더 '괴상한' 티가 나는 사람들을 조롱하기 • • •

위의 표는 자폐인에 관해 가장 흔한 부정적 고정관념과 이를 위장하고 과잉 보완하기 위해 채택되곤 하는 정반대 특성을 나열한 것이다. 목록을 읽으면서 어린 시절 당신이 어떤 자질을 종용받았고 어떤 자질을 피하려 애썼는지 되돌아볼 수 있을 것이다. 각각의 가면을 쓰는 데 따르는 일반적 행동을 나열하고, 사례를 적어 넣을 수 있게 여백도 남겨두었다. 이 장 첫머리에 실린 연습 문제의 답안을 다시 한 번 살펴보고, 어떤 욕구와 두려움 때문에 가면을 필요로 하게 되었는지 생각해봐도 좋겠다.

이런 전략들을 계속하면 앞서 언급한 불안, 우울증, 번아웃을 훌쩍 뛰어넘는 엄청난 심리적 여파가 따른다. 많은 자폐인들이 계속 가면을 쓰고 눈앞의 문제를 보완하기 위해 약물 남용, 칼로리 제한, 과도한 운동, 감정적 공의존, 나아가 사이비 종교 가입 등 파괴적이고 강박적인 대처 방법에 의존하고 있다. 가면이 우리 삶에서 해온 역할을 똑바로 보고 가면을 벗기 위해 노력하려면, 가면 쓰기가 지속 불가능하고 비용이 많이 든다는 사실을 직시할 필요가 있다. 우리는 '정상적'으로 보이기 위해 우리의 안녕과 개성을 크게 희생하고 있다. 다음 장에서는 이런 행동이 얼마나 해로운지 보여주는 연구 결과를 검토하고, 지금껏 보완과 위장에 기울여온 노력이 과연 그만한 가치가 있었는지 의심하게 된 자폐증 성인들의 사연을 공유하고자 한다.

4

가면의 사회적 비용

가면 쓰기는 결국 남들의 기분을 맞추거나
사회 규범을 따르는 데 집중하기 위해
자신의 감정을 제쳐두는 행위다.
따라서 가면을 계속 쓴다면
어떻게 대처하든 항상 자기 파괴적일 수밖에 없다.

"우리 아버지는 분명 자폐인이었어요. 아버지가 약물을 사용한 건 세상에 부대끼며 느낀 아픔을 달래기 위해서였나 봐요."

프로그래머로 일하는 토머스는 몇 년 전 자폐증 진단을 받았다. 그때까지는 아버지가 약물에 의존했듯이 그 또한 인생의 대부분을 술에 의존해 살아왔다. 술에 취해야만 세상살이가 조금이나마 편하게 느껴지는 것 같았으니까.

"술을 좀 걸치면 다른 사람이 된 것 같은 느낌을 10대에 이미 깨달았어요. 자신감도 붙고 사교성도 생겼죠. 하지만 더 중요한 건 세상이 덜 힘들게 느껴져서 요란하고 시끌벅적한 장소도 견딜 수 있었다는 점이에요. 술 없이는 불가능했거든요."

신경전형인들에게 토머스는 '고기능'인 것처럼 보이기 쉽다. 하지만 그의 내면에는 항상 거대한 혼란이 부글거리고 있었다. 대학 시절에는 4.0에 가까운 학점을 받을 뻔했지만 학교에서의 사회생활을 감당할 수 없어 갑작스럽게 자퇴했다. 몇 년 후 좋은 직장에 취직하여 주당 60시간 근무를 준수했지만 남몰래 술을 마시고 숙취에 시달리며 출근했다. 파트너는 있었지만 대화가 드물었고 가정생활은 엉망진창이었다. 이런 상황에서도 토머스는 자기가 제정신을 유지할 수 있는 건 오직 술 덕분이라고 확신했다. 술을 마시지 않으면 잠을 이룰 수도 없었다. 신경전형인의 가면을 쓰고 지속 불가능한 생활을 버텨내려면 술이 절실히 필요했다. 하지만 토머스의 삶은 얼마 지나지 않아 무너지기 시작했고, 결국 그는 자신과 아버지가 항상 중독성 물질에 의존하며 살아야 했던 이유를 직면할 수밖에 없었다.

가면 자폐인은 극심한 사회적 불안에 시달리기 쉽다는 연구 결과가 있다.[1] 그중 일부는 약물이나 술로 불안을 자가 치료하는 데 익숙해진다. 혹은 감각 문제를 진정시키거나 자신감을 위장하는 데 도움이 되는 물질에 기대기도 한다. 술과 대마초, 그 밖의 다양한 진정제는 우리의 일거수일투족이 어떻게 받아들여질지 끊임없이 고민하며 스트레스 가득한 하루를 보낸 뒤 긴장을 풀 매력적인 방법이며, 심지어 사회에서 허용되기도 한다.

가면 자폐인은 긴장을 풀고 지나치게 파괴적인 행동을 억제하며 신경전형적 기준에 부합하기 위해 온갖 위험한 전략에 의존한다. 강박적인 운동이나 칼로리 제한으로 불안정하고 통제하기 어려운 자폐성 신체를 달래거나 더욱 가볍고 가뿐하게 만드는 사람도 있다. 불안이나 감각 과부하를 다스리려고 자해하기도 한다. 외로움을 견디지 못해 통제가 심한 집단이나 사이비 종교단체에서 인정받으려고 하거나, 폭력적인 가족관계에서 빠져나오지 못하는 경우도 있다. 이런 정신장애와 자기 파괴 행동은 자폐증과 밀접하게 연관되어 있지만, 정신건강 전문가 중에도 이 사실을 잘 모르는 사람이 많다. 자폐인은 온종일 집구석에 앉아 컴퓨터만 하는 '지질이'라는 고정관념이 대중의 무의식에 자리 잡고 있기에, 심지어 우리 자신도 자기 인식에 실패하고 자신이 겪는 고난의 원인을 파악하지 못하기 일쑤다. 많은 가면 자폐인은 자꾸 폭력적인 관계에 휩쓸리고 술을 퍼마시는 파티 광으로 살면서도 그 원인이 미처 인식하지 못한 장애로 인한 고통 때문일 가능성을 좀처럼 깨닫지 못한다. 자폐증을 보완하려고 그런 행동을 하면서도 그저 자신이 의지가 약한 구제불능인 탓이라고 믿어버리곤 한다.

다음 표는 연구 결과 가면 자폐인들이 흔히 선택하는 문제성 대처 전략과 그들이 이런 전략을 선택하는 몇 가지 주요 이유를 정리한 것이다.

다음의 표를 볼 때 명심해야 할 점이 있다. '좋은' 전략과 '나쁜' 전략의 경계선은 종종 불분명하며, 살아남기 위해 불완전한 전략을 사용했다고 해서 부끄러워할 필요는 없다는 것이다. 친구들과 만나기 전에 맥주를 마시는 것처럼 한동안은 무해하고 효과적이던 방법이 직장에서의 비밀스러운 음주처럼 강박적인 행동으로 변할 수도 있다. 또는 스트레스가 유난히 심할 때만 음주 문제가 생길 수도 있다. 과도한 운동은 멜트다운 직전에 마음을 진정시키는 데 유용할 수 있지만, 관절을 손상시키는 강박적 습관이 될 수도 있다. 이런 장단점은 이분법적으로 갈라낼 수 없다. 때로는 직장이나 주거 상황이 최우선인 나머지 어쩔 수 없이 신체와 정신의 건강을 무시해야 할 경우도 생긴다. 자폐증을 좀처럼 이해할 수 없고 주변

문제성 대처 전략과 가면 자폐인이 이를 선택하는 이유

음주 또는 약물 사용

- 과민해진 감각을 가라앉힌다.
- 두려운 사회적 상황에 대한 '용기 포션'을 얻는다.
- 억제와 자기 검열이 이완된다.
- 벅차고 힘겨운 세상을 헤쳐 나갈 힘이 생긴다.
- 감각을 자극한다.
- 불안하고 강박적인 마음을 달래준다.
- 마음속 비판을 잠재운다.

섭식 장애 행동

- 일상적 의식과 목표로 생활을 다잡는다.
- 굶기, 운동, 설사약 등으로 신체가 자극받는다.
- 몸에 집중하면서 사회적 고난을 잠시 잊는다.
- 행동이나 외모로 '선'과 '가치'를 정의할 수 있다.
- 자제력 혹은 통제력을 획득했다고 느낀다.
- 성별 불쾌감이나 신체적 해리에 대한 핑계가 생긴다.

분리와 해리

- 자발적 분리로 거부당하는 상황을 방지한다.
- 슬픔, 비탄, 후회 등 고통스러운 감정이 무뎌진다.
- 원래부터 '잘하는' 일에만 집중할 수 있다.
- 어려운 정서적·사회적 기술을 익혀야 한다는 부담감이 줄어든다.
- 남들이 달가워하지 않는 욕구와 감정을 억제한다.
- 한정된 에너지를 보존한다.

엄격한 규칙과 신념 체계에 대한 집착

- 혼란스러운 현실이 이해하기 쉽고 구체적으로 느껴진다.
- 모호한 사회 규범을 구체적인 기대치로 전환한다.
- 소속 가능한 내집단이 형성된다.
- 체계적인 일상과 위로를 얻는다.
- 자기가 '나쁜 사람'일지도 모른다는 의혹과 두려움이 잦아든다.
- 불공평한 현재 세상으로부터의 구원을 약속받는다.

아첨하고 강박적으로 남들의 기분 맞추기

- 남들에게 칭찬받을 수 있다.
- 자기도 받아들여질 수 있다는 거짓 약속을 얻는다.
- 복잡한 인간관계 역학이 단순화된다.
- 사회적 상호작용을 하나의 쉬운 규칙으로 단순화한다. '무조건 좋다고 말하기' 등.
- 자신의 감정과 욕구는 무시해야 한다는 평소 신념을 확인한다.
- 갈등을 최소화하고, 분노를 억누른다.

사람들도 우리의 장애를 알아차리지 못하는 상황에서, 우리는 최선을 다해 삶을 영위하려고 애쓴다.

이 장에서는 가면을 계속 쓰기 위해 교묘한(때로는 허점이 있는) 전략을 활용해온 여러 가면 자폐인들을 만나볼 것이다. 이들은 사회적으로 인정받기 위해 강박적으로 운동하거나, 약물을 복용하거나, 몇 년씩 사람들로부터 거리를 두거나, 혹은 반동적인 집단에 소속되려고 노력하기도 했다. 그러다가 가면을 쓰면 사회에서 거부당하는 일은 피할 수 있지만 진정으로 행복하게 살기는 어렵다는 걸 깨닫고 기존의 대처 방식을 재검토하기 시작했다. 자기 파괴와 부정 대신 보다 적절한 장애 편의를 통해 해소할 수 있을 마음속의 욕구불만을 파악하기 위해.

나쁜 쪽, 더 나쁜 쪽으로

토머스는 나이가 들수록 '제정신'을 유지하기 위해 더더욱 술에 의존하게 되었고, 그의 삶은 망가지기 시작했다. 파트너에게 분노를 표출하면서 두 사람의 사이도 멀어져갔다. 토머스가 직장을 그만두고 자살을 시도한 것도 그 무렵의 일이었다. 이후로 그는 새로운 직장을 구했다가 금세 그만두기를 반복하면서 전국 방방곡곡을 전전했다. 토머스는 계속 죽음을 꿈꾸었다. 죽음이야말로 그가 도저히 감당할 수 없게 된 삶에서 벗어날 유일한 방법 같았다. 이 기간에 토머스와 만난 치료사들은 그가 양극성 장애와 경계성 인격 장애라고 진단했다. 불안정한 인간관계와 폭발적인 감정 변화, 그리고 오랜 우울증이 근거였다. 토머스는 계속 술을 끊으려고 애썼지만 성공하지 못했다.

"정말이지, (알코올 중독자 익명 모임에서) 처음으로 30일 코인*을 받기까지 반년이나 걸렸어요. 그러고 나서도 지독하게 불행한 건 마찬가지였고요. 재발 반복과 자살 기도로 정신없이 지나가던 그해 여름, 헤어진 애인이 내게 새로운 치료사를 소개해주었죠."

* 30일 동안 금주에 성공하면 받는 징표를 말한다.

사회복지사로 일하던 토머스의 전 파트너는 그 무렵 학회에서 자폐 스펙트럼 장애에 관한 강연을 듣게 되었다. 강연자의 자폐증 설명이 토머스와 동거하며 겪은 일들과 얼마나 비슷한지 깨닫고 경악한 그는 마침 치료사이기도 했던 강연자를 토머스와 연결해주었다. 자폐증 동반 알코올 중독을 잘 이해하는 치료사의 도움으로 토머스는 마침내 중독 치료에 성공할 수 있었다.

"내가 평생 심각한 사회 불안과 감각 문제를 겪었고, 이를 술로 가라앉히려 했다는 사실을 깨달았어요."

자폐인에게 일상다반사인 감각 과부하는 건강을 야금야금 갉아먹는 증상이기도 하다. 자폐증에 따르는 상향식 감각 처리 때문에 자폐인이 주변의 소음이나 시각적 혼란에 과잉 자극을 받고 주의가 산만해지기 쉽다는 점은 앞서 설명했다. 자폐증의 또 다른 신경학적 특징은 시간이 지나도 자극에 익숙해지지 못한다는 것으로, 감각 문제와 멜트다운의 주요 원인이기도 하다.

신경전형인의 뇌는 **감각 적응**과 **습관화**에 관여한다. 소리, 냄새, 질감, 시각 신호에 오래 노출될수록 뇌는 그것을 무시하고 배경에 녹아들게 하는 요령을 익힌다. 마찬가지로 뉴런도 신호에 오래 노출될수록 활성화될 가능성이 줄어든다. 자폐인의 경우 정반대로 자극에 오래 노출될수록 정신이 더 산만해진다.[2] 앞서 언급했듯 우리의 뉴런은 '과잉 흥분성'이기에 얼굴에 떨어진 머리카락이나 책상 위에 놓인 우편물 더미처럼 신경전형인이라면 알아차리지도 못할 사소한 입력으로도 감각 자극을 받곤 한다.[3] 우리는 환경의 자잘한 세부 사항과 변화를 더 잘 알아차린다.[4] 이는 토머스의 직업인 프로그래밍처럼 세심한 작업에서는 큰 강점이지만, 한편으로 깜짝 놀라거나 주의가 산만해지기 쉽다는 약점도 된다.[5]

자폐인은 자극적인 감각 정보에 너무 오래 노출되면 **감각 과부하**가 걸린다. 감각 과부하는 발작적 분노나 울부짖음처럼 보일 수도 있고, 정신적 셧다운이나 감정적 멜트다운의 형태로 나타날 수도 있으며, 자폐인이 혼란에 빠져 무얼 묻든 틀에 박히고 부조리한 대답만 하는 것처럼 보일 수도 있다. 감각 과부하가 걸리면 복잡한 과업을 마치거나 이성적으로 생각하거나 감정을 조절하기가 어려워진다. 짜증을 내거나 절망에 휩싸이고, 마음을 진정시키거나 엔도르핀이 나오게 하려고 자해를 시도하기도 한다. 이럴 때면 불안으로 눈에 띄게 몸이 굳어져서 남들과 어울리는 것도 불가능하다. 자폐인이 느끼는 감각 자극은 강렬하다 못해 신체적 고통에 가깝다는 사실을 비자폐인들은 좀처럼 인식하지 못한다.[6]

안타깝게도 자폐인이 감각적 고통을 호소하면 사람들은 과장한다거나 엄살 부린다거나 심지어 '정신 나갔다'고 생각한다. 나만 해도 파트너는 듣지도 못하는 지속적인 소음으로 괴로울 때마다 말로 표현할 수 없을 만큼 답답하다. 아래층 사람에게 음악 소리를 줄이라며 빗자루로 방바닥을 쿵쿵 찍고 안절부절못하며 집 안을 돌아다니는 내가 정말로 '돌아버린' 것만 같다. 파트너는 내가 거짓말하는 게 아님을 알기에 이해하며 참아주려고 최선을 다한다. 하지만 내 평생 만났던 사람들 대부분은 내가 느끼는 감각적 고통에 무관심했고, 매일 안절부절못하고 짜증내는 삶을 나 스스로 선택한 것처럼 굴었다.

감각 과부하로 인해 비명 지르고 흐느끼며 나를 좀 껴안아달라고 애원한 적도 있다. 베개를 내리치거나, 헤어브러시로 내 팔다리를 때리거나, 사람들을 피하거나, 내 머리를 쥐어박기도 했다. 대부분 사회적으로 용인되지 않기에 사적인 공간에서만 선택할 수 있는 방법들이었다. 하지만 최근에는 조용한 혼자만의 시간을 충분히 보내고, 불안이 엄습하기 전에 먼저 스트레스가 심한 상황에서 벗어남으로써 멜트다운을 예방할 수 있게 되었다. 내가 차마 입 밖으로 꺼낼 수 없는 좌절감을 꾹 참고 있다는 느낌이 오면 당장 그 자리를 벗어나야 한다는 건 안다. 하지만 일단 정말로 우울증이 찾아오면 내가 할 수 있는 일은 거의 없다. 그 상황에서 벗어나거나 혹은 내 온 힘을 쏟아버릴 배출구를 찾아야 한다. 음주는 강박이 아니라 즐거운 습관처럼 보이기만 한다면 신경전형인에게도 존중받을 수 있는 유일한 해방구다.

많은 자폐증 성인들이 심각한 술버릇이나 약물 중독을 고백한다.[7] 자폐증과 중독이 연관되는 주된 원인 중에 하나는 감각적 민감성 둔화다.[8] 또 다른 원인은 사회적 규제로 인한 스트레스를 달래주는 효과다. 항상 자신의 행동을 조심스럽게 검열하고 조절하는 데 익숙하다면, 독주 한 잔은 경계를 늦추고 잠시 긴장을 푸는 데 도움이 된다.[9] 사람들이 술을 마실 때면 사회 규범이 느슨해진다. 비자폐인들도 술에 취하면 너무 오래 떠들거나 남의 말에 끼어들지 않는가. 당신이 파티에서 말실수를 하더라도 술 취한 사람들은 그런 일이 있었다는 걸 까먹을 것이다. 술자리에 있는 것 자체가 일종의 취기로 작용할 수 있다. 하지만 안타깝게도 편안함이나 유대감을 얻으려고 약물에 의존한다면 순식간에 자멸의 길로 접어들 것이다.

2020년 제작된 넷플릭스 드라마 《퀸스 갬빗》은 20세기 중반을 배경으로 가상의 체스 천재 베스 하먼의 삶을 그린 작품이다. 하먼은 누가 봐도 자폐인이다.[10] 그는 무뚝뚝하고 분석적이며 다른 사람들의 감정을 헤아릴 시간이 없다. 파충류처럼 냉랭한 눈빛으로 상대방을 마주하고, 자폐인 시청자라면 금방 알아볼 수 있을 강박적이고 단조로운 말투로 체스 관련 정보와 수를 열거한다. 게다가 진정제 중독이고 술도 많이 마신다. 텔레비전에 나오는 대부분의 자폐인 캐릭터와 달리, 하먼은 단순히 유능한 괴짜가 아니라 강박적인 약물 사용, 도둑질, 섹스로 자기 자극을 얻는 거칠고 자유분방한 인물이다. 하먼의 자기 파괴적 습관은 그가 쓴 가면의 일부이기도 하다. 하먼은 무심하고 거친 모습으로 남성 우월주의적인 경쟁자들과 경박한 학급 친구들을 무장 해제시킨다.

하먼은 내 평생 가장 깊이 공감한 자폐인 캐릭터다. 나도 하먼처럼(그리고 토머스처럼) 10대 시절과 성년기에는 성취를 쌓는 데만 몰두하여 사생활이 엉망진창이었다. 고등학생 시절에는 친구들에게 인정받기 위해 학교 주차장에서 게토레이와 보드카를 섞어 마셨다가 한낮에 만취해 기절하기도 했다. 수업을 땡땡이치고 조퇴 신청서를 위조해 오케스트라 연습에 빠졌으며 도둑질도 종종 했다. 한번은 퇴학까지 당할 뻔했지만, 동정심 많은 학교 관리자가 내 퇴학 서류를 '잃어버렸다'고 말해주는 바람에 간신히 위기를 넘겼다.

내가 비행을 저지르면서도 큰 곤경에 처하지 않은 건 A학점을 받았고 전국에서도 내로라하는 토론 팀의 일원이었기 때문이다. 나는 20대 초반까지 이처럼 무사태평하고 명민하지만 자기 파괴적으로 살았다. 성년 직후에는 난잡하고 유해한 관계를 종종 맺었고 자해에 가깝게 흡연, 거식증, 번개와 원나잇에 탐닉했다. 이 모두가 중학생 때부터 써온 권태롭고 '노숙한' 가면의 일부였다. 성적이 좋고 멋지게 살기만 한다면 그 누구도 나더러 '유치하다'거나 '한심하다'고 말하진 못할 거라 생각했다. 발달심리학 시간에 아마레토*를 쏟아부은 커피를 들이켜며 감각 문제를 숨기는 이상 그 누구도 내가 너무 예민하다고 비난하진 못할 터였다. 나는 알코올 내성이 없어서 중독자가 되진 못했지만(술을 조금만 마셔도 구토했으니까) 그렇지 않았다면 토머스와 같은 길을 걸었을지도 모른다.

결국 하먼의 음주 생활도 화려함을 잃고 암울함으로 빠져든다. 하먼은 가장 친한 남성들을 섹스 상대로 이용했다가 걷어차고, 자신을 지지해주던 사람들 모두와 멀어지고, 숙취로 중요한 체스 시합을 몇 번이나 망치고, 마침내 눈가를 시커멓게 칠하고 와인 병나발을 불며 만취해 지저분한 집에 처박히게 된다. 토머스와 나처럼 하먼도 그의 사회적 버팀목이던 파티와 자기 파괴적 습관을 잃어버린 것이다. 하지만 우리와 달리 가상 인물인 하먼의 내리막길은 치료사를 찾아가거나 자폐증 진단을 받는 것으로 이어지지 않는다. 하먼은 1950년대를 살아가는 아름답고 성공했지만 불행한 여성이다. 그 시대에는 아직 하먼의 문제를 정확히 이해하는 사람이 없다.

---

* 아몬드향 리큐어의 일종이다.

약물로 충족하려 했던 신체적, 감각적, 감정적, 심리적 욕구를 이해하면 새롭고 더 유익한 대처 전략을 찾는 데 도움이 될 수 있다. 《성인기 자폐증》 저널에서 자폐증 성인 500명 이상을 대상으로 실시한 설문조사에 따르면, 폭음하는 가장 큰 원인은 대인관계 때문이거나 긍정적인 감정을 북돋우기 위해서라고 한다.[11] 알코올 중독과 약물 사용은 자폐증을 매우 효과적으로 은폐할 수 있다. 아직도 대부분의 사람들은 자폐인이라고 하면 과묵하고 집 안에 머물기 좋아하는 괴짜를 떠올리기 때문이다. 오랫동안 자폐증을 자기 인식하지 못했거나 장애를 부정해왔다면 고통을 감추고 사회생활을 할 에너지를 얻기 위해 약이나 술에 기댈 수도 있다. 자기가 약물 없이는 절대로 흥미롭거나 유쾌한 사람이 될 수 없다고 생각하는 것이다. 가면 자폐증으로(또는 다른 원인으로) 학대당해 정신적 외상을 입고 PTSD를 자가 치료하려고 약물을 사용하기도 한다.

연구에 따르면 PTSD나 우울증 등 기타 정신건강 문제에 약물 남용이 동반된 환자는 대체로 맞물린 여러 문제를 동시에 해결하는 통합치료 접근법을 선호하며, 실제로도 이런 방식이 유익하다고 한다.[12] 자폐증은 반드시 치료가 필요한 장애는 아니지만, 자폐인 대부분은 자신을 거부하는 신경전형성 세상을 살아가느라 정신건강 문제를 겪고 있다. 약물 중독인 자폐인의 경우 통합치료 프로그램을 알아보는 것이 유익할 수 있다.

당신이 약물이나 알코올에 지나치게 의존하지는 않는지 의심된다면, 신경 유형에 맞는 치료 방법을 알아보거나 자폐인 치료 경험이 있는 정신건강 전문가를 찾는 것이 중요하다. 인지행동 치료가 자폐인에게는 신경전형인만큼 효과가 없다는 사실이 점점 더 많은 연구를 통해 밝혀지고 있기 때문에,[13] 인지행동 치료에 기반을 둔 중독 치료는 수정하고 보완하지 않는다면 부적합할 수 있다. 2019년 발표된 예비 임상 연구에 따르면 정신건강 의료인들이 자폐인과 효과적으로 소통하는 방법(의료인 대부분에게 부족한 기술이다)을 교육받을 경우, 이들이 제공하는 인지행동 치료로 자폐증 성인의 약물 사용 문제를 개선할 수 있다는 사실이 밝혀졌다.[14]

안타깝게도 의료인 대부분은 자폐인의 사고와 의사소통 방식을 잘 모르며, 어떤 중독 치료 프로그램이 자폐증 성인에게 가장 지속적으로 효과가 있는지 다룬 연구도 드물다. 자폐증 성인에게 유익하고 효과적인 치료 계획은 대체로 의료, 주거 및 기타 물질적 필요를 채워줄 뿐 아니라 지원 네트워크와의 연결을 보장해주는 것이다. 인지행동 치료사가 흔히 환자에게 비합리적인 망상이라고 말하는 것('내가 말실수라도 하면 직장을 잃고 길거리에 나앉게 될 거야!')은 자폐인 당사자에겐 지극히 합리적이며 실제 경험에 근거한 두려움이다.

토머스의 경우 술을 줄이자 그 저변에 있던 감각적 민감성과 불안이 드러났다. 스트레스와 자극이 심해 술에 기대기 쉬운 직업은 피해야 한다는 것도 금세 분명해졌다. 이제 그는 노이즈 캔슬링 헤드폰으로 감각 문제를 관리하며, 정기적으로 바쁘고 시끄러운 환경에서 벗어나 휴식을 취한다. 또한 재택근무를 하면서 불안이나 소음으로 과부하가 걸렸을 때 스스로 인식하는 법을 터득하는 중이다. 자폐 성향을 위장할 필요가 줄어들면서 술을 마시고 싶은 욕구도 감소했다. 그는 최근 몇 년간 술을 한 방울도 마시지 않았다.

자폐인이 약물과의 위험한 관계를 제어하려면 자폐증을 드러내는 데 익숙해져야 할 것이며, 이 과정은 매우 지지부진할 수도 있다. 메도스는 에세이 〈알코올: 자폐증을 가리는 도구?〉[15]에서 가면 벗기와 금주의 관계를 이렇게 설명한다.

"나는 술로 친구를 사귀었다. 술은 내게 데이트와 모험, 섹스를 선사했다. 술 없이는 이 모든 것이 훨씬 더 어렵거나 심지어 불가능하다. 나는 이제 집에서 잘 나가지 않는다. 술을 끊었더니 여러모로 더 자폐적인 사람이 되었다."

혹은 이 역도 성립할 수 있다. 다시 말해 자폐 성향이 더 심해지는 것도 감내해야 술을 끊을 수 있다는 것이다.

내가 섭식 장애에 빠진 이유

도리언 브리지스Dorian Bridges는 공포물 작가이자 2000년대 초 대안 패션과 문화, 섭식 장애 및 약물 중독 극복, 자폐증과 아스퍼거 커뮤니티의 다양한 문제를 논하는 유튜브 채널 '허브 앤 얼터Herbs and Altars'를 운영한다. 2000년대 초에 브리지스는 아스퍼거 진단을 받지 못한[16] 청소년으로서 대인 관계와 학교생활에 어려움을 겪고 있었다. 유난히 가슴 아픈 한 영상에서 브리지스는 성장기에 진단받지 못한 탓에 그의 삶이 얼마나 크게 변했는지 설명한다.[17]

"아주 어렸을 때부터 본능적으로 남들보다 사는 게 힘들다고 느꼈어요. 그럴 이유가 전혀 없었는데 말이죠. 그저 내가 **게을러서다, 게으름을 피워서 그렇다**는 말만 들었죠."

브리지스는 자신이 뚜렷한 아스퍼거 증후군의 징후를 보였다고 말한다. 그는 책벌레였고 가족 행사에서도 혼자 구석에 앉아 있었다. 말투가 '백과사전을 읽듯' 딱딱했고, 아이큐는 높았지만 평소 수업은 좀처럼 이해하지 못했다. 하지만 다른 여러 가면 자폐인들이 그랬듯 '여자아이'라는 이유로 장애 가능성이 고려되지 않았고, 똑똑하지만 좀 이상한 애라고만 여겨졌다.

"부모님은 나한테 아무 문제가 없다는 얘기만 들었죠. (…) 댁의 아이는 성공할 테고 앞으로 그 어떤 걸림돌도 없을 거라고요."

많은 가면 자폐인들이 어린 시절에 장애 치료 대신 영재 교육을 받는다.[18] 일견 높아 보이는 지능 때문에 빠지게 되는 딜레마다. 우리는 자신의 괴상함을 정당화하기 위해 뛰어난 성취를 거두어야 하지만, 한편으로 남들이 부러워하고 사회적으로 높이 평가되는 자질이 있다 보니 남들보다 더 많은 도움이 필요한데도 오히려 그 반대로 여겨진다. 브리지스는 사람들의 높은 기대치와 아무도 자신의 고통에 공감해주지 않는 압박감을 견딜 수 없었고, 그래서 자해하기 시작했다. 그러다 열세 살 때 거식증이 있는 여자아이에 관한 잡지 기사를 우연히 접하고 부러움을 느꼈다. 그 여자아이는 눈에 띄게 여위었지만 애정과 관심을 잔뜩 받고 있었다. 아무것도 잘하지 못해도 좋으니 살아남기만 해달라는 식이었다.

"그 아이가 거의 죽을 뻔했고 가족들도 아이를 잃을까 봐 두려워했지만, 지금은 주변 사람들 모두에게 사랑과 지지만을 받고 있다는 기사였죠. 이제 그 애는 아무것도 잘할 필요가 없었어요. 거의 죽었다가 되살아난 것만으로도 다행이었으니까요."

브리지스는 그 기사에 오랫동안 집착했고 거의 외워버릴 만큼 여러 번 읽었다. 그러다 자기도 죽어가는 것처럼 보이면 남들에게 사랑받을 수 있으리라는 생각에 밥을 굶기 시작했다. 거식증(또는 '프로아나pro ana') 게시판에서 자주 활동하며 섭식 장애 청소년들과 친해지고 체중 감량 요령과 '다이어트 자극 짤'을 주고받기 시작했다. 급기야 친구들과 직접 만나 폭식 파티를 열기도 했다. 브리지스는 이런 커뮤니티가 서로 악영향을 미치는 자기 파괴적인 사람들로 가득했지만, 그에게 관대했으며 그가 접근 가능하고 고통을 진정으로 드러낼 수 있는 유일한 공간이었다고 말한다.[19]

내 섭식 장애의 동기는 브리지스와 달랐지만 자폐증과 무관하진 않았다. 내가 열다섯 살부터 스물다섯 살까지 음식을 거부한 것은 '중성적으로' 보이길 바랐고 그러려면 날씬해야 한다고 믿었기 때문이다. 나는 내가 강하다는 것을 증명하려고 무리하게 운동했다. 공복에서 오는 고통은 육체적 만족감으로 느껴졌고, 다이어트 모드로 두 시간 동안 '댄스 댄스 레볼루션DDR'을 하고 나서 다리가 욱신거리면 통제 불가능했던 내 몸을 드디어 다스렸다는 기분이 들었다. 브리지스와 달리 나는 힘들다는 사실을 남들에게 절대로 알리고 싶지 않았다. 인간의 하찮은 욕구로부터 자유로운 초인적 존재가 되고 싶었다. 쉬는 것보다 밤늦게까지 운동하는 것이 더 좋은 시간 활용법이라는 생각에 여러 밤을 꼬박 새우기도 했다. 토론 팀 친구가 나더러 잠자지 않고 먹지도 않고 사람들을 좋아하지도 않는 '로봇'처럼 보인다고 말했을 때는 엄청난 승리감을 느꼈다. 나는 단단한 강철 가면을 쓰고 있었다.

여성,[20] 트랜스젠더,[21] 성인기에 진단받은 가면 자폐인은 섭식 장애와의 상관관계가 유난히 높다. 그 이유는 다양하다. 일부 가면 자폐인들은 관습적으로 예쁘고 날씬한 외모가 사회생활에 도움이 된다고 믿는다. 자신의 몸에 괴리감을 느껴서 신체적 욕구를 소홀히 하는 경우도 있다. 혼란스러운 감각계를 통제하기 위해서나 자해의 일종으로 설사약을 먹기도 한다. 일단 장을 비우면 체내에 엔도르핀이 솟구치면서 마음이 안정되지만 그 과정에 중독될 수도 있다. 동영상에서 브리지스는 프로아나 게시판의 한 친구가 어떻게든 칼로리를 태우고 싶어서 밤마다 복도를 이리저리 뛰어다니곤 했다고 말한다. 어찌 보면 반복적인 자기 자극 행동과도 비슷하게 들린다.[22] 내 경우 강박적인 DDR 게임은 체중 감량 수단인 동시에 교묘한 자기 자극 방식이기도 했다.

일부 가면 자폐인은 섭식 장애가 제공할 수 있는 통제감과 체계에 이끌린다. 우리는 흔히 좋은 행동의 명확한 '규칙'을 발견하고 엄격하게 준수함으로써 사회적으로 안전하고 나아가 가치 있는 존재가 되길 바란다.[23] 자폐증 진단을 받지 못했던 10대 시절 내 머릿속은 항상 막연한 불안감으로 가득했다. 칼로리를 계산하고 내 몸을 거울에 비춰보고 몸무게를 재는 것은 모호한 두려움을 잊고 집중할 수 있는 구체적 행위였다. 나는 뚱뚱함보다 날씬함이 우월하다고 여기는 사회에 살고 있었으며 그 규칙을 열심히 따르려고 노력했다. 운동으로 몸을 혹사하면 아무 생각 없이 푹 잠들 수 있었다. 온라인 섭식 장애 커뮤니티에서 빡빡하게 하루 일과를 짜는 방법도 배웠다.

이 모든 행위가 거의 종교적이었다. 나는 신을 믿지 않았지만, 매일 밤 DDR의 제단에서 땀을 흘리고 얼음물을 들이켜며 경배를 드렸다. 영양실조로 멍해진 내 뇌는 그런 나 자신을 가만히 내려다보고 있었다. 운동성 폭식증은 내 주변의 여성들과 소통할 수단이 되기도 했다. 날씬해지고 싶다는 욕구는 내 지정 성별에 맞는 극소수의 관심사 중 하나였으니까.

임상 연구에 따르면 신경성 식욕부진 진단을 받은 환자의 20~37퍼센트가 자폐증인 것으로 나타났다.[24] 섭식 장애 진단을 받을 가능성이 가장 높은 집단(여성, 트랜스젠더, 게이 남성)에서 자폐증이 과소 진단되기 때문에 실제 자폐증 동반 비율은 훨씬 더 높을 수 있다. 기존의 섭식 장애 치료에서 자폐인은 더 오래 입원해야 하고 섭식 장애 행동이 줄어들 가능성이 낮으며 회복 단계에서 더 심한 우울증과 사회적 고립을 겪는 등 비자폐인보다 경과가 나빴다.[25] 그러나 섭식 장애 클리닉과 입원 환자 프로그램에서 자폐인에 적합한 조치를 취하자 몇 가지 유망한 결과가 나타났다. 케이트 찬투리아Kate Tchanturia와 동료 연구자들(2020)[26]은 자폐증 친화적인 새로운 섭식 장애 병동을 다음과 같이 설명했다.

"우리는 병동을 차분한 색상으로 꾸미고, 묵직한 담요와 감각 장난감을 비롯해 환자를 위한 물품이 담긴 '감각 상자'를 개발하는 등 보다 자폐증 친화적인 병동 환경을 조성하는 데 투자했다. 또한 감각 장애를 지원하고 사회적 소통을 강화하기 위해 다양한 분야 전공자들과 함께 자폐인과 비자폐인을 위한 안녕감wellbeing 향상 모임을 주최했다(커뮤니케이션 패스포트* 등의 전략 도입)."

찬투리아와 동료 연구자들은 이처럼 자폐증 친화적인 병동에서 자폐인의 입원 기간이 현저히 짧다는 사실을 발견했으며, 후속 연구에 따르면 자폐 친화적인 섭식 장애 치료 또한 더 나은 결과를 가져온다고 한다.[27] 많은 자폐인에게 섭식 장애 행동은 적어도 어느 정도는 사회적 동기 때문이므로, 성과에 덜 의존하고 가장 진정성이 느껴지는 새로운 방식으로 소속감과 사회 구조를 모색하는 것이 유익할 수 있다. 동영상에서 브리지스는 정상적이고 활기차고 단정하게 차려입은 여성처럼 보이려고 노력하던 시기에 자신의 건강이 바닥을 쳤다고 말한다.[28] 요란한 의상을 입고 짙게 화장한 트랜스남성 고스족의 모습일 때 자기 몸이 훨씬 더 편안했으며, 그 밖에도 여러 '괴상한' 소수 집단과 어울리면서 한때 프로아나 모임에서 구했던 소속감을 찾았다고 한다. 이제는 자신이 자폐인임을 알기에 고통스러운 시기와 이유에 관해서도 더 솔직해질 수 있으며, 다른 사람들과 강박증을 공유함으로써 유대감을 형성할 필요도 없어졌다.

자기 머릿속으로 숨어드는 사람들

많은 자폐인들이 가면을 쓰는 압박감을 견디기 위해 자신의 머릿속으로 숨어든다. 통 안에 떠다니는 뇌가, 혹은 물리적 형태 없이 지각력만 있는 짙은 안개가 되고 싶다고 말하는 자폐인을 얼마나

---

* 신체 및 정신 장애인과 원활하게 의사소통하기 위해 개인의 선호와 의료정보 등을 간단히 소개하는 사전정보 자료다.

많이 보았는지 모른다. 신경다양인들은 흔히 이와 같은 몽상에 빠진다. 우리 몸이 이 세상의 기대와는 너무도 다르기 때문이다. 해리解離는 우리가 받아들이는 사회적·감각적 정보를 통제하고 너무 강렬해진 입력을 차단하는 방식이기도 하다. 예를 들어 내 친구 엔젤은 주변에 사람이 너무 많으면 자기 머릿속의 '엔젤 월드'로 사라진다고, 그러면 사람들의 모습이 흐릿해진다고 말한다. 엔젤에게는 아직까지도 얼굴을 모르는 친척이 몇몇 있다. 모든 사람이 흐릿하고 모호한 형상의 바다로 뭉뚱그려지는 대가족 모임에서만 만났기 때문이다. 해리 상태에서도 먹고 목욕하고 걸어다니고 움직일 수는 있지만, 엔젤의 정신은 사실상 그 자리에 없는 셈이다.

엔젤이 현실로 돌아오는 유일한 방법은 한가롭게 충분히 쉬는 것이다. 나를 포함해 내가 아는 자폐인들은 오랫동안 가면을 쓰고 사회생활을 해야 할 경우 해리나 셧다운 상태에 빠지기 쉽다. 내 경우에는 당황했을 때 사람들이 문자 그대로 '흐릿해' 보이지는 않지만 남의 얼굴을 쳐다보지 못해서, 아는 사람이 눈앞에 다가와 손을 흔들어주지 않으면 알아보지도, 목소리를 듣지도 못하는 경우가 적지 않다. 나와 같은 사람은 가면 쓰기에 드는 인지적 노력을 줄이는 것이 유익할 수 있다. 애초에 분리를 유발한 과부하 상황에서 벗어나는 것도 도움이 된다.

정신적 분리가 단기적으로는 효과적인 전략일 수 있다. 상당한 에너지와 주의력을 확보하여 주특기 활동이나 흥미로운 아이디어에만 집중할 수 있기 때문이다. 하지만 장기적으로 볼 때 내면으로의 후퇴는 우리를 욕구로부터 더욱 멀어지게 한다. 일부 연구에 따르면 자폐인은 **주체 의식**이 약하다고 한다. 스스로 정신과 신체를 통제할 수 있다는 자신감이 비자폐인보다 약하다는 것이다.[29] 평생 무능력하고 유치하다는 지적을 받다 보면 자아 개념이 손상되고 기본적인 자기 옹호와 자기주장 방법도 터득하지 못한다.

자폐증의 작용에 관한 어느 연구에서는 자폐인과 비자폐인에게 컴퓨터 게임을 하며 화면에 뜬 커서를 조작해달라고 요청했다.[30] 플레이어가 마우스를 뜻대로 제어할 수 없도록 시간이 지연되고 움직임이 무작위로 멈추는 게임이었다. 플레이어는 게임에 이겨야 했고, 마우스를 제어할 수 있다고 느껴지는 순간과 그렇지 않은 순간을 보고하도록 요청받았다. 신경전형인들은 제어 가능한 순간을 꽤 정확하게 판단했다. 마우스의 움직임이 자신의 의도에 따른 것인지 아니면 지연이나 결함 때문인지 구분할 줄 알았다. 반면 자폐인 플레이어는 이 두 가지를 잘 구분하지 못했다. 그들은 게임에 이기면 마우스가 잘 움직인다고, 반대로 지면 그렇지 않다고 생각하는 경향이 있었다. 게임의 승패와 마우스의 제어는 서로 아무 상관이 없었는데도 말이다. 이 연구 결과는 특히 자폐인이 비자폐인보다 내적 단서를 덜 신뢰한다는 점을 보여준다. 즉 자폐인은 자신이 상황을 제어하고 있다는 내적 감각보다 게임을 잘하고 있다는 외적 지표를 더 신뢰한다.

이는 실험실 환경에서 관찰된 조금은 인위적인 사례이지만, 많은 자폐인들이 자신을 본질적으로 자신의 몸으로부터, 나아가 더 넓은 세상으로부터 분리된 무력한 존재라고 여긴다는 점을 드러낸다. 우리는 자신의 지각과 분별력을 믿기보다 게임에서의 승리나 남들의 칭찬 같은 외부의 성공 신호에 의존하여 살아간다.

안타깝게도 몸에서 분리된 사람은 자신을 보호해주는 중요한 신체 신호를 많이 놓친다. 연구에 따르면 자폐인 대부분은 신체의 경고 신호 또는 **차단**에 대한 감각이 저하된다.[31] 우리는 자신의 몸이 사실상 자기 것이 아니라고 느끼기 쉬우며, 외부 세계와 내면의 감정을 좀처럼 연결하지 못한다.[32] 예를 들어 신경전형인은 점심을 먹으러 나가는 동료를 보고 문득 배고픔을 느낄 수 있다. 반면 머릿속에서 길을 잃는 자폐인들은 밖으로 나가는 동료를 보고서도 배고픔을 인식하지 못할 수 있다. 이런 현상이 자폐증의 신경학적 특성 때문인지, 아니면 가면과 사회적 압력에도 원인이 있는지는 밝혀지지 않았다. 어쨌든 가면 자폐증은 우리가 느끼는 신체적 욕구를 숨겨야 한다고 사회적으로 조건화된 증상이니 말이다. 홀로 방 안을 돌아다니며 노래하고 싶어도 '괴상해' 보일 수 있으니 참아야 한다면, 배고픔이나 피곤함은 참지 않아도 괜찮다는 것을 어떻게 알겠는가?

자폐인은 감각 입력에 과민해지기 쉽지만, 신체적 고통에는 대체로 무감각한 편이다.[33] 모순적으로 들리겠지만, 자폐인의 뇌가 일반적으로 세부에 편중되고 과잉 흥분성이라는 연구 결과를 생각하면 이해가 된다. 내 경우에는 셔츠 단추가 풀렸을 때 배에 살짝 닿는 차가운 공기를 견딜 수가 없다. 사소하지만 무시하기에는 너무나 짜증스럽고 지속적인 자극이다. 그런 반면 발뒤꿈치가 갈라져 피가 나는 채로 한참을 걸어도 전혀 아픈 줄 모르기도 한다. 가면 자폐인은 주위 신경전형인들의 기분을 맞추기 위해 자신의 고통을 감내하는 경향이 있다. 남들은 전혀 못 느끼는 불편을 호소했다가는 '미쳤다'거나 '까다롭다'고 여겨질 수 있다. 많은 가면 자폐인들이 배고픔이나 갈증을 꾹 참듯이 고통을 차단하는 데도 능숙해진다.

안타깝게도 이는 신체적 고통뿐 아니라 감정적 고통에 대해서도 마찬가지다. 심리학자 제프 버드Geoff Bird의 연구에 따르면 전체 자폐인의 절반가량이 감정을 인지하거나 입 밖에 드러내지 못하는 감정표현 불능증[34]인 것으로 나타났다.[35] 감정표현 불능증인 자폐인은 괴로움을 막연하게 알지만 질투나 분노 같은 구체적 감정은 언급하지 못하거나, 그 감정을 느끼는 이유를 좀처럼 파악하지 못할 수도 있다. 이런 성향은 신경전형인들에게 우리가 감정이 없고 냉담하다는 선입견을 품게 한다.

자폐인의 경우 감정표현 불능증은 감정의 신체적 영향을 이해하지 못하고 자신보다 남들의 감정을 우선시하도록 배웠기 때문에 발생하기도 한다. 우리는 자라면서 신경전형인들이 감정을 어떻게 느끼고 표현하는지 듣게 된다. 우리는 남들의 불편이나 불쾌감 표현에 따라 행동을 바꾸고 더 유쾌하거나 고분고분하게 굴라고 종용받는다. 우리의 얼굴 표정, 비언어 신호, 신체와 주변 환경 인식은 비자폐인과 다르지만, 신경전형인들은 종종 이 사실을 무시한다. 따라서 우리는 화가 나거나 불편한 감정을 멜트다운에 이르기 직전까지도 인식하지 못하기 일쑤다. 가면을 벗으면 남들의 반응에 촉각을 곤두세우지 않아도 되므로 내 몸을 한층 더 잘 살필 수 있다. 또한 반사적인 자기 검열이 덜해져 불편한 감정을 인식하고 존중할 수 있게 된다. 하지만 (나를 포함한) 많은 자폐인에게는 여전히 홀로 자기 기분을 돌아볼 시간이 필요하다. 다른 사람들이 발산하는 사회적 정보가 주의를 흐트러뜨리기 때문이다. 예를 들어 나는 오늘 특정 화제나 원치 않는 일을 강요받아서 불편한 감정을 즉시 알아차리고 대화를 거부할 수 있지만, 다른 날에는 당황하고 정신이 없어서 몇 시간 또는 며칠이 지나도록 문제를 알아차리지 못할 수도 있다.

자폐인은 자기 몸을 돌보거나 욕구를 인식하고 표현하길 어려워하는 만큼 직장이나 학교 등의 사회적 환경을 헤쳐 나가기가 무척 고역스러울 수 있다. 자주 인용되는 통계에 따르면 자폐증 성인의 85퍼센트가 실직 상태라고 한다.[36] 좀 더 섬세한 횡단 연구*에 따르면 40퍼센트 정도라지만 말이다.[37] 직장에서 자폐인이라고 밝힌 사람은 보통 필요한 편의를 제공받지 못하고 과소평가되거나 차별당하여 고백을 후회한다는 연구 결과도 있다.[38] 그 밖에도 여러 가지 이유로 자폐인은 재택근무를 선택하는 경우가 많으며, 온라인 자영업자의 비율도 높은 편이다.[39] 재택근무와 컨설팅 분야는 보상이 부족하거나 업무가 과중할 수 있지만 상근직보다 유연성과 사생활이 한층 더 보장된다.

많은 가면 자폐인들이 재택근무나 디지털 작업을 통한 보완 외에도 인터넷과 게임을 통해 현실에서 벗어나고 있다.[40] 디지털 작업과 게임은 자폐성 뇌에 매우 매력적이다. 인터넷과 게임 속 세상은 '현실' 세계보다 원인과 결과가 더 명확하다.[41] 행간의 의미나

* 일정한 시점을 기준으로 표본의 특성을 수집하는 연구 방식이다.

비언어 단서는 무시하고 공유된 작업과 명확하고 측정 가능한 결과에만 집중하기 쉽다. 디지털 커뮤니케이션은 자폐인이 메시지를 신중하게 분석하고, 잘 모르는 용어를 구글에서 검색하고, 어떻게 대응할지 심사숙고할 시간을 준다.

사회적 접촉과 집단에 대한 욕구를 충족하기 위해 인터넷을 활용하는 것 자체가 잘못은 아니다. 장애인들은 수십 년 전부터 인터넷에서 커뮤니티를 찾고 유용한 자원을 공유해왔다. 하지만 과도하고 강박적인 인터넷 사용과 게임은 자폐인에게 해로울 수 있으며 사회적 관계와 발달을 저해한다.[42] 온라인에서 너무 오래 지내다 보면 세상과 교류하고 소통하는 경험이 제한되고 외로움과 우울감이 심화되며, 신체적 단절감도 악화될 수 있다. 고통을 숨긴다고 해서 세상에 받아들여질 수 있다는 보장은 없다. 융통성과 유능함의 감각을 키우기 위해 인터넷을 활용하는 것과, 다른 선택지가 없다고 느껴서 인터넷으로 숨어드는 것은 전혀 다른 문제다.

토머스는 자폐증을 이해하고 가면을 벗기 위해 노력하면서 자신의 감정을 더 잘 인식하게 되었고 스스로를 돌보는 요령도 늘었다고 말한다. 그는 오랫동안 자신의 감정과 욕구를 무작정 외면해왔고, 진단받기 전에는 더더욱 그랬다.

"이번 주에는 에너지가 고갈되었다고 느꼈어요. 평소 몰두하던 데이터 작업에 집중할 수 없었거든요. 일기를 쓰다 보니 알았어요. 여자 친구가 최근 들어 우리 집에 유난히 자주 왔더라고요. 여자 친구를 사랑하지만, 종일 같이 있는 게 지나친 자극이었나 봐요. 그다음 날은 날씨가 화창하기에 온종일 바깥에 앉아서 책만 읽었죠. 기분이 좋아지고 과도한 자극 때문에 안절부절못하던 것도 나아졌어요."

토머스는 진단을 받지 못하고 항상 가면을 쓰던 시절의 상처에서 여전히 회복되지 못했다. 자기가 단지 까다롭고 화가 많은 사람일지 모른다는 생각도 떨쳐내지 못했다. 하지만 그는 지난 몇 년 동안 문화적으로 입력된 선입견을 극복하고 진정 자신을 위한 삶을 구축할 수 있었다. 토머스가 행복하고 차분해진 것은 이처럼 자기 인식과 관용을 차근차근 쌓아나간 과정의 결과다.

"나는 철도역을 돌아다니거나 쓸데없는 지식을 익히길 즐기고, 텔레비전을 보는 것보다 직소 퍼즐을 푸는 게 더 좋아요. 내게 맞는 생활을 하면서 술 생각도 거의 사라졌어요. 회복되려면 삶과 가치관을 맞춰나가야 해요. 그러기 위해서는 우선 자신의 진정한 모습을 알아야 하고요."

이는 모든 감정과 욕구를 위장하는 데 길들여져 반사적으로 현실에서 분리되는 자폐인인 경우도 마찬가지다. 진정한 자신을 모른 채 남들이 강요하는 규칙대로만 자아상을 빚어낸다면 마음 편히 보람 있게 살아갈 수 없다. 다행히도 우리는 남들에게 인정받고 사회 규범을 준수하는 것으로 자신을 정의하는 습관에서 벗어날 수 있다. 다음 장에서는 그 진행 과정을 살펴보고, 인정받기 위해 가면을 쓰는 삶에서 벗어난 사람들의 이야기를 들어보겠다.

학대와 사이비 종교의 쉬운 먹잇감

가면 자폐인들은 극단적 정치 조직, 사이비 종교, 편협한 신앙 공동체 등 '고도로 통제적인' 집단에서 체계와 소속감을 찾기도 한다.

이런 집단은 외롭고 목적의식을 갈구하는 사람들을 노리는 것으로 악명이 높다. 이들의 반복적인 의식, 겉보기에 끈끈한 사회적 유대감, '선'과 '악'을 가르는 엄격하고 철저한 규칙은 연결과 체계를 갈망하는 고립된 사람들에게 매력적이다.

나는 다양한 가면 자폐인들과 만나 이야기를 나눴고, 그중 십여 명 이상이 비주류 종교 공동체, 음모론 집단, 다단계 판매 조직을 비롯해 고도로 통제적인 집단에 들어간 경험을 들려주었다. 이런 현상이 얼마나 널리 퍼져 있는지 조사한 실증적 연구는 아직까지 찾아볼 수 없다. 하지만 세라 그리피스Sarah Griffiths와 동료들의 최근 연구(2019)는 자폐인이 금전적 착취, 가정폭력, 인간관계에서의 학대, 감정적 조종에 취약하다는 점을 확인하였다.[43] 바로 이런 점들이 사이비 종교의 특징이며, 또한 사이비 종교가 자폐인에게 매력적으로 보이는 이유이기도 하다.

조종에 취약한 이유는 여러 가지다. 자폐인은 사회적·경제적으로 불안정한 경우가 많기에 자신을 학대하는 사람들로부터 벗어나기 어려울 수 있다. 실업 상태이거나 고용이 불안정한 자폐인은 절박한 마음에 기꺼이 연애 상대와 동거하거나 극단적 종교 단체에 금세 빠져들게 된다. 남들에게 인정받으려는 열망과 자신의 감정을 외면하는 경향도 학대당하기 쉬운 원인이다. 우리는 인지행동치료와 사회적 가면을 통해 얌전히 순응하는 데 익숙해진다. 그렇다 보니 행동을 규제하는 관습과 규칙이 마땅하고 '합리적'으로 느껴질 수 있다.

미국 서부 시골에서 자란 자폐인 앤드루는 고도로 통제적인 종교 공동체에 들어가게 되었다. 그들은 앤드루를 보자마자 잠재적 표적으로 점찍었다고 한다.

"나는 혼자 살았고, 백인이 대다수인 작은 마을에서 몇 안 되는 비백인이었어요. 항상 우울하고 불안해하며 종일 식당에서 커피만 마시는 내게 그들이 친해지고 싶다며 말을 걸기 시작했죠."

앤드루는 사이비 종교의 전형적 수법인 '애정 폭격'을 당하고 있었다.[44] 애정과 특별한 관심을 잔뜩 퍼부어 새로운 신도로 영입하는 것이다. 애정 폭격을 당한 사람은 낯선 집단에 대한 경계를 늦추고 방심하게 된다. 평생 사회 주변부에서 살아온 자폐인에게 이유도 없이 갑자기 사랑받는 경험은 짜릿할 수 있다.

하지만 일단 앤드루가 입교하기로 결정하자 상황이 바뀌었다. 교인들은 밤늦게 전화를 걸어와서 앤드루와 사이가 소원해진 가족에 관해 캐물어댔다. 종교 지도자 중 하나는 앤드루가 양성애자라던데 사실인지, 양성애와 신앙을 어떻게 양립시킬 수 있는지 물고 늘어졌다. 앤드루는 집요한 질문에서 벗어나기 위해 동성과의 데이트를 그만두기로 했다. 하지만 그에 대한 교인들의 기대치는 계속 높아져만 갔고, 매주 한 번 교인들의 아기를 돌보던 무료 봉사에 나중에는 매일 밤 참여하라고 요구했다.

"그런 수법에 넘어갔다는 데 아직도 자책해요. 그 사람들이 내 머리에 총을 겨눈 것도 아닌데." 어쨌든 그들에게는 앤드루의 행동을 통제할 힘이 있었다. "어떤 날은 나를 포옹해주고 농담을 건네다가 그다음 날은 쳐다보지도 않았죠. 그런 대우가 반복되면 점점 생각과 행동이 변해요."

통제적이고 독단적인 집단은 의미 있는 삶과 항상 곁에 있어줄 새로운 가족을 약속한다. 하지만 실제로는 언제 거부당할지 모른다는 영원한 공포에 빠뜨리고 서로 모순되는 온갖 기대의 복잡한 그물로 가둬버린다. 이런 단체는 대체로 회원들의 헌신, 무보수 노동, 기부금에 의존하기에 회원들이 끝없이 노력을 쏟아부어야 한다고 느끼도록 종용한다.

앤드루는 몇 년이 지나서야 자기가 속고 있음을 깨달았다. 종교생활에 따른 스트레스로 공황 발작을 일으키면서 집단 치료를 받기 시작했지만, 교인들은 이를 '가족'에 대한 배신으로 여겼다. 이때부터 앤드루는 그들의 믿음을 의심하게 되었다. 그가 자폐인임을 자기 인식한 것도 이 무렵이었다.

내가 만난 몇몇 자폐인은 앤드루만큼 극적이진 않지만 똑같이 상처 입은 경험을 들려주었다. 대학원 지도교수에게 건전하지 못한 애착을 느끼거나, 진정으로 가치 있는 일을 한다고 믿으면서 사생활을 침범하고, 일중독 문화가 팽배한 비영리 단체 및 활동가 모임에 몇 년씩이나 헌신한 사람도 있었다. 한편 다른 누구의 영향도 받지 않고 자기가 만든 엄격한 신념 체계를 고수하는 자폐인들도 있었다. 이들은 작고 예측 가능하며 이해하기 쉬운 자신만의 세계를 유지하고 싶어 했다. 원래 목적은 혼자서도 책임질 수 있는 삶을 영위하는 것이었지만, 스스로 정한 규칙이 너무 많아지면서 이들의 삶은 통제 불능이 되고 말았다.

일부 자폐인들은 외롭고 좌절한 남성들을 끌어들이기 위해 조성된 극우 온라인 커뮤니티에서 과격화되기도 한다.[45] 큐어넌*, 프라우드 보이즈Proud Boys, MGTOW(자기만의 길을 가는 남자들Men Going Their Own Way의 약자)와 같은 커뮤니티는 줄곧 소외되어온 사람들에게 소속감을 제공한다. 우정을 나누고 금기시되는 질문을 던지고 사회적 여파에 거리낌 없이 막말을 할 수 있는 공간이기도 하다. 이런 커뮤니티들은 좁은 주제에 고착되는 자폐인의 특성을 악용한다. 회원들에게 프로파간다를 쏟아붓고, 커뮤니티 바깥 사람들은 전혀 모르는 미묘한 은어를 가르치며, 농담과 밈으로 편견에 둔감해지게 만든다. 이런 하위문화에 심취한 자폐인은 빠져나오기가 무척 힘들다. 극단적 신념과 지나치게 특수한 의사소통 방식 때문에 직장을 구하거나 친구를 사귀기가 이전보다도 더 어려워지기 때문이다.

이와 유사하게 사고를 통제하는 방식의 '젠더 비판론적' 트랜스 혐오 커뮤니티는 신경다양성 여성과 젠더 비순응자를 표적으로 삼는다. 트랜스 혐오 커뮤니티의 일원이었던 작가 키 셰버스Ky Schevers는 동료들로부터 문자 그대로 '성전환 반대 치료'를 받았다고 말한다.[46] 동료들은 셰버스가 자신의 성별 불쾌감을 검열해야 한다고, 트랜스남성이 되는 건 커뮤니티와 여성성 전반에 대한 배신이라고 했다. 나는 트랜스 혐오 커뮤니티에 관한 글을 두루 읽어보고 소셜 미디어의 '젠더 비판론' 익명 계정들을 수년간 구독해왔는데, 이런 활동을 하는 자폐인이 얼마나 많은지 알고 경악했다. 심지어 이 지점이 커뮤니티 이념의 일부로 악용되기도 한다. 자폐증 여성

---

* 인터넷 커뮤니티 4챈4chan에서 나온 미국의 극우 음모론 집단이다.

통제적 집단임을 경고하는 신호

- 외부 세계와 외부인들에 대해 '우리 대對 세상'이라는 적대적 시각을 조장한다.
- 구성원들은 집단 내에서 위치에 항상 불안감을 느끼며, 작은 실수나 실패로도 처벌받을 수 있다.
- 개인의 경계선을 무시하고 집단 전체를 '한 가족'으로 여기도록 종용하며, 구성원들은 집단을 위해 최대한 희생해야 한다.
- 집단의 관행에 도전할 수 없으며, '잘못된' 생각이나 감정을 품는 구성원들은 수치심을 느끼게 된다.
- 반복적인 언어와 집단 내 은어를 쓰고 비판을 묵살한다. 구성원들은 공허하고 진부한 표현을 되풀이함으로써 곤란한 발화를 묻으려 한다.

이 '트랜스 컬트'에 빠지지 않게 지켜주는 단체라는 주장이다. 사실은 그들이야말로 성별 불쾌감을 느끼는 취약한 사람들을 찾아내서 트랜스젠더 커뮤니티 전반으로부터 고립시키려는 컬트 집단인데 말이다.

다음 목록은 고도로 통제적인 집단에 공통된 몇 가지 속성을 나열한 것으로, 정신의학과 의사 로버트 리프턴Robert Lifton이 명저 《사고 개혁과 전체주의의 심리학Thought Reform and the Psychology of Totalism》에서 고찰한 내용이다.[47] 리프턴의 연구는 정치범과 전쟁 포로 대상의 조종 수법에 초점을 맞추었지만, 후속 연구로 미국의 극단주의 집단들도 비슷한 과정을 거친다는 것이 밝혀졌다.[48] 명확히 사이비 종교로 규정되지는 않았지만 구성원들에게 막강한 영향력을 행사하는 여러 복음주의 신앙 공동체도 마찬가지다.[49] 교묘한 폭력적 역학 관계는 다단계 판매 조직,[50] 착취적인 직장, 심지어 진보적 자유사상의 보루로 자부하는 학계 등의 공간에서도 좀 더 작은 규모로 나타난다.[51] 자폐인은 이런 수법을 쓰는 조직(과 비공식 사교 집단)의 표적이 되기 쉬운 만큼 심리적 조종의 적신호를 인식할 필요가 있다.

물론 대부분의 자폐인은 혐오 단체 때문에 과격화되지 않는다. 자폐증 때문에 인종차별, 성차별, 트랜스젠더 혐오에 넘어간다는 주장은 능력주의적인 동시에 비윤리적이다. 하지만 우리는 사회적 배제, 자폐성 과잉 집중, 규칙 집착, 세뇌가 결합되면 취약한 사람의 사고를 오염시킬 수 있다는 점을 반드시 인식해야 한다. 세상 어디를 가든 편안하다고 느끼지 못하는 사람은 어떻게든 위안과 의미를 찾으려 한다. 일부 자폐인에게 이는 학대적인 사이비 종교에 심취하는 것을 의미한다. 또 다른 자폐인에게는 사적인 관계에서의 폭력을 합리화하거나 변명하는 행위일 수도 있다. 많은 자폐인들이 강박적으로 남들의 기분을 맞추고 순종하는 가면을 쓴다.

아첨꾼의 삶

《빅뱅 이론》은 텔레비전 역사상 최고의 인기를 누린 시트콤 중 하나다. 등장인물인 셸던은 아마도 세상에서 가장 유명한 자폐 성향 캐릭터일 것이다. 셸던은 무뚝뚝하기로 악명 높고 남에게 무관심하며 배려심이라고는 없는 얼간이지만, 워낙 똑똑한 덕에 위기를 모면하곤 한다. 못돼먹은 천재 자폐인의 또 다른 전형적 사례로 《밀레니엄》 시리즈의 리스베트 살란데르가 있다. 살란데르는 로봇처럼 날카로운 지각력과 합리성으로 남들을 비난하고 모욕하는 한편 범죄도 해결한다. 《릭 앤 모티》의 릭도 유명한 캐릭터다. 릭은 손주들을 대놓고 괴롭히며 딸의 집을 자주 부숴놓는 머저리이지만 온 가족의(그리고 시청자 대부분의) 존경을 받는다. 명석하고 예리한 분석력으로 포털 기술을 발명했기 때문이다.

하지만 현실을 살아가는 자폐인들은 '못돼먹은 천재'라는 고정관념에 진저리를 친다. 심리학자들은 2016년 자폐증에 관한 대학생들의 생각을 조사한 결과 자폐증이라고 하면 내향성, 사회적 위축, '까다로운' 성격을 떠올린다는 것을 밝혀냈다.[52] 자폐증에 관한 이런 고정관념은 이전에도 존재했지만, 《빅뱅 이론》이나 《릭 앤 모티》 같은 프로그램의 자폐인 묘사가 기존의 편견을 강화한 것은 분명하다. 대중의 머릿속에는 자폐증 성인에 대한 일관된 이미지가 존재하는데, 천재적이고 무뚝뚝하고 잔인할 만큼 직설적이며 십중팔구 남성이다.

자폐인은 이런 고정관념을 피하고 무난하게 보이려 안간힘을 쓴다. 까다롭거나 잔인하거나 자기중심적으로 보이지 않으려고 최선을 다한다. 마음속 생각이나 관심사를 이야기하면 사람들이 지루해할 거라고, 사회성이 모자라고 감정을 읽는 데 서툴며 감각적 욕구로 인해 징징대는 어린아이처럼 보일 거라고 생각해버린다. 우리는 셜록이 될까 봐 두려워서 왓슨인 척하려고 애쓴다. 상냥하고 온순하고 지나치게 소극적이며, 항상 나보다는 주변의 더 잘난 사람이 최선의 길을 안다고 가정한다.

가면 자폐인은 종종 강박적으로 남들의 기분을 맞추려 한다. 쾌활하고 친근하거나 위협적이지 않고 보잘것없는 사람으로 보이려 애쓴다. 또한 가면 자폐인은 치료사 피트 워커Pete Walker가 '아첨'이라고 칭한 외상 반응을 보일 가능성이 높다.[53] 스트레스에 대처하는 방식이 항상 투쟁-도피 반응에 국한되지는 않는다. 아첨은 위협적인 사람을 달래는 데 최적화된 반응이며, 가면 자폐인에게는 사방 천지가 사회적 위협으로 가득하다.

워커는 이렇게 적었다. "아첨꾼 유형은 자신을 거의 드러내지 않거나, 편리한 페르소나 뒤에 숨거나, 입 다물고 남들의 말만 들으며 웃어주거나 과장되게 반응함으로써 감정 투자와 잠재적 실망을 피한다."[54]

워커는 '아첨꾼'이 자신의 바람이나 불편을 전혀 드러내지 않음으로써 거부당할 위험을 피한다고 지적한다. 하지만 이는 동시에 그 어떤 의미 있는 방식으로도 남들과 연결되지 못한다는 뜻이기도 하다. 아첨꾼의 삶은 외로울 뿐 아니라 심적으로도 고단하다. 가면 자폐증이 있는 성인은 대체로 출근할 때부터 퇴근할 때까지 가면을 쓰는 것만으로도 힘들어 다른 일을 할 여력이 없으며, 따라서 상근직과 사회생활 또는 취미생활의 균형점을 찾기 위해 고투한다.[55] 우리의 진정한 자아는 모든 관계를 불만족스럽고 가식적으로 느낄 수도 있다. 반사적으로 남들의 욕구를 채워주고 남들이 듣고 싶어 할 말만 하는 인간관계를 맺고 있으니까.

자폐증 건강 교육자인 새뮤얼 딜런 핀치Samuel Dylan Finch는 자폐인이 아첨하는 이유와 아첨이 인간관계를 망가뜨리는 방식에 관해 많은 글을 썼다. 그 자신도 남들에게 아첨한다는 걸 깨달을 때까지 상당히 오래 걸렸다고 한다.

"나는 사람들의 비위를 맞춘다." 핀치는 자신의 블로그에 이렇게 썼다.[56] "하지만 한참 시간이 지나서야 그 사실을 깨닫게 되었다. 평소 나는 고집이 세고 소신대로 말하니까!"

핀치는 다른 사람과 소통하기를 갈망할 때면 본능적으로 자신의 진정한 자아를 검열하고 상대방을 '미러링'한다고 썼다. "감정적 관계에 더 많이 투자할수록 상대방을 비판하거나, 그가 내 경계선을 침범했을 때 항의하거나, 상대방의 행동에 불만을 표시하거나, 관계를 손상시킬 수 있다고 생각되는 것들을 공유할 가능성이 줄어든다."

다음 목록은 스트레스와 사회적 위협에 대한 '아첨' 반응의 징후를 정리한 것으로, 핀치의 연구와 글을 참조했다.

핀치가 말한 충동은 내게도 매우 익숙하다. 내 동료의 잘못된 말은 쉽게 바로잡을 수 있지만, 내가 깊이 사랑했던 사람과의 관계가 폭력적으로 치달을 때는 반박하기가 두려웠다. 그에게 나를 부당하게 대하지 말라고 항의해야 했지만, 항의한다는 생각만으로도 숨을 헐떡이며 방에서 뛰쳐나가고 싶어졌다. 몇 년이 지난 지금까지도 나는 남을 비판하길 어려워한다. 내가 안심하고 편안하게 대할 수 있는 사람들이라도 예외는 아니다. 내 머리가 아무리 괜찮다고 해도 몸은 여전히 상대가 분노를 터뜨릴까 봐 두려워한다. 자폐인은 가정 폭력을 당할 위험이 높은데, 어리숙한 면이 있는데다가

아첨하거나 비위를 맞추고 있다는 징후[57]

- 아무도 '진정한' 나를 모른다.
- 타인의 요구를 거절하지 못한다.
- 상대의 감정과 반응이 나와 전혀 무관할지라도 내가 어떻게든 해주어야 할 것 같다.
- 때로는 스스로를 배신하는 것처럼 느끼면서도 동의하지 않는 일에 장단을 맞춰준다.
- 사회적 상황을 면밀히 주시하며 사전에 생길지 모를 갈등을 막으려고 애쓴다.

지나치게 남을 믿고 상대방이 화를 내면 바로 그에게 맞춰주기 때문이다.[58] 가면을 쓰고 있으면 모든 사랑이 조건부로 느껴지며, 드러내도 괜찮은 욕구를 구분하기 어렵다. 게다가 긴장된 관계에서는 중재자나 평화 유지자 역할을 해야 한다는 책임감을 느끼기 일쑤다. 우리에게 갈등은 매우 위험할 수 있기 때문이다.

몇몇 심리학 연구에 따르면 항상 남들의 기분을 맞추려고 애쓰며 상대가 원하는 감정과 반응을 보여주는 일에는 막대한 감정 노동과 관계 비용이 든다고 한다. 자폐인들이 흔히 사용하는 아첨 수법인 '미러링'은 상대방의 행동과 감정을 은근히 모방하여 분위기를 맞춰주고 그와 비슷하게 보이려는 행동이다. 그러나 다른 사람의 행동과 감정에 세심한 주의를 기울이며 최선을 다해 모방하려면 인지적으로 고되고 정신이 산만해지기 마련이다. W. M. 쿨레샤

W. M. Kulesza와 동료 연구자들(2015)에 따르면, 실험 참여자에게 대화 상대의 행동을 은근히 모방하라고 요청했을 때 오히려 모방 대상자의 감정을 오히려 잘 인식하지 못하는 것으로 나타났다.[59] 연구에 참여한 신경전형인들은 상대방의 감정 표현을 능숙하게 모방했지만, 연기에 집중한 나머지 그 감정 표현이 어떤 의미인지는 깊이 생각지 못했다. 이 연구가 자폐인 또는 신경다양인을 대상으로 재현되지는 않았지만, 다른 사람을 모방하는 것이 정신적 과로를 초래하여 신경전형인의 공감 능력을 감소시킨다면 자폐인도 마찬가지일 가능성이 높다. 사실 이런 결과는 우리가 자신의 감정을 숨기고 상대방의 감정을 모방하는 데 집중하느라 정작 상대방에게 공감하기는 어려워진다는 것을 시사한다.

자폐인은 종종 자신의 감정을 잘 파악하지 못하기에(사회적 상호작용으로 긴장했을 때는 더욱 그렇다) 다른 사람의 행동으로 속상하거나 불편한 감정도 인식하지 못할 수 있다. 나 역시 남들의 행동에 상처받을 때도 그 이유와 기제를 이해하기까지 시간이 걸리는 편이다. 자폐인 성 교육자이자 작가인 스티비 랭Stevie Lang은 자폐인이 종종 섹스를 바라는 것과 상대방을 기쁘게 해주기 위해 섹스하려는 것을 구분하지 못해서 성적 합의에 이르는 데 어려움을 겪는다는 사실에 주목했다.

"거부에 대한 반감과 인정받고 싶은 욕구 때문에, 우리는 합의하는 것과 호감을 사거나 거부당하지 않기 위해 사회적 기대에 맞추려는 것을 구분하지 못할 수 있다."[60]

가면 쓰기는 결국 남들의 기분을 맞추거나 사회 규범을 따르는 데 집중하기 위해 자신의 감정을 제쳐두는 행위다. 따라서 가면을 계속 쓴다면 어떻게 대처하든 항상 자기 파괴적일 수밖에 없다. 알코올, 과도한 운동, 과로, 사회적 고립, 공의존 혹은 그 밖의 어떤 자멸적 전략에 의존하든, 실제 바람보다 사회적 승인과 신경전형인으로 '패싱*'되기를 우선시하는 삶은 해롭게 마련이다.

정말이지 우리는 이렇게 살아갈 필요가 없다. 자폐인은 다시 자신의 목소리에 귀 기울이는 법을 배우고 사회가 강요하는 수치심에 도전하며, 자신에게 필요하고 제공받아야 마땅한 편의를 당당하고 솔직하게 요청할 수 있다. 오랫동안 써온 반사적 자기 보호의 가면을 벗기가 힘들고 두렵겠지만, 우리는 가면의 속박을 떨치고 자유롭게 살아갈 수 있다. 다음 장에서는 자폐인이 삶의 여러 측면에서 자신의 신경 유형에 적응하는 방식에 관한 연구를 살펴보고, 동료 자폐인들이 가면을 벗도록 돕는 교육자와 전문가의 이야기를 들어볼 것이다. 또한 가면을 벗고 자기 모습을 받아들이기 시작한 자폐인들에게 자신을 숨기도록 종용한 힘에 관해 질문할 것이다.

---

* 개인의 외적 모습이 사회에서 간주하는 특정한 정체성으로 자연스럽게 받아들여지는 것을 말한다.

5

자폐증이라는 선물

우리 대부분은 천재도 학자도 아닌 만큼,
기존의 성공을 달성하는 능력(또는 무능력)으로
우리의 가치를 측정해서는 안 된다.
정말로 중요한 것은 신경다양성이 삶에 가져다주는
즐거움, 연결성, 의미에 주목하는 일이다.

처음부터 시작해보자. 가면을 벗는 첫 단계는 자신이 자폐증이라는 사실을 깨닫는 것이다. 자기 수용이나 진정성을 향한 적극적 단계로 보이진 않을 수도 있지만, 자신이 장애인임을 이해하는 것은 인생을 대폭 재구성하는 행위다. 내가 이 책을 쓰기 위해 만난 신경다양인들 거의 모두가 자신이 자폐인임을 안 순간 머리에 번개가 내려친 듯했고, 자신에 대해 그간 믿어왔던 이야기를 전부 재고해보게 되었다고 말했다. 오랫동안 그들의 내면에 붙어 다녔던 끔찍한 꼬리표가 갑자기 무의미해진 것이다. 그들은 멍청하거나 눈치가 없거나 게으른 게 아니라 그저 장애인일 뿐이었다. 그들이 덜 노력했던 것도 아니고 근본적으로 잘못되거나 나쁜 것도 아니었다. 단지 그들이 마땅히 받아야 할 연민과 그들의 활약을 도울 수단이 주어지지 않았던 것이다. 사회에서 자신의 위치를 장애인으로 인식하는 일은 오랫동안 내면화되어 있던 낙인을 외면화하는데 도움이 되었다. 그것은 그들이 잘못해서 고통을 받는 게 아니라는 증거였다.

물론 자폐인이라는 정체성을 받아들여도 많은 자폐인들이 습관적으로 실행해야 했던 위장과 보완이 즉시 사라지지는 않는다. PTSD 생존자에게 흔히 나타나는 과다각성 상태와 마찬가지로, 가면을 쓰는 것은 불확실한 상태나 사회적 위협에 처할 때 가장 뚜렷하게 나타나는 반사 작용이다. 게다가 자신을 장애인으로 인식하게 되면 아무래도 세상이 더 혼란스럽고 위협적으로 느껴질 수밖에 없다. 그러나 자폐인이라는 사실을 받아들인 사람들 중 상당수는 (아마도 난생 처음으로) 자기가 이처럼 떳떳치 못하게 변명하듯 살아가야 한다는 것이 과연 공정한지 자문해보게 된다.

가면을 벗는 것은 자신이 자폐인임을 깨닫기 전에는 정상적으로 보였던 신념들과 행위들을 다시 생각하는 과정이기도 하다. 어린 시절 대중매체와 교육, 주요 경험들로 접했던 자폐증(및 기타 장애)에 대한 고정관념을 재검토하는 것이다. 그러려면 사회에서 가장 중요시되는 가치에 의문을 제기하고, 우리가 **원해야 한다**고 들어온 삶과 실제로 원하는 삶이 어떻게 다른지 이해해야 한다. 마지막으로 과거의 자신을 너그러운 마음으로 되돌아보고, 너무 요란하고 비딱하고 괴상하고 호들갑스럽다고 욕을 먹었던 자신의 모습이 사실은 아무 문제없고 심지어 멋지며 충분히 사랑받을 만하다는 점을 서서히 깨달아나가야 한다.

자기 낙인의 덫에서 빠져나오기

몇 년 전 트레버는 오자크 고원에서 친구들과 야영을 하고 있었다. 모두가 얼근히 술 취해 서로 장난치다가 누군가 갑자기 '팔뚝 미인'

선발 대회를 열자고 제안했다. 모두가 웃으며 트레버를 쳐다보았다. 사방에 기대감 가득한 침묵이 흘렀다.

트레버는 부끄러워하는 척하며 천천히 군중 가운데로 걸어 나왔다. 그러더니 옷소매를 유혹하듯 천천히 걷어 올리고는 만화책에나 나올 법한 과장된 포즈를 취하며 몸의 다른 부위보다 훨씬 더 우람한 근육질 팔뚝을 모두의 눈앞에 드러냈다. 다들 그 광경에 탄성을 질렀고, 트레버의 룸메이트는 아찔하다는 듯 손부채질을 해댔다. 트레버는 설명했다.

"친구들 사이의 농담 같은 거예요. 내 팔뚝이 뽀빠이처럼 정말 굵거든요. 맨날 손을 파닥이다 보니 그렇게 됐어요."

트레버는 감정을 조절하거나 표현하기 위해 항상 손을 파닥파닥 흔들어댄다. 이는 자폐인에게 가장 흔한 자기 자극 행동 중 하나다. 워낙 잘 알려지고 눈에 띄는 자폐증 징후이다 보니 아이들에게 '손 가만히'를 훈련하는 것이 인지행동 치료의 최우선 목표일 정도다.[1] 손 파닥임은 무해하고 나쁠 것 없는 행동이지만, 신경전형인들은 이를 즉시 장애의 징후로 인식하여 심한 처벌을 가한다. 자폐인이 멍청하거나 성가시거나 구제불능이라는 암시로 이 동작을 흉내 내기도 한다. 도널드 J. 트럼프Donald J. Trump가 대통령 선거운동 중이던 2016년에 신체 장애가 있는 기자를 비하하기 위해 손을 파닥여 보인 저열하고 악명 높은 사건도 있다.* 하지만 지난 몇 년 사이 트레

* 트럼프 당시 공화당 대선후보는 2001년 9.11 테러 때 무슬림들이 환호했다는 그의 주장을 반박한《뉴욕타임스》기자를 조롱하기 위해 팔을 흔들며 장애인 흉내를 내 논란이 된 바가 있다.

버는 모든 사회적 편견을 무릅쓰고 손 파닥이는 습관을 포용할 수 있게 되었다.

트레버는 몇 년 전 친구들에게 자기가 자폐인이라고 밝혔다. 이제 마흔다섯 살인 그는 열두 살 때부터 자신의 장애를 알고 있었다. 트레버가 진단을 받았을 때 그의 어머니는 평생 비밀로 해야 한다고 말했다. 이런저런 신경전형적 기술이 '결핍'되었다는 게 알려지면 다들 트레버를 얕보고 무시할 것이라 믿었기 때문이다. 트레버는 자기 자극 행동과 지나치게 생각하는 성향을 수십 년간 꼭꼭 숨겨왔다. 대학 시절에는 좀 더 외향적으로 보이려고 즉흥연기 수업을 들었다. 예절 안내서도 읽었고, 피곤하면 말이 잘 안 나온다는 걸 애인들에게 들키지 않도록 데이트도 짧게 끝냈다.

마침내 자폐증 수용 운동을 알게 되면서 트레버는 어머니의 오랜 조언에 의문을 품기 시작했다. 그는 레딧의 자폐증번역AutismTranslated과 같은 게시판을 돌아다니며 신경다양인임을 선언한 사람들의 사연을 읽었다. 스팀태스틱Stimtastic이라는 웹사이트에서 자기 자극용으로 생산된 씹을 수 있는 고무 장신구(또는 추얼리chewelry*)를 남몰래 주문하기도 했다.

친구들에게 자폐인이라고 선언하는 일은 생각보다 싱겁게 끝났다. "전혀 놀라지 않더라고요." 트레버는 웃으며 말했다. "다들 나를 아주 잘 아니까요."

자폐인 선언 전까지 트레버는 그의 팔뚝이 왜 그리 우람한지 사

* 씹을 수 있는 장신구를 말한다.

람들에게 설명할 수 없었다. 그것은 그가 의식하고 숨기려 했던 또 다른 유별난 점이었다. 트레버는 근육질 남자가 아니었고, 오히려 많은 자폐인이 그렇듯[2] 주변의 신경전형인들에 비해 근육이 적었으니까. 그는 구부정한 자세로 걸었고 위팔이 갈대처럼 가늘었다. 헐렁하고 단추 달린 셔츠는 특유의 자폐성 신체를 숨기는 데 도움이 되었다.

하지만 이제 트레버는 사람들이 그의 탄탄한 팔뚝에 감탄하며 농담을 던져도 부끄럽지 않다. 남들이 정말로 그의 팔뚝을 매력적으로 여긴다는 사실에 깜짝 놀라기도 한다. 그는 더는 자신의 몸이나 자기 자극 행동을 부끄러워하지 않는다. 장애를 감추는 데 쓰던 정신력을 고스란히 다른 일에 쏟을 수 있게 되었다. 자폐증을 들키면 안 된다며 어머니가 심어준 두려움은 완전히 잘못되었음이 밝혀졌다.

지금까지는 아이의 장애가 처음으로 드러났을 때 주변의 일반적인 반응들을 살펴보고, 우리가 자폐증을 수치스러워하며 숨기게 만드는 온갖 부정적 고정관념을 생각해보았다. 이 장에서는 이 같은 초기 경험과 자폐 성향에 관한 고정관념을 재검토하고 보다 중립적이거나 긍정적인 시각으로 대체할 수 있을지 고찰해보겠다.

작가이자 부모 교육자인 메리 시디 커신카Mary Sheedy Kurcinka의 책 《기가 센 아이 키우기Raising Your Spirited Child》는 지치고 좌절한 보호자가 아이에 대한 부정적 인식을 재고하도록 독려한다.[3] 1990년대 초에 커신카가 '기가 센 아이spirited child'라는 용어를 만들 때 명확하게 자폐증을 언급하지는 않았지만, 그의 '기가 센' 아들이 자폐아와 공통점이 많다는 것은 분명하다. 인디고 아이indigo child*(히피 부모들이 수십 년 동안 애용해온 용어다)와 마찬가지로,[4] '기가 센 아이'는 자폐증 및 ADHD와 상당 부분 겹치는 모호한 행동 및 특성을 아우른다. 자폐 스펙트럼 장애아의 부모는 종종 아이의 차이점을 설명할 완곡어법을 찾거나 만들려고 애쓴다. 말하자면 그럴싸하게 에두른 명칭 회피다. 하지만 커신카가 그의 아들을 '기가 센 아이'로 칭한 것은 의사와 정신의학자가 아이의 미래에 대해 보인 부정적인 태도에 저항하려는 시도였다.

전문가들은 커신카의 아들이 고집 세고 까다로우며 완고하다고 여겼다. 아이는 자극받으면 비명을 지르거나 격렬하게 반응했고, 따르기 싫은 지시에 저항했다. 커신카는 직접 조사에 나섰다. 자신과 비슷한 처지인 부모들의 글을 살펴보니, 하나같이 양육의 어려움과 양육자의 고난에만 초점을 맞추었다는 걸 깨달았다. 1990년대 초반은 자폐증이 가정생활을 망가뜨린다는 믿음이 대중적으로 만연했다. 이 시기에 자주 인용된(그리고 완전히 잘못된)[5] 통계는 자폐아 부모의 이혼율이 80퍼센트에 달한다고 했다.[6] 신경다양성은 가정에 청천벽력과 같은 공포였으며, 자폐아는 가정에 재난을 가져온 골칫덩어리였다. 엉망진창인 정보들에 실망한 커신카는 자폐아를 비난하기보다 연민과 호기심으로 그들의 행동을 고찰할 자료를 직접 만들기 시작했다.

---

* 1960년대 뉴에이지 사상에서 특별하고 초자연적인 능력을 가진 어린이를 가리켜 만든 용어로, ADHD가 있는 아이를 긍정적으로 칭하는 데 널리 쓰였다.

커신카는 부모가 아이의 '문제적' 성향을 긍정적으로 재구성해 볼 것을 권했다. 자폐아의 가장 파괴적인 행동 상당수는 독립심과 의지의 징후이기도 하다. 장애인권 운동가인 랍비 루티 레건Rabbi Ruti Regan은 블로그 '진정한 사회적 기술Real Social Skills'에 "불복종은 사회적 기술이다"라고 썼다.[7] '나쁘다'는 것은 외부에서 통제하고 관리하려는 사람의 관점일 뿐이다. 자폐인은 공감 능력이 부족하다는 고정관념과 달리, 실제로는 비자폐인 교사나 보호자가 자폐아의 내적 경험이나 특정 행동을 초래한 동기와 감정을 이해하지 못하는 경우가 많다. 말을 듣지 않는 아이를 키우는 것은 고된 일이지만, 아이가 자기주장을 할 수 있는 강하고 건강한 사람으로 크려면 자신을 변호하고 '싫다'고 말할 줄 알아야 한다.

다음 표는 커신카가 전복시키려 하는 '기가 센' 아이에 대한 기존의 부정적 낙인과 그가 추천하는 한층 긍정적인 표현을 정리한 것이다. 이미 알아챘을지도 모르지만, 커신카의 표에 포함된 특성 일부는 3장에 소개했던 자폐증에 관한 부정적 고정관념 목록(본문 160~161쪽)과 겹친다. 해당 목록은 내가 커신카의 책을 읽어보기 훨씬 전에 여러 자폐증 성인들에게 받은 피드백을 바탕으로 만든 것이다. 많은 자폐증 성인들이 자신의 가장 싫은 점으로 꼽은 특성과 커신카가 이 책을 쓴 30년 전 자폐아 양육자들이 불평했던 특성은 정확히 일치하는 것으로 밝혀졌다. 두 개의 표는 각각 따로 개발되었음에도 명확히 서로 연결된다. 많은 자폐인들이 어린 시절 어른들에게 시끄럽고 고집 세고 멍청하고 과잉 반응하며 부담스러운 존재로 여겨졌다. 우리는 스스로 남들과 어울리거나 사랑받기

기존 낙인	대체 표현
고집 센	자신만만한, 끈질긴
제멋대로인	활기찬
산만한	민감한
까다로운	신중한, 심미안이 있는
깐깐한	자신이 원하는 것을 아는
완고한	습관적인, 변화를 피하는
교활한	수완이 뛰어난, 카리스마 있는
불안한	조심스러운
과격한	극적인
오지랖 넓은	호기심 많은, 탐구심 강한
야단스러운	의욕 넘치는, 열성적인
따지고 드는	굽히지 않는, 신념에 충실한

어려운 존재라고 믿으며 자랐다.

악명 높은 집단에 속한 사람이 그 집단에 대한 부정적 고정관념을 그대로 받아들이고 믿어버리는 경우를 연구자들은 **자기 낙인**self-stigma이라고 칭한다. 자기 낙인은 심각한 문제다. 자기 낙인을 깊이 내면화한 사람은 자존감이 낮고 스스로 남들보다 능력이 떨어진다고 생각하며 도움을 요청하길 두려워하는 경우가 많다.[8] 심리학자들은 우울증, 불안, 조현병 등 정신장애가 있는 사람의 자기 낙인을 완화시킬 방법을 수십 년간 연구해왔지만, 자폐인의 자기 낙인을 완화시킬 방법에 관한 연구는 사실상 전무하다. 기껏해야 자폐

아의 비장애인 가족을 대상으로 **장애인 아이를 가졌다는 수치**를 덜어줄 방법이 연구되었을 뿐이다.[9]

자폐아의 자기 낙인 완화에 관한 연구가 부족한 상황에서는 다른 집단의 내면화된 고정관념 치료에 관한 자료를 참고할 수밖에 없다. 패트릭 W. 코리건Patrick W. Corrigan, 크리스틴 A. 코실룩Kristin A. Kosyluk, 니컬러스 러시Nicolas Rüsch의 논문(2013)에서는 다양한 정신질환이 있는 사람들을 조사한 결과 자신의 장애를 떳떳이 드러내고 정체성의 중요한 일부로 제시하는 것이 자기 낙인의 여파를 줄이는 데 유익하다는 결론을 내렸다.[10] 좀 더 최근인 마르티네스-이달고Martinez-Hidalgo와 동료들의 실험 연구(2018)에서는 수차례 워크숍을 열고 낙인찍힌 정신질환이 있는 사람과 신경전형인이 짝을 지어 정신건강뿐 아니라 창의성과 같은 다양한 주제로 대화하게 했다.[11] 워크숍이 끝난 후 정신질환이 있는 참여자들은 자신의 상태를 덜 수치스러워하게 되었으며, 신경전형인 상대방의 정신질환자에 대한 편견도 어느 정도 감소했다. 이 연구에는 자폐인 외에도 각계각층의 신경다양인이 참여했지만, 하여간 결과는 희망적이라고 볼 수 있다. 요약하자면 대부분의 연구는 우리가 자신의 장애를 떳떳이 드러낸다면 사람들의 인식에 큰 영향을 미치고 주변 신경전형인들의 태도를 바꿀 수 있다는 것을 보여준다.

가면 자폐인 동료들이 유치함, 이기심, 고집스러움, 무감정 등 한때 혐오했고 혐오하도록 배웠던 자신의 성향을 당당히 받아들이는 모습을 보면 뿌듯하다. 다른 각도에서 보면 유치함은 티 없이 유쾌한 호기심이며, 이기심은 중요한 자기 보호 수단이다. 나와 면담한 어느 자폐인은 회사가 고객 개인정보 보호 정책을 위반했다는 사실을 알았을 때 내부 고발자로 나설 수 있었던 건 자신의 완고함과 도덕적 명확성 덕분이라고 말했다. 미움받고 사회의 대세를 거스르는 데 익숙한 사람들이 불의에 반대하는 목소리를 내고 내부 고발을 할 가능성이 더 높다는 연구 결과도 있다.[12]

2장에서 소개한 '젠더 실패자' 바비는 자신의 성급하고 민감한 성격을 진정한 초능력으로 여길 수 있게 되었다고 말한다. 그는 어린아이들을 상대하는 작업 치료사로, 자신의 과거와 자폐증 덕분에 좌절한 아이들과 소통하는 일이 적성에 맞는다고 한다.

"아이들은 자기가 너무 민감하다거나 이상하게 반응한다는 말을 들으면 정말 힘들어해요. 하지만 민감함이 나쁜 건 아니에요. 금속 탐지기나 폭탄 탐지견이라면 민감한 게 오히려 장점이겠지요. 민감해야 제 구실을 할 수 있으니까요. 어떤 상황에서 감정적 폭탄을 민감하게 감지할 수 있는 게 왜 나쁘죠?"

바비는 어릴 때부터 감정적으로 민감했다. 바비의 가족은 그가 감정 조종, 방임, 학대를 꿰뚫어볼 수 있다는 점에 질색했다. '민감함'은 세심함과 분별력을 뜻하지만, 우리가 봐선 안 될 것들을 꿰뚫어볼 때는 못마땅하게 여겨지기 마련이다. 이제 바비는 자신의 민감함이 오히려 장점으로 발휘되는 곳에 있다. 특유의 민감함으로 고통을 인식하고 공감함으로써 아이들을 돕는다.

아무리 생각해도 불쾌하다고 말할 수밖에 없는 자폐증 경험도 있다. 위장 질환은 고통스럽다. 감각 과부하는 고문이나 마찬가지다. 자폐증의 이런 측면에 대해 (나를 포함한) 많은 자폐인들이 진저리 치는 것은 충분히 이해가 간다. 하지만 자폐증으로 인한 성격이나 사고방식, 감정 중에 본질적으로 나쁜 것은 없다. 우리가 나쁘고 미성숙하며 냉담하다는 메시지를 내면화하는 것은 주변의 신경전형인들이 우리의 자폐적 특성을 적절한 관점에서 바라볼 방법을 찾지 못했기 때문이다.

다음 표는 3장에서 살펴본 자폐증의 '부정적' 특성들(본문 160~161쪽)을 자폐인의 관점으로 재구성한 것이다. 각자의 관점에서 직접 재구성해보거나 '최악'의 특성이 최선의 이익으로 작용한 개인 사례를 적어보아도 좋겠다.

신경전형인들이 불편하거나 이상하게 느끼는 특성이 바로 우리를 정의하고 우리 자신을 지키는 데 도움이 될 때가 많다. 장애에 대한 외부인의 관점을 버리고 스스로의 관점과 필요에 집중하면 이 사실이 더욱 분명하게 드러날 것이다. 사실 기가 세고 시끄럽고 열성적이고 원칙을 고수하며 괴상하다고 해서 나쁠 건 없다. 단지 비장애인이 우리 특유의 생활 방식을 고려하지 않고 설계한 체계가 이런 특성들을 불편해할 뿐이다. 우리가 자폐증을 정상화하기 위해 노력하고 자폐인 정체성을 당당하게 드러낼수록, 더욱 많은 제도가 우리와 그 밖의 배제되어온 신경다양인들에 맞추어 변화할 수밖에 없을 것이다.

가면을 벗는 과정에서 중요한 또 하나의 단계는 우리의 열정과 특별한 관심사를 되찾는 것이다. 우리 대부분은 오랫동안 고통과 불편뿐 아니라 즐거움처럼 중요한 감정도 억누르며 살아왔다. 우리는 각자의 특별한 관심사에 즐겁게 빠져들고 자폐증에 따르는

나는 내가 ______고 들었다	하지만 사실은 ______	나는 이 특성을 소중히 여긴다. 왜냐하면 이 특성 덕분에 ______
오만하다	자신만만하다 원칙을 고수한다 독립적이다	옳은 일을 옹호하고 나설 수 있다 문제에 가장 먼저 목소리를 내는 편이다 남들에게 긍정적인 모범이 된다
차갑고 감정이 없다	분석적이다 이성적이다 사려 깊다	남들이 놓치는 것을 눈치챈다 쉽게 분위기에 휩쓸리지 않는다 남들에게는 보이지 않는 연결 구조를 알아차린다
성가시고 시끄럽다	열정적이다 활기차다 직설적이다	스스로를 가장 잘 변호한다 다른 사람들의 기운을 북돋운다 강렬한 행복과 아름다움을 느낄 줄 안다
유치하다	호기심 많다 개방적이다 유쾌하다	배우고 성장하는 데 능숙하다 인간의 모든 감정을 경험할 수 있다 인생의 사소한 일들을 즐길 줄 안다
어색하다	정통적이다 독특하다 대중에 영합하지 않는다	내가 힘들다고 느끼는 일에 대해 남들을 도우려고 한다 전적으로 자신만의 방식으로 살아간다 불공정한 기준을 거부한다
우둔하고 한심하다	성찰적이다 겸손하다 취약함을 받아들인다	우리에게 서로가 필요하다는 것을 안다 필요한 도움을 요청할 줄 안다 관계를 소중히 여긴다
예민하다	지각력이 뛰어나다 감정적으로 민감하다 공감 능력이 있다	학대를 바로 감지할 수 있다 주위의 분위기를 잘 파악한다 나나 타인의 감정을 잘 느낀다
괴상하다	유일무이하다 선구적이다 파격적이다	더 크고 넓은 세상을 만들 수 있다 낡은 관습과 불공정한 규칙에 도전한다 인생의 방향을 스스로 결정한다

과몰입 능력을 만끽함으로써, 우리의 뇌가 자폐증을 수치심의 표지가 아니라 아름다움의 원천으로 인식하도록 재훈련할 수 있다. 앞의 표처럼 자폐증에 관한 고정관념을 재구성해보자.

특별한 관심사 주간

클라라는 1980년대 뉴웨이브 팝 뮤지션들을 좋아한다. 클라라의 침실 바닥에는 오래된 레코드판이 천장에 닿도록 쌓여 있고, 벽은 그가 태어난 1993년보다 훨씬 이전에 열린 콘서트 포스터로 도배되어 있다. 캔디애플*처럼 새빨간 머리의 클라라는 진분홍색 립스틱을 바르고 두꺼운 가죽 통굽 부츠, 찢어진 애시드 워시 청바지, 까맣고 하늘거리는 중성적 비대칭 셔츠를 즐겨 입는다. 가장 좋아하는 뮤지션은 〈유 스핀 미 라운드(라이크 어 레코드)〉라는 노래로 유명한 밴드 '데드 오어 얼라이브'의 고故 피트 번스다. 클라라는 여러 번 번스를 직접 만나 사인을 받았고 그가 출연한 모든 콘서트 영상, 인터뷰, 예능 프로그램을 시청했다.

자폐인인 클라라에게 번스는 특별한 관심사다. 클라라는 번스 이야기를 할 때마다 생발로 즐거워한다. 마음에 드는 사람을 만나면 번스의 거듭된 성형 수술과 대중매체 출연 당시 논란에 관해 한참 이야기하기도 한다. 클라라가 팔을 움직이면 티셔츠 소매 아래로 번스의 얼굴 문신이 드러난다.

몇 년 전 대학에 입학한 클라라는 새로 만난 동기들에게 번스에

---

* 사과에 통째로 설탕물을 입혀 코팅한 일종의 디저트다.

대한 집착을 숨기기로 결심했다. 첫 단추를 잘 끼우고 싶었는데 가수에게 너무 열광하는 모습은 이상하게 보일 것 같았다. 그래서 집에 있던 음반이나 포스터를 하나도 가져가지 않고 문신은 긴팔 스웨터로 가렸다. 하지만 가면을 쓰고 모든 걸 꽁꽁 숨기니 친구를 사귀기가 훨씬 더 어려워졌다.

"뭐랄까. 하루하루가 공허했어요. 붕 뜬 기분으로 쳇바퀴 돌듯 똑같은 날들을 보냈죠."

그렇게 1년이 지나자 클라라는 극심한 우울증과 무기력에 빠졌다. 성적도 크게 떨어졌고 식욕도 없었다. 부모의 격려로 클라라는 어릴 적 살던 집과 가까운 대학교에 편입했고, 자기 방으로 돌아와서 그간 모은 번스 수집품을 즐길 수 있게 되었다. 클라라처럼 음악과 얼터너티브 패션*에 열중하는 온라인 친구들과도 다시 연결되었다. 클라라의 삶은 점차 나아지기 시작했다.

"내가 햇볕을 받아 되살아난 작은 식물처럼 느껴졌어요."

자폐인의 뇌는 특별한 관심사와 관련된 온갖 사실과 통계를 신경전형인에게는 비인간적으로 보일 만큼 다양하고 빠르게 흡수한다. 우리에게는 거의 모든 것이 특별한 관심사가 될 수 있다. 클링곤어**를 유창하게 구사하는 자폐인이 있는가 하면, 루빅스 큐브 맞추기 원리를 달달 외우는 자폐인도 존재한다. 내 동생의 머릿속은 영화 대사와 관련 잡학들로 가득하며, 내게도 박쥐 생물학에서

* 주류 상업 패션과 차별화되는 대안 패션을 뜻한다.
** SF 드라마 《스타 트렉》에 나오는 외계인 종족의 언어다.

튜더 왕조사, 개인 재무, 이른바 남성인권 운동가들이 운영하는 레딧 게시판에 이르기까지 특별한 관심사가 여러 가지다.

〈정신질환 진단 및 통계 편람〉에 따르면 자폐증은 관심사의 범위가 '제한되는' 증상이지만, 일부 자폐인들은 몇 달에 한 번씩 새로운 관심사를 찾아 다양한 분야에 다재다능해지기도 한다. 그런가 하면 평생 한 가지 주제에만 몰두하는 자폐인도 있다. 과연 무엇이 특별한 관심사가 될지, 그 관심이 언제 나타났다가 사라질지는 우리도 알 수 없다. 집착하는 인물이나 주제는 무작위적이며 반드시 가치관이나 신념을 반영하지는 않는다. 그렇다 보니 과거 내 동급생이었던 크리스는 제2차 세계대전에 집착한다는 이유로 괴롭힘을 당하기도 했다. 나는 종종 내 특별한 관심사가 윤리적으로 혐오스러운 인물이나 운동에 대한 비뚤어진 매혹과 관련되어 있음을 깨닫는다. 다른 사람들은 트랜스젠더 혐오에 관한 블로그를 몇 시간씩 읽는다는 생각만 해도 몸서리를 치겠지만, 나는 그런 주제를 공부하는 일이 유익하고 힘이 된다는 걸 깨달았다.

자폐인은 특별한 관심사로 시간을 보내면서 활력과 자극을 얻는다. 자폐인의 삶을 소사한 연구에 따르면 특별한 관심사를 다루는 시간은 자폐인의 주관적 안녕감과 긍정적으로 연관된다고 한다.[13] 우리는 자폐증에 따르는 과몰입 성향을 기꺼이 받아들일 때 더 행복해지고 삶에 만족감을 느낀다. 그러나 신경유형학 연구자들은 오랫동안 특별한 관심사를 '규칙적인' 삶에 방해가 된다고 여겼다. 인지행동 치료사는 자폐아가 특별한 관심사를 언급하면 벌을 주며[14] 자신이 베푼 관심과 애정을 철회한다. 자폐아가 자신의 가장 깊은 기쁨을 숨기고 열정이 커지는 것을 두려워하도록 길들이는 것이다.

자폐아가 특별한 관심사를 언급했다고 처벌하는 것은 인지행동 치료에서도 가장 임의적으로 잔인한 부분일 것이다. 어린이라면 대부분 한 번쯤은 특별한 관심사가 생기며, 어른이 되고 나서도 강렬한 열정을 통해 삶의 의미와 즐거움뿐 아니라 사고방식이 비슷한 사람들과 만날 기회를 누릴 수 있다. 그러나 인지행동 치료는 자폐아가 고분고분 행동하기만 하면 '무사할' 수 있으리라는 사고하에 지극히 편협한 사회 규범을 자폐아에게 마구잡이로 강요하는 데 기반하고 있다. 자폐아는 관심사를 숨기라고 요구받는다. 비디오 게임, 만화책, 야생동물 등에 지나치게 열광하면 사회에서 유치하거나 외골수로 비칠 수 있다는 이유다.

흥미롭게도 성인의 강박적 관심사는 너무 '괴상하고' 업적을 쌓거나 큰돈을 벌 기회가 없는 경우에만 비난받는다. 주당 80시간 근무하는 사람은 강박관념이나 과잉 집착을 비난받기는커녕 오히려 성실하다고 칭찬받는다. 퇴근 후 코딩을 배우거나 엣시Etsy*에서 판매할 장신구를 만들며 저녁 시간을 보내는 사람은 진취적이라고 평가받는다. 하지만 자신은 즐거우나 금전적 수익은 전혀 없는 일로 여가를 보낸다면 불성실하다거나 망신스럽다거나 심지어 이기적이라는 말을 들을 수도 있다. 이렇게 보면 분명 자폐아에게 부과되는 처벌 규정은 훨씬 더 광범위한 사회 문제를 반영하고 있다. 즐거움과 비생산적이고 유희적인 시간은 무시당하고, '엉뚱한' 일

* 수공예나 DIY 제품을 제작자가 직접 판매할 수 있는 인터넷 사이트다.

에 쏟는 열정은 업무와 같은 '정당한' 책임에 방해가 된다며 비난받는다는 점에서 말이다.

자폐아가 특별한 관심사를 즐기는 것을 막기 위해 사회적으로 엄청난 정신건강 비용이 소모된다. 특별한 관심사를 개발하고 표현하는 것은 사회성과 감성뿐 아니라 소근육 조절 능력도 길러준다.[15] 치크-자모라 M. 테티Cheak-Zamora M. Teti와 동료 연구자들이 자폐증 청소년을 대상으로 실시한 설문조사(2016)에 따르면 참여자 상당수가 특별한 관심사를 활용하여 정서 인식 기술과 대처 전략을 개발하는 것으로 나타났다.[16] 이런 현상은 특히 팬덤과 오타쿠 커뮤니티에서 두드러진다. 이런 집단에서는 특별한 관심사를 공유하는 신경다양인들이 서로 만나고 사귀며 가면 벗기를 시도하기도 한다. M. H. 존슨M. H. Johnson과 C. L. 콜드웰-해리스C. L. Caldwell-Harris는 인터넷 사용 습관에 관한 연구(2012)에서 실제로 자폐증 성인이 비자폐증 성인보다 더 관심사가 다채롭고 다양하며, 자신의 관심사를 화제로 타인과 대화를 유도하는 소셜 미디어 게시물도 훨씬 많이 작성한다는 사실을 밝혀냈다.[17] 자폐인들은 취미를 공유하는 팬덤 및 행사 대부분의 주축이기도 하다. 우리는 관심사를 공유하는 사람들과 교류할 공간을 찾고 만들기 위해 애쓰며, 오타쿠 및 팬덤 공간에서는 사회 규범이 더 관대하고 느슨해지기 마련이다. 특별한 관심사는 우리가 더 외향적이고 원만한 인간이 되는 데 유익한 것으로 밝혀졌다.

자폐인권 운동가 저지 노아Jersey Noah는 2020년에 '특별한 관심사 주간'을 발표했다. 이는 자폐인들이 일주일 동안 소셜 미디어에 자신을 기쁘게 하는 것들을 돌아보고 공유하는 자기 성찰 길잡이다. 자폐인이 인터넷에 올리는 글은 대부분 좌절과 배제, 오해에 초점을 맞춘다. 인터넷에서 자폐증 성인들은 흔히 우리의 신경 유형을 비자폐인들에게 제대로 알리고, 그들이 무심코 우리에게 투영해온 온갖 오해와 편견을 폭로하는 역할을 요구받는다. 노아가 특별한 관심사 주간을 발표한 것은 자폐인들이 이처럼 무거운 교육적·감정적 부담에서 잠시 벗어나 숨을 돌리게 해주고 싶어서였다. 그가 만든 것은 한마디로 신경다양인이 신경전형인들의 기대나 요구에 개의치 않고 원하는 만큼 큰 소리로 자신의 집착에 관해 떠들도록 장려하는 일종의 반反인지행동 치료였다.

나는 노아가 (자폐증에 관한 팟캐스트 '오래된 커플The Chronic Couple'의 진행자 맷Matt과 브랜디 하버러Brandy Haberer를 포함한 여러 자폐인 창작자들과 함께) 특별한 관심사 주간 길잡이를 개발하던 시기에 그를 만나 대화했다. 1차 특별한 관심사 주간은 2020년 10월 인스타그램에서 해시태그 #AutieJoy와 함께 진행되었다. 수백 명의 자폐인이 참여하여 모자 수집품, 비디오 게임에서의 성취를 정리한 스프레드시트, 직접 만든 비즈 귀걸이 등의 사진을 올렸다. 그들의 사연을 읽고, 나의 과몰입이 내 삶을 더 나은 방향으로 이끌어간 이야기를 공유하면서 나 역시 마음이 한결 개운해졌다.

다음 표는 노아의 특별한 관심사 주간 길잡이를 조금 수정한 것이다. 개인적으로 혹은 블로그나 소셜 미디어에서 자신의 관심사와 그것이 자신에게 갖는 의미를 돌아보는 데 활용해보자.

당신의 특별한 관심사를 떠올리면 신나고 힘이 솟고 희망이 느

자폐증이 주는 기쁨을 되돌아보는 일곱 가지 길잡이[18]

지침 일주일 동안 매일 다음 주제 중 하나를 생각해보자. 빈칸에 낙서를 하거나, 주제와 관련된 글을 쓰거나, 특별한 관심사와 관련된 사진을 붙일 수도 있다. 특별한 관심사를 떠올리게 하는 실제 물건을 찾아봐도 괜찮다. 예를 들어 예전에 좋아했던 음반을 듣거나 오래된 수집품 서랍을 정리해보는 것이다. 강렬한 자폐성 기쁨을 느끼는 데 도움이 된다면 무엇이든 좋다!

1일차 **가장 오래된 특별한 관심사**

2일차 **가장 최근의 특별한 관심사**

3일차 **시간에 따라 변하거나 성장한 특별한 관심사**

4일차 **특별한 관심사와 관련된 수집품**

5일차 **내 삶에 가장 큰 영향을 준 특별한 관심사**

6일차 **누군가와 공유하는 특별한 관심사**

7일차 **오늘은 당신의 특별한 관심사를 선언하고 포용하는 날이다. 특별한 관심사로 당신 삶은 어떻게 긍정적으로 변화했나?**

껴질 것이다. 모건의 결정적 순간 연습(본문 32쪽 참조)도 이와 같은 의도로 만들어졌다. 가면 쓰기는 우리 자신을 침묵시키고, 개인의 핵심 가치 대신 신경전형적 기대가 우리의 행동을 지배하도록 허용하는 행위다. 하지만 무엇이 우리를 자극하고 기쁘게 하며 온전히 살아 있다고 느끼게 하는지 깊이 들여다보면 우리가 누구이고 어떤 삶을 살아야 하는지 확인할 수 있다. 다음으로는 이전 연습에서의 결정적 순간을 되짚어보고, 그 순간들이 우리의 정체성과 우리에게 가장 소중한 것에 관해 무엇을 알려주는지 살펴보겠다.

재발견하는 나의 가치

모건은 말한다. "'그렇게는 안 돼, 나는 절대로 해낼 수 없어, 내게는 남들과 다른 규칙이 적용되니까.' 자폐인들 마음속에 자주 들려오는 메시지입니다. 우리는 이 메시지를 해체할 수 있습니다. '글쎄, 이게 정말 내 가치관에 맞나?'라고 질문하는 것이죠."

모건은 오랫동안 다른 사람들이 따라야 할 규칙과 자기에게 적용되는 규칙이 완전히 다르다고 믿었으며, 그래서 신경전형인들이 그어놓은 선에 맞추려고 애썼다. 하지만 그의 노력은 모두 실패로 돌아갔다. 모건이 받은 지침은 사람들이 실제로 기대하는 것과 일치하지 않았다. 모건에게는 정말 힘든 상황이었지만, 결국 모건은 남들이 무엇을 바라든 아랑곳하지 않고 자신의 진정한 가치관에 따르기로 결심했다. 그는 이제 직접 개발한 가치 기반 통합 연습을 근거로 많은 자폐인을 이끌어주고 있다.

이 책의 머리말에서 가치 기반 통합 과정 첫 단계를 마무리하며 당신이 진정으로 살아 있다고 느낀 '결정적 순간' 다섯 가지를 떠올려보라고 권유한 바 있다(본문 32쪽 참조). 이 연습의 목표 중 하나는 본능과 욕구를 믿는 감각을 키우는 것이다. 각각의 결정적 순간과 연결되는 고유한 느낌과 감정은 인생에서 가장 소중한 것을 파악하는 데 도움이 될 수 있다. 결정적 기억들을 되돌아보고 각각의 기억이 특별했던 이유를 최대한 정확히 표현하다 보면 가치관이 정립될 것이다.

"다섯 가지 순간에 관한 이야기를 끝내면 되돌아가서 각각의 이야기를 요약하는 핵심 단어를 찾아보세요. 대부분의 이야기에 적어도 두세 개의 핵심 단어가 있을 테고, 이야기마다 반복되는 핵심 단어도 존재할 겁니다."[19]

예를 들어 머릿속에 결혼식 날이 결정적 순간으로 떠올렸다고 가정해보자. 그날이 어째서 유난히 기억에 남았을까? 사랑하는 사람들에게 둘러싸여 있었기 때문에? 파트너와의 유대감 때문에? 사람들의 관심을 즐겼는가? 식은 즐거웠는가? 그 순간이 그토록 특별하게 느껴진 이유가 무엇인지 식관석으로 떠올려보자. 여러 가지 기억에 수차례 등장한 단어에 주목하자. 이제는 조금 더 깊이 파고들어보자. 가치 기반 단어(**연결**·**가족**·**창의성**·**관대함** 등)를 활용해 특별한 경험을 서술해보자.

결정적 기억과 이를 설명하는 단어들은 우리에게 무엇이 가장 중요한지 이해하는 데 도움이 될 수 있으며, 현재의 삶과 앞으로 살아가고 싶은 삶을 대조해보는 데도 유익하다.

가치관 파악하기[20]

지침 책의 첫머리(본문 32쪽)에서 작성한 결정적 순간을 되돌아보고 각각의 순간을 설명하는 핵심 단어와 그 순간이 특별했던 이유를 적어보자. 감정을 제대로 표현하는 단어가 나올 때까지 자유롭게 나열해보자.

순간 1 **이 순간이 특별했던 이유를 설명하는 핵심 단어**

순간 2 **이 순간이 특별했던 이유를 설명하는 핵심 단어**

순간 4 **이 순간이 특별했던 이유를 설명하는 핵심 단어**

순간 4 **이 순간이 특별했던 이유를 설명하는 핵심 단어**

순간 5 **이 순간이 특별했던 이유를 설명하는 핵심 단어**

이 중에서 가장 중요하거나 공감이 가는 단어를 찾아보자. 함께 묶이는 단어나 이야기 전체를 요약할 만한 단어가 있는지 살펴본다. 아래에 핵심 단어를 나열하고 함께 묶어본다.

내 결정적 순간 하나를 예로 들어 설명해보겠다. 2019년 여름이었다. 나는 리글리빌을 지나 집으로 걸어가고 있었다. 리글리빌은 시카고컵스 리글리 필드*가 있는 동네라 스포츠 바가 죽 늘어서 있다. 그날도 많은 취객이 이 술집에서 저 술집으로 오가는 중이었다. 한적한 골목길을 지나는데 만취해 비틀거리는 남자를 피해 지나가려는 여자가 보였다. 여자는 계속 남자에게서 떨어지려 했고 고개를 끄덕이며 억지로 웃어 보였지만 불편한 기색이 역력했다. 남자는 계속 비틀거리면서 여자의 주의를 끌려고 소리를 질러댔다. 나는 가던 길을 멈추고 두 사람을 따라가보기로 했다.

나는 여자를 내려다보며 이것저것 캐묻는 남자와, 그에게서 멀어지려 애쓰는 여자를 한동안 지켜보았다. 여자는 남자의 기분을 맞춰주며 달래려고 했다. 남자는 자꾸 여자의 어깨에 팔을 둘렀지만 여자는 계속 몸을 피해 빠져나갔다. 얼마 후 남자가 한 술 더 떠서 여자의 허리에 손을 올렸고, 청바지를 입은 여자의 엉덩이로 손이 내려가는 게 보였다. 여자의 몸이 굳었다. 나는 본능적으로 행동에 나섰다.

"이봐요, 이렇게 굴지 마요. 그분 보내주라고요."

내가 소리 지르며 달려가자 남자의 손이 멈췄다. 남자는 시뻘게진 눈으로 나를 돌아보더니 천천히 이렇게 말했다. "아무 일도 없는데 왜 이래."

"이분 만지지 말라니까요." 나는 굵고 위엄 있는 목소리로 말하

---

* 시카고컵스 야구팀의 홈구장이다.

면서 둘 사이로 끼어들었다. "이분이 갈 때까지 댁은 여기 나와 같이 있을 겁니다."

남자는 찌푸린 얼굴로 날 쳐다보며 "당신이나 귀찮게 굴지 마"라고 중얼거렸다.

"아니, 당신이야말로 이분 귀찮게 하지 마. 이분이 멀리 갈 때까지 여기 나와 같이 있으라고."

남자는 화난 기색이 역력했다. 순간 그가 나를 때리지 않을까 하는 생각이 스쳤다. 하지만 두렵진 않았다. 내가 상황을 통제하고 있다는 확신이 들었으니까. 나는 이웃 사람들에게 들리도록 최대한 큰 목소리로 남자에게 가만히 있으라고 거듭 말했다. 남자는 약이 올라 어쩔 줄 몰랐지만, 여자가 반 블록 떨어진 자기 아파트에 무사히 들어가 문을 잠글 때까지 위협적으로 건들거리며 나를 내려다보면서도 내 곁에 가만히 서 있었다.

상황이 끝나자 나는 남자에게 말했다. "이제 가버려. 하지만 다른 길로 가야 해." 그러고는 그 남자의 모습이 사라질 때까지 계속 그 자리에 서 있었다.

나는 거의 평생을 용기도 이렇다 할 목적의식도 없이 살아왔다. 망설이고 나 자신을 의심하고 남들을 난처하게 할까 봐 걱정하면서. 나는 종종 자신을 타이르곤 한다. 내가 오해하는 거라고, 내겐 주변의 불의를 바로잡을 힘이 없다고. 나는 또한 남보다 내 행복을 우선시하는 편이다. 이 세상에 나를 소중히 여겨주는 사람은 나밖에 없다고 믿기 때문이다. 하지만 이 사건에서는 그런 의구심이나 비겁함으로 인한 부담감을 전혀 못 느꼈다. 내 행동은 '어설프고'

나 자신에게 해로울 수도 있었지만, 그래도 나는 옳은 일을 하려고 나섰다. 내 나름대로 판단을 내렸고 나의 놀라운 자폐성 오만함으로 상황을 수습했다.

그날 나의 강인하고 자신감 넘치는 모습과 가면을 쓴 채 억지 웃음을 띠고 긴장해서 실수하기 쉬운 모습을 대조해보면, 내 가치관은 무엇이며 가면이 내 본연의 모습을 어떻게 차단하는지 분명히 알 수 있다. '이상한' 사람이나 '무례한' 사람처럼 보일지도 모른다는 두려움에 사로잡히면 나 자신은 물론 다른 사람도 실망시키게 된다. 나 자신을 지키는 데만 집중하면 내가 강한 사람이며 남들을 배려하는 건 멋진 일이라는 사실을 잊게 된다. 이 경험을 통해 내가 눈에 띄지 않고 분위기를 맞추는 것보다는 **사람들을 보호**하며 **원칙**과 **용기**를 지키는 것을 더 중요시하지만, 그럼에도 종종 쉽게 가려는 욕망에 굴복하고 싶어진다는 걸 깨달았다. 하지만 내 가치관에 귀 기울일 때 더욱 충만하고 의미 있게 살아갈 수 있으며, 내가 더 강인하고 자유로워진다고 느꼈다. 이 기억 덕분에 내가 신념대로 살아가는 데 도움이 되는 건 가면이 아니라 자폐증이라는 사실도 깨달았다. 내가 그 여자를 도울 수 있었던 건 어색한 상황을 무릅쓰고 공격과 협박에 맞서 내 입장을 고수할 만큼 고집이 세고 단호했기 때문이다. 이런 성격이 신경전형인들을 불편하게 할 때도 있지만, 때로는 남들을 거스르는 것이야말로 옳은 길일 수 있다.

자기 낙인은 거짓이다

지금까지 자폐증과 우리 자신에 관한 잘못된 믿음들을 재고해보았다. 이 과정에서 힘이 나기도 하지만 살짝 우울해질 수도 있다. 자폐증을 숨기느라 '낭비'했던 지난 세월을 되돌아보며 수치심과 남들의 비판 때문에 왜곡되게 살던 자신의 모습에 회한을 느낄지도 모른다. 이런 고통을 극복하려면 어떤 식으로든 자신에게 고마움을 표하고 자폐증이 삶에 미친 긍정적 영향을 돌아보아야 한다. 신경전형성 세상에서 자폐인으로 살다 보면 정신적 외상을 입게 되며,[21] 가면 쓰기를 강요당하는 건 본질적으로 사회가 주도하는 학대 경험이다. 때로는 지금과 다르게 살고 싶다거나 더는 힘들고 싶지 않다는 생각이 들겠지만, 당신이 겪은 일들은 자폐증 때문이 아니며 당신의 잘못도 아니다. 당신이 그토록 힘든 상황에 처한 것은 수세기에 걸쳐 이어져온 불공정한 사회 체제 때문이다. 물론 이 사실을 알면서도 지금까지의 삶에 깊은 회한을 느낄 수도 있다. 하지만 심리학 연구에 따르면 과거의 정신적 외상에서 살아남은 자신에게 고마워하는 행위는 강력한 치유로 작용한다고 한다.[22]

정신적 외상에 제대로 대처하지 못하면 자아 **분열**을 겪기 쉽다. 자신의 다양한 감정과 행동이 스스로 이해하고 제어할 수 있는 하나의 총체가 아니라 분리된 파편들로 느껴지는 것이다. 학교에서의 모습과 집에서 가장해야 하는 모습이 일치하지 않을 수 있다. 어쩌면 자기 자신으로서 살아가기 위해 복잡한 사회적 허구의 조각보를 만들어야 할지도 모른다. 그런 식으로 대처하다 보면 자신이 부끄럽게 느껴지기 쉽다. 하지만 과거의 자신에게 고마워하고 자폐증이 삶에 어떤 영향을 미쳤는지(설사 그것을 숨기려 했을 때도) 돌아보면 자아의식이 한층 더 통합되며, 지나온 삶을 받아들이는 데도 도움이 된다.

내 친구 제임스 핀James Finn은 소설가이자 액트업Act Up* 활동가였으며 미 공군에서 은퇴한 국방 분석가이기도 하다. 그는 58년 동안 많은 역할을 수행했는데 모두 집중력과 관찰력이 뛰어난 그의 자폐성 성격에 잘 맞았다. 핀은 10년 전에야 자폐증 진단을 받았기에 그가 왜 사실을 조사하고 정리하는 시스템 개발에 뛰어난지, 어째서 새로운 언어를 스펀지처럼 흡수할 수 있는지 모른 채로 거의 평생을 살아왔다. 단지 홀로 앉아서 충분한 시간을 들여 정보를 처리할 수 있는 업무에 자연스럽게 이끌렸을 뿐이다.

"공군에서도 적극적으로 자폐인 분석가를 모집하고 있을걸. 만약 그렇지 않다면 이제라도 당연히 모집해야 해. 사무실에 틀어박혀 데이터 집합을 연구하고 연결하는 데만 집중할 수 있다는 게 정말 좋았어."

핀은 1980년대에 공군 제대를 하고 유엔에서 번역 업무를 맡았다. 에이즈 위기가 심화되면서 관련 기구에 참여하게 되었고, 동성애자와 정맥주사 약물 사용자를 도왔다. 뉴욕에 살면서 마침내 에이즈와의 싸움에 희망이 생긴 1990년대 후반까지 액트업에 적극적으로 참여했다. 이후에는 애인과 동거하기 위해 몬트리올로 가서 영업 일을 시작했다. 여가 시간에는 프랑스어를 배웠고, 번역한

* 미국 정부의 에이즈AIDS 대책 강화를 요구하는 단체다.

문장을 몇 번씩 집요하게 고쳐가며 공책에 옮겨 적었다.

"바로 그 습관을 보고 치료사가 내게 자폐증일 수도 있다고 힌트를 준 거야. 나는 이미 공책 다섯 권을 빼곡히 채운 터였는데, 각 장 앞면에 프랑스어 문장을 적고 뒷면에는 세 가지로 다르게 번역한 영어 문장을 적었지. 치료사에게 그렇게 말했더니 그 사람이 '뭐라고요?'라는 표정으로 눈썹을 추켜올리더라고."

핀은 곧바로 검사를 받았고, 자폐증이라는 결과가 나왔다. 지난 48년간의 삶이 순식간에 이해되는 것 같았다. 영업 일을 할 때 핀은 몇 시간씩 가상의 대화 각본을 타자로 정리하며 대화가 진행될 만한 모든 방식을 탐색하곤 했다. 그렇게 하면 상대방의 어떤 말에도 대답할 준비가 되기 때문이다. 오늘날 핀의 소설 독자들은 그가 대화를 잘 쓰고 사람들의 말과 감정을 잘 이해한다고 평가한다. 하지만 이런 자질이 자연스럽게 생긴 것은 아니다. 그는 사람들의 대화를 이해하기 위해 대화 분석에 수천 시간을 투자했다.

"자폐증 때문에 내 인생이 여러모로 힘들긴 했지. 내가 자폐증인 게 원망스러울 때도 많아. 하지만 자폐증이 아니었다면 나는 HIV 관련 기구 관리자가 될 수 없었을 거야. 소설도 쓰지 못했을 테고 프랑스어도 배우지 못했겠지. 그러니 가끔씩 외로워지고 사람들이 나를 오해하는 것처럼 느껴지는 시간들도 나름대로 의미가 있다고 생각해."

다른 자폐인들도 종종 핀과 비슷한 말을 한다. 그중 상당수는 여타 신경다양인들과 함께하는 커뮤니티를 발견하고 자신의 진짜 모습과 서서히 화해했던 경우다. 자기에게 장애가 있는 줄도 몰랐다는 최초의 충격이 가라앉고 나자 서서히 잔잔한 안도감이 밀려들었다는 사람도 많다.

자폐인권 옹호 모임에서는 자폐증을 마술처럼 '치료'해주는 약이 있다면 복용하겠느냐는 질문이 자주 나온다. 커뮤니티의 대다수는 이런 질문에 단호히 '아니오'라고 대답한다. 자폐증은 우리의 성격, 재능, 선호도, 가치관과 분리할 수 없는 우리 자신의 핵심이기 때문이다. 자폐증이 없었다면 우리는 지금과 전혀 다른 사람이었을 것이다. 동성애자 정체성이 핀의 삶, 경력, 거주지, 인간관계, 열정에 근본적인 영향을 미친 만큼 자폐증도 그의 삶을 깊이 좌우해왔다. 이런 특성 없이 핀이라는 사람이 존재한다는 건 상상할 수도 없는 일이다.

나 역시 자폐증이 아니었다면 스물다섯 살에 박사 학위를 받지 못했을 것이다. 수천 곡의 노래 가사를 외우지도 못했을 테고, 수많은 젠더퀴어 오타쿠들과 친구가 되지도 못했을 것이며, 지금처럼 많은 글을 쓰지도 못했으리라. 애초에 시카고로 이사한 것도 자폐증으로 운전이 힘들었기 때문이다. 그렇지 않았다면 대중교통이 미비한 도시에 살기로 선택했을 수도 있고, 10년 넘게 함께해온 내 파트너를 만나지 못했을지도 모른다. 나라는 사람의 모든 측면은 나머지 측면들과 긴밀하게 연결되어 있으며, 기분 좋은 날이면 그 대부분에 감사할 만큼 나 자신을 사랑할 수 있다.

자폐증이 삶에 가져온 의미 있는 일들을 떠올려보면서 이 장을 마치도록 하자. 이런 긍정적 측면은 신경전형적 기준에 부합할 필요가 없다. 우리 대부분은 천재도 학자도 아닌 만큼, 기존의 성공

자폐증이 가져다준 삶의 의미

자폐성 과몰입 덕분에 갈고 닦은 기술

특별한 관심사 덕분에 잘 알게 된 분야

자폐증 덕분에 만난 소중한 사람들

자폐증 덕분에 겪은 놀라운 경험

자폐증 덕분에 갖게 된 근사한 특성

자폐증에 따른 난관 덕분에 생긴 유연한 측면

을 달성하는 능력(또는 무능력)으로 우리의 가치를 측정해서는 안 된다. 정말로 중요한 것은 신경다양성이 삶에 가져다주는 즐거움, 연결성, 의미에 주목하는 일이다. 자폐증은 '치료'될 수 없으며, 자폐인권 옹호 커뮤니티에 속한 사람들 대부분은 결국 자폐증을 일종의 축복으로 여기게 된다. 그것이 자신의 존재와 지금처럼 멋진 사람이 되는 데 꼭 필요한 핵심 요소였기 때문이다.

자기 낙인은 거짓이다. 당신은 소심하거나 '부담스러운' 사람이 아니며, 어린애도 냉혈한도 아니다. 당신은 소외되었지만 여러모로 멋지고 독특하다. 당신의 욕구는 나쁜 것이 아니며, 당신의 감정은 부끄러움 없이 반응해도 될 유용한 신호다. 자폐증은 항상 당신의 삶에서 강력한 원동력이 되어왔으며 당신이 그 존재를 미처 몰랐을 때도 종종 더 나은 방향으로 작용했다. 이제 당신이 자폐인임을 알았으니 가면 뒤에 가려져 있던 당신의 모습을 받아들이고 사랑하며 세상과 공유하는 연습을 할 수 있다. 가면 벗기는 갑자기 자신감이 솟구치는 경험이 아니라, 억제를 완화하고 당신의 감정을 신뢰하며 더는 적합하지 않게 된 보완 전략을 폐기하는 점진적 과정이다. 다음 장에서는 위장과 보완을 줄이고 세상의 기대치를 거부하며 당신의 신경 유형을 무시하기보다 그것을 중심으로 살아갈 방법을 살펴보겠다.

6

성공과 미래에 대한 새로운 상상

모두를 만족시킬 수는 없다.
가면을 벗는다는 것은
매력적인 '브랜드'가 되려는 노력을
그만둔다는 뜻이다.

"작년 한 해 동안 팔로워가 1만 명 이상 줄었어요. 이제 이상적인 모습에서 벗어나 내가 원하는 대로 살아가고 있어서겠죠."

무리아 실Moorea Seal은 시애틀 출신의 작가이자 기업가이며 수년 동안 디지털 큐레이터이자 인플루언서로도 활동해왔다. 그는 특정 주제를 중심으로 1년 동안 매주 글쓰기 길잡이를 제공하는 베스트셀러 시리즈 '52주의 기록'의 저자로 가장 잘 알려져 있다. 《행복하기 위한 52주의 기록52 Lists for Happiness》《씩씩해지기 위한 52주의 기록52 Lists for Bravery》《함께하기 위한 52주의 기록52 Lists for Togetherness》 등의 책뿐 아니라 '52주의 기록' 브랜드로 나온 다이어리, 엽서, 비망록도 있다. 모두 흙빛 바탕에 식물 사진을 활용해 보기 편하면서도 생기 넘치는 분위기로 멋지게 디자인되었다. 길잡이 또한 대체로 유용하며 그가 수년간 거쳐 온 정신건강과 자기 여정을 반영하고 있다.

실이 시애틀에서 운영하던 매장의 분위기도 비슷했다. 세련된 옷과 장신구, 가방과 하이힐, 동그란 선인장을 심은 기하학적 형태의

하얗고 반들반들한 화분들로 가득한, 매력적이고 세심하게 꾸며진 공간이었다. 애초에 실이 핀터레스트에서 유명해진 것도 시각 요소를 조화롭게 배치하는 타고난 재능 때문이었다. 그의 안목과 취향은 인스타그램에서도 입소문을 탔다. 실이 운영하던 온라인 숍의 인지도가 높아지면서 오프라인 매장을 찾아오는 팬들도 생겼다. 브랜딩하기 편하도록 실의 이름을 그대로 딴 매장이었다. 몇 년이 지나자 실은 크게 성공한 작가이자 중소기업 소유주, 인플루언서가 되어 있었다. 그는 컨퍼런스에 참석하고 대형 브랜드와 업무 회의를 했다. 브랜드 갭이나 노드스트롬백화점과 계약하고 《에이미 폴러의 스마트 걸스》 같은 매체에 소개되기도 했다. 아직 자폐증 진단을 받지 않았던 실은 세련되고 여성스러운 아름다움의 가면을 쓴 채 이 모든 일들을 해치웠다. 하지만 브랜드가 커질수록 더 답답하고 숨이 막혀왔다.

"실의 얼굴이 되고, 특정한 옷을 입고, 실을 **연기**해야 한다는 압박감이 너무 컸어요. 나는 나 자신이 되고 싶어요. 항상 이 **가면**을 쓴 채로 살긴 싫어요."

성공의 절정에서 실은 결혼 생활에 문제가 생겼고 자신의 성적 지향을 의심하게 되었다. 사업을 운영하고 회사를 대표해야 한다는 피로와 부담감에서 벗어날 수가 없었다. 실은 공황 발작을 겪기 시작했다. 뇌가 과부하로부터 스스로를 지키기 위해 회의나 스트레스가 심한 상황에서 멈춰버리곤 했다.

"회의에 참석하면 사업 파트너들이 내게 소리치곤 했어요. '실, 정신 차려. 내 말대로 해. 말귀를 못 알아듣네.' 내가 울음을 터뜨리면 그들은 자기네를 감정적으로 조종하려는 수작이라고 비난했죠. 그러면 더는 아무 말도 할 수 없었어요."

실은 자신의 '괴상한' 내면과 사람들이 기대하는 매력적이고 단정한 여성 사이에서 분열을 느꼈다. 실은 공개적인 앨라이였지만 정작 자신이 퀴어임을 인식하지 못하고 있었다. 사람들은 실의 직업적 안목과 그가 만들어낸 독특한 이미지를 높게 평가했지만, 그가 감히 정치적 견해를 담은 글을 올리면 마뜩잖아 했다. 그는 규칙을 따르고 자기 자신과 인플루언서로서의 자아 간에 균형을 잡으려고 노력했으나, 그 결과 끔찍하도록 가식적이고 지쳐버린 자신을 발견했다.

결국 실은 모든 것을 내려놓기로 했다. 온라인 숍을 닫고 협력 관계도 중요한 몇 명으로 줄였다. 남편과 별거하고 커밍아웃을 했다. 복싱을 시작하여 근육을 키웠으며 헐렁하고 남성적인 옷을 즐겨 입기 시작했다. 인스타그램 팔로워 수가 감소했다. 실이 블랙 라이브스 매터Black Lives Matter*, 우울증과의 싸움, 퀴어로서의 자신에 관한 글을 올리기 시작하자 팔로워는 더욱 줄었다. 실의 기존 브랜드를 좋아했던 여러 백인 이성애자 여성들은 그의 진짜 모습을 달가워하지 않았다.

실은 진정한 자신을 받아들일수록 더 많은 것을 잃어갔다. 하지만 그렇다고 상실감을 느끼지는 않았다. 자신이 어떤 사람인지 더 잘 이해하게 되었기 때문이다. 팬데믹이 시작된 지 몇 달 후 친구

---

* 아프리카계 미국인 차별에 저항하는 시민불복종 운동이다.

가 자폐증 검사를 받아보라고 권유했다. 검사 직후 실은 자폐증 진단을 받았다.

"그 순간엔 그저 기쁘기만 했어요. 그냥 '아, 그랬구나'라는 생각이 들었죠."

실의 이야기는 지금까지 이 책에서 소개한 사람들의 사연과는 조금 다르다. 실은 가면이 어디서 비롯되었는지 깨닫기 몇 달 전부터 이미 가면을 벗기 시작했다. 실의 삶은 너무나 뚜렷이 어긋나버려서 자폐증 진단이 아니어도 변화가 필요하고 그대로 계속해나갈 수 없는 상황이었다. 지극히 여성스럽고 체제 순응적인 업계에서 퀴어이자 양성적인 인플루언서로 산다는 것은 분명 불가능한 일이었다. 하지만 실이 이를 인식하고 기존 상태에서 벗어나려 하자 숨어 있던 그의 장점들이 빛나기 시작했다. 그는 자신이 자폐인임을 알았을 때도 충격받거나 당혹스러워하지 않았다. 예전부터 항상 자폐인과 지적 장애인 친구들이 있었던 터라 오히려 그 사실이 여러모로 편안하게 느껴졌다. 실이 인스타그램에 스스로 자폐인이라고 밝혔을 무렵에는 그런 이유로 떠날 만한 친구들은 이미 대부분 떠나간 뒤였다.

"앞으로도 나 자신을 무섭도록 솔직하게 드러낼 거예요. 사람들은 자기 마음대로 반응하라죠, 뭐."

실은 지난 몇 년 동안 변화를 많이 겪었고 때로는 감정적으로 흔들리기도 했다. 하지만 이런 변화를 과감히 받아들이고 계속 자신을 믿었다. 실은 자폐증이 자신의 삶에 긍정적인 힘이 되는 것을 알고 있으며, 내면에 귀를 기울임으로써 스스로 만족스럽고 지속 가능한 삶의 방식에 집중할 수 있었다. 바로 이것이 궁극적으로 모든 가면 자폐인이 추구해야 할 목표가 아닐까. 있는 그대로의 모습으로 살아가다 보면 겪는 거절과 상실까지 포용할 수 있을 만큼 자신을 믿고 무조건적으로 받아들이는 것 말이다. 모두를 만족시킬 수는 없다. 가면을 벗는다는 것은 매력적인 '브랜드'가 되려는 노력을 그만둔다는 뜻이다.

실은 수년 동안 자폐증을 보기 좋게 위장하고 보완해왔다. 하지만 어느 순간 대중에게 어필하기보다 자기 방식대로 사는 게 더 낫다는 사실을 깨달았다. 나와 인터뷰할 당시에 실은 여동생이 소유한 게스트하우스에 살면서 원하는 스케줄에 따라 일하고 있었다. 종일 아장아장 걸어다니는 조카와 놀아주고 산책과 목욕으로 휴식하며 많은 시간을 보냈다. 몇 달 후에는 저렴하면서도 편안한 원룸 아파트로 이사하여 더욱 단순한 삶을 시작했다. 여전히 창의적인 큐레이션 작업을 하고 있지만 많은 것들을 내려놓았다. 실의 현재 삶은 예전처럼 빠르게 변화하고 성취 지향적이지 않지만 그에게 더 잘 맞는다.

이 장에서는 자폐인이 자신의 강점, 가치, 필요를 중심으로 삶을 구축할 방법을 실제 사례로 살펴볼 것이다. 또한 신경다양인의 신체와 정신에 맞는 편의를 고안한 여러 자폐증 교육자, 활동가, 정신건강 의료인의 이야기를 들어보고, 가정이나 직업이나 삶의 신경전형적 모범답안에 따르길 거부한 실 같은 사람들에 관해서도 좀 더 알아보겠다. 가면 쓰기는 위장과 보완으로 구성된다는 점을 상기하자. 가면을 쓴다는 것은 행동, 연기, 심지어 인생을 좌우하는 결정까지 포함된 복잡한 시스템이다. 따라서 가면 자폐증에서 벗어나려면 단순히 억제를 줄이는 것만으로는 부족하며, 삶 전체를 재고해야 한다. 우리가 자신을 신뢰하고 스스로의 가치관을 깨닫는다면 우리의 옷차림과 집안 배치, 시간 개념에 이르기까지 모든 것이 바뀔 수 있다.

내 몸에 딱 맞는 디자인

마르타 로즈Marta Rose는 교육자이자 자폐인 당사자 상담가로, 인스타그램 계정 @divergent_design_studios에도 꾸준히 글을 올리고 있다. 로즈의 가장 획기적인 작업 일부는 자폐인이 거주하는 물리적 공간은 감각 건강을 우선시하고 실생활 패턴과 맞아떨어져야 한다는 '다이버전트 디자인Divergent Design' 개념과 관련되어 있다. 로즈의 글을 인용해보자.

"실내 공간 디자인은 당신이 꿈꾸는 삶이 아닌 실제로 영위하는 삶을 위한 것이어야 한다. 당신의 공간은 수치심이나 남들의 잣대가 아니라 실생활의 편의에 맞게 디자인되어야 한다."[1]

이런 원칙에 따라 살기 전에(그리고 다른 자폐인들을 코칭하기 전에) 로즈는 하루 일과를 마치면 방바닥에 쌓인 옷더미를 보며 자신을 책망하곤 했다. 정리 정돈이 수월해질까 싶어 옷장 옆에 바구니를 놓아보기도 했지만, 저녁 무렵이면 항상 기진맥진해서 옷장에 걸어도 될 만큼 깨끗한 옷, 세탁할 옷을 분류할 엄두를 못 냈다. 쓰레기로 뒤덮인 식탁은 가족들이 식사를 할 수 없을 정도였고, 이 역시 자책의 이유가 되었다. 로즈의 공간 계획은 의욕적이었지만 실용성은 전혀 없었다.

"그래서 새로운 아이디어를 냈다. 몸만 돌리면 더러워지지 않은 옷을 걸어둘 수 있게 침대 바로 옆 벽에 옷걸이를 단 것이다."

더러워진 옷은 바구니에 넣거나 그냥 방바닥에 던져두었다가 나중에 주워 모으면 된다. 이 방식 덕분에 로즈의 방은 비교적 깔끔해졌지만, 이제는 완벽하게 정리하거나 청결하지 못하다고 해서 스트레스받지 않는다.

최근에 자신이 자폐인임을 알게 된 디자이너 머라이어는 집과 작업 공간을 재설계한 것이 가면을 벗는 계기가 되었다고 말한다.

"전업 디자이너인 만큼 온갖 '디자인 규칙'을 배웠지만, 내 책상 배치를 구상할 때는 엄청 많은 규칙을 어겼어요. 재택근무로 인해 많은 사람들은 생각도 못할 여러 측면에서 가면을 벗을 수 있었죠. 자신 앞에서 가면을 벗는 건 정말로 홀가분한 일이에요."

머라이어는 필요할 때마다 꺼내서 만질 수 있도록 책상 옆 상자에 감각 및 자기 관리 도구를 넣어둔다. 책상 밑에 마사지 롤러를 두어 발바닥을 직접 자극하기도 한다. 정원사들이 쓰는 산업용 노이즈 캔슬링 헤드폰을 착용하고, 반짝이 가루가 가득한 플라스틱 장난감 지팡이를 손 닿는 곳에 두고 만지작거린다. 머라이어의 책상 배치는 그가 배운 '모범적' 공간 디자인과는 전혀 다르다. 하지만 머라이어는 자기만의 규칙대로 살아가면서 놀라운 긍정적 효과를 실감하고 있다. 그래서 끊임없이 환경을 조정하고 편안하게 만들 새로운 방법을 찾아다닌다.

"모든 것이 달라졌어요. 그리고 그 느낌이 또다시 모든 것에 영향을 미치죠. 지금까지 온몸에 가면을 쓰고 있었던 것만 같아요!" 라고 머라이어는 말한다. 이제는 일상이 거스르는 것 없이 몸에 맞춰져 있어서 신체만이 아니라 정신도 자유로워진 기분이라고 한다.

로즈는 자폐인이 사물과 맺는 독특한 관계를 존중하는 디자인이 필요하다고 적었다. 일부 자폐인들은 시각적 혼란이 '소음'으로 느껴져서 극심한 스트레스를 받기도 한다. 따라서 자폐인에게 집안 장식과 정리 정돈은 무척 어려울 수 있다. 나 역시 집에 새로운 물건이 들어오면 바로 눈에 거슬리고 신경이 곤두서곤 한다. 가끔은 꼭 필요한 물건도 보기가 힘들어서 충동적으로 내다 버리기도 한다. 한 대학에서 온라인 행사를 준비하면서 내게 우편으로 거대한 녹음 장비를 보내온 적이 있다. 그 물건이 어찌나 신경 쓰였는지 상자째 반송하고 배송 중에 분실된 모양이라고 거짓말할까 생각하기도 했다. 그만큼 그놈의 장비를 집에서 치우고 싶었던 것이다. 하지만 나는 이런 충동을 해결하는 요령을 개발해왔다. 트랜스젠더 의류 교환 행사 준비를 도왔던 때는 모든 기증품을 친구에게 대신 보관해달라고 부탁했다. 옷이 담긴 봉투가 우리 집에 잔뜩 쌓여 있으면 어느 날 저녁 충동적으로 내다 버릴 것 같아서였다.

실험 연구에 따르면 많은 자폐인들이 실제로 시각적 '소음'을 무시하지 못해서 정보 처리에 어려움을 겪는다.[2] 어수선함이 집중력을 약화시켜 명확한 사고나 감정 조절을 힘들게 할 수 있다. 자폐아를 대상으로 한 연구 결과, 벽에 요란하고 화사한 포스터가 붙어 있거나 선반이 책과 장난감으로 가득한 교실에서는 많은 학생들이 잘 집중하지 못하는 것으로 나타났다.[3] 어린이를 위한 공간은 대체로 매우 환하고 복작복작하게 꾸며져 있지만, 이런 환경은 자폐아에게 부정적인 영향을 미친다. 그러고 보면 디지털 큐레이터인 실이 단순하고 세련된 스타일로 유명해진 것도 놀랍지 않다. 많은 신경다양인들이 휑하거나 심지어 극단적으로 금욕적인 공간을 선호한다. 관리할 것이 적고 자주 청소할 필요도 없으며 이사할 때 쌀 짐도 줄어들기 때문이다. 이런 경향은 요즘 유행과도 잘 맞는다. 미니멀리즘 디자인, 캡슐 옷장, 어수선하고 (곤도 마리에近藤 麻理恵의 표현을 빌리면) '설레지 않는' 물건 버리기 등이 시각적 안정감과 실용성 때문에 최근 몇 년간 대인기를 누리고 있다.[4]

하지만 모든 자폐인이 미니멀리즘과 잘 맞는 것은 아니다. 로즈는 자폐인에게 물건은 의미가 깊기에 생활공간을 정리하고 물건을 버리기가 무척 어려울 수 있다고 적었다.[5] 많은 자폐인들이 아끼는 물건과 자신을 동일시하고 심지어 살아 있는 것처럼 감정을 이입하기도 한다. 심리학자들은 이런 현상을 **사물 인격화**object personification 라고 부르는데, 신경전형인보다 자폐인에게 훨씬 더 자주 나타나는 현상이다.[6] 또한 자폐인은 사람보다 동물에게 더 유대감을 느끼기 쉬우며, 이 점 역시 우리에게 적합한 주거 환경 배치에 힌트를 준다.

자폐인은 일관성, 친숙함, 안도를 느끼기 위해 애착 물건에 의존하는 경우가 많다.[7] 불필요한 물건을 치우고 버리는 일은 많은 자폐인들에게 의사 결정 피로를 유발한다.[8] 어떤 물건을 버리지 않을 이유를 신중하게 고민하고, 그 물건이 필요할 만한 모든 상황을 떠올려봐야 하니까. 게다가 사회적 선입견과도 싸워야 한다. 내가 모은 이 캐릭터 인형들을 정말 버리고 싶은가, 아니면 그냥 어른스럽게 보이고 싶은 건가? 그간 이 부츠를 신지 않은 건 시끄럽고 비실용적이기 때문인가, 아니면 티셔츠 더미에 파묻혀서 존재조차 잊고 있었기 때문인가?

로즈는 이처럼 상반된 욕구들을 저울질하기 위해 몇 가지 방법을 제안한다. 첫째, 버거울 정도로 방대해진 수집품 중에서 대표 아이템 하나만 전시하는 것이다. 예를 들어 장난감을 수십 개 모았다면 그중 지금 가장 좋아하는 것만 선반에 진열하고 나머지는 따로 보관할 수 있다. 매주 또는 매달 어떤 장난감을 '전시'할지 선택하는 일 자체가 수집품 전체를 점검하고 자신을 표현하는 재미난 방법이 된다. 혹은 수집품을 촬영하여 사진 목록을 만들고 실제 물건은 버릴 수도 있다. 오래된 잡동사니를 재활용하는 방법도 있다. 묵은 화장품이나 장신구로 시각예술 작품을 만들거나, 구멍 난 티셔츠를 꿰매 붙여 조각이불을 만들 수도 있다. 이렇게 하면 사랑하는 무생물 친구를 버리는 고통을 달래기가 쉬워진다. 없어지는 게 아니라 쓸모 있고 간직할 만한 다른 물건의 일부가 되는 것이니까.

수집품 전체를 간직하고 싶지만 항상 보고 싶진 않다면 선반에 커튼을 치거나 뚜껑 달린 통에 수납할 수 있다. 로즈가 자폐인들에게 권하는 또 다른 청결 유지법은 정리 정돈 도우미를 고용하는 것이다. 로즈에 따르면 많은 자폐인(특히 여성)들이 처음에는 도움을 요청하기 부끄러워하지만, 청소부나 정리 정돈 도우미를 고용하는 것은 꼭 필요한 편의를 활용하는 일이다. 하지만 일부 자폐인은 낯선 사람이 집에 들어와 물건을 정리하거나 청소를 하면 불안해하거나 기능 장애를 겪을 수 있으며, 자기만의 방식으로 청소해달라고 고집하여 관련된 모든 사람이 난처해지는 경우도 있다. 게다가 정기적으로 집 청소를 의뢰할 재정적 여유가 없는 자폐인도 많다. 친구나 연인의 도움을 받거나 지역 물물교환 및 중고장터 커뮤니티에서 기술을 맞교환하는 해결책도 있을 것이다. 내가 아는 어느 자폐인은 집 정리를 좋아하고 청소를 하면 마음이 편해지는 성격이라 다른 자폐인의 집을 무료로 정돈해주거나 그때그때 필요한 물건(혹은 직접 요리한 밥 한 끼)을 받기도 한다.

앨지드라 인테리어 디자인은 두바이에서 설립된 인테리어 디자인 회사로, 자폐인 및 가족들과 상담하여 다양한 디자인 모범 사례를 개발했다.[9] 깔끔한 선과 파스텔 톤이나 흙색처럼 은은한 색조를 고수하고 요란한 패턴, 눈부신 조명, 화려한 디테일을 피하라는 그들의 조언은 지금까지 살펴본 모든 사례를 고려하면 매우 합당하게 들린다. 양팔을 휘두르는 등 다칠 위험이 있는 자기 자극 행동을 한다면 모서리가 뾰족한 가구를 피해야 한다. 몸을 버둥거리고 싶다면 방바닥에 엎드릴 수 있게 푹신한 매트를 깔아도 좋다. 앨지드라는 또한 단열재, 깔개, 방음 기능이 있는 장식 벽판 등으로 교묘하게 소음을 차단하라고 권한다.

물론 이런 원칙들이 모든 자폐인에게 적용되는 것은 아니다. 이 책 전반에서 논의해왔듯이 자폐인의 요구와 선호는 각양각색이다. 생활환경의 가면을 벗는 것은 무엇보다도 이러저러하게 살아야 한다고 요구되는 모범답안에서 벗어나는 일이다. 감각적 자극을 추

긍정적인 환경을 위해 물어야 하는 것들

- 어떤 질감이 편안하게 느껴지는가?
- 깔끔하고 탁 트인 공간과, 친숙한 물건들로 가득하고 아늑한 공간 중에 어느 쪽을 더 선호하는가?
- 어떤 냄새를 맡으면 마음이 편해지고 기운이 나는가?
- 은은한 조명, 알록달록한 조명, 밝고 환한 조명 중 어느 쪽을 선호하는가?
- 어떤 물건을 들고 다니거나 가까이 두고 싶은가?
- 집중하기 위해 백색 소음이 필요한가? 차단하고 싶은 환경 소음이 있는가?
- 소중히 해야 한다는 의무감 때문에 붙잡고 있는 물건이나 가구가 있는가? 이를 포기할 수 있다면 그 자리에 무엇을 두고 싶은가?

구해 현란하고 밝은 조명과 큰 소리를 갈망하는 자폐인의 집은 이런 성향을 반영한다. 자극과 흥분에 대한 욕구도 조용하고 차분한 환경만큼 중요하기에, 일부 자폐인에게 주거지의 가면을 벗긴다는 것은 그저 마음껏 어수선한 공간을 유지하고 그런 자신을 받아들인다는 의미일 수 있다. 번스의 열성팬인 클라라는 자기가 좋아하는 음반, 콘서트 포스터, 화장품, 요란한 액세서리로 둘러싸여 있을 때 가장 행복해한다.

"내게는 색채와 물건들이 필요해요. 좋아하는 음악을 마음껏 크게 틀 수 있는 공간도요."

여기의 질문들은 당신의 집과 업무 공간에 무엇이 필요한지, 어떻게 하면 좀 더 긍정적인 주변 환경을 조성할 수 있을지 생각해보는 데 도움이 될 것이다.

로즈의 다이버전트 디자인 접근법에서는 실생활 데이터를 살펴보는 것이 가장 중요하다. 공간을 어떻게 활용할지, 그러기 위해 무엇이 필요할지 예측하려면 무엇보다도 그 공간을 어떻게 사용해왔는지 돌아보아야 한다. 집에서 식사할 일이 없다면 부엌을 오락실로 활용할 수도 있다. 시트 교체가 너무 귀찮다면 시트를 그냥 매트리스 위에 깔면 된다. 실제로 역사상 대부분의 사람들이 이런 식으로 침대를 사용해왔다![10] 반드시 '번듯한' 어른이 될 필요는 없다. 당신은 나름의 방식으로 자기 일을 할 수 있으며 나아가 습관, 생활공간, 시간에 대한 접근 방식도 재검토할 수 있다.

더 다양한 세계 구축하기

"왜 하루에 여덟 시간이나 근무해야 하는지 모르겠어요. 난 세 시간 정도면 다 끝낼 수 있거든요."

50대 초반인 수는 기술 분야에서 일하고 있다. 몇 년 전에 10대 아들이 자폐증 진단을 받으면서 수 역시 자폐인임이 뒤늦게 밝혀졌다. 내가 만났던 자폐인들과 달리 수는 그 사실을 딱히 충격적으로 받아들이지 않았다. 단지 다른 사람들이 너무나 이상하게 보였던 이유를 새로운 단어로 표현할 수 있게 되었을 뿐이다.

"신경전형인들은 수다 떨고 서류를 정리하고 메일을 열었다 닫았다 하며 시간을 보내느라 일을 많이 못한다는 걸 이해하게 되었죠."

수는 어깨를 으쓱하며 말한다. "내 생각엔 정말로 종일 사무실에 있길 좋아하는 사람들도 있는 것 같아요. 집중해서 일을 끝내기보다 온종일 느릿느릿 해나가기를 선호하죠."

수는 자신이 매우 효율적이며 시간 낭비를 못 견딘다는 점을 고려하여 삶을 설계할 수 있었다.

"보통 점심시간이면 하루 업무를 마치고 오후에는 볼일을 보거나 운동을 해요. 저녁쯤 되면 다시 업무에 착수해서 메일이나 그 밖의 잡무를 처리하고요. 아침에 동료들이 일어나면 내가 보낸 수정 사항 메시지가 잔뜩 도착해 있죠."

몇 년 전 회사 경영자는 생산성과 철저함을 타고난 수에게 유연 근무를 허용하는 편이 조직 전체에 이롭다는 사실을 깨달았다. 이 책에서 계속 언급했듯이, 연구에 따르면 자폐인은 일반인보다 세부 사항을 꼼꼼히 살필 수 있으며 인지 능력이 충분하다면 더욱 그렇다. 이 점은 실제로 직장에서 자폐인에게 유리하게 작용한다.[11] 많은 기술 회사가 적극적으로 자폐인 직원을 채용하는 이유는 우리가 업무를 철저하게 처리하는 것으로 정평이 나 있기 때문이다.[12] 하지만 이런 풍조는 자폐인이 남들에게 이익을 창출해준다는 전제하에서만 존중받는 착취적 직장 문화로 이어질 수 있다. 이는 고도의 조건부 수용이며, 겉으로 보기에 '고기능'이거나 자신의 삶을 생산성으로 정의하려는 사람에게만 해당된다. 하지만 기술 분야는 직설적이거나 사회성이 부족한 성격에 좀 더 관대한 경향이 있어서 수에게 잘 맞는다. 수는 직장에서 원래 성격대로 솔직하고 무뚝뚝하게 행동해도 된다는 점을 고맙게 생각한다.

"비효율성, 엉성함, 무의미한 잡무 요청은 도저히 못 견디겠어요. 어쨌든 나와 함께 일한 사람은 내가 업무 수준을 높여준다는 걸 알 테니까요."

자폐인의 일정과 근무 습관은 주류적·신경전형적 시간 개념에 이의를 제기한다. 많은 자폐인들이 수처럼 단시간에 고도의 집중력을 발휘하여 많은 양의 작업을 완수할 수 있지만, 이런 식으로 계속 일하려면 비자폐인보다 훨씬 더 많이 휴식하고 회복해야 한다. 자폐증 성인의 수면-각성 주기는 대체로 신경전형인의 생체 주기와 다르며[13] 많은 자폐인들이 수면 장애를 겪는다.[14] 자폐인은 비자폐인보다 세상살이 자체가 더 고단한 만큼 더 수면 시간이 긴 것도 당연한 일일지 모른다. 감각 과부하, 사회적 압박, 가면 쓰기의 부담감 등이 우리의 기력을 크게 소모시킨다. 다시 말해 많은 자폐인들은 아홉 시부터 다섯 시까지 근무하는 직장에 적합하지 않으며 그와 다른 시간에 근무할 수 있어야 한다는 것이다.

물론 산업 조직 연구에 따르면 자폐증 유무와 관계없이 실제로 매일 여덟 시간 근무를 엄수하는 환경에서 성취를 거두는 사람은 극소수에 불과하다. 대부분의 노동자는 하루에 네 시간 정도만 진정으로 집중하고 '생산성'을 발휘할 수 있다.[15] 장시간 근무와 장거리 통근은 삶의 만족도를 떨어뜨릴 뿐 아니라[16] 직업 만족도[17]와 신체적·정신적 건강을 해친다.[18] 또한 신경전형적인 직장은 여러 면에서 자폐인뿐 아니라 비자폐인도 산만하고 불안하게 한다. 다만 비자폐인이 밝은 형광등 불빛이나 동료의 짙은 향수 냄새로 불편해도 비교적 더 잘 견딜 뿐이다. 이런 면에서 자폐인 노동자의 필요를 인정하는 것은 탄광의 카나리아*에 귀를 기울이는 것과 같다. 우리의 민감성과 필요는 업무 기대치가 많은 경우 신경전형인에게조차 부당하다는 사실을 드러내는 데 도움이 된다.

이 책을 쓰기 위해 면담한 자폐인 중 여럿이 자영업자이거나 도급 계약 혹은 유연 근무가 가능한 분야에서 일하고 있다. 자폐인 작가이자 스트리퍼인 리즈 파이퍼Reese Piper는 그때그때 기력에 따라 클럽에 출근하는 일정이 달라진다고 말한다. 어떤 주에는 열 시간씩 삼교대 근무를 하다가도 그다음 주에는 체력이 딸려서 한 번밖에 근무하지 못한다는 것이다. 일이 잘될 때면 며칠만 근무해도 월세를 낼 만큼 벌 수 있고, 일찌감치 통보하지 않고서도 몇 날 몇 주를 쉴 수 있다. 나 역시 이런 유연성 덕분에 성 노동 분야를 선택한 자폐인 노동자들을 안다. 게다가 성 노동에는 흔히 감정 노동과 상냥하고 배려하는 성격을 연기하는 일도 포함된다. 성 구매자들은 진정성 있게 느껴지는 인간관계와 정서적 경험을 위해 기꺼이 많은 돈을 지불하곤 한다. 평생 가면을 쓰고 살아와야 했던 자폐인에게 그런 기술로 돈을 벌며 가면을 벗고 회복할 휴식 시간도 넉넉히 누릴 수 있다는 것은 매우 고무적인 일이다.

우리가 몰두하는 일에 에너지를 아낄 것이 아니라 오히려 더 많이 들이는 것도 시간에 대한 신경전형적 사고방식을 전복하는 방법일 수 있다. 자폐인 성 교육자이자 연구자인 랭은 특별한 관심사

* 위기를 미리 알려주는 존재를 의미한다. 과거 지하 탄광에 유독가스가 고여 있는지 확인하기 위해 먼저 카나리아를 새장에 넣어 내려 보냈다.

에 집중하는 것 자체가 휴식인 이유를 다음과 같이 설명한다.[19]

"어떤 일을 적극적으로 처리하려면 온 신경을 집중하게 되죠. 이러고 나면 휴식이 필요합니다. 목욕이나 낮잠처럼 느긋한 행동만 휴식은 아니에요. 특별한 관심사에 몰두하거나 가만히 앉아 화면을 바라볼 수도 있죠."

휴식, 일, 놀이가 고르게 배분된 균형 잡힌 일정이 모든 자폐인에게 적합한 것은 아니다. 극도의 집중력을 발휘한 다음 회복 시간을 가지는 양극적 주기가 더 잘 맞는 자폐인도 있다. 나는 본업 외에도 일주일에 30시간 이상을 글쓰기와 블로그에 할애한 적이 있으며 그런 생활이 무척 즐거웠다. 눈알이 녹아서 두개골에서 흘러나올 것처럼 느껴질 때까지 틈만 나면 온갖 레딧 게시판과 블로그를 정독하던 시절도 있었다. 매 순간이 너무 재미났고 물리거나 지겨운 줄도 몰랐다. 나는 특별한 관심사에 빠져들 때 살아 있다고 느낀다. 자폐인의 일과에서 워라밸과 번아웃의 개념은 신경전형인이 생각하는 방식과 다를 수 있다. 예를 들어 나는 업무량이 비교적 적었지만 사교 활동은 많았던 시기에 극심한 번아웃을 겪은 적이 있다.

특별한 관심사를 즐기는 것은 자폐인의 정신건강에 중요한 부분이다. 임상심리학자 멜리스 어데이Melis Aday의 연구에 따르면 자폐증 성인의 특별한 관심사 향유는 스트레스 관리 및 우울증 감소와 관련이 있는 것으로 나타났다.[20] 자폐인이 특별한 관심사를 즐길 에너지가 있다면 그렇게 하는 것이 불안감 해소에 유익하다는 의미로 해석된다. 마찬가지로 시간을 내어 반복적인 자기 자극 행동을 하는 것도 중요하다. 이런 행동이 정신건강과 대처 능력을 향상시킨다는 연구 결과가 계속 나오고 있으니 말이다.[21] 자폐인에게는 재충전하고 몸을 꼼지락거리며 좋아하는 활동에 몰입할 시간이 필요하지만, 신경전형적 사회 규범은 이런 특성을 고려하지 않는다. 다시 말해 우리에게는 비장애인과 같은 속도로 업무를 따라잡을 기력이나 시간이 없다.

자폐인의 동기 부여, 관심사, 사회적·감각적 요구는 계속 변하기 때문에, 로즈는 시간을 직선이 아니라 나선형으로 생각해보자고 제안한다.[22] 점심시간, 근무 시간, 수면 시간 등 목적이 미리 정해져 있는 덩어리로 나뉜 것이 아니라, 흘러가고 심지어 겹쳐지며 휴면기와 성장기가 교차하는 일련의 주기로 볼 수 있다는 것이다.

"현재 우리가 당연시하는 거의 모든 표준 시간 단위, 즉 시간과 요일과 주일로 이루어진 체계는 공장식 업무 모델에 기반을 두고 있다. 나는 이것을 산업 시간이라고 부른다. (…) 하지만 시간을 생각하는 다른 방식도 있다. 계절적 방식, 주기적 방식, 고대의 방식."

인류 역사의 대부분에 걸쳐 시간은 비교적 직관적인 개념이었다. 인간의 활동과 기대는 계절과 밤낮의 주기에 영향을 받았다. 하지만 전기가 발명되고 전구가 켜진 창고와 사무실에서 산업화된 근무를 하면서 모든 것이 바뀌었다. 디지털 업무 도구가 확산되면서 상시 근무의 가능성이 우리 삶을 지배했다. 동면기도, 깜깜한 밤도, 폭설로 인한 휴일도 없다. 우리는 집에 있을 때도 업무(및 생산성 도구와 어플리케이션)에서 벗어날 수 없다.

자본주의의 산업화된 시간표 아래에서 폐기되거나 미완성으로 남은 프로젝트는 명확한 최종 결과물이 나오지 않았기에 시간 낭

비이자 '실패'로 간주된다. 하지만 시간을 그 목적이 부단히 변화하는 일련의 순환 주기 또는 나선형으로 본다면, 미완성 프로젝트(심지어 그것이 가면 쓰기라 해도)에 할애한 학습과 성찰도 때로는 성과를 낸다는 것을 알 수 있다. 단지 우리가 예상했던 방식이 아닐 뿐이다. 모든 실망과 실패는 어떤 면에서 우리가 원하는 것과 우리에게 최선인 것을 가르쳐준다.

"실패를 데이터로 재구성하면 모든 것이 달라진다"라고 로즈는 말한다. 로즈는 신경다양인에게 진보를 저 앞쪽의 고정된 지점에 접근하는 것이 아니라 상황에 따라 속도를 낮추거나 높이는 움직임과 적응으로 생각해보라고 권한다. 자폐적 사고는 무엇보다도 세부사항을 이해하고 복잡한 정보 시스템을 분석하는 것이기에, 우리의 삶은 끊임없이 새로운 주제로 확장해나가는 동시에 정밀하게 초점을 좁혀가는 일종의 프랙털이라고 말할 수 있다. 우리는 피치 공주를 구하기 위해 횡스크롤* 평면을 뛰어다니는 외골수 마리오가 아니다. 오히려 비디오 게임 '괴혼'의 주인공인 왕자에 더 가깝다. 커다란 물체 덩어리를 굴리면서 한 걸음 한 걸음 앞으로 나아갈 때마다 확장되는 공덕상으로 더 많은 물체들을 마구 끌어당겨 마침내 우주까지 집어삼키는 기괴하고 놀라운 반신半神 말이다. 우리는 개별 프로젝트를 완수하는 것이 아니라 다양한 세계들을 구축한다.

* 플레이어 캐릭터를 포함한 게임플레이 내 물체들이 오직 좌우로만 움직일 수 있는 비디오 게임을 가리킨다.

나선형 시간 주기를 받아들이는 요령

- 생산성과 성공을 측정하는 기간을 확장한다. 인생에서 '장기적 관점'을 취한다. 기존 프로젝트로 돌아가기를 두려워하지 말고, 더는 도움이 되지 않는 열정은 과감히 놓아준다.
- 속도를 늦춘다. 신경다양인의 정신이 인식하는 방대한 데이터를 처리하려면 차분해야 하니까.

자폐인이 현실적 차원에서 나선형 시간 주기를 받아들이려면 어떻게 해야 할까? 로즈는 그 요령을 두 가지로 정리한다. 하나는 인생을 좀 더 장기적으로 보는 것이고, 다른 하나는 삶의 속도를 늦추는 것이다.

신경전형적 기대에 부합하는 자아상에서 벗어나 속도를 늦추고 우리가 진정 지향하는 모습대로 살아가기란 어려운 일이다. 내가 만난 거의 모든 자폐인들은 자신에게 맞게 살려면 불공평한 기대를 내려놓고 스스로에게 중요하지 않은 활동을 포기할 수 있어야 한다는 사실을 깨달았다. 남들을 실망시키는 일은 두렵지만 한편으로 놀랍고 홀가분한 경험일 수도 있다. 불가능한 일을 인정하는 것은 장애인으로서 사회에서 소외된 처지임을 직면한다는 의미이지만, 우리에게 어떤 도움이 필요하며 어떤 생활 방식이 가장 적합한지 발견하는 데 필수적이기도 하다. 우리가 중요하게 여기는 것에 대해 진정으로 '예'라고 말하려면 불합리한 기대에 대해서는

'아니오'라고 말할 수 있어야 한다.

내 일을 내 방식대로

로리는 뉴질랜드에 사는 ADHD 및 자폐인권 운동가이자 연구자이며, 많은 자폐인들과 마찬가지로 일상생활을 관리하는 데 유용한 '인생 꿀팁'을 개발해왔다. 이런 조언들은 어떤 의미에서는 보완 전략이라고 할 수 있지만, 우리의 신경다양성을 숨기기 위해서가 아니라 더 수월하고 견딜 만한 일상생활을 위한 것이다.

과거에 로리는 집안일에 집중하지 못했고, 주의가 산만해져서 어느새 다른 일을 시작하곤 했다. 이제 로리는 설거지를 할 때면 귀여운 분홍색과 크림색 앞치마를 입고 노이즈 캔슬링 헤드폰을 착용하며, 마음(또는 몸)이 싱크대에서 멀어져도 거울에 비친 자기 모습을 보고 그릇을 닦아야 한다는 것을 기억할 수 있도록 출입구마다 거울을 놓는다.

"설거지 '코스튬' 덕분에 계속 설거지에 집중할 수 있어요. 거울을 보면 내가 지금 무얼 해야 하는지 기억나거든요."[23]

자폐증과 ADHD는 많은 경우 집안일을 끝나지 않는 지옥으로 만든다. 더러워진 그릇은 냄새가 나고 미끈거리며, 끈적끈적한 조리대나 지저분한 변기를 싹싹 문질러 닦는 일은 신체적으로 불쾌할 뿐 아니라 정신적으로도 지루하다. 이 청소에서 저 청소로 옮겨가는 것도 힘든데, 자폐인 대부분은 한 번에 한 가지 일에 집중하는 걸 선호하기 때문이다. 우리는 복잡한 활동을 작은 단계로 나누고 이를 논리적으로 배치하는 데 애를 먹는다. 따라서 설거지처럼 단순해 보이는 목표도 집 안 곳곳의 더러운 유리컵과 그릇을 모으고, 기름때가 낀 냄비와 프라이팬을 불리고, 식기 건조대를 비워 공간을 만들고, 모든 것을 씻고 말리고 치우는 동시에 악취와 축축해진 옷소매와 정전기로 저릿저릿한 팔을 견뎌내야 하는 기나긴 과정으로 변한다.

많은 신경다양인들이 **자폐성 관성**으로 힘들어한다.[24] 우리는 고도의 집중력 덕분에 특별한 관심사를 몇 시간씩 공부할 수 있지만, 한편으로는 넘쳐나는 쓰레기를 치우기 위해 소파에서 일어날 엄두도 내지 못한다. 신경전형인인 외부 관찰자에게는 우리가 고군분투하는 것처럼 보이지 않는다. 그냥 '게으른' 사람으로 보일 뿐이다. 내가 만난 거의 모든 신경다양인이 성난 부모, 교사, 친구에게 수없이 '게으르다'는 비난을 들어왔다. 사람들은 아무것도 못하고 가만히 앉아 있는 우리를 무관심하거나 의지가 부족하다고 생각한다.[25] 그래서 우리가 냉정하고 신뢰하기 어렵다며 비난하고, 불안해진 우리는 더욱 심각한 셧다운 상태에 빠진다. 신경전형인들은 또한 집안일이나 업무 수행 방법을 구체적으로 알려주지 않아도 우리가 알아서 할 것이라고 가정하곤 한다. 우리가 언급되지 않은 사항까지 직관적으로 헤아릴 수 없다는 것을 이해하지 못해서다. 예를 들어 우리는 '화장실을 치워달라'는 요청에 단순한 정리뿐 아니라 샤워기, 바닥, 세면대, 거울을 닦는 일도 포함된다는 사실을 인지하지 못할 수 있다. 반대로 어디까지 청소해야 할지 가늠하지 못해서 타일 줄눈에 낀 이물질을 남김없이 제거하려고 발버둥치기도 한다. 신경전형인이 기대하는 바를 최대한 짐작하고 그에 맞추려 해도 우리가 너무 느리거나 엉성하거나 상대방의 입장을 고려하지 않았다고 비난받을 수도 있다. 그 결과 많은 자폐인들이 학습된 무력감, 당혹감, 수치심, 압박감의 악순환에 갇혀버린다.

로리의 '설거지 코스튬'과 거울 시스템은 자폐인의 집안일을 어렵게 하는 여러 문제의 훌륭한 해결책이다. 귀엽고 매력적인 앞치마는 지루한 활동에 재미를 더해준다. 설거지 용도로 정해진 복장을 갖춰 입으면 정신을 '청소 모드'로 전환하기가 쉬워진다. 헤드폰과 거울은 정신집중에 도움이 된다. 이런 요령들 덕분에 로리는 비자폐인의 안내나 지시에 의존하지 않고서도 설거지를 책임지고 완수할 수 있다(안타깝지만 항상 주변 사람들의 인내심이나 이해에 의존할 수는 없으니까).

자폐인은 자기만의 업무 처리 방식을 끊임없이 개발해야 한다. 우리는 신경전형인들이 힘들이지 않고 처리할 수 있는 과업을 위해 광범위한 조사, 디지털 도구, 다양한 편법과 요령을 동원해야 한다. 영국에 사는 자폐인 블로거 라이는 새로운 장소를 방문할 때마다 인터넷으로 사전 조사를 해서 계획을 세운다고 말한다

"현관문이 어디 있는지, 주차장은 어디인지, 누구에게 말을 걸면 되는지 알아두어야 해요."[26] 라이는 구글 스트리트뷰 같은 지도 어플리케이션, 옐프Yelp 같은 예약 어플리케이션을 마음대로 활용할 수 있게 되면서 예전보다 생활이 훨씬 수월해졌다고 한다. 자폐증과 섭식 장애가 있는 케이틀린도 친구들과 외식을 하면 인터넷으로 사전 조사하며 마음의 준비를 한다.

"온라인에서 메뉴를 꼼꼼히 살펴보고 거식증이나 감각 문제를

일으키지 않을 음식을 찾으려고 해요. 큰 소리로 주문하는 연습도 하고요. 요리 이름이 외국어라 어떻게 발음하는지 모르는 경우에는 더욱 그렇죠."

식당에서 '괴상하게' 보이지 않으려고 집에서 부야베스나 인제라의 발음을 검색하는 신경전형인은 없을 것이다. 하지만 자폐인에게는 이 정도의 연습과 사전 조사가 일반적이다.[27] 이런 과정으로 능숙하게 잘해낼 수 있다는 안도감을 얻기 때문이다. 하지만 대부분의 신경전형인들은 그들에겐 '기본'인 활동에 우리가 이만큼 시간과 노력을 들인다는 사실을 달가워하지 않는다. 따라서 가면 자폐인에게 사회 적응이란 단지 적당한 요령을 찾는 데서 그치지 않는다. 나아가 이런 요령에 의존한다는 사실을 숨길 줄도 알아야 한다.

케이틀린은 친구들에게 사전 조사했다는 걸 들킬 때도 있다고 말한다. 케이틀린은 섭식 장애 병력이 있기에 너무 열심히 예습해 가면 의심스럽게 보일 수 있다.

"식당 메뉴를 예습하고 갔다가 친구인 에이미한테 들켰어요. 내가 메뉴를 너무 잘 안다는 걸 눈치 챈 거죠. 에이미는 내가 아직 섭식 장애에서 벗어나지 못해 칼로리를 계산하는 거라고 오해했어요. 항상 이렇게 아슬아슬한 줄타기를 해야 하죠. 충분히 알아야 하지만, 그렇다고 너무 많이 알면 남들이 당황하거든요."

에이미는 케이틀린의 메뉴 예습이 섭식 장애와 관련된 불안을 조절하고 달래기 위해서가 아니라, 다시 식단을 제한하느라 메뉴를 '지나치게' 염려하는 거라고 추측했다. 가면 자폐인의 경우 '지나치게' 많이 알거나 너무 깊이 생각한다면 수상해 보일 수 있다.

사람들은 자기네가 결코 깊이 생각하지 않는 일로 전전긍긍하는 우리를 보고 계산적이라거나 섬뜩하다고 느낀다.

이처럼 자폐인의 생활 요령과 가면을 써야 한다는 압박은 종종 여러모로 연관되어 있다. 하지만 반드시 그럴 필요는 없다. 신경전형인들은 우리가 적응하기 위해 기울이는 노력을 숨기길 기대하지만, 우리의 몸짓을 숨기지 않는 것도 혁명적인 행동이 될 수 있다. 우리에게 어려운 일을 쉬운 척하거나 피로와 긴장감을 숨기지 않아도 된다. 마찬가지로 낯선 공간을 편하게 탐색하려면 다량의 사전 정보가 필요하다는 사실을 숨길 필요도 없다.

케이틀린은 평소 자폐인임을 공개하지 않지만, 친구 에이미에게는 메뉴를 사전 조사한 이유를 알려주기로 했다.

"더 어리고 불안감이 심했던 시절에는 '맞아, 메뉴판을 미리 읽어보고 왔어'라고 밝히기가 부끄러웠을 거예요. 하지만 에이미는 자폐증이 내 친동생의 삶에 심대한 영향을 미친다는 걸 잘 알죠. 그래서 에이미한테 '사실 나도 동생과 똑같아'라고 말했고, 그 뒤로는 쭉 이렇게 사전 조사를 계속하고 있어요. 덕분에 새로운 장소의 음식도 공부할 수 있죠."

자폐인으로 살기 위한 케이틀린의 생활 요령을 에이미가 이해하게 되면서 두 사람의 우정은 더욱 깊어졌다. 외식할 때면 에이미는 케이틀린에게 요리에 어떤 재료가 들어가는지, 화장실은 어디에 있는지 물어본다. 케이틀린도 조사한 내용을 숨기지 않고 공유할 수 있다.

많은 자폐인들의 '인생 꿀팁'에는 장애를 드러내지 않는 은근한 접근성 도구 활용이 포함된다. 우리는 최대한 눈에 덜 띄는 귀마개나 가장 멋스러운 노이즈 캔슬링 헤드폰뿐 아니라 뜨개질과 같은 취미 활동으로 사회 불안을 관리하고 교실에서 남들과 눈을 맞추지 않는 방법에 관해 의견을 주고받는다. 이런 보완 방법은 효과가 뛰어난 만큼 인기도 높다. 하지만 항상 신경전형인들의 구미에 맞는 은근한 접근 방식에 의존할 필요는 없다. 우리는 우리만의 방식대로 당당하고 공공연하게 할 일을 해낼 수 있으며, 우리의 삶을 영위할 요령과 체계를 공유할 수 있다. 크고 격렬한 몸짓으로 자기 자극을 가하고, 눈에 띄는 커다란 귀마개를 착용하고, 필요할 때는 도움을 요청할 수 있다. 직면한 어려움을 솔직하게 드러낼수록 신경전형인들도 우리의 목소리를 무시하거나 대부분의 공공장소가 우리에겐 여전히 접근 불가능하다는 사실을 외면하기 어려워질 것이다. 보다 급진적으로 가시화되는 것은 수치심을 떨쳐내는 연습이기도 하다.

나를 눈에 보이도록 만드는 것

스카이 큐버큐브Sky Cubacub는 퀴어와 장애인의 신체적 요구에 초점을 맞춘 의류 및 액세서리 회사 '리버스 가먼츠'의 창업자다. 큐버큐브의 매장에서는 망사와 형광색 천을 이어 만든 바디 슈트, 너무 조이거나 꽉 끼지 않는 성 확정*용 가슴 띠, 화사한 무늬의 티셔츠,

* 흔히 성별을 바꾼다는 개념으로 '성 전환'이라 부르지만 당사자에게 맞는 성별을 찾아준다는 의미에서 '성 확정' 또는 '성별 확정'이 더 정확하다.

스카프, 브로치 등 성별과 신체 치수를 떠나 누구든 착용할 수 있는 다채롭고 편안한 아이템을 선보인다.

코로나바이러스 유행 초기에 리버스 가먼츠는 착용자의 입술 움직임을 알아볼 수 있도록 투명 비닐 창이 달린 마스크를 최초로 판매한 곳 중 하나였다. 자폐인을 포함한 많은 장애인에게는 상대방의 입술을 읽을 때 대화가 훨씬 더 수월하다. 나 역시 입술의 움직임이라는 시각 신호에 따라 상대방에게 주의를 기울이곤 했기에, 다들 마스크를 쓰던 시기에는 누가 말을 걸어오는지 구분하기가 어려웠다.

투명 비닐 창 마스크에 대한 수요가 폭발하자 큐버큐브는 마스크 디자인을 무료로 배포하기로 했다. 큐버큐브의 사업 운영 방식을 살펴보면 그가 패션 분야뿐 아니라 정치적으로도 선구자임을 여러모로 확인하게 된다. 큐버큐브의 모든 작업은 급진적 가시화 철학에 기반하고 있으며, 그는 이 개념을 워크숍, 테드TEDx 강연, 잡지 《급진적 가시성: 퀴어 불구 복장 개혁 운동 선언문》에서도 논의한 바 있다.

급진적 가시화란 무엇일까? 성소수자 및 장애인 수용에서 일반적으로 은폐되는 것들을 강조하고 찬양하는 접근 방식이다. **퀴어·불구자·미치광이** 등 우리 커뮤니티를 비인간화하는 데 쓰던 단어들을 자부심의 원천으로 당당하게 내세우는 것이다. 급진적 가시화는 지팡이나 의족 같은 도구를 탐낼 만한 패션 액세서리로서 제시하며 차이를 멋진 것으로 만든다. 큐버큐브의 글을 인용해보자.

"문화 규범은 트랜스젠더와 장애인이 멋지거나 화려하게 옷을 입는 것을 장려하지 않는다.[28] 사회는 우리가 사람들의 관심을 끌지 않고 '섞여들기'를 원한다. 하지만 우리가 우리를 보이지 않게 하려는 사회의 욕망에 저항한다면 어떨까? 복장 개혁으로 동화되기를 집단 거부한다면 어떨까?"

다시 말해 급진적 가시화는 가면 쓰기와 정반대 개념이다. 가면이 은폐하려는 바로 그것을 급진적 가시화는 드러내려고 한다. 가면이 사회적 위협의 징후를 찾기 위해 끊임없이 주변을 살피고 자폐성 신체에 나타나는 자극과 틱을 억제하는 반면, 급진적 가시화는 그냥 있는 그대로 살라고 격려한다. 가면을 쓴 사람은 사과라는 미봉책과 은폐된 대처 메커니즘으로 은밀하게 자신의 필요를 충족시키지만, 급진적으로 가시화된 사람은 자신이 누구이며 무엇을 필요로 하는지 공개적으로 선언한다. 그에게는 충분히 그럴 가치가 있기 때문이다.

나는 자폐증이라는 사실을 알기 훨씬 전에도 남들의 눈에 띄는 장애인이 차이를 최소한 감추라고 권유받는 사례를 목격한 바 있다. 고등학교 때 나와 친한 친구가 형광연두색 휠체어를 사려고 했다. 친구에게 정말 잘 어울릴 휠체어였다. 당시 친구는 일종의 인디 이모emo 스타일이었기에 형광연두색 휠체어는 안성맞춤일 것 같았다. 하지만 친구의 어머니는 그 애를 말렸다.

"사람들이 휠체어부터 보게 되는 건 너도 바라지 않잖니."

별다른 특징이 없는 검은색 휠체어를 탄다고 해서 사람들이 친구의 장애부터 보게 된다는 사실이 바뀌지는 않았다. 우리는 너무나도 정상 신체 중심적인 세상에 살고 있으니까. 공공장소에서 만난 낯선 사람들은 친구에게 마치 어린아이 대하듯 말을 걸거나 친구 스스로는 말도 하지 못하는 것처럼 행동했다. 정상 신체 중심주의는 어떤 사람을 대하든 비정상적으로 보이는 측면에 집중하게 한다. 장애인에 대한 흔한 사회적 배제 또한 정상 신체 중심주의에 기여한다. 휠체어를 탄 사람이 적게 보일수록 휠체어는 더욱 눈에 띄는 존재가 된다. 그리고 휠체어 사용자를 빤히 쳐다보는 낯선 사람들이 많아질수록 지체 장애인은 바깥세상으로 나가는 것을 더 불편하게 느낀다. 저절로 반복되는 배제의 악순환이다.

형광연두색 휠체어는 친구의 장애를 정상화하고 사람들의 눈에 띄지 않게 하는 데 장기적으로 더 유익했을 것이다. 휠체어는 숨겨야 할 물건이 아니며 장애 또한 겸손함이나 완곡어법으로 외면하거나 덮어버릴 것이 아님을 전달할 수 있었으리라. 앞서 언급한 자기 낙인 연구도 보여주듯이, 정체성을 자랑스럽게 드러내면 오히려 자괴감과 소외감을 줄일 수 있다.

자폐증은 휠체어 사용만큼 시각적으로 분명히 드러나진 않지만, 연구에 따르면 신경전형인들이 반드시 의식적으로 알아차리지는 못해도 미묘한 차이를 느끼는 여러 표식이 있다. 예를 들어 노아 J. 새슨Noah J. Sasson과 동료 연구자들(2017)에 따르면 신경전형인들은 낯선 사람을 만났을 때 수천 분의 1초 만에 무의식적으로 자폐인을 구분할 수 있다.[29] 하지만 구체적으로 자폐증이라는 것까지는 깨닫지 못하고 그저 이상한 사람이라고 생각할 뿐이다. 연구 참여자들은 한순간의 사회적 데이터를 근거로 자폐인과 대화하기를 꺼리고 비자폐인보다 자폐인을 덜 선호하게 되었다. 참고로 이 연구에 참여한 자폐인들은 '부적절한' 행동을 전혀 하지 않았으며 그들이 말한 내용도 사회적으로 완벽하게 적절했다. 자폐인들은 신경전형인처럼 보이려고 최선을 다했지만, 단지 그들의 언행이 몇 가지 중요한 단서를 드러냈고 살짝 '이상'했을 뿐이다. 그리고 사람들은 그 부분에 바로 거부감을 느꼈다.

가면 자폐인들이 신경다양성을 감추려고 기울이는 온갖 노력이 도리어 발목을 잡을 때도 있다. 가식적이고 억지스럽게 보이는 사회적 수행은 신경전형인들의 비위에 거슬리기 때문이다. 심리학자 프랜시스 T. 맥앤드루Francis T. McAndrew와 사라 S. 코엔케Sara S. Koehnke는 '기분 나쁘다'는 느낌에 관한 획기적 연구(2016)에서 참여자 1341명에게 '기분 나쁜' 사람이라고 하면 떠오르는 특성과 행동에 관한 질문에 대답해달라고 요청한 뒤 통계 분석을 바탕으로 측정 가능한 '기분 나쁨' 요소를 밝혀냈다. 이들이 밝혀낸 '기분 나쁨' 요소에는 어색하고 예측 불가능한 행동, 거북스럽게 보이는 미소, '부자연스러운' 타이밍에 터뜨리는 웃음, 한 가지 화제로 너무 오래 이야기하기, 대화를 언제 끝내야 할지 모름 등이 포함되었다.[30] 우리가 다른 사람들에게 마음먹고 친근하게 다가가서 유대감을 형성하려고 시도할 때 보이는 바로 그 특징들이다. 자폐인이 미소를 띠고 집중력을 유지하여 대화를 이어가며 주변의 신경전형인들을 편안하게 해주려 해도 도리어 무섭거나 불안하게 보일 수 있다는 것이다.

사회심리학자 N. 폰터스. 리앤더N. Pontus Leander, 탄야 L. 샤트런드Tanya L. Chartrand, 존 A. 바그John A. Bargh(2012)가 수행한 일련의 실험 결

과, 조금이라도 부적절한 방식으로 사회적 미러링에 참여하면 기피당하거나 심지어 대놓고 구박받을 수도 있다는 사실이 드러났다.[31] 친구들 사이에서 약간의 모방은 정상적이다. 서로 익숙해지고 한데 어우러진 사람들은 상대방의 태도와 습관을 따라하게 된다. 하지만 연구 결과가 보여주듯 우리가 다른 사람을 너무 많이, 혹은 잘못된 타이밍에 따라하면 말 그대로 사람들이 오싹해할 수도 있다. 가면 자폐인은 남들을 흉내 내려고 정말 열심히 노력하지만, 일반인처럼 유려하고 능숙할 수는 없다 보니 자신도 모르게 신경전형인의 경계심을 자극하는 경우가 드물지 않다.

해결책은 우리 자신을 부정하고 숨기기를 그만두는 것이다. 신경전형인을 따라하려고 애쓰는(그리고 실패하는) 대신 우리를 급진적으로 가시화할 수도 있다. 새슨의 연구에 참여한 사람들은 대화 상대가 자폐인임을 듣고 나서 도리어 편견을 거두었다. 왠지 어색해 보이던 대화 상대에게 갑자기 호감을 표현하고 좀 더 알아가고 싶다며 관심을 드러냈다. 자폐인이 이상하게 보이는 이유를 설명해주는 것도 기분 나쁘다는 느낌을 없애는 데 도움이 되었다. 새슨과 케리앤 E. 모리슨Kerrianne E. Morrison의 후속 연구(2019)에 따르면, 신경전형인이 대화 상대가 자폐인임을 사전에 알았을 때 훨씬 더 긍정적인 첫인상을 받으며 대화 이후에도 자폐증에 관심을 보인다는 것이 확인되었다.[32] 급진적 가시화에는 보상이 따른다.

큐버큐브가 지향하는 급진적 가시화란 자기표현을 저항의 한 형태로 수용하는 것이다. 큐버큐브의 글을 인용해보자. "급진적 가시화는 행동하자는 요청이다. 우리의 존재를 인정받기 위해, '섞여들고' 동화되기를 거부하기 위해 옷을 입자는 것이다."

실제로 만나본 큐버큐브의 모습은 그가 촬영한 화보에서와 똑같이 근사하고 눈길을 사로잡는다. 금속 비늘로 만든 은색과 검은색 헤드피스, 화사한 무늬의 레깅스와 배꼽티를 착용했고 얼굴에는 기하학적 결정체를 그려 넣었다. 장애를 은폐하지 않는, 남들의 눈에 띄지 않으려고 장애인의 자연스러운 움직임이나 신체적 요구를 숨기지 않는 복장이다. 몇 년 전 복부 질환이 생긴 뒤로 큐버큐브는 청바지같이 딱딱하고 모양 잡힌 바지 대신 신축성 있는 소재의 하의를 입어야 했다. 큐버큐브가 레깅스나 편안한 자전거용 반바지 외에 다른 옷을 입는 일은 드물다. 이런 면에서 큐버큐브의 경험은 가면을 벗고자 하는 자폐인에게 참고가 될 수 있다. 많은 자폐인들은 눈에 띄지 않기 위해 불편하고 밋밋한 '직장인' 복장에 몸을 구겨 넣는데, 이는 개성을 죽이고 감각을 공격하는 행위일 수 있다.

패션에 급진적 가시화를 지향하려는 가면 자폐인을 위해 다음 페이지에 몇 가지 아이디어를 소개한다.

많은 가면 자폐인들이 자기 신체로부터 심각하게 분리되어 있어서 자기표현은커녕 자기 몸이 온전히 자기 것이라는 느낌을 상상하지도 못한다. 평생 신경전형적 옷만을 입어왔다면 진정한 자기만의 스타일을 전혀 모를 수도 있다. 그렇다면 작은 것부터 시작하여 불편함을 줄이는 데 집중해보자. 아프거나 불편한 옷은 과감히 버리고 좀 더 편안한 옷으로 대체하자. 체면 때문에 망설여진다면 체면이라는 개념 자체에 의문을 제기해보자. 멘토나 부모가 필

가면 벗기를 위한 옷차림

- 몸을 지나치게 압박하거나 '불편한' 옷들을 골라내자. 예를 들어 딱 붙는 바지를 신축성 있는 천으로 만든 비슷한 스타일로 바꾸거나, 와이어가 든 브래지어를 브라렛으로 바꾸자. 부드럽고 유연한 소재의 넥타이도 있다.
- 어떤 종류의 옷이 감각을 안정시키고 달래주는지 스스로 파악하자. 손목을 죄여주는 느낌이 좋아서 꽉 끼는 시계나 팔찌 차기를 선호하는 자폐인이 있는가 하면, 묵직한 코트나 조끼를 즐겨 입는 자폐인도 존재한다.
- 그 밖에도 감각에 부담을 주는 옷들을 제거하자. 옷 안쪽에 달린 상표를 전부 잘라내고 불편한 신발에는 보형물을 넣어보자. 자폐인은 발끝으로 걷는 경우가 많으니 그 부위를 보완해주면 좋다.
- 어떤 무늬와 스타일을 입을 때 행복한지 생각해보자. 머리부터 발끝까지 검은색으로 감쌌을 때 가장 '나답다'고 느끼는가? 아니면 과감한 무지갯빛을 선호하는가?
- 일상적인 옷차림에 특별한 관심사를 접목해보자. 좋아하는 애니메이션 캐릭터가 그려진 티셔츠를 입거나, 좀 더 격식 있는 환경에서는 비디오 게임 테마의 커프스단추나 브로치를 착용하자. 좋아하는 캐릭터를 은근히 드러내는 '비밀 코스프레'도 시도해보자.
- 패셔너블한 자기 자극을 시도하자. 만지작거리거나 씹을 수 있는 장신구(추얼리)를 달고, 주머니에 피젯 장난감을 넣어두고, 휴대전화 케이스에는 알록달록한 스티커나 갖고 놀 수 있는 팝업 스탠드를 붙여보자.

수라고 가르쳤던 화장, 팬티스타킹, 불편한 정장 재킷 등을 버리더라도 문제될 것은 없다. 화학약품으로 머리카락을 곧게 펴기를 그만두고 쇼트커트를 하거나,[33] 출신 문화의 전통적 장신구와 직물을 착용해도 좋겠다. 직업에 따라 개인의 옷차림과 꾸밈이 엄격하게 제한되는 경우도 많지만, 대기업에 근무하는 직장인이 아닌 다른 여러 자폐인들에게는 생각보다 더 많은 자유를 누릴 여지가 있다.

착용 가능한 자기 자극 장난감과 접근성 도구를 만드는 자폐증 창작자가 점점 더 늘어나고 있다. 시각 예술가이자 장신구 디자이너인 칼리 뉴먼Carly Newman은 자폐인을 위한 귀마개 귀걸이 시리즈를 만들었다.[34] 나는 공공장소에서 이따금 귀마개가 필요하다는 사실을 애써 숨기는 대신 이 귀걸이를 착용함으로서 접근성 도구를 당당히 드러낼 수 있다. 스팀태스틱이나 아크 테라퓨틱과 같은 회사는 빙빙 돌릴 수 있는 반지, 지압 팔찌 등 자기 자극 주얼리를 전문 제작한다. 의사소통을 대신해줄 배지, 모자, 장신구를 제작하는 자폐인들도 있다. 그들이 만든 커다란 초록색 배지에는 '다가와서 인사해주세요!' 또는 '너무 가까이 오지 말아주세요'라고 적혀 있다. 많은 자폐인들이 참석하는 컨벤션과 같은 장소에서 우리의 경계선을 표명하는 동시에 사교 활동을 도와주는 유용한 도구들이다. 배지나 메일 서명에 자신이 선택한 성별 대명사를 표시하는 경우가 많아졌듯이, 아직 상용화되지는 않았지만 더 많은 사람들이 이런 도구를 쓸수록 자폐인에 대한 인식도 정상화될 것이다.

물론 이 모든 것들은 급진적 가시화의 방법 중 하나일 뿐이다. 가면 벗기와 급진적 가시화의 공통된 핵심 요소는 순응적인 신경

일상에서 가면을 벗기 위한 매일의 실천

- 다른 사람들을 실망시키자. 다음의 말들을 변명이나 사과 없이 해보자. “싫어요.” “못 하겠어요.” “불편하네요.” “지금 가봐야 해요.”
- 평소 같으면 분위기를 맞추려고 고개를 끄덕일 상황에 반대 의사를 표현해본다.
- 하고 싶지 않은 일을 강요받을 때의 느낌을 떠올려본다. 이 느낌을 입밖에 내도록 연습한다. “내가 싫다고 말했는데 왜 자꾸 강요하는지 모르겠네요.”
- 남의 감정을 추측하거나 고려하지 않고 하루를 지내본다.
- 얼굴 표정이나 몸짓이 어떤 메시지를 전달할지 생각하지 않고 하루를 지내본다.
- 평소에는 폐를 끼칠까 봐 말하기 꺼렸던 일을 요청해본다.
- 억지로 반응하거나 연기하지 말고 대화를 시작해서 끝내본다.
- 길을 걸으면서 좋아하는 노래를 따라 불러본다.
- 사교 모임이나 공공장소에서 자기 자극 장난감을 당당히 사용한다.
- 행사나 그 밖의 구실 없이도 좋아하는 멋진 옷이나 의상을 입어본다.
- 어떻게 지내냐는 질문에 기분대로 솔직하게 대답해본다.
- 그 누구의 허락도 구하지 말고 마음 내키는 대로 행동해본다
- 강렬한 감정을 마음 편한 사람과 공유한다. 함께 울어줄 사람을 찾아가거나 생각만 해도 화나는 일을 털어놓자.
- 당신의 신경다양성이 당신에게 어떤 의미인지 믿을 만한 사람에게 이야기해본다.

전형성의 허울을 벗고 우리 자신으로서 솔직하고 정직하게 살아갈 수 있는 것이다. 궁극적으로는 다른 사람들에게 우리와 우리의 필요를 드러내는 방식을 바꾸어야 한다. 이를 목표로 일상에서 급진적 가시화를 실천하기 위한 몇 가지 요령을 소개한다.

급진적 가시화는 자기 옹호이자 자기표현이다. 하지만 대부분의 가면 자폐인은 두려워서 자신을 옹호할 엄두를 내지 못한다. 우리는 사회적 난관 앞에서도 남의 기분을 맞추고 미소를 짓고 억지로 웃어주며, 주변에 누군가가 있을 때는 자신의 진짜 감정과 취향을 잃어버린 것처럼 반사적으로 행동하기 쉽다. 이런 반사 신경은 우리를 보호하기 위해 존재하는 만큼 부끄러워할 것은 아니다. 하지만 더욱 자유로워지고 싶다면 서로 정직하게 소통하고 의견에 귀 기울여주며 존중받는다고 느낄 수 있는 관계를 맺어야 한다. 다음 장에서는 자폐인들의 성장에 유익한 관계를 쌓아나갈 방법을 설명하겠다. 동료 자폐인들과 유의미한 관계와 공동체 의식을 형성할 방법뿐 아니라, 비자폐인들과의 기존 관계를 한층 더 자폐증 친화적으로 만드는 방법도 소개할 것이다.

7

어떤 이들을 결에 남길 것인가

질문하고, 필요할 때 끼어들고,
감정을 솔직히 말하는 일은
내게 해롭지 않다.
바라고 필요로 하는 것을 말하면
실제로 그것을 얻을 기회가 생기며,
나아가 다른 사람들도 자신의 필요를 더욱 솔직하게
표현할 자유를 누리게 된다.

핀은 오래전에 액트업 활동을 그만두고 뉴욕을 떠났지만, 여전히 열성적인 성소수자 활동가다. 현재 살고 있는 미시간주 작은 마을에서도 전 세계의 성소수자 인권과 관련된 법적·정치적 공격 현황을 보고하는 글을 꾸준히 올리며, 활동가 단체의 정기 회의에도 참여한다. 게다가 페이스북에서 가장 큰 성소수자 모임 중 하나를 관리하는 일도 돕고 있다. 때로는 핀의 매우 직설적인 자폐성 소통 방식이 동료 활동가들을 불편하게 만들기도 한다. 동료에게 계획을 더 천천히 구체적으로 설명해달라고 요청했다가 분위기가 험악해진 적도 있다.

"불쑥 끼어들어서 이렇게 말했지. '저기요, 솔직히 당신 말을 이해하지 못하겠어요. 여기 있는 다른 사람들은 이해한 것 같지만, 나는 자폐증이 있어서 가끔씩 맥락을 잘 파악하지 못하거든요. 조금만 천천히 얘기해주면 안 될까요?'"

원칙적으로 핀의 행동에 잘못된 부분은 없었다. 그는 스스로 일어나 비교적 단순한 편의를 요청했으며 대화를 따라잡기 어려운 이유도 설명했다. 완벽하게 가면을 벗은 것이다. 하지만 안타깝게도 그의 요청은 잘 받아들여지지 않았다. 적어도 처음에는 말이다.

"내가 자기에게 가스라이팅과 맨스플레인을 한다더군." 핀은 한숨을 쉬며 말한다. "내 문제를 솔직하게 말했을 뿐인데 적대적으로 굴더라고."

자폐인은 **인포덤핑**infodumping(남들과 유대감을 형성하기 위해 자신의 지식을 늘어놓는 행위)을 즐기고, 남들에게는 명백하게 보이는 암시도 눈치 채지 못하며, 단조로운 말투 때문에 쌀쌀맞거나 빈정대는 것처럼 들리기 쉽다. 상당수가 자연스럽게 대화를 이어가는 데 애를 먹고, '부적절한' 타이밍에 끼어들거나 빠르게 진행되는 대화에 참여하지 못하고 완전히 소외되는 경우가 많다. 그 밖에도 이런저런 이유로 인해 자폐증 여성(특히 유색인종 여성)은 냉정하거나 '못돼먹은' 사람처럼 보이기 쉽고, 자폐증 남성도 잘난 척하는 '맨스플레이너'로 오해받곤 한다. 정말로 빠져나가기 힘든 사회적 지뢰밭 같다. 당연한 얘기이지만, 대부분의 여성은 평생 맨스플레인을 당해온 경험으로 인해 이런 상황에서 아무래도 예민해지기 때문이다. 성별 등 한 가지 정체성으로 억압받는 비장애인은 일견 사회적으로 더 유리해 보이는 장애인보다 어느 정도 우세한 입장일 수도 있지만, 이런 사실을 잘 이해하지 못할 수 있다.

회의 주최자는 요점을 다시 설명해달라는 핀의 요구가 자기를 조롱하거나 훼방을 놓기 위해서라고 생각했다. 그는 분명 이전에도 활동가 모임에서 남성들의 비슷한 수작을 겪은 적이 있었을 것이다. 운 좋게도 회의에 참석한 다른 사람들이 핀의 성품을 보증해줄 수 있었다.

"다행히 그 자리에 있던 다른 두 사람이 말해줬어. '농담이 아녜요. 이 친구는 정말로 자폐인이라고요.'"

회의 주최자는 핀의 고백을 믿지 않았지만(자신의 필요를 전달하는 자폐인을 믿어주고 귀 기울이는 사람은 매우 드물다), 핀을 변호하는 비장애인들의 말은 경청했다. 회의 분위기는 금세 다시 차분해졌다. 다른 사람들의 증언이 없었다면 핀은 솔직하게 자기 옹호를 했다는 이유로 비난받았을지도 모른다.

핀의 행동은 자폐인이 할 수 있는 자기 옹호의 완벽한 모범사례이며, 동료들의 반응 또한 자폐인을 변호하는 올바른 방법을 보여준다. 그럼에도 의사소통 과정에서 갈등이 일어났다. 나는 거의 모두가 올바르게(적어도 납득할 수 있게) 행동했음에도 결과가 만족스럽지 못한 사례를 보여줄 필요가 있다고 생각한다. 가면 벗기가 언제 어디서나 긍정적인 경험은 아니기 때문이다. 자기 입장에서 생각했다가 다른 사람들을 좌절시키고 실망시킬 수 있다. 심지어 짜증내고 분노하게 만들지도 모른다. 불안하게 삐걱거리는 대화를 헤쳐 나가는 법을 배우고 부정적인 반응에 굳건히 맞서는 연습을 해야만 한다. 우리의 행동이 남들을 불쾌하게 하더라도 괜찮다. 타인에게 폭력을 행사하지 않고 그의 권리를 침해하지만 않으면 된다. 어쨌든 신경전형인들도 계속 아슬아슬하게 선을 넘나들면서 유쾌하게 대화를 이어가지 않는가. 신경다양인에게도 불완전하지만 온전한 개인으로서 존재할 최소한의 자유가 주어져야 한다.

가면 쓰기는 공의존과 여러 면에서 심리적으로 비슷하다.[1] 공의

존이란 남들의 반응과 감정을 관리하거나 통제하려 드는 인간관계 패턴으로, 흔히 학대로부터 비롯된다. 가면을 벗으려면 신경전형인들의 승인 여부를 근거로 올바른 행동 방식을 결정하지 말아야 한다. 때로는 남들의 신경에 거슬릴지라도 '옳은' 일을 해야 한다는 의미다. 가면 자폐인이 남들의 변덕스러운 반응과 기분에 휘둘리지 않고 자신의 신념과 인식을 바탕으로 행동을 결정할 **분별력**을 키우려면 상당한 연습이 필요하다. 가면 자폐인은 사람들이 자기에게 불만을 표시하면 괴로워하기 쉽다. 타인의 비난은 지금껏 우리에게 매우 위험하고 고통스러웠기 때문이다. 남들을 만족시킬 수 있다면 거의 무슨 짓이든 하려고 들 자폐인이 많다. 탄탄한 자기 옹호 기량을 갖추려면 우선 다른 사람들의 심기를 건드리는 고통을 견딜 수 있어야 한다.

가면 자폐인은 다른 사람들의 의견과 감정에 크게 의존한다. 신경전형인들과 아끼는 사람들을 편하게 해주기 위해 뒤로 물러나고, 자신의 산만하거나 괴상하거나 불편한 면모를 숨기며, 누군가 반감을 느낄까 봐 항상 노심초사한다. 배려는 정상적이고 건전한 행동이지만, 가면 자폐인은 남들의 기분을 맞추는 데 기력을 소진하다 보니 자신에 관해 생각하거나 내면에 귀 기울일 인지적 여유가 고갈되기 쉽다. 이런 습관은 진심으로 소통하는 데도 방해가 된다. 유대감을 형성하려면 상대방의 좋은 감정과 나쁜 감정을 제대로 인식하고 정직하게 반응해야 한다. 겉치레 미소와 흉내로는 사람들의 복잡 미묘한 감정을 온전히 포착하기 어렵다.

공공장소에서 가면을 벗는다는 것은 불가능에 가까워 보인다.

다른 사람들과 함께 있으면 생각이나 감정이 증발하는 것처럼 느끼기 때문이다. 나도 그런 상황에서는 압박감이 어찌나 심한지 내 진짜 취향 따위는 생각나지도 않을 때가 있다. 선을 넘어 내 신경을 긁어댄 사람도 있었지만, 몇 시간 뒤에 홀로 남아서 생각할 마음의 여유가 생긴 뒤에야 그 사실을 깨달았다. 나도 가면 벗기가 모든 불안을 떨쳐내고 만사가 명료하며 너그러운 세계로 나아가는 긍정적인 경험이라고 묘사하고 싶지만, 실제로는 그렇지 않다는 것을 잘 안다. 가면을 벗으려 하면 종종 긴장되고 어색한 상황에 처할 것이다. 그럼에도 가면을 벗어야 하는 이유는, 우리를 상처 입히는 가면의 덫에서 빠져나올 수 있다면 신경전형인들의 비난을 감수할 가치가 충분하기 때문이다.

가면을 벗는다는 것은 때로는 버스 안에서 야릇한 눈총을 받고 그 때문에 위축되지 않기 위해 안간힘을 쓰는 경험이기도 하다. 친구와 말다툼을 한 지 며칠 지나서 네가 한 말에 상처를 입었다는 걸 이제야 깨달았다고 구구절절 메일을 써야 할 때도 있다. 유색인종 자폐인은 더욱 어렵다. 공공장소에서 자폐 성향을 드러내면 위험에 처할 수도 있기 때문이다. 많은 자폐인들에게 가면을 벗는다는 것은 제일 안전하고 편안하게 느껴지는 장소와 가장 효과적으로 가면을 벗을 시기와 방법을 심사숙고하여 결정한다는 의미일 것이다. 인간관계에서 우리의 진정한 모습을 드러내려면 상충하는 여러 사항을, 많은 위험 요소와 나란히 존재하는 온갖 가능성과 장점을 고려해야 한다.

지속 가능하고 건강한 방식으로 가면을 벗으려면, 여러모로 새로운 대처 전략을 준비하고 우리를 진심으로 지지하는 사람들을 곁에 두어야 한다. 인간관계의 갈등을 관리하고, 우리를 잘 이해하는 이들과의 유대감을 높일 수 있어야 한다. 가면을 벗는다는 것은 때로는 신경전형인 가족과 친구들에게 우리를 더 존중해달라고 요구하는 일일 수도 있고, 때로는 더 노력할 가치가 없는 사람들과의 관계를 끊는 일일 수도 있다. 이 장에서는 자폐인으로서의 감정적·심리적 필요를 충족하는 관계를 맺고, 우리를 거부하고 소외시키는 공공장소와 인간관계를 탐색하는 방법을 배우도록 다양한 연습과 연구를 소개하겠다.

자폐증 커밍아웃은 신중해야만 한다

자폐증 때문에 대화를 따라갈 수 없다는 핀의 설명은 장애 상태를 **자진 공개**한 것이다. 자폐인의 자진 공개가 유익한지에 관한 연구 결과는 엇갈린다. 앞서 언급했듯이, 일부 실험 연구에 따르면 신경전형인은 상대가 자폐인이라고 하면 편견을 내려놓고 그 사실을 몰랐을 때보다 대화 상대를 좋아하게 된다고 한다. 대화의 어색함이 그저 신경다양성 때문임을 더 쉽게 납득하고 '섬뜩한' 느낌도 덜해질 수 있다. 그러나 심리학자들은 이처럼 일대일 대화에서 관찰되는 단기적 효과가 대규모 집단이나 직장에서도 나타나리라고 확신하진 못한다.

안나 M. 로무알데즈Anna M. Romualdez와 동료들은 최근 연구에서 자폐증 성인들에게 직장에서 자폐증을 자진 공개한 경험에 관해 질문했다.[2] 연구자들에 따르면 참여자 대부분이 업무상 편의 제공과 동료들의 좀 더 너그러운 대우를 바라며 '커밍아웃'했지만, 그중 45퍼센트는 바라던 결과를 얻지 못했다고 대답했다. 참여자 중에 자폐인임을 밝힌 후 괴롭힘을 당했다고 말한 이들은 비교적 적었지만, 대부분 대우가 전혀 달라지지 않았으며 오히려 더 취약해진 느낌이었다고 고백했다. 반면 참여자의 40.4퍼센트는 상사가 기꺼이 자신의 말을 받아들였거나 동료들이 이해하고 격려해주었다며 자진 공개가 긍정적인 영향을 미쳤다고 응답했다.

후속 연구에 따르면 자폐증 자진 공개의 영향은 자폐증이라는 신경 유형에 대해 상대방이 얼마나 아는지에 달린 것으로 나타났다.[3] 자폐증을 잘 모르고 고정관념에 사로잡혀 있는 사람은 매우 유해하고 모욕적으로 반응하기 쉽다. 예를 들어 성인도 자폐증일 수 있다는 사실을 알고 깜짝 놀라며 "하지만 당신은 자폐인처럼 보이지 않아요!" 등의 허튼소리를 내뱉을지도 모른다. 자폐인이 자진 공개를 하면 아기 취급을 당하거나(심지어 혀 짧은 소리로 말을 거는 사람도 있다), 그가 정말로 똑똑하고 멀쩡하며 일반인처럼 보인다는 공치사가 쏟아지기도 한다. 학교나 직장에서 자폐인임을 밝혔다가 갑자기 사람들의 기피 대상이 될 수도 있다(뭔가 잘못 말하거나 기분을 상하게 할까 봐 무섭다는 것이다). 하지만 신경전형인도 일단 자폐증 성인을 만나서 긍정적인 인간관계를 맺으면 마음을 열고 자폐증에 관해 기꺼이 배우려는 경우가 많다.

소셜 미디어는 실생활에서 사람들의 거부감을 염려하지 않고 자진 공개하는 방법이다. 틱톡이나 인스타그램과 같은 소셜 미디어 플랫폼에서는 자폐증 청소년들과 성인들이 처음 듣는 음악에 '가면'을 벗고 반응하는 동영상을 올려 입소문을 타고 있다. 2020년 7월에는 열아홉 살 자폐증 여성이 헤드폰을 쓰고 음악에 맞춰 춤추는 동영상이 널리 공유되며 1000만 명 이상 시청하는 등 큰 인기를 끌었다.[4] 동영상에 달린 댓글 대부분이 흥미롭다거나 응원한다는 내용이었다. 이 동영상을 만든 제이는 이후로도 자폐증 수용에 관해 팔로워들에게 알리는 짧은 영상을 여럿 제작했다. 작가이자 트위터 유명인인 클리프는 수년 전부터 자기 아이들의 자폐증에 관한 연민 어린 글을 써오다가 2020년에는 자기도 자폐인이라고 밝혔고[5] 소셜 미디어 팔로워들에게 가면 쓰기와 보완에 관해 알리는 글을 종종 쓴다. 클리프의 팔로워들도 열렬한 응원으로 답했으며, 상당수는 자신의 신경다양성 경험을 공유하기도 했다. 거짓 정보와 괴담과 고정관념이 만연했던 수십 년이 지나고, 마침내 대중이 자폐인의 경험담에 관심을 보이기 시작했다. 이제 우리의 목소리를 전달할 창구가 생긴 것이다.

물론 인터넷에서 공개적으로 자폐증을 드러냈다가 부정적인 경험을 할 수도 있다. 내가 아는 어느 흑인 자폐인 댄서는 음악에 맞춰 춤추는 동영상을 트위터에 올렸다가 관심을 끌려고 '가짜' 장애를 꾸며낸다는 비난과 사이버불링에 처했다. 사이버불링이 너무 심해서 계정을 비활성화했기 때문에 그 트윗을 인용할 수도 없다. 백인 자폐인인 제이가 사람들을 계몽하기 위해 인터넷에서 공공연하고 행복하게 자폐인임을 전시했을 때는 찬사받았는데도, 똑같은 행동을 한 흑인 여성은 수상쩍게 여겨졌다는 점은 주목할 만하다.

자폐증을 언제 어떻게 공개할지 고민하는 자폐인은 딜레마에 처한다. 자폐증에 관해 알리려면 자신이 자폐인임을 밝혀야 하지만, 대부분은 자폐증을 오해할 가능성이 높은 험난한 문화적 환경에서 자진 공개를 하게 된다. 정체성을 밝힘으로써 자폐증에 관한 사람들의 잘못된 편견에 어느 정도 맞설 수는 있지만, 이런 고정관념이 만연하고 오래되다 보니 단 하나의 반례로 모든 피해를 벌충하기는 불가능하다. 다수 집단에 속한 사람은 억압받는 집단에 관해 자신의 고정관념과 반대되는 정보를 접하면 **폄하**하거나("당신이 무슨 자폐증이야!") 고정관념에서 벗어난 사람들을 **하위 집단화**하는("당신은 다른 자폐인과는 달라, 그 사람들은 진짜로 문제가 있지만 당신은 똑똑하잖아") 식으로 대응하곤 한다.[6]

많은 경우 자진 공개는 무시와 무지의 파도 앞에 자신을 드러내는 행위다. 설사 남들에게 긍정적인 영향을 미치더라도 본인은 알아차리지 못하거나 아무런 이득도 보지 못할 수 있다. 크리스털은 자폐증 진단을 받은 날부터 이 문제로 괴로워했다. 어머니와 할아버지는 크리스털이 어릴 때 검사를 받지 못하게 막은 당사자였음에도, 자폐증 진단이 그야말로 당황스럽고 충격적인 것처럼 반응했다. 그들은 심지어 크리스털에게 자폐 성향을 계속 무시하는 편이 낫다고, 누구나 사회에서 적응하고 따라잡기 위해 고군분투한다고 말하기도 했다. 안타깝게도 이는 가족 중 최초로 커밍아웃한 자폐인이 흔히 겪는 일이다. 진단받지 않은 자폐 성향을 공유하는 친척들은 자폐증 진단을 받은 사람의 고난을 삶의 당연한 일부분이라 치부하며 방어적으로 무시할 수 있다. 물론 이는 평생 침묵 속에서 고통받아온 경험 때문이다. 친척들의 저항과 격렬한 반응은 그들 자신도 마땅히 받아야 했던 도움이나 인정을 받지 못했다는 분노의 표현일지도 모른다. 자폐인의 자진 공개가 실질적으로 영향을 미치려면 상대방과 상호 존중하고 신뢰하는 관계여야 한다. 또한 상대방에게 자폐증에 관해 계속 배우고 이해하고 수정하려는 의지가 있어야 한다. 크리스털은 최근 성인 자폐증에 관해 거의 모른다는 초등학교 교사 아킵과 데이트를 시작했다. 처음에 아킵은 정체성을 밝힌 자폐인이 사람들에게 듣곤 하는 온갖 상투적이고 무의미한 말들을 늘어놓았다. 크리스털은 자폐인이라기에는 너무 예쁘고 활기차다느니, 자폐증은 데이트 약속을 잊어버릴 '핑계'가 될 수 없다느니 하고 말이다. 아킵은 자폐증에 관해 직접 공부해보라는 크리스털의 말에 정말로 그렇게 했다. 자폐인들이 촬영한 동영상을 찾아보고 크리스털이 추천한 책도 몇 권 구입했다.

"아킵에게 준 책 하나는 그의 집 화장실에 있더군요. 모서리가 접혀 있는 걸 보니 실제로 읽은 것 같았어요. 그게 뭐 대단하냐고 할 수도 있겠지만, 우리 가족들은 내가 보낸 자폐증 관련 책에 손도 대지 않았거든요."

아킵은 자폐인이 자진 공개와 자기 옹호에 애쓸 가치가 있다는 것을 증명해 보였지만, 크리스털의 가족은 그러지 못한 것이다.

나도 모든 자폐인에게 삶의 모든 영역에서 당당하고 공공연하게 장애를 드러내라고 권할 수 있다면 좋겠다. 하지만 그건 너무나도 비현실적이고 무사태평한 소리다. 대부분이 처음에는 자진 공개를 주저하고 이후로도 종종 불안과 자기 의심을 견뎌야 하지만, 각자의 상황을 가장 잘 아는 건 누가 뭐래도 자신이다. 장애를 누군가

자진 공개 전에 질문해야 할 것들

- 누구에게 자폐인임을 '커밍아웃'하고 싶은가?
- 왜 그러고 싶은가? 어떤 반응을 기대하는가?
- 나에 관해 사람들이 더 잘 이해해주었으면 하는 점은 무엇인가?
- 자폐증의 '실체'를 설명하기 위해 얼마나 에너지를 쏟을 수 있는가?
- 상대방에게 구체적으로 '요청'하고 싶은 것이 있는가(편의 제공이나 그 밖의 대우 등)?
- 누가 나를 '이해'하고 자기 옹호를 도와줄 수 있을까?

에게 공개할 이유는 많지만, 공개를 피할 이유도 그만큼이나 많다. 위의 질문들은 이 문제를 어떻게 해결할 것인지 생각해볼 수 있는 몇 가지 성찰 기준이다.

이 질문들에서 알 수 있듯이 가면 벗기와 자폐인 선언은 서로 다르며, 흑백 논리는 필요 없다. 예를 들어 친구들이나 신뢰할 수 있는 몇몇 가족 구성원에게는 자폐증임을 공개하되, 친척 모임이나 직장에서는 숨길 수도 있다. 같은 교회 구성원들에게 많은 시간을 들여 자폐증에 관해 설명할 가치가 있다고 생각한다면 해도 좋겠지만, 자세한 이유는 알리지 않고 필요한 구체적 편의만 얘기할 수도 있다. 신뢰할 수 있는 조력자를 곁에 두는 것도 항상 유익하다.

반드시 모든 이들에게 똑같은 정보를 제공하진 않아도 되며, 쓸데없이 편견과 낙인을 자처할 필요도 없다. 예를 들어 인사팀에 편두통 때문에 사무실 조명 조절 스위치가 필요하다고 말하는 편이

자진 공개할 때 염두할 사항

- 자폐증은 내가 사과해야 할 일이 아니다.
- 남들이 나를 존중하기 위해 나라는 사람이나 자폐증에 관해 완전히 이해할 필요는 없다.
- 나는 남들을 위해서가 아니라 스스로를 위해 정체성을 밝히는/편의를 요청하는 것이다.

낫겠다고 판단할 수도 있다. 친구에게 자폐성 번아웃이 도졌다고 고백하기보다 아파서 못 나가겠다는 '핑계'로 약속을 취소해도 괜찮다. 정체성을 서서히 공개하는 것도 좋다. 먼저 스스로 가면을 벗은 자신의 모습에 익숙해지고, 그다음에는 가장 안전하다고 느끼는 사람들과 가면을 벗은(혹은 반쯤 벗은) 관계를 발전시켜가는 것이다. 핀의 활동가 친구들이 그랬던 것처럼, 누군가 나의 장애를 의심할 때 두둔해주는 사람들은 든든한 버팀목이 된다. 예를 들어 감각 과부하를 관리하도록 돕거나 신체적으로 피로해하는 징후가 있는지 확인하도록 일깨워줄 수도 있다. 당신이 제대로 대우받을 자격이 있다고 생각하는 사람들이 주변에 있다면 당신도 그렇게 믿기가 훨씬 쉬워진다. 자진 공개할 때 염두에 두어야 할 몇 가지 확인 사항을 위의 표로 공개한다.

가면을 벗고 필요한 편의를 제공받기 위한 개인적인 노력뿐 아니라. 이 과정이 한결 편해지도록 도와줄 사람들과 유대 관계를 쌓고 다지는 일도 매우 중요하다. 바로 이것이 다음에 살펴볼 연습의 핵심이다. 남들의 기분을 맞추려는 버릇을 버리고, 핀치가 '딸기 친구들'이라고 칭하는 부류의 사람들과 더 깊은 관계를 다져나가는 것이다.

가면을 벗고 진짜 친구 사귀기

핀치는 자신의 자폐증과 남들에게 아첨하는 버릇을 서술하면서 자기가 진정한 친구들로부터 멀어지려 했다고 회상한다. 핀치에게 사랑은 상대방의 행복을 위해 열심히 노력하는 일이었다. 반대로 그에게 항상 따뜻하고 관대한 사람은 오히려 믿을 수가 없었다. 그는 자신이 진정한 애정에 보답할 수 없다고 생각했다.

"나는 친구, 파트너, 지인 등 어떤 관계에서든 가장 너그럽고 상냥하며 정답게 다가오는 사람에게서 멀어지려는 경향이 있었다. 남들의 기분을 맞추는 사람은 인간관계에서 끝없이 노력하는 데 너무 익숙해져 있기에 상대방이 아무것도 요청하지 않으면 오히려 혼란스러워한다."[7]

핀치는 불안정하고 냉탕과 온탕을 오가는 관계를 더 편안하게 느꼈다. 그러다 보니 폭력적인 연인들과 사귀고 그를 이용하려는 사람들에게 착취당했으며 더 좋은 관계를 맺을 수 있었던 새로운 지인들을 소홀히 대했다. 몇 년이 지난 후 핀치는 자기 머릿속의 사회적 관계를 재설계해야 한다는 걸 깨달았다. 익숙한 관계들이 그에게 좋지 않은 게 분명했다. 그래서 그는 자리에 앉아 친구가 되어줄 만한 사람들의 목록을 작성했다.

"내게 '지나치게 친절했던' 사람들을 구글 문서로 정리했다. 내

휴대전화 연락처에서 그들의 이름 옆에 이모티콘을 넣었다. 정말로 다정했던 사람들 옆에는 딸기 이모티콘을, 내가 생각하거나 성장하도록 도와준 사람들 옆에는 묘목 이모티콘을 넣었다."

핀치는 '딸기 친구들'에게 연락하여 앞으로는 그들과의 우정을 우선시하고 싶다고 말했다. 지금껏 자기가 그들을 실망시킬까 봐 애정을 표현하지 못했다는 것도 인정했다. 이후로 그는 휴대전화에 딸기나 묘목 모양의 알림이 오면 언제나 신속하고 정성스럽게 답장을 보냈다. 친구들과의 약속을 취소하거나 일부러 거리를 두지도 않았다. 핀치의 삶은 친구들을 중심으로 돌아가게 되었다.

자폐인은 대체로 신경전형인처럼 사회적 직관에 따라 행동하지 않는다. 어떤 사람을 얼마나 잘 알든, 그에게 어떤 감정을 느끼든 상관없이 모든 반응에 동등한 가치를 부여하기 쉽다. 특히 누구도 속상하게 만들기 싫어서 누구에게나 똑같이 친절하게 대하려 애쓰는 가면 자폐인은 더욱 신경전형인처럼 사회적 본능이 자연스럽게 작동하지 않기에, 특정 인물들을 우선순위로 설정해놓거나 특정한 단체 채팅방이나 어플리케이션 말고는 모든 알림을 끄는 등 자동화하는 방식이 유용할 수 있다. '딸기 친구들' 방식은 누구에게 어떤 순서로 응답할지 매번 일일이 결정할 필요 없이, 특정 관계가 다른 관계보다 더 중요하다는 생각을 굳혀 더 확고한 자아의식을 길러준다.

1년쯤 지나자 '딸기 친구들' 상당수는 핀치가 선택한 가족과도 같은 존재가 되었다. 핀치는 PTSD와 섭식 장애를 치료하는 동안 이들의 응원을 받을 수 있었다. 심지어 '딸기 친구들'끼리도 서로 친해져서, 핀치에 따르면 이들 모두가 하나의 단체 채팅방에서 만난다고 한다.

발달심리학 연구에 따르면 많은 자폐인들은 아주 어릴 때부터 남들에게 불안형 애착을 보인다고 한다.[8] 개인의 애착 유형은 인생 초기의 인간관계, 특히 주 양육자와 맺는 관계가 얼마나 안정적인지에 따라 형성된다. 유아기에 안정형 애착을 형성할수록 연애를 비롯한 이후 인간관계의 질이나, 위로와 정서적 지원을 받아들이는 능력도 높아지는 경향이 있다.

발달심리학자들에 따르면 애착 관계가 안정적인 아이는 양육자의 지지를 기반 삼아 외부 세계 탐색에 나선다. 낯선 놀이터에서 놀이기구를 타보거나 새로운 친구를 사귀는 등 모험을 시도하다가도 애착 대상의 존재를 확인하고 안도감을 느끼기 위해 주기적으로 돌아온다. 또한 혼자 남겨지면 슬퍼하고 괴로워하지만 양육자가 돌아오는 즉시 금방 안심하고 안정을 되찾는다. 성장 과정에서도 남들과 비교적 쉽게 친해지며, 깊은 안정감과 신뢰를 바탕으로 인간관계에서 발생하는 갈등과 어려움을 해결할 수 있는 성인으로 자란다.

발달심리학자들이 문제적으로 간주하는 애착 유형들도 있다. 예를 들어 불안형 애착 유형의 아이는 버려질까 봐 양육자로부터 멀어지기를 두려워하며, 혼자 남겨지면 이후에도 씻어내기 어려운 극심한 고통에 빠질 수 있다. 회피형 애착 유형의 아이는 양육자와 의사소통을 잘하지 못할 수 있다. 자폐인은 신경전형인에 비해 불안-양가형 애착 유형의 비율이 높은 것으로 보인다. 이런 유형의 아이는 위로하거나 달래기가 어렵고, 아무리 가깝고 사랑하는 사람도 난관이나 위기 상황에 기댈 수 있는 든든한 '안전기지'로 여기지 못한다. 불안-양가형 애착 유형은 성인기에 불안과 결합된 심각한 감정적 의존에 빠지기 쉬우며, 인정을 갈망하면서도 인정받지 못할 거라고 생각한다. 많은 자폐인들이 친해지고 싶어서 다가오는 사람들을 무의식중에 밀어내곤 한다.

여기서 짚고 넘어가야 할 것이 있다. 발달심리학자들이 안정형 애착의 외적 특성을 정의할 때 신경전형성 아동과 성인의 행동을 근거로 한다는 점이다. 안정형 애착을 형성한 신경전형성 아동은 뚜렷하고 특징적인 눈 맞춤과 발성 방식으로 양육자의 존재를 확인하는데, 이것이 자폐아에게는 어색하게 느껴질 수 있다. 게다가 불안형 애착의 징후는 흔히 신경다양성(혹은 신경전형성 세상에서 정신적 외상을 입은 경우)과 구별하기 어렵다. 예를 들어 회피형 애착은 아이가 괴로울 때 양육자에게 등을 돌리고 위로를 구하지 않는 행동으로 나타난다. 이는 아이가 양육자로부터 지지를 받지 못한다고 느낀다는 의미일 수도 있지만, 자폐증 때문에 신체 접촉이나 눈 맞춤이나 언어적 의사소통을 싫어한다는 의미일 수도 있다.

많은 자폐인들이 어릴 때부터 주 양육자의 거부와 오해를 경험한다. 신경전형인들이 적절하게 여기는 방식으로 위로를 구하지 못해서 처벌을 받거나 방치될 수도 있다. 다른 아이 옆에서 놀되 눈은 마주치지 않는 행동(**평행 놀이**라고도 한다)과 같은 자폐인 특유의 관계 시도는 사회성 부족으로 오해받을 수 있다. 격렬한 자폐성 멜트다운은 달랠 수 없는 아이라는 증거이자 불안형 애착의 징후로 받아들여질 수 있다. 이 밖에도 다양한 이유로 인해 자폐인은 타인과의 애착 관계에서 극심한 불안을 느끼거나, 진심으로 관계를 맺으려고 해도 거부와 오해에 처하기 쉽다. 신경전형적 애착의 '규칙'에 따르면 우리는 애초부터 안정되고 건전한 유대 관계가 불가능한 사람들이다.

자폐증 성인에게 종종 나타나는 불안형 애착의 특징 하나는 칭찬이나 관심을 받으면 불편해하는 것이다. 조롱이나 놀림을 받는 관계, 감정적이고 폭력적인 관계에 길들여져서 자신에게 쏟아지는 호의적인 관심이 사회적으로 적절한지조차 인식하지 못할 수도 있다. 핀치의 말처럼 상대방이 실제로 내게 '지나치게 친절한' 것인지, 아니면 내가 학대에 너무 익숙해져서 친절을 의심하는 것인지 외부의 의견을 구하면 도움이 될 수 있다.

몇 가지 질문을 통해 당신이 안정적 애착 관계를 밀어내고 있는 것은 아닌지 성찰해보자.

다음 표의 내용은 많은 자폐인이 남들에게서 감정적으로 물러서게 하는 보호주의와 자기 회의의 핵심을 짚어낸 질문들이다. 대부분에게는 사람을 두려워할 만한 이런저런 이유가 있다. 어렸을 때 내게 관심을 보인 사람들 상당수는 더 여성스러워지는 방법을 '가르쳐주고' 싶어 하는 여성들이었다. 때로는 숙제나 글쓰기를 도와달라며 다가오는 같은 반 친구들이나 동료들도 있었지만 말이다. 그러다 보니 내게 관심을 보이는 사람은 재미 삼아 나를 뜯어고치고 싶거나 내게서 이용 가치를 발견했을 거라고 생각하게 되었다. 나는 내가 받는 모든 칭찬이 이른바 '돌려 까기'라고 여겼다. 나를

좋은 관계를 밀어내고 있지는 않은가?

- 칭찬받으면 한 귀로 듣고 한 귀로 흘려야 한다고 느끼는가?
- 주변에 '지나치게 친절한' 것처럼 느껴지는 사람들이 있는가? 어떤 사람들인가?
- 버림받을지도 모른다는 두려움 때문에 남을 좀처럼 믿지 못하는가?
- 누가 호의적인 관심을 보이면 거부감이 드는가?
- 자신이 친절하고 다정한 이와 친해질 '자격'이 없을까 봐 두려운가?
- 누가 당신에게 내밀한 속내를 보여도 별일 아닌 듯 넘기려고 하는가?
- 사람들에게 호감을 표현하기가 어려운가?

불안하게 하려고 남들과의 차이를 강조하거나 비꼬아 칭찬했다고 말이다.

자폐인은 그를 진정으로 좋아하는 친구와 그가 쓴 가면에 호의적으로 반응하는 피상적인 지인을 구분하기 어렵다. 그 차이를 확인하는 한 가지 방법은 내가 완벽하지 않았을 때 곁에 있어준 사람들을 살펴보는 것이다. 나를 조건부로만 받아들여주는 사람들 곁에서는 결코 편안할 수 없을 테니 말이다. 다음의 몇 가지 질문을 통해 딸기 이모티콘을 받을 수 있는 사람과, 내가 고분고분하고 싹싹할 때만 관심을 보이는 사람을 구분할 수 있을 것이다.

해당 질문들을 곰곰이 생각하다 보면 사려 깊고 믿을 수 있으며 비판적이지 않은 친구들이 떠오른다. 그들의 변함없는 애정은 내 이야기의 세부 사항까지 기억하는 등 사소한 측면에서도 나타

좋은 관계인지 확인하는 요령

- 내가 마음 편히 반대 의견을 표명할 수 있는가?
- 나의 의견과 선택을 편견 없이 심사숙고할 수 있게 해주는가?
- 나 때문에 속상했다고 솔직히 말하고 내가 만회할 기회를 주는가?
- 어떤 일이 있더라도 나를 존중해주는가?
- 내게 활력이나 영감을 주는 사람인가?
- 나의 짓궂고 장난기 많은 면모를 이끌어내는가?
- 나의 한층 솔직하고 절제되지 않은 모습을 보여주고 싶은 사람인가?

난다. 이런 친구들은 나와 의견이 다를 때도 내 관점을 이해하려고 노력하거나 내가 그렇게 생각하는 이유를 신중히 헤아려준다. 내가 경솔하고 속상한 말을 했다면 우정을 지키기 위해 솔직히 알려주되 창피를 주지는 않는다. 내게 원하는 것을 전달하고, 도움이 필요할 때 도움을 요청하며, 내가 그들 곁에 있어주려다가 실수하더라도 나를 원망하지 않는다. 내 혼란스러운 감정이나 정리되지 않은 의견을 공유할 수 있고, 괴상하거나 좀스럽거나 어리석은 모습도 마음 편히 보여줄 수 있는 사람들이기도 하다. 이런 친구들의 지지는 내가 화나거나 슬플 때, 또는 아무리 생각해도 이해할 수 없는 동료의 말 때문에 싱숭생숭할 때 편안한 안식처가 되어준다.

다음의 몇 가지 질문을 통해 내게 '딸기 친구들'이 될 수 없는 사람을 구분할 수 있다.

해당 범주에 속하는 사람들은 외향적이고 내게 관심도 많지만

좋은 관계가 아닌 경우

- 의무감이나 죄책감 때문에 억지로 내 곁에 있어주는가?
- 그에게 인정받아야 한다고 느끼는가?
- 나를 불안하게 하고 스스로 부족하다고 느끼게 하는가?
- 함께 있으면 지친다고 느끼는가?
- 나의 진정한 모습을 숨기거나 검열하게 만드는가?

피상적인 수준에 그치곤 한다. 내게 흥미를 보이더라도 가시 돋힌 질문을 던지거나 나를 시험하는 것처럼 느껴지기도 한다. 이들과 함께 있으면 긴장을 풀고 가면을 벗는 데 도움이 되기는커녕 오히려 더 초조해진다. 그중 몇몇은 내가 봐도 정말로 유쾌하고 재미있는 사람이지만, 단 한 번의 사회적 실수나 동의할 수 없는 선택 때문에 타인을 배척하거나 응징하는 모습을 보이기도 했다. 그중에도 특히 생각나는 사람이 하나 있다. 정말 매력적인 친구였지만, 내가 자기를 실망시켰다고 은근히 암시할 뿐 실제로 내가 무슨 짓을 했고 왜 실망했는지는 결코 말해주지 않았다. 또 다른 친구는 내가 존경하던 선배 작가인데, 같이 어울릴 때마다 내가 너무 차갑고 지적이고 오만하다며 집요하게 훈계하곤 했다. 설사 그 말이 옳다고 해도, 나는 그가 나를 인정하기는커녕 좋아한다고 느낀 적도 없다. 그는 진정으로 내가 성장하기를 바라는 게 아니라 내게 한 방 먹이고 싶은 것처럼 보였다.

'딸기 친구들'과 더 많은 시간을 보낼수록 사회적으로 능숙해질 것이며, 다른 사람과의 만남이 힘겹고 가식적인 억지 연기처럼 느껴지는 증상도 사라질 것이다. 마음 편한 사람들과 즐거운 시간을 보내면 사교 기술이 발달하여 다른 인간관계에도 도움이 될 수 있다. 신경과학자들은 자폐인의 뇌가 사교 기술 영역에서 신경전형인의 뇌보다 훨씬 오랫동안 꾸준히 발달한다는 것을 관찰했다.[9] 요야네커 A. 바스티안선Jojanneke A. Bastiaansen과 동료들이 수행한 연구(2011)에 따르면 자폐인은 청년기에 아래이마이랑inferior frontal gyrus(얼굴 표정 해석에 관여하는 전두엽 영역)의 활동이 비자폐인보다 훨씬 적지만, 서른 살쯤 되면 차이가 거의 없다고 한다. 다시 말해 자폐인의 뇌가 사회적 데이터로서의 얼굴 표정을 적극적으로 처리하고 해석하는 데 있어 결국에는 신경전형인의 뇌를 '따라잡는다'는 것이다. 다른 연구에 따르면 쉰 이상의 자폐인은 다른 사람들의 동기와 감정을 이해하는 능력이 비자폐인과 비슷하다고 한다.[10]

연구자들은 왜 이런 결과가 나타나는지 확신하지 못한다. 다만 자폐증이 일종의 발달 장애 또는 지연이라는 주장을 증명하는 데 유익한 자료라는 건 분명하다. 자폐인도 시간이 지남에 따라 다른 사람들의 얼굴을 읽고 행동을 이해하는 데 능숙해진다는 것은 결국 세상을 이해하는 자신만의 체계와 요령을 개발하기 때문이 아닐까? 만약 좀 더 일찍 접근 가능한 도구를 제공받는다면 신경전형인과 같은 속도로 발달할지도 모른다. 신경전형인에게 통하는 인간관계의 각본과 요령이 자폐인에게는 통하지 않기에, 우리는 사회적 본능을 개발하는 방법을 스스로 익혀야 한다.

자폐인은 나이가 들고 사회적 접촉이 많아질수록 사람들의 표정을 잘 읽을 수 있다. 하지만 우리도 신경전형인 쪽에서 우리를 이해하려고 노력하는 세상에서 살아갈 자격이 있다. 우리가 두려움이나 사회적 위협감을 느끼지 않는 사람들과 함께 지내다 보면 눈을 맞추고 대화를 시작하고 자기주장을 펼치는 데도 더 익숙해질 것이다.[11] 자폐인인 이상 사회 불안에서 완전히 벗어날 수는 없으며, 버림받을지 모른다는 생각이 들 때마다 민감하게 반응할 수도 있다. 굳이 신경전형적으로 바람직한 자기표현이나 타인과의 의사소통 방식을 배울 필요도 없다. 눈 맞춤이 힘들고 부담스럽다면 이를 거부함으로써 가면을 벗는 것이 눈 맞춤에 익숙해지는 것보다 더 중요하다. 건강하고 호의적인 사람들과 교류하면서 자신에게 알맞은 방식으로 마음을 열고 효과적으로 생각을 표현하는 법을 배울 수 있다. 있는 그대로의 자신에게 익숙해지면 사람들이 그렇게까지 두렵고 혼란스럽지는 않다는 것을 깨달을지도 모른다.

명확하게, 솔직하게, 구체적으로

자폐인들은 대체로 말투나 비언어적 암시에 기대지 않는 명명백백한 메시지를 선호한다. 우리는 구체적인 기대치가 제시되는 것, 많은 질문으로 정확한 의미를 파악할 기회가 주어지는 것을 좋아한다. 이런 바람을 주변의 비자폐인들과 공유하면 인간관계가 한층 쉬워질 뿐 아니라 훨씬 더 깊고 넓어질 수 있다. 자폐성 의사소통 방식의 특징과 장점을 받아들이면 사회적으로 무능하고 무력하다는 느낌도 훨씬 줄어들 것이다.

다음 표는 자폐인의 의사소통에서 필요한 공통 사항을 요약한 것이다. 주변에 자폐인의 접근성을 높이려 하는 신경전형인이나 조직이 있다면 이 표를 보여주거나 그중 몇 가지를 직접 구체적으로 요청해보자.

우리는 직접적인 의사소통을 갈망하지만 한편으로 혼자서 떠드는 데에도 능숙하다. 때로는 지나치게 능숙할 정도다. 가면 자폐인은 상대에게 솔직함을 요구한다거나 퉁명스럽다거나 남들은 돌려 말할 것들을 대놓고 말한다는 이유로 평생 비난받곤 한다. 우리도 시간이 지남에 따라 자기표현을 절제하는 법을 배운다. 하지만 성인이 되어 인생 경험과 자기 옹호 요령이 충분해지면 의사소통 방식을 돌아보고 대화 시 약점을 강점으로 바꿀 수 있다. 나는 업무 회의 중에 일어나서 이 회의의 진짜 목적이 무엇인지 질문한 적이 수없이 많다. 학계에서나 정치 조직에서나 사람들은 막연히 뭔가 해야 될 것 같은데 정확히 무엇을 어떻게 수행해야 할지 잘 모를 때 회의를 소집하곤 한다. 지나치게 분석적인 자폐성 뇌를 지닌 나는 체계를 갈망하며, 사회 불안과 감각 문제 때문에 대부분의 회의가 가급적 빨리 끝나기를 바란다. 그래서 대화가 초점을 잃고 제자리에서 빙빙 도는 것 같으면 비공식적인 진행자처럼 행동하는 경향이 있다. 누군가 의구심을 보이며 완곡하게 말하면 그의 관점을 최대한 이해하고 내 우려를 명확히 표현하려고 한다. 누군가 무의식중에 부적절하거나 불쾌한 행동을 하면 최대한 빨리 그의 주의를 다른 곳으로 돌린다. 많은 자폐인이 이런 상황에서 '꼬마 교수' 성향과 가면 본능을 능숙하게 발휘할 수 있다. 한때는 사람들을 달래고

포괄적 필요	요청 가능한 구체적 편의
명확한 기대치	• 시간, 장소, 일어날 수 있는 일에 관한 세부 사항이 포함된 구체적인 계획을 제시한다. • '네/아니오'로 명확히 응답한다. '생각해보겠습니다'와 같은 완곡한 표현을 지양한다. • 회의 안건을 사전 배포하고 이를 준수한다. • 패널, 인터뷰, 그 밖의 부담스러운 공개 행사에 앞서 제공한 자료, 질문, 토론 주제를 숙지한다. • 작업 완료 방법에 관한 단계별 상세 지침을 제공한다. • 구체적이고 측정 가능한 결과 또는 목표를 제시한다.
명시적 메시지	• 모든 사람이 표정, 어조, 자세, 호흡, 눈물을 감정적 지표로 사용할 수 있다는 전제를 버린다. • 감정 상태를 직접적으로 설명한다. "나는 지금 ○○ 때문에 실망했습니다." • 경계선을 인정하고 존중한다. "셰리는 지금 그 얘기를 하고 싶지 않은 것 같네요." • 행간을 읽지 못했다고 비난하거나 판단하지 않는다. • 명확하게 질문한다. "내가 어떻게 하면 좋을까요?"
감각적·사회적 부담 감소	• 격렬한 대화중에 눈 맞춤을 기대하지 않는다. • 까다로운 주제를 논의하는 동안 운전이나 산책, 그 밖의 수작업을 할 수 있는 공간을 마련한다. • 문자, 메일, 쪽지 등으로 감정과 의견을 표현한다. • 혼자만의 시간에 스스로 감정과 신념을 되돌아볼 수 있게 한다. • 아침과 멜트다운의 징후를 인식한다. • 사교 활동에서 물러날 수 있는 휴식 시간과 조용한 공간을 제공한다.

기분을 맞추던 수단을 보다 사회적인 목적으로 활용하는 것이다.

지난겨울 나는 근무 중인 대학에서 열린 다양성 및 포용성 위원회 회의에 참석했다. 회의 주최자는 어색한 분위기를 깨고 서로를 알아가기 위해 간단히 자기소개를 한 다음 코로나바이러스 이전의 삶에서 가장 그리운 것을 얘기해보자고 요청했다.

분위기를 띄우기 위한 질문치고는 너무 무신경하게 들렸다. 그 당시 우리 대부분은 1년 가까이 고립되어 지낸 터라 사회적 연결, 신체 접촉, 가슴 설레는 이벤트가 절실했다. 죽음으로 가득했던 끔찍한 한 해의 종지부를 찍는 지독하게 암울하고 쓸쓸한 겨울이었다. 회의 참석자 중에 이 질병으로 사랑하는 이를 잃은 사람들도 분명히 있을 터였다. 물론 업무 회의 중에 코로나바이러스 이전의 삶에서 가장 그리운 것이 돌아가신 할머니라고 말할 수는 없었다. 그 대신 즐겨 가던 페루 레스토랑에서의 식사가 그립다는 식으로 부담스럽지 않고 업무상 자리에 적합한 답변을 골라야 했으리라. 이런 부조리한 상황을 생각하니 가슴이 아팠다. 그래서 사람들에게 내 소개를 할 차례에 이렇게 말했다.

"안녕하세요, 여러분. 저는 데번 프라이스라고 합니다. 요청하신 질문은 그냥 넘어가도록 할게요. 코로나바이러스 이전의 삶에서 그리운 것들을 전부 이야기하기 시작하면 눈물이 날 것 같거든요!"

나는 최대한 가볍게 말하려 애썼고, 사람들은 내 말에 공감하며 웃었다. 회의 진행자를 비난하는 것처럼 들리지는 않으면서도 그 질문이 얼마나 불편했는지 강조하는 것이 중요하다고 생각했다. 그 순간에는 가식과 정직이 상반되는 힘이 아니라 서로를 돕는 힘이었다.

내 발언 후 다른 참석자들도 해당 질문에 대답하지 않기로 했다. 그중 한 사람은 내게 그렇게 말해줘서 고맙다는 메시지를 개인적으로 보내왔다. 같은 회의 후반에 나는 경찰을 캠퍼스 밖으로 내보내자는 로욜라대학교 흑인 학생회의 제안을 위원회가 고려하지 않고 있다는 사실에 실망감을 표하기도 했다. 내 생각엔 다양성 및 포용 위원회의 현재 목표(강의 계획서에 유색인종 학자가 몇 명이나 적혀 있는지 헤아리는 것 같은)로는 불충분하며, 캠퍼스 내 경찰 폭력 문제를 해결하기 위해 더욱 노력해야 한다고 말이다. 나는 직설적 발언이 허용되는 남성 패싱 자폐증 백인이기에 남들은 제기하지 못하는 문제를 제기해도 괜찮다는 것을 알고 있었다.

처음 몇 번은 이런 자기주장이 너무 무례하게 보일까 봐 걱정했다. 하지만 오히려 거의 항상 고맙다는 인사를 받았다. 나는 많은 비자폐인들이 명확한 의사 표현을 반기며 다행스럽게 받아들인다는 걸 깨달았다. 직장에서 자폐인의 솔직함은 절묘하게 활용될 수 있다. "아니요, 그럴 시간이 없어요." "이러시면 불편한데요." "그래서 예산이 얼마죠?" 같은 말들은 교묘한 사회적 겉치레를 쳐내고 모호하던 문제를 훨씬 더 구체적으로 만들어준다. 때로는 내가 지나치게 직설적이거나 최악의 타이밍에 엉뚱한 말을 할 수도 있겠지만, 그래도 오랫동안 자폐증을 숨기려 애써온 덕분에 자폐인 특유의 솔직함을 대체로 잘 활용할 수 있게 되었다.

자폐인은 의사소통에 '서툴다'고 알려져 있지만, 데이터에 따르면 실제로는 그렇지 않다. 2019년 발표된 캐서린 J. 크롬턴Catherine J. Crompton과 동료들의 연구에서는 자폐인 두 명이 짝을 지어 과제를 수행할 경우 사회적 의사소통에 매우 뛰어난 것으로 나타났다. 이들은 짧은 시간 안에 다양한 지식과 뉘앙스를 전달하고 과제를 빠르게 마쳤으며 서로 마음도 잘 통했다.[12] 하지만 비자폐인 대화 상대와 짝지어진 자폐인은 오해를 받거나 진지하게 받아들여지지 않는 경우가 많았다. 이 연구는 연구자들이 자폐증의 '사회적 결함'으로 간주하는 특성 대부분이 사실은 결함이 아니라 신경전형인이 적응하지 못하는 의사소통 방식 차이일 뿐임을 암시한다.

신경다양인이 보다 명확한 메시지를 요청하면 모두가 이득을 본다. 농인, 문화와 관습이 전혀 다른 이민자, 비영어권 출신, 사회적으로 불안한 사람은 모호하고 상징적인 의사소통을 이해하기 어렵다. 문화가 복잡하고 상징적일수록 외부에서 온 사람들은 지내기가 어려워진다. 경우에 따라서는 이런 현상이 의도적인 텃세와 배제의 일환일 수도 있다. 예를 들어 학자들은 지성과 근엄함을 드러내기 위해 매우 건조하고 수동적이며 전문 용어로 가득한 글을 쓰도록 훈련받는다. 학술적 글쓰기는 이해하기 어렵고 학계 내에서만 전수되기 때문에, 그 규칙을 잘 따르는지 여부가 '소속감'의 표지가 된다. 하지만 이해하기 어려운 글쓰기는 그만큼 비효율적이기도 하다. 마찬가지로 실업계는 매우 특수한 은어와 스포츠에서 빌려온 온갖 은유에 의존하기에 마초 문화와 의사소통 방식에 익숙하지 않은 사람은 소외될 수 있다. 이런 진입 장벽을 허물어야 진화와 성장이 가능한 다양하고 유동적인 커뮤니티를 구축할 수 있다.

예전에는 신경전형적 언어의 속뜻을 이해하지 못하는 내가 멍청하다고 생각했다. 하지만 지금은 신경전형인들도 대부분 그 의미를 다 이해하진 못한다는 걸 안다. 비자폐인은 복잡한 상황을 직관적이고 효율적으로 처리하지만 그만큼 실수도 많이 저지른다. 자신만만하고 외향적인 사람이 상황을 오해하거나, 다른 사람의 말에 끼어들거나, 무신경하게 모욕적인 말을 내뱉는 경우가 얼마나 흔한지 생각해보라. 이런 행동에는 부정적인 결과가 따르지만, 보통 실수를 저지른 비자폐인이 그 여파를 혼자서 감당하진 않는다. 오히려 주변의 다른 모든 사람들이 오해를 풀고 상처받은 마음을 달래기 위해 동분서주하기 마련이다. 내가 자폐인임을 밝히면서 깨달은 가장 후련한 사실 하나는 질문하고, 필요할 때 끼어들고, 감정을 솔직히 말하는 일이 내게 해롭지 않다는 것이다. 내가 바라고 필요로 하는 것을 말하면 실제로 그것을 얻을 기회가 생기며, 나아가 다른 사람들도 자신의 필요를 더욱 솔직하게 표현할 자유를 누리게 된다.

세상이 기대하는 바를 버리다

"새로운 룸메이트가 들어오면 내가 설거지를 하지 못할 때도 있다고 얘기해요. 설거지가 쌓일지도 모르는데 양해를 좀 해달라고요. 그게 문제라면 함께 살 수 없지요."

자폐인 작가이자 스트리퍼인 파이퍼는 자신의 자폐증을 알게 된 20대 중반까지 살아가는 게 너무 버겁다고 느꼈다. 파이퍼는 활달하고 사교적이었으며 학교 성적도 좋았지만, 몸이나 주거지를 청결하게 유지하지 못했고 약속 장소에 지각하는 일이 많았다. 허구한 날 옷을 더럽혔고 식사하면서 얼굴에 음식을 묻히기도 했다. 사람들의 문자에 답장하는 것을 잊어버렸고 친구 관계도 한번에 두어 명 이상은 유지할 수가 없었다. 자신이 자폐인이란 걸 알았다고 해서 이런 사실들이 근본적으로 바뀌지는 않았지만, 사는 게 왜 그리 힘들었는지는 이제 이해할 수 있었다.

"나는 평생 장애를 가지고 살아왔어요. 장애가 있으니 지원을 받을 자격이 있지요. 그 사실을 인정하니 마음이 편해요."

자폐증을 받아들이기 전에 파이퍼는 자신의 장애를 '드러내는' 모든 것을 꼭꼭 숨기려고 했다. 일하던 스트립 클럽에서 파이퍼는 호감 가고 매력적인 모습을 보였으며 손님들이 춤을 많이 신청하도록 구슬릴 수 있었다. 게다가 사교적 대화에도 능숙했다. 하지만 친구나 애인이 되고 싶어 하는 사람들과는 거리를 두었다. 쓰레기가 가득한 자동차나 설거지거리가 쌓인 싱크대를 보여주고 싶지 않았기 때문이다. 파이퍼가 가면을 쓰는 데 지친 가장 큰 이유는 이처럼 세상과 거리를 두어야 한다는 것이었다. 정상적인 '어른'처럼 보이려면 많은 것을 숨기고 허겁지겁 사과해야 했다. 파이퍼가 가면을 벗는 과정에서 가장 중시한 부분은 자신이 어떤 사람인지, 어떤 일에 무능력한지 공개적으로 인정하고 사람들이 알아서 받아들이도록 하는 것이었다.

"지금 내 차는 쓰레기통 같아서 다른 사람을 태우기가 민망할 정도예요. 하지만 누가 태워달라고 한다면 '타든지 말든지 마음대로 하라지. 별문제도 아니잖아'라고 생각할 거예요. 그냥 지저분할 뿐이니까요."

파이퍼에게서 볼 수 있듯이, 많은 자폐인의 자기 수용은 완벽하고 평온한 자기애가 아니라 숨어버리고 싶은 욕구를 떨칠 수 있게 해주는 '젠장, 내가 알 바 아냐'라는 태도로 나타난다. 파이퍼는 자신이 어떤 사람인지 기꺼이 솔직하게 말해줄 수 있다. 설사 그 때문에 자기와 상극일지 모를 예비 룸메이트가 질겁하며 도망치더라도 말이다. 파이퍼는 자신의 삶에 갖다 대던 신경전형적 잣대를 서서히 내려놓게 되었다.

가면 벗기의 최종 목표가 내면화된 모든 낙인을 극복하고 수치심 없이 사는 것이라고 믿는 자폐인도 있다. 하지만 내가 보기에 이는 현실적인 기준이 아니다. 능력주의는 우리가 완전히 벗어날 수 없는 중력처럼 사회 전체에 만연해 있기 때문이다. 우리가 할 수 있는 일은 능력주의를 외부에 존재하며 우리 자신의 가치관과 대체로 상반되는 문화적 가치 체계로서 관찰할 수 있는 것이다. 요리를 하지 않다니 한심하다고 말하는 머릿속 목소리는 나 자신이 아니라 내 안에 존재하는 사회적 프로그래밍의 목소리이며, 나는 그것에 귀 기울일 필요가 없다. 그 대신 독서, 글쓰기, 댄스파티, 비디오 게임을 즐기는 나의 자아를 소환하고, 이를 위해 더 많은 시간을 할애할 수 있다면 간식과 패스트푸드를 많이 먹더라도 상관없다고 인정할 수 있다. 또한 내가 사는 세상이 독립성을 찬양하다 못해 과도한 고립주의로 치닫고 있다는 점을 새삼 돌아볼 수도 있다. 인류 역사상 어느 문화권에서든 대부분의 개인은 직접 요리를 하지 않았다.[13] 음식 준비는 노동 집약적이고 시간이 많이 걸리는 일이었기에 공동으로 수행하거나 전문 노동자가 도맡았다. 패스트푸드와 길거리 식당은 고대부터 항상 존재해왔다! 전통적으로 개인 주택은 대부분 주방이 없었는데, 사람들이 지금처럼 개인주의적이지 않았으며 음식 준비는 공동체 전체가 분담하는 책임이었기 때문이다. 끼니를 해결하는 데 도움이 필요한 것은 당연한 일이다. 만약 내가 자신의 끼니 준비를 온전히 책임져야 하는 시대와 장소에 태어나지 않았더라면 요리를 어려워한다고 해서 불편할 일은 없었을 것이다.

지금 우리는 개인주의적인 세상에서 살아가고 있기에, 많은 자폐인이 타협하는 법을 배웠고 도움을 요청하는 데 익숙해졌다. 신경전형인이든 신경다양인이든 인간은 뭐든 혼자 해낼 수 있는 존재가 아니며, 만족스러운 삶을 영위하려면 필요한 도움을 구하거나 어느 정도 책임을 내려놓아야 한다. 자폐증 교육자인 모건은 바로 이 지점을 강조한다. 모건은 고객에게(그리고 자신에게도) 개인적 가치관과 실제 일상생활을 비교하고 대조해보라고 요청한다.

모건은 블로그에 이렇게 썼다.[14] "나는 두 아이가 있는 기혼 여성이다. 우리 네 가족은 다양한 장애와 특수성이 있다 보니 일거리가 많아 기력이 딸린다. 나는 내 시간과 주의력을 앞다투어 요구하는 여러 목소리와 우선사항에 직면해 있다."

모건은 가르치고 글을 쓰고 고객들을 교육할 뿐 아니라 신학대학원에서 석사 과정도 밟고 있다. 쉴 새 없이 바쁘지만 신체 장애가 있기에 업무의 상당 부분을 침대에 누워 안정을 취하면서 처리해야 한다. 이 모든 일을 해낼 시간도 기력도 모자랄 수밖에 없다. 하지만 모건은 자신이 어떤 사람이고 자기 삶에서 무엇이 가장 중요한지 잘 알고 있으며, 이를 바탕으로 우선순위를 정하고 무엇을 받아들이거나 포기할지 선택한다.

모건은 자기가 온전히 살아 있다고 느꼈던 과거의 결정적 순간을 떠올리며 스스로를 돌아보았다. 바로 이것이 모건이 고객들에게 지시하는 가치 기반 통합 연습이다. 그는 자신의 핵심 기억들이 인상적이었던 이유를 곰곰이 생각해보고, 해당 기억들의 세 가지 공통 특성을 명확하게 정리했다. 정직, 연결, 변화. 이것들이 모건에게는 무엇보다도 중요한 가치인 것이다. 그 뒤로 모건은 이 세 가지 가치를 정기적으로 평소 일과와 대조해보고 있다. 모건에게 자신의 현재 삶과 가치관이 일치하는지 살펴보는 과정은 네 가지 질문으로 요약되는데, 다음 성찰 연습은 이를 기반으로 내가 정리한 것이다. 이 연습을 완료하려면 앞서 가치 기반 통합 연습에서 작성한 가치관 목록을 준비해두는 것이 좋다.

이 연습으로 우리가 살아가면서 신경전형적 기대에 혹은 막연히 사회적으로 요구되는 모습에 맞추려고 애쓰느라 어떻게 시간을 '낭비'하는지 알 수 있다. 우리의 진정한 자아가 이런 암묵적 요구로부터 조금이라도 거리를 둘 수 있다면 '싫어요'라고 말하기가 훨씬 더 쉬워진다.

모건이 블로그에서 소개한 어느 고객의 사연이 생각난다. 그는 이 목록을 정리한 후 자기가 밤마다 두 시간씩 청소기를 돌리고 가스레인지를 닦는 것이 즐거워서가 아니라 어머니가 그렇게 키웠기 때문이라는 사실을 깨달았고, 얼마 지나지 않아 이 습관을 버리기로 했다고 한다.

내 친구 코디는 정신적 외상 이력이 있는 자폐인이다. 코디에게는 비장애인들이 사회에서 강요받는 방식으로는 운동을 할 수 없다는 자각이 중요한 돌파구가 되었다. 코디에게 심박수를 높이는

성찰 연습[15]

- **당신은 가치관에 따라 살아가고 있는가? 지금 무엇을 하고 있는가?**
  생각해볼 것. 매일 시간을 어떻게 보내고 있는가? 하루를 적어도 일주일 동안 자세히 기록해보라.
- **당신의 가치관에 맞는 일, 당신에게 즐거운 일은 무엇인가?**
  성찰할 것. 일주일 동안 일과를 자세히 기록한 다음, 한 주를 되돌아보며 당신의 가치관과 맞거나 맞지 않는 활동을 체크해보라. 각각의 가치관에 색상을 지정하고 어떤 활동이 어떤 가치와 일치하는지 형광펜으로 표시해보라.
- **반복되는 테마는 무엇인가?**
  주목할 것. 완료했을 때 가장 흐뭇하거나 꾸준히 기대되는 활동이 있는가? 가치관에 맞는 활동과 맞지 않는 활동의 공통점은 무엇인가?
- **당신과 맞지 않는 일은 버려라.**
  도움을 받을 것. 모건의 말을 인용한다. "당신의 일 중 남들도 할 수 있는 일은 무엇인가? 지금처럼 자주 하지 않아도 되는 일은 무엇인가?"

모든 활동은 과거의 학대를 생생히 떠올리게 한다. 어린 시절 코디에게 숨이 가빠진다는 것은 단 한 가지만을 의미했다. 위험한 상황에서 벗어나려고 발버둥치는 것. 코디의 몸은 자신을 보호하기 위해 잘 단련되어 있지만, 그럼에도 격렬한 신체 활동에는 적합하지 않다. 현실을 받아들인 그는 가벼운 준비 운동, 선헤엄, 마사지처럼 기분 좋은 신체 활동만 하겠다고 결심했다.

내가 아는 자폐증 성인 중에는 건강한 삶을 위해 이런저런 것들을 내려놓은 이들이 수없이 많다. 예를 들어 나를 포함한 많은 자폐인들이 요리를 포기하는 이유는 요리에 많은 시간과 계획이 필요하기 때문이다. 요리하고 장보는 일정을 짜고, 재료를 준비하고, 집에 어떤 재료가 있는지 기억하고, 남은 음식을 그때그때 먹어치우고, 어떤 맛과 질감을 견딜 수 있는지 미리 알아보는 노력을 생각하면 '굳이 그래야 하나' 싶다. 그래서 부담을 완전히 내려놓고 인스턴트 음식과 패스트푸드에 의존하는 것이다. 또는 사랑하는 이들에게 도움을 요청하고 식사 계획과 장보기를 맡기는 방법도 있다. 배를 채우고 삶에서 가장 중요한 것들에 할애할 시간만 확보한다면 우린 만족하니까.

많은 가면 자폐인에게 자기도 몰랐던 장애를 껴안고 살아왔음을 성인이 되어서야 안다는 건 세상이 뒤흔들리는 경험이다. 자아상을 수정하려면 오랜 시간이 걸린다. 그 과정에는 비탄, 분노, 당혹만이 아니라 '잠깐만, 그게 자폐증 때문이었어?'라는 수십 번의 깨달음이 따를 수 있다. 상당수는 결국 자폐인 정체성을 삶의 긍정적 변수로 받아들이지만, 그 여정에서 자신의 한계를 받아들이는 것도 똑같이 중요하다. 자신의 강점과 도움이 필요한 부분을 명확히 알수록 건설적, 상호 의존적이고 지속 가능하며 의미 있게 살아갈 가능성이 높아진다.

이 퍼즐의 마지막(내가 보기에 가장 중요한) 조각은 정상적인 혹은 건강한 자폐인의 삶에 대한 기대치를 재설정하는 것이다. 신경다양성을 정상화하려면 무엇보다도 다른 자폐인이나 장애인과 함께 어울리며 커뮤니티의 풍부한 다양성을 받아들이고 우리가 살아가는 다양하고 독특한 방식을 이해하는 것이 최선이다.

서로를 이해해줄 안전한 공간

"평범하고 정상적인 사람들 대부분은 잘 모르겠지만, BDSM*계는 자폐인 오타쿠로 가득하답니다. 사람들은 BDSM이 무시무시하고 괴상한 취미라고 생각하죠. 하지만 우리는 온갖 종류의 밧줄에 관해 공부하고 채찍질당하며 자기 자극을 가하는 오타쿠 집단일 뿐이에요."

티사는 중서부 교외에서 매년 BDSM 컨벤션을 주최한다. 허리까지 길게 땋아 내린 보라색 머리, 다양한 검은색 옷, 여러 개의 피어싱 등 사람들이 생각하는 전형적인 BDSM 성향자의 모습이지만, 한편으로는 진짜배기 자폐인 오타쿠이기도 하다. 티사는 호텔 회의장에 던전을 설치하는 문제로 고민하지 않을 때면 친구들과 보드게임을 하고 미니어처 모형을 채색한다. 티사는 자신의 오타쿠 인맥과 변태 인맥이 엄청나게 겹친다고 말한다. 두 집단 모두 신경다양인들로 가득하다.

"자폐인들은 '던전 앤 드래곤' 게임에 다섯 시간씩 빠져들기를 좋아하고, 그중 일부는 밧줄에 묶이는 감각적 경험도 즐기죠. 양쪽 모두 소수자를 위한 커뮤니티예요."

---

* 결박bondage, 훈육discipline, 지배dominance, 굴복submission, 가학sadism, 피학masochism의 성적 지향을 말한다.

자폐인들은 처음부터 다양한 틈새 집단을 구축해왔다. 필요에 의해서이기도 했지만 관심사와 생활 방식이 특이하기 때문이기도 했다. 퍼리furry 컨벤션, 애니메이션 동호회, BDSM 던전, 아나키스트 무단 점거, 비디오 게임 시합 서킷에 가보면 수십 명의 자폐인을 볼 수 있으며, 그중 상당수는 십중팔구 중요한 지휘자나 조직 담당자일 것이다.

팬덤 개념도 자폐인들이 만들었다. 실버만은 《뉴로트라이브》에서 20세기 초에 비주류 취미를 공유하는 사람들을 만나기 위해 자동차, 도보, 심지어 기차로 전국을 여행했던 자폐인 오타쿠들에 관해 이야기한다.[16] SF 초창기에 자폐증 성인들은 최초의 팬 잡지를 발간하고 우편과 무전으로 팬픽을 교환했다.[17] 최초의 SF 컨벤션 기획을 돕거나 일찍부터 〈스타 트랙〉에 열광하며 팬픽을 쓰기도 했다. 자폐인 오타쿠들은 인터넷이 생기기 훨씬 전부터 잡지 뒤쪽의 개인 광고를 통해 서로 만났다. 인터넷이 널리 보급됨과 동시에 자폐인들의 게시판, 채팅방, 대규모 멀티플레이어 게임, 그 밖에도 커뮤니티를 찾고 모이는 데 유용한 온갖 소셜 네트워크가 넘쳐나게 되었다.[18]

자폐인들은 특정 주제에 집착하는 성향뿐 아니라 네트워크를 구축하는 데 필요한 기술적 능력도 갖추고 있다.[19] 실제로 많은 가면 자폐인들은 온라인과 대면을 연결하는 사회적·실용적 측면에 더 집중한다. 보드게임 세션 일정을 짜고, 웹사이트 설정을 보기 편하도록 조정하고, 회원들이 싸우지 않게 모임 규칙을 작성하는 역할도 도맡곤 한다.

"나는 이른바 수학 천재 자폐인은 아니에요. 그보다는 사람들에 관해 집요하게 생각하는 성격이죠. 이 친구들은 어디서 모이면 가장 편안해할까? 과체중인 사람이 앉기에는 어떤 의자가 좋을까? 어떻게 하면 이 사람이 싫어하는 저 사람과 마주치지 않게 할 수 있을까? 내가 머릿속으로 계산하는 건 이런 일들이에요."

자폐인이 행사 기획의 주도권을 쥐면 우리의 감각적·사회적 요구에 맞는 환경을 조성할 수 있다. 자폐인들이 구축하고 관리하며 가면에서 벗어난 서브컬처 소집단을 통해 진정으로 신경다양성을 수용하는 사회는 어떤 모습일지 엿볼 수 있다. 자폐증을 수용하는 세상은 자폐인뿐 아니라 다양한 사람들이 널리 접근할 수 있는 곳이라는 점이 밝혀졌다. 그런 세상이 오히려 모든 이들에게 훨씬 더 편안할 수 있다.

나와 비슷한 사람을 찾아내기

나는 오타쿠 커뮤니티를 비롯해 나보다 사회적 기술이 부족한 사람들과 어울리기를 꺼리곤 했다. 최대한 평범하고 정상적으로 보이려고 애썼기에, 사회 규범을 위반하는 사람 곁에 있기만 해도 나 또한 사실은 별종이라는 게 드러날까 봐 두려웠다.

내가 만난 몇몇 트랜스젠더는 유난히 자기혐오가 심했으며, 우리 커뮤니티에 먹칠을 한다고 여겨지는 사람과 가까워지는 것도 그만큼 혐오스러워했다. 예를 들어 시스젠더로 '패싱'되려는 노력을 전혀 하지 않아서 눈에 확 띄는 트랜스젠더에게 화를 내거나, 성별 불쾌감으로 전전긍긍하지 않는 사람은 남들의 관심을 받고 싫은 가짜 트랜스젠더일 뿐이라고 주장하기도 했다. 이런 태도는 끔찍하게 자멸적이며 각자가 뿔뿔이 흩어져 서로를 원망하게 만든다. 자기혐오는 우리에게 절실히 필요한 지원망을 구축하고 힘을 모으는 대신 서로 멀어지게 할 뿐이다.

이런 태도가 트랜스젠더에게 얼마나 파괴적인지는 잘 알지만, 나 역시 동료 자폐인들과 힘을 모으는 것에 대해 비슷한 감정을 느끼곤 했다. 그래서 동급생 크리스처럼 눈에 띄는 자폐인에게 미묘한 태도를 취한 것이다. 또래 친구들 곁에서는 남들과 똑같이 그를 놀려대면서 마음속으로는 그 특유의 버릇과 행동에 신경이 쓰였다. 돌이켜보니 이제야 내가 크리스를 좋아했고 그에게 끌렸다는 것을 알겠다. 그는 영리하고 흥미로운 사람이었으며 원하는 대로 자유롭게 몸을 움직이곤 했다. 나는 크리스에게 관심이 있었지만 한편으로는 그런 자신이 혐오스럽고 두려웠다. 내면화된 낙인이 가슴속에 고여 내 감정을 더럽히고 나를 편협한 자기혐오자로 만들었다.

내가 자폐인임을 마침내 받아들이고 다른 자폐인들을 만나기 시작한 20대 후반에서 30대 초반쯤부터 잘못된 혐오감도 서서히 사라졌다. 젠더퀴어를 위한 지역 토론회에 참여한 것이 출발점이었다. 딱히 거기서 자폐인들을 만날 의도는 아니었지만, 내가 신경다양인임을 알게 된 직후였다 보니 모임에 참여한 다른 사람들에게서 내 모습을 금방 알아볼 수 있었다. 다들 수줍음이 많고 감정적으로 거리를 두었지만, 좋아하는 만화나 철학 책이 언급되기만 해도 금세 흥분했다. 모두가 독특한 스타일과 젠더 표현을 시도하고 있었지만, 그 누구도 '괴상하게' 보인다거나 성별 규범을 제대로 수행하지 않는다고 비난받지 않았다.

젠더퀴어 모임의 규칙과 절차도 자폐인의 의사소통 요구에 딱 맞게 만들어져 있었다. 진행자들은 매주 구체적인 토론 주제를 제시했을 뿐 아니라 발언 시점, 타인의 경계선 존중, 누가 실수로 모욕적인 발언을 했을 경우의 대처 방법 등 규칙도 구체적으로 명확히 설명했다. 내 또래의 성인들이 동물 봉제 인형이나 그 밖의 애착 물건을 들고 모임 장소에 와서 고개를 숙이거나 눈을 내리깐 채 토론에 참여하곤 했다. 조용히 들어와 바닥에 웅크리고 앉아서는 거의 아무 말도 하지 않는 사람들도 있었다. 몇 주에 한 번은 '담요 요새의 날'이 있었다. 형광등 불빛이 환하게 비치는 모임 장소를 모두가 힘을 모아 꼬마전구로 장식되고 베개와 이불로 뒤덮인 아늑한 은신처로 변신시켰다. 몇 년 전만 해도 이렇게 '오글거리는' 자리에 가는 게 부끄러웠겠지만, 나는 더 많은 트랜스젠더 친구가 절실했고 젠더퀴어 그룹에서 편안함을 느꼈다.

젠더퀴어 모임에 참여한 지 몇 달 후 자폐증이 토론 주제로 제시되었다. 나는 모두 앞에서 자폐인이라고 공개했고 다른 참여자들 상당수도 신경다양인임을 알게 되었다. 운영진에게 이 모임의 정책과 조직이 신경다양인들의 필요사항을 고려하여 구성되었다는 이야기도 들었다. 게다가 모임이 진행된 오랜 기간 동안 운영진의 대부분이 자폐아였거나 성인이 된 후 자폐인임을 알게 된 사람들이었다고 했다. 그러니 이 모임이 내가 성인이 된 이후 처음 진정으로 편안하게 느낀 공적 공간이라는 것도 당연한 일이었다. 나는 모임 외의 시간에도 회원들과 어울리기 시작했으며, 눈에 띄고

'괴상한' 사람들의 일원이 되는 것이 더는 부끄럽지 않았다. 오히려 나 자신이 그들에게 받아들여졌다고 느꼈다.

이런 경험을 하면서 나를 존중해주고 스스로에게 솔직하게 살아가는 '괴짜' 신경다양인들을 더 많이 만나보고 싶어졌다. 그래서 시카고 공립도서관에서 열리는 자폐인권 옹호 모임에도 참여하기로 했다. 그곳 역시 들어서자마자 편안한 느낌이 들었다. 모두가 다양한 방향으로 엇갈려 앉아서 자기 발을 내려다보거나 휴대전화를 들여다보면서 이야기를 나누었다. 대화를 이어가기 위해 똑바로 앉아서 바닥에 발을 붙이고 억지로 미소 짓거나 고개를 끄덕일 필요가 없었다. 그곳이 내게는 낙원이었다.

내가 참여한 자폐인권 옹호 모임은 전국 자폐인권 옹호 네트워크의 지부로 시작된 '자폐증 치료를 거부하는 자폐인들' 시카고 지부였다. 두 모임 모두 1장에서 소개한 자폐증 연구자이자 인권 운동가, 풋볼과 포켓몬 애호가인 티모시어스가 설립하고 운영했다. 티모시어스가 가면을 벗은 것은 그 자신이 될 수 있는 커뮤니티 공간을 찾고 만듦으로써 다른 자폐인들도 자기 자신이 되게 하려는 소명의 결과였다.

티모시어스는 풋볼을 즐기는 인기인으로서 유년기와 청소년기를 보낸 뒤 미네소타대학교에 진학했다. 그는 사교 클럽에 가입하고 새로운 친구들을 사귀었다. 포에트리 슬램*에 참가하고 다른 오

* 직접 쓴 자유시나 즉흥적으로 만든 문장을 랩처럼 역동적으로 읽어 내려가는 낭독 퍼포먼스 대회다.

타쿠들을 만나기 시작했다. 자신을 바라보는 시야가 넓어지면서 티모시어스는 사고방식이 비슷하고 자신의 모든 측면을 받아들여줄 사람들을 찾아 나섰다.

"시카고에서 나는 가면을 쓰고 있었죠. 대학생 운동선수로 산다는 건 다시 말해 파티의 주인공이나 그 비슷한 존재가 된다는 의미입니다. 사회가 제공하는 모든 것에 관심이 많은 사람 말이에요. 나는 멋진 남자가 되어야 했어요. 하지만 미네소타에서는 그냥 나 자신으로 있어도 많은 관심을 받을 수 있다는 걸 깨달았죠."

티모시어스는 몇 년간 애틀랜타에 살면서 그곳의 자폐인권 옹호 커뮤니티와 교류한 후 시카고로 돌아왔다. 그는 과거의 친구들과 더욱 가까워졌을 뿐 아니라 새로운 친구도 사귈 수 있었다. 이제는 자폐인으로서의 자신이 있는 그대로 받아들여진다는 것을 알았기에 정말로 온전한 그 자신으로서 인간관계를 맺을 수 있었다. 티모시어스는 재능 있는 작가이자 공연자였고, 상냥한 미소로 주변을 환히 밝히는 멋진 사람이었다. 또한 동료 장애인에 대한 지원망을 조직하고 개발할 줄 아는 정의의 수호자였다. 한편으로 하루 이틀 집에 들어앉아서 게임만 하면 기운을 되찾는 오타쿠이기도 했다. 그는 자폐인 커뮤니티 조직에도 이처럼 여유로우면서 급진적인 분위기를 가져왔다. 흑인과 라틴계 자폐인을 중심으로 활동하는 한편 성소수자도 그가 만든 공간에서 적극적으로 따뜻하게 환영받도록 했다. 다른 조직가들과 힘을 모아 지역사회 응급 서비스 및 지원법CESSA 수립에 공헌하기도 했다. 일리노이주의 이 법안은 정신건강 관련 구조 신고를 경찰이나 법 집행 기관에 보내는 대신 별도의 정신건강 대응 팀이 처리하게 하는 내용이다.[20] 티모시어스는 인간관계에서 그랬듯 업무에서도 자신의 가치관을 온전히 구현할 방법을 찾아냈고, 시카고를 흑인 자폐인이 존중과 돌봄을 받는 공간으로 만들기 위해 투쟁하고 있다.

티모시어스가 조직한 자폐인권 옹호 모임을 알게 되었을 무렵, 나는 자신을 부정했던 유년기와 청소년기를 만회하기로 결심하고 애니메이션과 만화 컨벤션에 나가기 시작했다. 그리고 거기서 또 한 번 자폐인의 낙원을 발견했다. 모두가 편안하고 눈길을 끄는 옷차림을 하고 있었다. 의상이나 비디오 게임 배지를 보고 말을 걸 수도 있었다. 초청인 명단은 자기 손만 내려다보면서 아무도 읽지 않은 수십 년 된 책의 줄거리를 분석하는 흥미로운 인물들로 가득했다. 그들의 부끄러움 없는 열정이 내 안의 자기애에 불을 지폈다.

단지 나처럼 유별난 사람들이 가득한 다채로운 집단이라서가 아니었다. 서브컬처 집단은 우리가 편안하도록 설계되어 있었다. 다른 사람들과 어떻게 교류해야 하는지, 폭력이나 성희롱이나 편견을 목격했을 때 어떻게 행동해야 하는지 명확하게 규정한 괴롭힘 방지 규정이 있었다. 문제나 괴롭힘을 신고하는 어플리케이션이 있어서 자폐성 셧다운으로 꼼짝할 수 없게 되면 도움을 요청할 수 있는 컨벤션도 많았다. 자원봉사자들이 구석구석 배치되어 참석자가 공간을 탐색하도록 돕고 어디에 서서 무엇을 하면 되는지 설명해주었다. 공황에 빠진 사람은 누구나 은은한 조명과 잔잔한 음악 속에서 간식을 먹으며 휴식할 수 있도록 감각 친화적 공간도 마련되어 있었다.

나는 컨벤션 문화에 푹 빠져서 더 많은 행사에 나가게 되었다. 미드웨스트 퍼페스트FurFest, 애니메이션 센트럴, 인터내셔널 미스터 레더. 그러다가 자폐인 BDSM 모임을 여는 티사를 만났고, 이런 모임 다수가 신경다양인들을 중심으로 주최된다는 말을 들었다.

"사람들은 인터넷이 자폐인을 위해 자폐인이 만들어낸 세상이라고 말하죠. 하지만 대부분의 오프라인 오타쿠와 특이 성향 서브컬처도 마찬가지예요. 이런 취미를 모두 좇을 만큼 열성적이면서 자신의 괴상한 취향을 과감히 드러낼 수 있는 건 자폐인들뿐이니까요."

실제로 자폐인들은 많은 서브컬처 커뮤니티의 원동력이 되고 있다. 퍼리 컨벤션인 미드웨스트 퍼페스트에서는 해마다 여러 자폐증 관련 행사가 열리는데, 퍼리 커뮤니티 구성원 다수가 자폐인이기 때문이다. 브로니(애니메이션 〈마이 리틀 포니〉의 팬을 가리키는 용어다) 커뮤니티는 자폐아와 자폐증 성인이 주축인 것으로 유명하다. 브로니 서브컬처에 대한 넷플릭스 다큐멘터리도 이 점을 강조했으며,[21] 자폐아와 자폐증 성인에 대한 오타쿠 팬덤이 치유 효과를 다룬 연구 논문도 있다.[22] 애니메이션과 만화의 세계는 다양한 연령대의 신경다양인들로 넘쳐난다.

자폐증 성인들은 초청인 명단을 짜고 우리의 감각적 요구에 알맞은 공간을 만드는 데 협력한다. 대부분의 프로그램을 제공하고 부스를 지키며, 컨벤션에서 판매할 상품을 정성스럽게 손수 제작한다. 이런 서브컬처 활동에 참여하는 자폐인들이 얼마나 되는지 정확히 추정하기는 어렵지만 우리가 처음부터 서브컬처 조성에 기여했다는 건 분명하다. 우리는 소속감을 느낄 장소를 절실히 필요로 하며, 오타쿠 서브컬처는 우리의 과잉 집중력을 쏟아내기 좋은 배출구일 뿐 아니라 취약함을 드러내지 않고서도 차이를 표현할 수단이기 때문이다.[23]

연구에 따르면 자폐인은 동료 신경다양인들과 함께 있을 때 사회적으로 훨씬 더 편안하게 느낀다고 한다.[24] 우리도 비자폐인과 마찬가지로 우정과 소속감을 갈망한다.[25] 비자폐인들은 자폐인이 사교에 관심이 없다고 오해하지만, 우리 대부분은 매일매일 사회에 받아들여지기 위해 발버둥치고 있다. 우리 신경다양인들끼리 시간을 보내면 사회적 욕구를 솔직하고 편안하게 충족하기가 훨씬 더 수월해진다.

파이퍼가 말했듯이, "자폐증을 사회 장애로 분류한 것은 신경전형인들"이다. 자폐인은 의사소통 기술이나 인간관계에 대한 욕구가 결핍된 사람이 아니다. 영원히 외롭고 상처받은 채로 살아가야 할 운명도 아니다. 우리는 신경전형성 세상에 받아들여지려고 애써도 거부당하는 비참한 악순환에서 벗어날 수 있다. 그 대신 서로 지지하고 격려하며 신경전형인을 포함해 모든 사람을 환영하는 우리만의 신경다양성 세상을 만들 수 있다. 이 책 마지막 장에서는 그런 세상이 어떤 모습일지 논의할 것이다. 하지만 우리를 더 많이 포용할 수 있도록 세상을 재구성하는 일을 논의하기 전에, 자폐인과 그 밖의 신경다양인들이 자신의 커뮤니티를 찾을 수 있는 몇 가지 요령을 소개하겠다.

신경다양인 커뮤니티와 참여 방법

자폐인권 옹호 단체

- 미국이나 캐나다, 호주에서는 다음 웹사이트에서 해당 지역의 자폐인권 옹호 네트워크 지부를 확인할 수 있다. https://autisticadvocacy.org/get-involved/affiliate-groups
- 영국에서는 신경다양인권 옹호 단체에 가입할 수 있다. https://ndsa.uk
- 자폐인 전국위원회에 가입하여 오프라인 또는 온라인 연례 회의에 참석해보자. https://www.autcom.org
- 자폐인이 자폐인을 위해 운영하는 인권 운동 또는 정의구현 단체라고 소개된 곳을 찾아보자.
- 자폐인의 비자폐인 가족에게 편의를 제공하는 것을 최우선으로 하거나 자폐증 '치료법' 연구를 지원하는 단체라면 정작 자폐인에게는 비협조적인 환경일 가능성이 높다.
- 오티즘 스픽스와 제휴하는 단체는 피하자.[26]
- 자폐인이 운영하며 비언어성 자폐인과 신체 장애인이 중심일 수 있도록 다양한 참여 방식을 허용하는 단체라면 신뢰할 만하다.

온라인 공간

- 소셜 미디어에서 #ActuallyAutistic(진짜자폐인), #AutisticAdult(자폐증성인), #AutisticJoy(자폐성행복), #AutisticSelfAdvocacy(자폐인권옹호), #Neurodivergence(신경다양성)와 같은 태그를 살펴보자.
- 페이스북이 예전만큼 활발한 소셜 미디어 플랫폼은 아니지만, 한 번쯤 자폐인권 옹호 단체를 검색해보는 걸 추천한다. 특히 본인의 거주 지역 모임이나 특정 정체성 커뮤니티(흑인 자폐인, 트랜스젠더 자폐인, 섭식 장애 극복 중인 자폐인 등)를 찾아보면 좋다. 비공개 페이스북 그

룹에서는 다른 소셜 미디어보다 더 심도 있는 대화를 나눌 수 있다.

- 레딧의 r/AutismTranslated 게시판은 심층 토론, 자료 공유, 자폐인 정체성 탐색에 좋은 공간이다. 개인적으로는 r/Aspergers와 r/AspieMemes도 추천한다. r/AutisticPride에서도 열띤 대화가 이루어지고 있다.
- 롱플래닛Wrong Planet은 자폐인, ADHD인 및 기타 신경다양인을 위한 유서 깊은 공간이다. 차분하고 심도 있는 대화를 나누기 좋은 예전 방식의 토론 게시판이다. https://wrongplanet.net
- 태그를 살펴보고 팔로우할 계정을 검색하면서 흑인과 라틴계, 트랜스젠더, 비언어성 자폐인의 의견을 중심으로 건전한 갈등과 비판을 장려하는 커뮤니티도 찾아보자.
- 자폐아를 양육하는 비자폐인을 위한 모임이나 웹사이트, 자폐인을 유아화하거나 자폐인의 경험을 지나치게 단순화하는 계정, 자신의 경험이 모든 자폐인을 대변하는 것처럼 섣불리 일반화하는 계정은 피하자.

특별한 관심사 모임

- 취미가 비슷한 신경다양인들과 만나는 가장 좋은 방법은 특별한 관심사를 공유하는 커뮤니티에 가입하는 것이다. 거주 지역에서 만화책 읽기 모임, 새로운 플레이어를 찾는 테이블톱 롤플레잉 게임TRPG 모임, 애니메이션이나 코스프레 동호회, 그 밖에도 채집이나 하이킹 등 관심 가는 주제와 관련된 모임을 온라인으로 검색해보자.
- 온라인 검색으로 관심사와 관련된 모임을 찾을 수 없다면 지역 도서관, 서점, 만화책 가게, 퀴어 커뮤니티 센터, 게이 바, BDSM 던전, 문화 시설, 카페, 수집품 가게에서 주최하는 행사나 모임을 찾아보자.
- 페이스북과 Meetup.com은 예전만큼 활발하진 않지만 여전히 관심

사를 공유하는 모임을 찾기 좋은 플랫폼이다. 사회 불안이 있거나 사교 기술에 자신이 없는 사람들을 위한 모임도 종종 열린다.

- 거주 지역에서 특별한 관심사와 관련된 컨벤션이 열리는지 알아본 뒤 관련 온라인 커뮤니티에 가입하자. 1년 내내 소규모 모임과 행사를 주최하는 탄탄한 커뮤니티가 있는 지역이 많다.
- 취미 공유 모임은 자폐인만을 위한 것이 아니므로 접근성을 미리 알아보자. 이런 모임에는 이른바 자폐인 오타쿠가 많지만 능력주의, 인종차별주의, 극우 성향의 커뮤니티도 있다. 거의 모든 공개 커뮤니티가 그렇듯이, 특정한 모임이 안전하고 가치관과 잘 맞는지 파악하려면 어느 정도 사전 조사가 필요하다.

전반적 조언과 주의사항

- 모르는 사람을 처음 만나거나 행사에 참여하면 당연히 어색하고 낯설게 느껴진다. 심각한 위험 신호가 없다면 당신과 맞지 않는다고 결론을 내리기 전에 세 번쯤은 새로운 공간을 방문해보자.
- 행사에 참여하거나 공간을 이용하도록 권장되는 사람이 있는지, 반면 무시당하거나 냉대를 받는 사람이 있는지 주의 깊게 살펴보자. 모임 장소가 부유층이 접근하기 쉬운 동네인가? 휠체어를 탄 사람도 접근하기 편한가?
- 누구나 접근 가능한 모임이란 존재하지 않겠지만(사람들의 접근성 요구 사항은 모순적이거나 상충되기 마련이다), 운영진은 현재 참여자와 잠재 참여자 모두를 수용하기 위해 최선을 다해야 한다. 비언어적 또는 비동시적(실시간이 아닌) 참여가 가능한가? 참여자의 감각적 요구가 고려되는가(예를 들어 짙은 향수를 금지한다든지)?
- 모임에 어느 정도 익숙해졌다면 갈등과 비판이 어떻게 해결되는지 주목하자. 운영진이 비판을 환영하고 진지하게 받아들이는가? 구성

원들이 건전한 갈등을 처리하고 성장의 수단으로 받아들이는가, 아니면 최대한 빨리 '원만하게' 해결해야 한다는 압력이 강한가? 생각을 자유롭게 바꾸거나 실수를 저질러도 괜찮은 공간인가?

- 평생 가면을 쓰고 살아온 사람은 자폐인 중심 공간에서 조금은 불안하게 느낄 수 있다. 자기도 모르게 다른 사람의 행동을 판단하고 있을지도 모른다. 이는 매우 정상적인 현상임을 잊지 말자. 우리의 머릿속에는 지극히 특수하고 종종 잔혹한 사회적 규칙이 각인되어 있으며, 사람들이 그런 규칙의 일부를 위반하는 모습이 처음에는 당황스러울 수 있다. 시간이 지나서 명확한 신경다양성 행동에 좀 더 익숙해지면 마음을 열기도 쉬워질 것이다.

8

모두가 물 밖에서 숨 쉬는 세상

규범이 한층 유연하고 낙인이 덜한 세상은

더 개방적이고 장애가 적으며

고통도 훨씬 줄어든 세상일 것이다.

거의 모든 국가의 사법 및 의료 제도, 교육 기관이 이른바 장애의 의학적 모델을 바탕으로 장애에 접근한다. 그에 따르면 장애는 개인의 신체나 정신 내부에 존재하는 하나의 증상이다. 장애가 있는 사람은 개인의 문제를 식별하고 진단받은 다음 치료되어야 하는 존재다. 의학과 정신학의 목적은 환자의 어디가 잘못되었는지 파악하고 그 증상이 사라지게 할 모종의 간섭 방식을 처방하는 것이다. 자폐증을 부모에게서 아이를 떼어놓는 끔찍한 고통이자 치료가 절실한 질환으로 간주하는 오티즘 스픽스 같은 단체, 자폐아를 행복하거나 편안하게 해줄 수는 없지만 부모의 바쁘고 생산적인 삶에 방해되지 않게 고분고분한 아이로 만드는 응용행동분석 치료도 이런 신념 체계의 결과물이다.

장애의 의학적 모델은 많은 사람에게(그리고 대부분의 의사와 치료사들에게도) 인간의 고통이란 개인의 변화로 해결해야 할 문제라는 생각을 심어주었다. 의학적 처치와 관점이 많은 질병과 장애에 적합한 것은 사실이다. 신경손상으로 매일 극심한 통증을 겪는 사람에게는 의학적 치료와 약물이 유익할 수 있다. 다발성 경화증처럼 점차 악화되는 퇴행성 질환을 앓고 있다면 치료법을 찾기 위해 의학 연구를 지원할 이유가 차고 넘칠 것이다.

장애의 의학적 모델이 실패하는 지점은 바로 사회적 배제나 억압에서 비롯된 장애의 이해다. 사회에서(그리고 정신의학과 병동에서) 개인의 결함으로 여겨지는 것이 사실은 적응과 수용으로 해결되는 지극히 무해한 차이일 수도 있다. 동성애는 한때 정신질환으로 분류되었지만 실제로는 그렇지 않았다. 동성애를 '치료'하려는 시도는 전혀 효과가 없었고 더 큰 심리적 손상을 초래했을 뿐이다. 오히려 동성애자들은 정신질환자라는 선입견 때문에 그들이 정말로 정신질환을 앓는다는 오해가 생겨났다. 배척과 수치심은 흔히 우울증, 불안, 약물 사용, 자해성 행동 등 심리적 문제를 유발하기 때문이다.

이제 1980년대에 장애인 학자 마이크 올리버Mike Oliver가 주창한 **장애의 사회적 모델**에 관해 알아보자.[2] 올리버의 저술에 따르면 장애란 우리의 정신과 신체가 아니라 우리를 둘러싼 사회 체제에 의해 형성되는 정치적 위치다. 이를 명백히 드러내는 예시가 있다. 바로 대부분의 교육 기관에서 농인 학생이 배제되는 방식이다. 농인이 농인을 위해 운영하는 학교나 커뮤니티도 있는데, 이런 공간에서는 모두가 수화를 쓰며 자막을 포함한 온갖 지원이 당연하게 제공된다. 이와 같은 맥락에서 보면 청각 장애는 장애가 아닐 수 있다. 사실 수화를 모르는 청인이 농인 중심의 세상에서 산다면 소외당하는 사람은 그쪽일 것이다.

하지만 대부분의 사람들은 청각 장애와 수화 사용이 흔히 치부이자 장애인의 표지로 여겨지는 세상에서 살고 있다. **벙어리**dumb라는 단어는 특히 말하지 못하는 농인을 말할 수 있는 농인보다 무능하고 불완전한 인간으로 치부한다는 점에서 모욕적인 표현이다. 이런 시각 때문에 대부분의 공공장소에서는 농인에게 필요한 지원이 제공되지 않는다.[3] 거의 모든 학교(및 다른 시설)에서 농인을 적극적으로 **차별**하는 것도 같은 이유에서다. 이는 공교육에서 흔히 배제되고 점자 자료와 화면 읽기 소프트웨어를 지원받기 어려운 시각 장애인도 마찬가지다. 또한 대중교통, 교실, 의료 장비에 수용되지 못하고 의학 연구에서 종종 배제되는 비만 인구에게도 해당된다.[4]

장애의 사회적 모델은 자폐인이 겪는 여러 난관에도 적용된다. 우리 각자가 거듭 무시당하고 배제되어온 것은 사회가 우리의 차이를 인간의 근본적 현실로 받아들이지 않고 부끄러운 결함으로 간주하기 때문이다. 우리도 농인과 마찬가지로 순전히 임의적인 이유로 장애인이 되곤 한다. 모든 사람이 수화를 사용하는 세상도 충분히 가능하지만, 청인이 농인보다 많고 사회적 권력이 더 크다는 이유로 음성 언어가 우선시된다. 마찬가지로 모든 사람이 눈을 맞추지 않아도 되는 세상도 충분히 가능하다(실제로 눈을 맞추지 않는 것이 예의로 간주되는 문화권도 많다).[5] 하지만 눈을 맞추는 것이 당연시되는 문화권에서 이를 고통스럽게 느끼는 자폐인은 사회적으로나 직업적으로 장애를 겪는다. 이런 사회 규범으로 자폐인만 불이익을 당하는 것은 아니다. 사회 불안이나 정신적 외상이 있는 사람, 눈을 맞추는 것을 금기시하는 문화권 출신도 피해를 입게 된다.

사회 장애가 있다는 것은 가면을 써야 한다는 것과도 밀접하게 연관된다. 공공장소에서의 자기 자극 행동 때문에 폭행당하거나 체포될 수 있다면 **사회적으로 장애인이 되며** 가면 쓰기를 강요당하게 된다. 정교한 무언의 사회 규범을 지키지 못해 직장에서 어려움을 겪고 그 결과 실직한다면, 가면을 제대로 쓰지 않은 대가로 사회적 장애인이 되고 가혹한 처벌을 당하는 셈이다. 따라서 개인적인 차원에서 가면을 벗는 데는 한계가 있다. 개인적 해결책으로는 광범위한 억압 체계를 타파할 수 없다. 우리 자폐인들이 끊임없이 장애를 만들어내는 문화와 정치 체제 속에 존재하는 이상 가면을 완전히 떨쳐내고 본연의 모습으로 편하게 살아가기란 불가능하다.

현재 가장 자유롭게 가면을 벗을 수 있는 자폐인(과 그 밖의 신경다양인)은 자폐증만 제외하면 사회적 지위가 탄탄한 사람들이다. 나는 박사 학위와 교수라는 안정된 직업이 있기에 대체로 일정을 직접 결정할 수 있고, 성별 불쾌감이나 감각적 고통을 주지 않는 편안하고 독특한 옷차림을 할 수 있으며, 감정적 멜트다운이 올 것 같으면 일정을 취소하고 혼자 지낼 수 있다. 식품점, 식당, 술집, 탁아소에서 일하는 내 자폐인 친구들에게는 그런 선택지가 없다. 그들은 출근하면 하루 일정과 복장, 심지어 감정 표현까지도 엄격하게 통제해야 한다. 일자리를 유지하기 위해 억지 미소를 짓고 고통을 꾹 참으며 심각한 마음의 상처를 견뎌야 하는 경우가 너무나 많다. 나는 몸집이 작고 '위협적이지 않은' 백인이기에 공공장소에서 손을 파닥이고 얼굴을 찌푸리며 온갖 심술궂은 표정을 지어도 별

문제 없이 넘어갈 수 있다. 반면 흑인 자폐인이나 건장한 자폐증 트랜스 여성은 공공장소에서 점잖게 행동하지 않으면 괴롭힘을 당하거나 경찰이 출동할 것이며, 심지어 더 나쁜 일을 겪을 수도 있다.

이렇게 착취당하고 소외된 자폐인 상당수는 나보다 의학적으로 덜 '건강'해 보일 것이다. 그들은 우울증, 불안 발작, 편두통, 복통 등을 겪을지 모른다. 극심한 스트레스에 대처하기 위해 담배를 피우고 술을 마시고 약물을 사용할 가능성도 나보다 더 높을 수 있다. 나보다 수면이 부족하고 신체적으로도 불편함을 느낄 것이다. 하지만 그들의 장애가 의학적으로 나보다 더 심각한 것은 아니다. 단지 나보다 사회적 힘과 자유가 부족하고 사회 장애가 더 심할 뿐이지만, 바로 그 점이 그들에게는 치명적이다.

모든 자폐인이 가면을 벗을 수 있는 유일한 방법은 사회가 극적으로 변화하는 것이다. 규범이 한층 유연하고 낙인이 덜한 세상은 더 개방적이고 장애가 적으며 고통도 훨씬 줄어든 세상일 것이다. 정신질환이 있는 사람, 이민자, 난민을 비롯해 완벽하고 전형적인 사회 구성원이 아니라는 이유로 고통받은 모든 이들에게 더욱 따뜻한 세상일 것이다. 정신인류학자 로이 리처드 그린커Roy Richard Grinker는 저서 《정상은 없다》에서 정신건강에 대한 현재의 정의가 생산적이고 무해한 순응을 원하는 국가 및 고용주의 욕구와 연결되어 있다고 지적한다.[6] 너무 거창한 감정, 너무 유치하고 수익성 없는 열정, 너무 반복적인 습관, 매일 도움이 필요한 심신은 모두 이처럼 협소한 건강의 정의에 이의를 제기하는 존재다. 우리가 앞으로 나아가려면 인간으로서 허용되는 행동의 정의를 확장하고 사람들의 다양한 요구를 충족시키기 위해 노력해야 한다.

오늘날 장애인이나 정신질환자로 분류되는 사람들 상당수가 산업 자본주의 경제 밖에서는 무난히 기능했을 수도 있다. 상호 의존적 사회에서는 사냥꾼, 조산사, 이야기꾼, 재봉사로 성공했을 사람도 사무실에 갇혀 있으면 기능 장애를 겪을 수 있다. 실제로 일부 게놈 증거에 따르면 인류 사회가 수렵 채집 사회에서 농경 사회로, 나아가 산업 사회로 변하면서 신경다양성을 예고하는 대립 유전자가 약점이 되었다고 한다.[7] 수렵 채집 사회보다 일상적 자극과 새로움이 줄어든 사회에서는 ADHD 고유의 특성이 약점으로 변했다. 일부 연구자들은 자폐증에 관해서도 똑같은 가설을 세웠지만, 이 주제에 관한 연구는 아직 상당히 부실한 편이다.[8] 자폐증이 항상 성공적인 생식에 걸림돌이 되는 병리 현상이었으리라고 가정하기 때문이다. 하지만 모든 사회와 시대에 걸쳐 그랬다고 믿을 근거는 딱히 없다. 인간이 살아가고 서로를 돌보는 방식은 매우 다양하며 오늘날처럼 항상 세분화된 것도 아니었다.

장시간 근무와 장거리 통근, 핵가족, 고립된 '독립성'에 부적합한 신경 유형이 많다. 어쩌면 모든 사람이 이런 생활 방식에 부적합한지도 모르지만(하루 여덟 시간 근무는 과학적으로 적합성이 증명된 관습은 아니다), 다른 사람들보다 유난히 심하게 고통받는 사람들이 있다. 정신건강에 대한 현재의 협소한 정의를 허물고 다양한 사고와 감정, 행동 방식을 존중함으로써 많은 사람들의 삶을 개선할 수 있다. 사회를 보다 유연하고 차이에 너그럽게 재구성한다면 인류 전체의 정신적·신체적 건강이 향상될 것이다. 이렇게 보면 가면 벗기는 정치적 목표라고 할 수 있다. 이 목표를 이루려면 개인의 능력이나 필요와 상관없이 모든 사람의 삶에 가치를 부여해야 하며, 사회를 모든 사람의 생산성을 최대화하는 장치가 아니라 모든 사람을 돌보기 위해 존재하는 체계로 간주해야 한다.

그렇다면 신경다양성이 받아들여지고, 차이가 병리학적 문제로 여겨지지 않으며, 누구나 자신의 진정한 모습을 자유롭게 드러낼 수 있는 세상을 만들려면 어떻게 해야 할까? 거창한 과업이 되겠지만, 대부분의 자폐인권 옹호 단체가 지지하고 사회과학적 근거로 뒷받침되며 나 역시 실질적 변화를 가져올 수 있다고 생각하는 구체적 정책을 몇 가지 소개해보겠다.

모두가 가면을 벗으려면

미국에서는 장애인법을 통해 장애인의 삶이 극적으로 개선되고 장애인의 공공 참여 기회도 확대되었다. 장애인법은 두 가지 주요 정책 분야에 초점을 맞추었다. 첫째로 건물과 대중교통에 장애인 전용 주차구역과 휠체어 경사로를 설치하는 등 물리적 접근성을 높이는 것, 둘째로 주택, 고용, 승진, 보수에 장애인 차별을 금지하는 것이었다.[9] 미국 외에도 세계 곳곳에서 비슷한 장애인 권리법이 통과되었다. 장애인에게 쉼터, 직장, 교육, 공공 자원 및 공간에 대해 공평한 접근권을 부여함으로써 장애인의 접근성을 향상시키기 위한 법률이다.[10]

안타깝게도 장애인법과 그 밖의 비슷한 법률들은 효과적이었던 만큼 미흡한 부분도 많았다. 장애인법으로 인해 수천 개의 엘리베이터와 휠체어 경사로가 건설되고 공중화장실 외부에 무수한 점자 표지판이 설치되긴 했지만, 오래된 역사적 건물에는 많은 예외 조항이 있었다. 또한 장애인법이 통과된 지 30년이 넘은 지금도 소규모 영업장은 여전히 휠체어 및 기타 보조 기기의 접근성이 떨어지는 곳이 많다. 일부 도시와 사업체에서는 법의 허점을 악용하여 장애인법 규정을 무시하고 오래된 구조물과 기간 시설을 제외하기도 했다.

시카고 교통국은 1980년대 내내 장애인 커뮤니티가 모든 새로운 설비를 이용할 수 있게 하겠다고 거듭 약속하면서도 휠체어 리프트가 장착된 버스 구입은 거부했다. 휠체어를 탄 신체 장애인 활동가들이 한꺼번에 몇 시간씩 도로를 점거하는 등 조직적이고 파괴적인 시위를 몇 년이나 계속하고 나서야[11, 12] 시 당국은 장애인용 교통수단을 도입하기 위한 예산 편성에 동의했다.[13] 장애인법이 성문화된 후에도 장애인의 사회 참여에 대한 반동적 분위기는 계속되었다. 예를 들어 오늘날까지도 시카고 전철역의 약 3분의 1에는 휠체어 사용자를 위한 엘리베이터가 없다.[14] 엘리베이터와 휠체어 경사로 설치를 위해 전철역이 개축될 때마다 해당 지역 자영업자들과 주민들은 공사로 인한 불편과 비용 부담에 화를 낸다.

장애인법 건축물 규정 시행은 주州별로 편차가 크며, 규정을 완벽하게 준수하는 건축물도 실제로는 몇몇 측면에서만 접근성이 확보된다. 예를 들어 장애인법은 공공 행사에 자막이나 수화 통역, 집에서 나올 수 없는 사람을 위한 원격 참여 옵션 제공을 요구하지 않는다. 밝은 조명, 강한 냄새, 시끄러운 음악 등 자폐인이 공공장소에 접근하기 어렵게 하는 온갖 감각적 고통에 관해서도 언급하지 않는다. 기술적으로 장애인법을 준수하는 건축물도 실제로는 접근성이 떨어지는 경우가 많다. 휠체어를 사용하며, 화장실을 쓸 때 도움이 필요한 내 친구 엔젤의 경우를 살펴보자. 장애인법을 준수하는 화장실은 대부분 엔젤의 휠체어가 들어갈 만큼 넓지만, 휠체어와 활동지원사가 모두 들어갈 정도는 아니다. 또한 대부분의 건축물 안은 엔젤에겐 너무 시끄럽고 혼잡하기 때문에, 엔젤은 겹겹의 장벽으로 공공 생활에서 배제되는 셈이다.

자폐인이 공적 생활에 온전히 참여하려면 자폐인의 감각적 요구에 맞게 접근성 요건을 대폭 확대하고, 건축물뿐 아니라 야외 행사장의 접근성도 고려해야 한다. 장애인의 심신에 적대적인 것은 건축물만이 아니다. 이 책에서 거듭 보여주었듯, 장애인은 경사로나 점자 표지판 부족처럼 명백한 문제가 아니라 훨씬 더 미묘하고 사회적인 방식으로 배제당할 때가 많다. 최근 일부 식품점과 소매점은 자폐인 고객과 그 가족을 위해 조명을 은은하게 낮추고 내부 통행인을 줄이며 음악과 안내 방송을 끄는 '감각 친화' 쇼핑 시간을 일주일에 한 번씩 진행한다.[15] 현재로서는 전 세계에서도 소수의 매장에서만 자체적으로 시행하는 행사이지만, 그래도 바람직한 감각 접근성 지침의 좋은 예라고 할 수 있다. 자폐인권 옹호 네트워크에서 제공하는 감각 친화적 공간 조성 모범 사례집에는 다음 표와 같은 내용도 포함되어 있다.[16]

장애인법(과 세계 곳곳의 유사한 법률)은 공공장소에 대한 감각적 접근성을 보장할 뿐 아니라 공공 행사의 접근성을 확대해야 한다.

감각 친화적 공공 공간 조성

시각

- 밝기 조절 가능한 조명을 사용한다.
- 천장 조명이나 형광등 대신 간접 조명을 사용한다.
- 사진 촬영 시에는 플래시 사용을 제한한다.
- 프레젠테이션 슬라이드에는 채도가 높은 대조 색상을 사용한다.
- 표지판과 유인물은 읽기 쉽고 단순하게 디자인한다.
- '시각적인 소음'을 제한한다. 산만한 시각자료나 포스터는 제거한다.

청각

- 참석자들에게 휴대전화 알림을 무음으로 설정하도록 공지한다.
- 박수갈채를 '손가락 흔들기'와 같은 조용한 대안으로 대체한다.
- 발표자가 계속 마이크를 사용하도록 한다. 고함을 지르기보다는 마이크에 대고 차분하게 말해야 훨씬 알아듣기 쉽기 때문이다.
- 가능하다면 공간 내에 반향을 흡수하는 방음재를 설치한다. 대형 깔개 한 장만으로도 상당한 효과가 있다!

촉각

- 기본 인사법으로 악수나 포옹 대신 서로 팔꿈치를 부딪치거나 손을 흔들게 한다.
- 참석자들이 편한 옷을 입을 수 있도록 복장 규정을 느슨하게 한다.
- 스트레스 볼, 피젯 장난감, 낙서장 등을 편하게 활용할 수 있는 분위기를 조성한다.
- 화장, 불편한 정장, 하이힐, 브래지어를 착용해야 더 '전문적'으로 보인다는 사고방식을 지양한다.

- 좌석 간격은 넉넉하게 띄우고, 구석이나 차단막 근처에 반쯤 가려진 좌석을 준비한다.

후각과 미각

- 행사장에서 짙은 향수 사용을 금지한다.
- 물리적 거리두기, 차단막, 선풍기 등을 활용하여 주방과 욕실 냄새가 다른 공간에 퍼지지 않게 한다.
- 감각 친화적 친환경 청소용품을 사용한다.
- 음식물을 제공한다면 참석자에게 정확한 메뉴를 미리 공지한다.
- 향과 맛이 은은한 대체 메뉴도 준비한다.

대규모 공공 행사에는 자막, 수화 통역, 가상 참여 옵션이 지금처럼 사전 요청이 있을 때만이 아니라 필수적으로 제공되어야 한다. 공공 행사의 접근성을 확대하려면 접근성의 의미와 그것이 중요한 이유에 관한 교육을 포함하여 충분한 자금과 자원이 필요할 때가 많다. 이런 접근은 적어도 공공 행사와 관련해서는 벌금을 내리는 처벌적 방식보다 훨씬 더 장애에 대한 대중의 태도를 변화시킬 수 있다.

건축물 접근성 규정을 시행하고 주택 및 고용에서 차별을 방지하는 문제와 관련해서는 장애인법을 개정하여 장애인에게 더 많은 자기 옹호 권한을 부여했으면 한다. 캘리포니아주는 미국에서 손꼽히게 장애인법이 잘 지켜지는 지역이다. 장애인이 접근 불가능한 영업장을 발견하면 해당 사업체에 최소 4000달러(한화 약 530만

원)의 손해배상금과 법적 비용을 청구할 수 있다.[17] 이런 접근 방식은 장애인이 접근 불가능한 건축물을 발견했을 때 단순히 주 정부에 해당 건축물의 점검을 요청하는 것이 아니라 직접 이의를 제기할 법적 권한과 이를 뒷받침하는 재정적 수단을 제공한다. 미국 대부분의 지역에서는 장애인이 차별이나 배제를 당했다는 사실을 증명하기가 매우 어렵다. 캘리포니아주의 규정을 전국적으로 확대하고 고용 및 주택 차별에도 적용되도록 법을 개정한다면 장애인 차별에 대한 구제 수단도 훨씬 강력해질 것이다.

장애인의 삶을 대폭 개선하려면 대부분의 주에 존재하는 **임의 고용** at-will employment 제도*도 폐지해야 한다. 현재 자폐증(또는 우울증, 조현병, 투렛 증후군)이 있는 노동자는 관리자가 장애 이외의 사유를 갖다 붙이기만 하면 곧바로 해고될 수 있다. 누구나 어떤 이유로든 언제든지 해고될 수 있는 상황에서는 십중팔구 능력주의를 그럴듯하게 옹호하는 목소리가 존재하게 마련이다.

노동자 보호를 확대하고 사전 통지 없는 임의 해고를 어렵게 만들면 이런 상황을 방지하고 많은 사람들을 재정적·직업적으로 안정시킬 수 있다. 자폐인은 명확하고 측정 가능한 업무 성과를 냄으로써 혜택을 받을 수 있으며, 임의 고용이 불가능해지면 기업 측에서도 업무 기대치를 문서화하여 명확하게 제시해야 할 것이다. 직장에서 장단기 장애 휴가의 접근성을 확대하는 법적 보호는 극심한 번아웃을 겪기 쉬운 자폐인을 포함하여 여러 장애인의 삶의 질

---

* 언제나, 어떤 이유로든, 아무런 사전 통지 없이 고용 및 해고가 가능한 고용 제도다.

을 개선할 수 있으며, 당사자가 겪는 고통이나 절망을 숨겨야 한다는 압박감도 덜어줄 것이다. 고용주가 장애 증명 없이도 유연근무제와 원격 근무 옵션을 제공하도록 법적으로 의무화하면 자폐인 직원(자폐증 진단을 받은 사람과 자폐증을 자기 인식한 사람 모두)의 숨통이 트일 것이며, 아이를 키우거나 노인을 보살피는 사람을 비롯해 많은 이들이 더욱 편안하게 일할 수 있을 것이다. 이 밖에도 다양한 방식으로 자폐인의 요구가 수용된다면 우리는 가면을 써야 한다는 강박에서 벗어날 수 있을 것이며, 나아가 모든 사람에게 더욱 너그러운 세상을 만들어갈 수 있다.

테이블 뒤집기

지금까지 설명한 방식으로 공공 접근성과 노동자 보호를 확대하면 장애와 신경다양성에 대한 대중의 태도도 급변할 수 있다. 더 많은 자폐인을 사회로 끌어들이는 것만으로도 강력하고 상징적인 지지 표명이 될 뿐 아니라 신경다양인의 습관, 행동, 의사소통 방식을 정상화하는 데 매우 유익한 것이니. 엔젤이 공중화장실을 편하게 이용하고 감각적 멜트다운을 겪지 않고서도 공공도서관이나 식품점을 돌아다닐 수 있다면, 한층 많은 지역사회 구성원들이 엔젤을 만나고 교류하며 그가 아이패드를 사용하여 자기 자극을 가하고 의사소통하는 모습을 접할 수 있으리라. 처음에는 엔젤이 예전보다 훨씬 더 많은 시선과 질문을 감당해야 할 것이다. 하지만 시간이 지나면 지역사회의 신경전형인들도 엔젤이 자기들과 크게 다르지 않음을 알게 될 것이며, 활동지원사의 도움이 필요한 비언어성 장애인도 귀 기울이고 포용해야 하는 복잡하고 온전한 인간임을 깨달을 것이다.

정신질환자와 장애인은 인류 역사 내내 흉측하고 공공질서를 위협하는 존재로 여겨져 시설에 수용되거나 감금당했다. 유럽 역사에서 정신병원은 노동을 거부한 채무자, 당대의 윤리적·도덕적 규칙을 위반한 범죄자, 외모가 특이하거나 행동거지가 비정상적인(심지어 남들에게 전혀 무해하더라도) 사람 등 사회 규범을 벗어난 모든 이들이 속한 장소였다. 해로울 것 없는 신체 변형과 같이 단순한 이유로도 한 사람을 자유로운 공적 사회로부터 배제할 수 있었다.[18] 오늘날에도 우리는 이런 관점의 여파 속에서 살아간다. 20세기에도 1980년대의 탈시설화 이전까지는 지적 장애인이나 자폐인을 사회에서뿐 아니라 가족과 친척에게도 숨기는 것이 정상적이고 적절한 행위로 여겨졌다. 장애인과 신경다양인을 시설에 가두면 낙인과 사회적 억압의 악순환이 일어난다. 정상성을 조금이라도 벗어난 사람은 상상할 수 없고 눈에 보이지도 않는 존재로 간주된다. 그리하여 사회는 점점 더 협소한 존재 영역을 중심으로 형성되고, 다음 세대의 일탈자들은 더욱 힘겹게 살아가야 한다. 이런 거부와 비인간화의 악순환에 저항하고 다시 사회를 개방해야만 그간의 막대한 피해를 되돌리고 모든 인간을 환영하는 제도와 커뮤니티를 구축할 수 있다.

사회심리학 연구에 따르면 소외된 집단과의 접촉은 해당 집단에 대한 대중의 편견을 줄이는 데 유익한 것으로 나타났다. 하지만 모든 형태의 접촉이 유익한 것은 아니다. 실제로 미국 남부의 백인 노예주들은 자유를 빼앗긴 사람들과 날마다 꾸준히 접촉했지만, 그렇다고 해서 백인 우월주의 성향이 덜해지지는 않았다. 관계를 둘러싼 권력 구조와 노예가 된 흑인들을 착취하는 데 따른 경제적 보상 때문에 접촉으로 인한 사회 질서 변화가 불가능했던 것이다. 오늘날 흑인 활동가들이 백인 중심 단체에서 단지 '테이블에 앉기'를 원하는 게 아니라고 말할 때도 똑같은 문제가 환기된다. 테이블 자체가 그들을 위해서가 아니라 그들을 배제하기 위해 만들어진 것이므로, 우리 모두가 새로운 것을 중심으로 모이려면 테이블을 완전히 뒤집어야 한다. 장애인을 온전히 포용하기 위한 고민에서도 대체로 비슷한 원칙이 적용된다.

장애인을 외부인이나 불쌍한 호기심의 대상으로서 관찰하는 것만으로는 신경전형인들의 편견을 줄일 수 없다. 서로 **동등한** 관계에서의 광범위한[19] 협력적[20] 접촉을 통해서만 장애인에 대한 태도가 진정으로 바뀔 수 있다는 것을 연구 결과는 보여준다.[21] 자폐인이 상점과 식당에서 받아들여지는 것만으로는 충분하지 않다. 우리는 자원봉사, 직장, 종교 기관, 커뮤니티 센터, 운동 시설에서도 (신경전형인과 비교하여) 동등한 기회를 제공받아야 한다. 이런 공공생활의 거점들이 모든 사람의 필요, 업무 방식, 소통 방법에 대응할 수 있도록 근본적으로 재구성되어야 한다. 신경전형인들이 동료로서 우리와 함께 일하고 협력해야만 사회 규범이 전복되고, 가면을 써야 한다는 우리의 강박이 관용에 대한 그들의 의무로 대체될 것이다. 무엇보다도 이 지점에 도달하려면 모든 소외 집단을 위한 정의가 실현되어야 한다. 백인 자폐인이 백인 신경전형인과 동등한 대우를 받는 것만으로는 충분하지 않다. 흑인, 여성, 트랜스젠더, 이민자 및 기타 억압받는 집단 모두가 동등한 위치에 설 수 있어야 한다.

신경다양성에 대한 교육이 절실하다

협력적 접촉은 편견을 줄이는 강력한 힘이지만, 변화를 주도하는 자폐인 당사자에게는 큰 부담이 되기도 한다. 커밍아웃한 트랜스젠더라면 누구나 동의하겠지만, 소외된 사람으로 보이는 것은 양날의 검과도 같다. 대중의 인식은 우리를 해방시키는 동시에 비난의 대상으로 만들 수 있다. 진정으로 정의로운 세상이라면 내가 생각하고 정보를 처리하는 방식을 신경전형인들에게 일일이 설명하지 않아도 되고, 사람들의 기대에 너무 강하게 도전했다가 조롱이나 공격을 당할까 봐 줄곧 걱정하고 눈치를 보아가며 잘 보이려 할 필요도 없을 것이다.

따라서 세상에 대한 접근성을 높이는 일은 자폐인에게 도움이 되지만, 그것만으로는 충분하지 않다. 지금까지 내가 제안한 정책 변화에 더해 신경다양성을 대중적으로 알리는 탄탄한 교육 프로그램이 시행되어야 한다. 공교육에서도 저학년부터 보건 및 사회과학 과목에 정신건강 문제에 따르는 낙인과 신경다양성에 관한 단원이 포함되어야 한다. 이 책에서 쭉 설명했듯 자폐인은 아주 어릴 때부터 능력주의와 가면 압박에 시달리는 만큼, 외부적 개입도 일찌감치 시작되어야 마땅하다. 역사상의 인종차별, 성차별, 제국주의에 관해 아이들에게 가르칠 때 억압받는 사람들이 종종 히스테리나 편집증 환자, 정신병자로 낙인찍혔다는 점을 강조해야 한다. 정신과 '기능'의 편협한 정의가 얼마나 유해하고 비인간적으로 악용되는지, 신경다양인이든 신경전형인이든 누구나 인식할 필요가 있다. 게다가 정신건강 문제가 매우 흔해진 만큼(매년 인구의 약 20퍼센트가 정신질환을 겪는다)[22] 모든 사람이 어린 시절부터 확실한 정신건강 교육을 받으면 유익할 것이다.

의사, 교사, 정신건강 전문가에게도 신경다양성에 대한 맞춤형 교육을 제공해야 한다. 교육자들은 품행이 단정하지만 내성적인 학생들 중에 도움이 필요한 가면 자폐인이 있을지 모르며 마찬가지로 비행을 저지르는 '문제아'도 신경다양인일 수 있음을 인식해야 한다. 치료사와 상담사는 자폐인의 필요에 대응하고 인지행동치료처럼 자폐증에 효과가 없는 치료법을 수정하거나 더 적절한 치료법으로 대체할 수 있도록 지금보다 훨씬 더 철저히 훈련을 받아야 한다. 물론 그러기 위해서는 섭식 장애, 우울증, 사회 불안, 약물 사용 등을 치료할 방법이 더 많이 연구되어야 하겠다.

이런 노력에 대한 보조금은 자폐인이나 기타 신경다양인 과학자에게 우선적으로 지원되어야 한다. 《성인기 자폐증Autism in Adulthood》 저널에 실린 많은 연구 결과는 특정 주제를 그와 관련된 당사자가 연구할 때 과학 문헌이 얼마나 개선되고 심화될 수 있는지 보여준다. 내가 대학원에 다닌 2010년대 초반만 해도 전문가들은 '미서치me-search'를 경시했고, 개인적으로 이해관계가 있는 주제를 연구하면 객관성을 신뢰할 수 없다고 암시했다. 이와 같은 태도는 서서히 변화하고 있지만, 정신질환 진단을 받았거나 장애가 있는 연구자에 대한 낙인은 여전히 뿌리가 깊다. 장애인 및 신경다양인 연구자를 적극 우대하는 보조금 지원은 그런 편견에 맞서는 데 큰 도움이 될 것이다.

이 책 전반에서 언급했듯이 전문가들도 자폐증에 관해서는 대체로 잘 모르며, 특히 성인 자폐증과 가면 자폐증은 십중팔구 의학적 관점에서 접근한다. 나는 의료 전문가 대상으로 신경다양성 워크숍을 진행했고 임상심리학자들도 가르쳤는데, 처음에는 전문가 대부분이 장애의 사회적 모델에 관해 **들어본 적도 없다**는 사실에 깜짝 놀랐다. 많은 의료인에게 장애가 치료해야 할 의학적 결함이라는 믿음은 절대적이고 굳건하다. 이들은 의학적 관점으로 차이에 접근하도록 훈련받았고 다른 대안을 배운 적이 없기 때문에 완전히 중립적이고 무해한 자폐성 특징과 행동을 병리화하기 일쑤다. 돌봄 전문가들과 교육자들은 장애에 대한 대안적 이해가 존재하며, 편견에 치우친 태도는 없을 수도 있는 장애를 만들어낸다는 사실을 인식해야 한다.

교사, 치료사, 의사가 기능 장애의 징후로 간주하기 쉽지만 사실은 완전히 무해하며 이해하고 정상화해야 할 일반적인 자폐성 행동들을 다음 표에 정리했다.

전문가와 대중이 자폐증에 관해 더 많이 교육받을수록 자폐증을 숨길 이유는 줄어들 것이다. 우리가 소외감을 느끼면서도 그 이유를 표현하지 못하고 몇 년이나 보이지 않으며 받아들여지지 않은 채로 괴로워하지 않아도 될 것이다. 이 책의 도입부에서 나는 가면 자폐인의 삶을 벽장 속 동성애자에 비유했다. 현재 사회는 모든 사

일반적이고 건전한 자폐성 행동

- 새로 좋아하게 된 주제를 열성적으로 공부한다.
- 작업에 집중할 때 소리나 사회적 신호를 알아차리지 못한다.
- 익숙하지 않은 상황에 들어가기 전에 어떤 일이 일어날지 정확히 알려고 한다.
- 지극히 엄격한 일정을 고수하며 이를 벗어나기를 거부한다.
- 복잡한 질문에 대답하기 전에 오랫동안 심사숙고한다.
- 사회적으로 힘든 행사나 스트레스가 심한 프로젝트를 마친 후 몇 시간 혹은 며칠을 혼자서 잠자고 재충전하며 보낸다.
- 결정을 내리기에 앞서 '모든 정보'를 알아야 한다.
- 자신의 기분을 잘 모르거나 파악하는 데 며칠씩 걸린다.
- 스스로 '이해'할 수 있는 규칙이나 지침만을 따르려고 한다.
- 화장이나 정성스러운 몸단장 등 불공평하거나 자의적이라고 여겨지는 기대에 애써 맞추려고 하지 않는다.

람이 이성애자라고 가정하며 이성애적 욕구만을 충족하도록 설정되어 있기에 동성애자는 태어날 때부터 벽장 속에 갇히게 된다. 어느 순간부터 벽장 속의 삶은 노력을 기울여야 할 과정이 되지만, 이는 자유로운 선택이 아니라 강요된 상태다. 마찬가지로 모든 자폐인은 태어날 때 신경전형인처럼 행동할 것이라는 기대를 받는다. 어릴 때 진단을 받고 사려 깊게 치료받지 못하면 몇 년이고 계속 신경전형인의 가면을 쓸 수밖에 없다. 하지만 신경다양성에 대한 관용이 확대됨에 따라 모든 사람이 같은 방식으로 생각하고 행동하고 느껴야 한다는 기대도 점차 약해질 것이다. 신경다양인과 자폐인이 정당한 대우를 받기 위해 계속 노력한다면, 결국에는 많은 자폐인들을 계속 장애인으로 만드는 동시에 우리가 장애인이라는 사실을 은폐하는 사회로부터 벗어날 수 있을 것이다.

누구나 충분한 돈을 가질 자격

많은 자폐인들이 어릴 때 장애를 식별하지 못해서 결국 가면을 쓰게 된다. 자폐증이 나타나는 다양한 방식에 관한 교사와 의료인의 무지가 가장 큰 이유이지만, 미국과 같은 국가에서는 의료 보장 부족도 중요한 원인이다. 미국 정신건강협회의 2020년 설문조사 결과에 따르면, 그해 정신건강 문제를 겪은 미국인 중 57퍼센트 이상이 치료를 받지 않았다고 한다.[23] 치료를 원하지만 받지 못한 사람들의 가장 큰 문제는 적절한 의료보험에 (혹은 심지어 그 어떤 보험에도) 가입하지 못했다는 점이었다.[24] 자폐증 검사 비용이 얼마나 비싼지, 가면 자폐인이 유능한 치료사를 찾기가 얼마나 어려운지 생각해보면 미국의 정신건강 치료 접근성을 대폭 확대해야 한다는 것은 분명하다. 현재 미국 자폐인의 절반 이상이 진단을 받지 못하고 있으며 여성, 트랜스젠더, 유색인종, 빈곤층은 진단율이 더욱 낮을 것으로 추정된다. 자폐인의 경험을 정상화하고 우리의 필요를 지원하는 강력한 사회 체제를 구축하려면 모든 사람의 정신건강을 제대로 보살펴야 한다.

장애인 대부분이 그렇듯 자폐인도 비장애인보다 훨씬 더 실업자와 불완전 취업자의 비율이 높다. 가면을 쓰고 '전문가' 노릇을 할 수 있는 가면 자폐인조차도 매우 위험한 처지에 있다. 단 한 번의 어색한 순간이나 말실수 때문에 직장에서 해고될 수도 있으며, 눈에 띄는 증상이 있거나 이미 신경다양인이라고 공개한 경우는 더욱 그렇다. 자폐인 구직자는 일자리를 찾는 데도 어려움을 겪는다. 면접은 애매모호하고 스트레스가 심한 수행이기 때문이다. 면접 질문이 사전에 제시되는 경우는 드물며, 구직자는 자연스럽고 침착하게 사회적으로 받아들여질 만한 답변과 반응을 보여야 한다.

현재로서 자폐인은 일자리를 찾고 유지하기 위해 가면을 쓰거나, 그러지 못하면 생활비로는 턱없이 모자라며 온갖 단서와 조건이 따라붙는 장애 수당을 신청해야 한다.[25] 수급자가 소득이 있는 상대(소득에는 장애 수당도 포함된다)와 결혼할 경우 수당이 삭감될 수 있다.[26] 2000달러(한화 약 260만 원) 이상을 저축했거나 어떤 형태로든 자산을 소유했을 경우에도 자격이 박탈되어 바로 다음 달부터 수급이 중단될 수 있다.[27] 이것도 애초에 수당을 받을 자격이 되는 경우에 한해서이지만 말이다. 진단을 받지 못한 자폐인은 장애 수당을 신청할 수도 없으며, 수급자는 정기적으로(6개월에서 18개월마다) 자격을 재심사받아야 한다.[28]

장애 수당 수급자들을 조사하고 관리하는 데도 엄청난 비용이 든다. 그렇다 보니 작가이자 인류학자인 데이비드 그레이버David Graeber는 저서 《불쉿 잡》에서 모든 사람에게 아무 조건 없이 최소한의 보편적 기본소득을 지급하는 것이 훨씬 비용이 덜 들고 사회적으로 공정하다는 의견을 제시했다. 모든 사회복지 프로그램을 보편적 기본소득으로 대체하는 것은 현명한 조치가 아닐 수도 있겠지만, 현재로서 이용 가능한 자료에 따르면[29] 장애 수당을 더 폭넓고 관대하게 제공하는 접근 방식은 명백히 장애인의 삶을 개선할 수 있다. 자폐인(과 그 밖의 신경다양인)이 장애가 있어서 일할 수 없다는 사실을 몇 번이고 증명하고 또 증명하도록 강요받는 대신, 모든 사람이 보편적 기본소득을 지급받을 수 있어야 한다. 이는 누구나 무조건적으로 살아가기에 충분한 돈을 가질 자격이 있다는 상징적이며 실제적인 선언으로 작용할 것이다.

장애인 없는 장애인 제도

능력주의를 없애려면 이를 만들어낸 억압적이고 비인간적인 사회 구조부터 근절해야 한다. 인류학자 그린커의 저서《정상은 없다》와 정신의학과 의사 앤드루 스컬Andrew Scull의 저서《광기와 문명》에 자세히 서술되었듯이, 역사의 대부분에 걸쳐 정신질환자, 장애인, 범법자는 모두 한 시설에 감금되었다. 이상 행위로 체포되는 것과 타인을 폭행하거나 갈취하여 체포되는 것은 법적으로 명확히 구분되지 않았다. '범죄자'든 '미치광이'든, 한 인간이 아니라 처분해야 할 골칫거리로 간주되기는 마찬가지였다. 하지만 결국 유럽의 법률 체계는 병 때문에 나쁜 행동을 하는 사람과 사악해서 나쁜 행동을 하는 범죄자를 구분하는 편이 옳다고 판단했다. 이 시점에서 정신병원과 교도소가 분리되었지만, 감금된 두 집단 모두 법적 권리가 부인되긴 마찬가지였다. 20세기에는 법의학 심리학자들이 반사회적 인격 장애, 조현병, 자폐증과 같은 정신질환으로 인한 범법 행위를 설명하기 시작하면서 '악'과 '병'의 구분이 어느 정도 바뀌었다.[30] 악은 도덕적 상태가 아니라 본질적으로 치유 불가능한 심리적 상태로 이해되었다. 하지만 실질적으로 인간 본성에 대한 관점은 과거와 크게 달라지지 않았다. 오늘날까지 많은 유색인종 자폐아들이 초등학교를 졸업하자마자 교도소로 보내지곤 한다.[31] 사소한 잘못으로 가혹한 처벌을 받을 뿐 아니라, 교사에게 순종하지 않았다거나 감정적 멜트다운에 빠졌다고 경찰이 출동하기도 한다. 이런 반응은 부분적으로 어떤 사람들은 무조건 '악'하며 연민하고 공감하기보다 사회에서 제거하는 것이 최선이라는 신념에 입각하고 있다.

형법 제도와 정신의료 체제는 긴밀히 얽혀 있으며, 양쪽 모두 능력주의를 공고히 다지는 데 기여한다. 책 앞부분에서 설명했듯이 장애인은 경찰의 총격을 받을 위험이 크며, 특히 흑인과 라틴계 자폐인은 경찰의 폭력과 감금을 겪을 가능성이 더욱 높다. 경찰과 교도소의 재정 지원을 중단하고 이런 억압적 기관을 폐지하기 위해 노력하면 흑인 자폐인뿐 아니라 여타 장애 및 정신질환이 있는 사람들을 해방시키는 데 도움이 될 것이다. 인종차별적 경찰 폭력에 반대하는 많은 사람들이 경찰을 사회복지사나 치료사로 대체해야 하며 긴급 요청이 있을 경우 국가가 운영하는 정신건강 구조대가 출동해야 한다고 주장한다. 티모시어스와 동료 활동가들의 노력으로 일리노이주에서 통과된 지역사회 응급 서비스 및 지원법이 바로 그런 역할을 할 것이다. 이런 정책 변화는 의심할 여지없이 매년 수많은 생명, 특히 흑인과 라틴계 신경다양인들의 생명을 구할 것이다. 하지만 국가가 승인한 경찰의 인종차별적 폭력에 반대한다면 유색인종 장애인을 강제로 시설에 수용하고, 자녀를 빼앗고, 법적 무능력자로 선언하는 등 경찰과 똑같은 사회악을 저지르는 정신건강 전문가들의 실태를 조사하는 것도 그만큼 중요하다. 2021년 여름에는 브리트니 스피어스가 법적 후견인 제도의 일환으로 피임 기구인 IUD를 강제 삽입당했다는 사실이 알려져 전 세계인을 경악시킨 바 있다.[32] 스피어스의 아버지가 딸의 재정뿐 아니라 공연 일정과 아이를 낳을 권리나 남자 친구를 만날 권리까지 통제하고 있다는 사실은 더욱 충격적이었다. 하지만 이는 정신질환과 장애가 있는 사람들이 일상적으로 박탈당하는 권리 중 일부에 불과하다. 스피어스와 달리 대중적 인지도도 없고 특권도 미미한 사람들에게는 구제 방법도 미미하다.

문화적으로 적절하고 사려 깊은 정신건강 서비스는 사람들의 삶을 바꿔놓을 수 있지만, 정신의학과 심리학은 그 수혜 대상으로 여겨지는 사람에게 엄청난 구조적 해악을 끼쳤다. 터스키기 지역의 흑인들을 대상으로 한 매독 연구부터 아스퍼거의 '고기능' 자폐인 연구, 동성애자와 공산주의자에 대한 강제 전두엽 절제술에 이르기까지 과학과 대중의 '보호'라는 명목으로 지독한 폭력이 자행되어왔다. 의학적·개인적 관점에서 보면 정신건강 증진을 위한 노력은 순식간에 규범을 따르라는 요구로 변질될 수 있다. 따라서 어떤 배경의 자폐인이든 가면을 벗을 수 있는 세상을 만들려면, 순응하지 못하거나 순응을 거부하는 이를 폭력적으로 처벌할 수 있는 권력 체계를 제거해야 한다.

내 친구 웬디는 8년쯤 전에 갑자기 변호사 일을 그만두었다. 나는 다른 여러 변호사처럼 웬디도 지쳤기 때문이라고만 생각했다. 웬디는 이후 몇 년에 걸쳐 법문서 작성이라는 새로운 분야로 전업했다. 새로운 직업은 웬디에게 훨씬 더 잘 맞는 것처럼 보였다. 재택근무가 가능했고 아이들과 더 많은 시간을 보내게 되었으며 몇 주 내내 운동복만 입고 일할 수도 있었으니까.

내가 자폐인임을 공개한 이후 웬디는 내게 개인적으로 연락해서 그 무렵의 삶에 관해 이야기해주었다.

"내 딸도 자폐 스펙트럼이야. 몇 년 전 그 애가 정말로 힘들어한 적이 있었어. 정신적 위기가 계속되었고 친구도 없었지. 아무도 그 이유를 몰랐어. 그래서 내가 직장을 그만두었던 거야."

사실 나는 웬디가 자폐인이 아닐까 생각했던 적이 있다. 웬디는 개인적이고 내성적이며 허튼소리를 견디지 못했다. 긴 생머리를 늘어뜨리고 화장도 하지 않는 소박한 외모에 예민하고 예술적인 성격이라, 허세가 심하고 치열한 법조계와는 전혀 어울리지 않는 듯했다. 하지만 알고 보니 웬디는 자폐인이 아니었다.

"정말 깊이 고민해봤지만 결국 난 자폐인이 아니었어. 그 당시 내가 우울하고 불안했냐고? 물론 그랬지. 일도 끔찍하고 아이도 괴로워했으니까. 하지만 딸을 키우면서 나 자신은 자폐인이 **아니란** 걸 알게 되었어. 난 그냥 자폐적인 생활 방식을 선호할 뿐이야."

딸이 자폐증 진단을 받은 후 웬디의 삶은 완전히 바뀌었다. 가족 치료를 받고 아이를 홈스쿨링하기 위해 직장을 그만두었다. 자폐아와 그 가족을 위한 단체에 가입하면서 딸도 서서히 친구를 사귀기 시작했다. 도시를 떠나 시골의 작은 집으로 이사하자 가족과 함께 밖에서 보내는 시간이 늘어났다. 온 가족이 더 느리고 자폐증 친화적인 속도로 생활하면서 웬디 자신의 우울증도 점차 잦아들었다. 웬디는 마음이 편해졌고 보람을 느꼈다. 시를 쓰고 음악을 연주하며 나이 들어 병에 걸린 친척들을 직접 돌볼 여유가 생겼기 때문이다.

"내 딸의 진정한 모습을 알게 되고 그에 맞는 삶을 설계할 수 있었던 것이 우리 가족에게는 최고의 경험이었어. 그래서 다른 '자폐아 엄마'들이 인터넷에서 자폐증은 저주라고 말하는 걸 보면 정말 화가 나. 우리 가족에겐 구원이었거든!"

딸이 자폐아임을 알게 된 것이 웬디에게는 전화위복이었다. 끊임없는 과로와 순응과 생산성의 쳇바퀴에서 내려와야 했고, 한 걸음 물러나 인생에서 무엇이 가장 중요한지 재검토해볼 수밖에 없었다. 그리하여 자폐인이 아님에도 가면을 완전히 벗어던지게 되었다. 자신의 성향과 맞지 않는 직장의 기대에서 벗어났고, '모든 걸 다 가진' 완벽하게 성공한 사람으로 보여야 한다는 압박감에서 벗어나 공예 작품과 잡동사니로 북적거리는 아늑한 집에서 소박하게 살아가기 시작했다.

물론 이처럼 극적인 변화는 웬디의 재정적 여유와 사회적 지원 덕분에 가능했다. 시골로 이사하니 남편이 매우 기뻐했다. 생활비도 웬디가 비상근으로 일해도 될 만큼 저렴했다. 웬디와 딸 모두 남편의 직장을 통해 의료보험을 유지할 수 있었다. 애초에 딸이 자폐증 진단을 받을 수 있었던 것도 의료보험 덕분이었다. 웬디 가족은 지역사회의 지원으로 아이를 돌보고 훈육할 수 있었다. 가족 치료 덕분에 웬디의 어머니가 자폐증에 관해 잘못된 말을 했을 때도 다 같이 한자리에 앉아서 과거의 갈등을 해결하고 오해를 바로잡을 수 있었다.

자폐인과 그들을 아끼는 사람들 상당수는 이런 혜택을 누리지 못하고 있다. 쉼터, 의료, 우리와 함께 성장하고자 하는 다정한 이들의 지원망에 접근할 수 없다면 그 어떤 자폐인도 가면을 벗고 진정한 자신이 될 수 없다. 따라서 가면 벗기 프로젝트는 단순히 개인적인 차원을 넘어서야만 한다. 세상의 모든 자기 긍정과 급진적 가시화 실천으로도 경제적 불공평, 인종 차별, 트랜스젠더 혐오나 심각한 사회적 배제는 극복할 수 없다. 누구나 자유롭게 가면을 벗을 수 있길 바란다면 모두를 위해 더욱 정의롭고 너그러우며 서로 지지하는 세상을 만들려고 싸워야 한다.

내가 아는 많은 자폐인들이 자폐증을 진단받거나 자기 인식한 순간이 명료하고 긍정적이었다고 말한다. 최초의 충격과 수치심이 지나가면 신경다양인 정체성을 수립하면서 지난 평생과 과거의 가치관을 되돌아보게 되고, 더 여유롭고 평화로우며 아름다운 무언가를 쌓아갈 수 있다. 이런 방식으로 신경다양성을 받아들이는 일이 자폐인에게만 이로운 것은 아니다. 누구나 한 걸음 물러서서 삶과 가치관이 일치하는지, 우리가 하는 일과 타인에게 보이는 얼굴이 진정한 자아를 반영하는지, 만약 그렇지 않다면 무엇을 바꾸고 싶은지 질문해보아야 마땅하다.

개인의 고유한 필요와 장애에 맞서 싸우지 않고 있는 그대로를 받아들일 때 우리는 더 편안하고 너그러운 속도로 살아갈 수 있다. 모든 자폐인이 안전하게 가면을 벗을 수 있는 세상은 특별한 관심사, 열렬한 감정, 환경적 민감성, 사회적 특이점 등 이런저런 차이가 있는 사람도 똑같이 가치 있고 온전하게 여겨지는 세상이다. 이런 세상을 만들려면 자폐인권 옹호뿐 아니라 부단한 정치적 노력이 필요하겠지만, 그 결과는 모두에게 충분히 보람찰 것이다.

• 나오며

우리는 연결됨으로써 온전해진다

자폐인임을 깨닫기 전에 나는 모든 면에서 심하게 소외되어 있었다. 평범한 일상이 왜 그토록 당혹스럽고 갑갑하게 느껴지는지 알 수 없었고, 나조차 내가 마음에 들지 않았다. 나는 세상과 단절되어 있었으며, 남들만 못 믿은 게 아니라 그들과 연결되고 이해받을 수 있는 나 자신의 잠재력도 믿지 못했다. 너무 외롭다 보니 내 정체성도 정확히 알 수가 없었다. 내게는 소속감과 안정감을 느낄 커뮤니티가 없었다. 내가 트랜스젠더이며 장애인이라는 것도 몰랐다. 내가 인생에서 무엇을 원하는지 정확히 표현할 수 없었다. 내 번은 분열되었고 사람들을 차단하기 위한 거짓 인격과 보호막으로 점철되어 있었다. 오직 혼자 있을 때만 보호막을 해제할 수 있었으나, 그런 고독조차도 비참하고 혼란스러웠다. 내 마음은 방어기제로 가득했지만 방어할 가치가 있는 것은 하나도 남아 있지 않았다.

가면 자폐인은 자기 이해가 부족하거나 사회적으로 널리 받아들여지지 못하면 스스로를 고립되어 맞아떨어지지 않는 파편처럼 느끼기 쉽다. '이건 내가 직장에서 보여야 하는 모습이야. 익숙해져야 해. 이건 내가 간절히 원하지만 누구에게도 그렇게 말할 수 없는 일들이지. 이건 날 기운 나게 해주는 약이고, 이건 파티에서 유쾌하게 보이려고 지껄이는 거짓말이야. 이건 내게 이상한 구석이 있다고 의심받는 것 같을 때 긴장을 풀고 기분을 전환하는 방법이고.' 우리에게는 스스로를 명확히 밝히거나 이해받거나 남들의 인식과 애정을 구할 수 있는 하나의 집단으로 뭉칠 기회가 없다. 우리의 어떤 측면은 결코 완전히 인정받을 수가 없다. 최대한 무해하고 안온하게 보이려는 우리 공통의 목표에 부합하지 않기 때문이다.

트랜스젠더 커뮤니티에서는 자신의 성정체성을 인식하고 커밍아웃을 결심하기 전까지 빠져 있기 쉬운 취약하고 혼란스러운 상태를 '알 속에 있다'고 표현한다. 여기서 알은 커뮤니티로부터 고립되거나 자신의 정체성을 단호히 부정하는 트랜스젠더를 뜻한다. 알 속에 있을 때는 이유도 없이 항상 불편하고 제자리를 찾지 못한 느낌이 든다. 생존을 위해 구축한 가짜 시스젠더Cisgender* 정체성이 무너질까 봐 내면에 고통스럽게 억눌린 욕망을 외면하려 한다. 나는 알 속에 있을 때 치렁치렁한 원피스와 가슴이 깊이 파인 상의를 주로 입었다. 사실은 중성적인 옷을 입고 싶었지만 내가 너무 '여성스러운' 탓에 어울리지 않는다고 믿었기 때문이다. 내 체형 때문에 죽는 날까지 글래머러스한 여성으로 살아야 할 운명이라고 생

* 출생 시의 지정 성별과 본인이 정체화하는 성정체성이 일치한다고 느끼는 사람을 말한다.

각했다. 어딜 가든 내가 정말로 여성스럽고 '애를 잘 낳게' 생겼다는 말을 지겹게 들어야 했다. 가족, 친구, 심지어 전혀 모르는 사람들조차도 내가 사회에 여성성을 빚졌다고 설득하기 위해 최선을 다하는 듯했다. 자기혐오와 사회의 거부감이 내 눈에 비친 나의 모습을 왜곡시켰다. 하지만 마침내 그런 방해를 물리치고 내가 좋아하는 옷을 입으며 낮은 목소리로 말하기 시작하자 그간 들은 말이 전부 거짓이었음을 깨달았다. 중성적 트랜스젠더의 모습은 내게 잘 어울리고 편안했다. 여성적 외모를 포기한다고 해서 잃을 것은 하나도 없었다. 그저 자유로워졌을 뿐이다.

경험상 가면 자폐인으로 사는 것은 벽장 속의 동성애자나 트랜스젠더로 사는 것과 무섭도록 비슷하다. 양쪽 다 내적 경험을 뒤틀어놓는 고통스러운 자기혐오와 부정 상태다. 자폐인은 종종 자신이 '미쳤다'고 느끼지만, 사실 자폐증은 내적 신경증이 아니다. 우리가 자폐증을 겪는 것은 사회가 우리의 진정한 모습을 종종 폭력적으로 끈질기게 거부하고 우리가 옳다는 증거는 수치스러운 것으로 치부하기 때문이다.

내가 자폐인임을 깨닫기 전에 나는 신경전형인처럼 보이기 위해 스스로에게 온갖 규칙을 강요했다. 그중 하나가 혼자 옮길 수 없는 가구는 절대 사지 말아야 한다는 규칙이었다. 자족 상태란 언제든 훌쩍 짐을 싸서 떠날 수 있다는 뜻이었다. 남에게 도움을 요청하고 상호 의존적으로 산다는 것은 내 몸에 '등신' '얼간이'라는 주홍 글씨를 새기는 것과 비슷하다고 느꼈다. 나는 남의 도움이 필요 없는 방식으로 살았다.

그래서 에어 매트리스에서 잤다. 집 근처 식료품점 뒤꼍에서 훔친 우유 상자로 직접 '찬장'을 만들었다. 소형 텔레비전은 그냥 방바닥에 놓았다. 이런 조치는 스스로 정한 또 다른 규칙에 부합하기도 했다. 돈을 최대한 아껴 쓰고 검소해지기 위해 편안함을 희생해야 한다는 규칙 말이다. 돈을 아낄수록 자족할 가능성이 높아지며 설사 어색한 행동이나 번아웃 때문에 해고당하더라도 버티기 쉬워지리라 생각했다. 이런 사고방식은 내 섭식 장애와 사회적 고립에 악영향을 미쳤다. 먹지도 마시지도 않고 집 밖에 나가지 않으면 생활비가 덜 들고 위험할 일도 없었다. 나는 자신을 점점 더 작게 만듦으로써 살아남아야 했다. 왜 내가 항상 끔찍하게 우울하고 불편한지, 어째서 몇 시간이나 집 안을 왔다 갔다 하며 흐느끼는지 이해할 수 없었지만, 강박적인 자기 부정이 불러온 불행이라는 사실은 인식하지 못했다.

가면을 쓰면서 내가 사랑하는 사람들과도 멀어졌다. 나는 그 누구에게도 취약한 모습을 보이거나 마음속에 꿈틀대는 분노, 좌절감, 위화감, 강박적인 열망을 털어놓을 수 없었다. 마음 편히 대할 만한 사람이 나와 친해지고 싶어 해도 차갑게 밀쳐냈다. 친구들이 잘 지내냐고 물으면 사납게 대꾸했고, 내게 신체적 애정 표현이라도 할 것 같으면 어쩔 줄 모르고 얼어붙어버렸다. 몸과 마음이 무너져 내려도 계속 꿋꿋하고 강인해 보이려 안간힘을 썼다. 나를 가장 편견 없이 사랑해주는 사람들도 반쪽짜리 나를 사랑할 수밖에 없었다. 나 자신도 내가 누구인지 거의 모를 지경이었으니까. 시간이 나면 방 안에 홀로 앉아서 벽만 바라보거나 멍하니 인터넷 화면을 스크롤했다.

이 모든 상황이 서서히 바뀌기 시작한 것은 놀이공원에서 사촌과 온수 욕조 안에 앉아 우리 가족 모두가 자폐증이라는 의견을 듣게 된 날이었다. 처음에는 그 이야기를 받아들일 준비가 되어 있지 않았다. 하지만 내 친척들을 자폐증으로 규정하는 말을 들은 순간 나 자신에게도 그 말을 갖다 대어볼 수밖에 없었다. 평생 들어맞지 않는 파편들의 무더기로 살아온 끝에 이제야 내가 보는 나의 모습과 경험의 명칭이 들어맞는 듯했다.

소외의 반대말은 **통합**, 즉 자신이 연결되어 있고 온전하다는 심리적 감각이다.[1] 정체성이 통합된 사람은 다양한 시간과 장소에 존재했던 여러 자아를 이어주는 연결선을 인식할 수 있다. 원래 모든 인간은 시간이 지나면서 변화하고 상황이나 환경에 따라 달리 행동하게 마련이다. 적응과 변화를 멈추고 고정된 '진정한 자아'란 존재하지 않는다. 이 사실이 가면 자폐인에게는 매우 당혹스러울 수 있다. 우리에게는 자신이 어떤 사람인지 정의하는 일관된 '이야기'가 없기 때문이다. 우리의 인격은 내적인 힘이나 욕망에 의한 것이 아니라 외적 동기에 따라 목적을 달성하기 위한 수단일 뿐이다. 하지만 정체성이 통합된 사람은 자신의 변화와 차이 때문에 흔들리지 않는다. 다양한 자아상을 거치면서도 변함없는 연결고리, 즉 평생 지속되는 핵심 가치관과 과거의 자신이 어떻게 현재의 자신으로 변했는지 설명해주는 개인적 성장 서사를 인식할 수 있으니까.[2]

연구 결과, 특히 심리학자 댄 맥애덤스Dan McAdams와 조너선 애들러Jonathan Adler의 수십 년에 걸친 연구에 따르면 자아상을 통합한 사람들은 대체로 적응력과 회복 탄력성이 뛰어나고 자신에게 너그럽다. 이들은 새로운 기술을 개발하고 삶이 힘들어지면 새로운 방향을 모색할 수 있다. 자기 인생의 주인공은 자신이라고 여기며, **외상 후 성장**을 겪을 가능성이 높고, 고통스러운 과거 경험이 삶을 망치거나 자신을 갉아먹는 끔찍한 '오염'이라고 여기기보다 타인을 도울 수 있는 유연한 사람으로 성숙시키는 요소라고 이해한다.[3] 특히 맥애덤스와 동료 연구자들은 정신적 외상을 극복하고 성장할 수 있는 사람일수록 **자기 회복** 서사를 만들어낼 가능성이 높다는 것을 알아냈다. 자아에 대한 회복적 관점은 흔히 다음 표와 같은 특성들을 중시한다.

회복적 자아는 가면을 벗는 과정과 놀라울 정도로 비슷하다. 회복적 자아는 본질적으로 가면을 벗은 자폐성 자아와 같다. 자신의 감수성을 부끄러워하지 않고 자기 가치관에 헌신하며, 관심 가는 대의에 열렬히 몰두하고, 꿋꿋이 자기 옹호에 나서는 한편 취약한 부분에서는 연결과 도움을 요청한다. 통합된 회복적 자아의식을 지닌 사람은 자기 정체성을 잘 알고 당당하게 드러낸다. 이들은 자신의 감정과 개인 윤리를 존중하는 진솔한 방식으로 삶의 갈등을 해결할 수 있다.

맥애덤스와 애들러의 연구(와 다른 관련 연구)에 따르면, 자기 정체성에 관한 통합되고 회복적인 감각을 개발하는 길이 반드시 정해진 것은 아니다. 이야기 치료는 자신의 삶과 과거에 관한 내면 서사를 재검토하고 새로운 관점으로 바라보려는 사람들에게 유익

회복적 자아의 주요 특성[4]

- **생산성**

  세상을 개선하거나 다음 세대를 위해 일한다.
- **민감함**

  타인의 필요를 보살피고 사회적 불의를 우려한다.
- **가치에 대한 헌신**

  평생 행동의 지침이 되는 핵심 신념과 가치관을 모색한다.
- **독립성과 연결성의 균형**

  자신의 주체성과 힘을 잘 알되, 다른 사람들과 의미 있는 관계를 맺으며 누구나 서로 돕고 살아야 함을 인식한다.

한 것으로 밝혀졌다.[5] 또한 일부 초기 증거에 따르면 사회 불안이나 의사소통 문제로 힘들어하는 자폐인에게 유익할 수 있다고 한다.[6] 그러나 회복적 자아는 자기 이해와 건강하고 긍정적인 유대를 통해 유기적으로 생겨날 수도 있다. 나 역시 다른 자폐인들을 만나고 자폐증이 무엇인지 이해하면서 자연스럽게 내 과거와 정체성에 관해 새로운 '이야기'를 쓰게 되었으니 말이다.

모건의 가치 기반 통합 과정 마지막 단계는 자신의 핵심 가치를 세 개에서 다섯 개 단어로 요약하고, 각각의 가치가 서로 어떻게 연결되어 하나의 총체를 이루는지 생각해보는 것이다. 이 단계에서 모건은 고객에게 가장 적합한 시각적 은유를 활용하여 자신의 가치가 서로 맞물린 양상을 표현해보라고 권하곤 한다.[7] 한 고객은 자신의 다섯 가지 가치(개방성, 수용, 성취, 상승, 몰두)를 하나의 기타를 이루는 다섯 현으로 그렸다. 각각의 가치를 개별적으로 활성화하고 '연주'할 수도 있지만, 그 모두가 하나의 화음으로 어우러질 때 비로소 최고의 음악이 탄생한다. 또 다른 고객은 자신의 가치(연민, 공동체, 창의성, 성실, 내재적 가치, 정의)를 무지개의 일곱 빛깔들에 비유했다. 자신의 가치 하나하나가 자전거의 바퀴살처럼 서로를 지탱하며 앞으로 나아갈 수 있게 해준다고 표현한 고객도 있었다. 이런 은유는 자신의 원칙들이 연결되는 방식에 대한 고객의 인식을 반영하며, 개별적 가치가 아니라 그에 기초한 더 큰 총체로서의 삶을 숙고하는 데 도움이 된다.

가치관은 어떻게 연결되는가

본문의 연습 문제에서 가치관들이 서로 어떻게 연관되는지 탐색할 수 있다. 이 연습(본문 226, 309쪽)을 완료하려면 도입부와 5장, 7장의 가치 기반 통합 연습을 다시 살펴보는 것이 좋다.

예로 든 비유들처럼 모든 가치에 동일한 무게를 부여할 필요는 없다. 특별히 중요한 하나의 가치(예를 들어 사랑이라든지)를 다른 가치들이 의지하는 기둥으로 그리거나, 다른 가치들을 덮어 보호하는 커다란 우산으로 그릴 수도 있다. 모건의 고객 중에는 세 가지 가치를 닻의 자루와 두 갈고리로, 네 번째 가치를 닻과 인생이라는 '배'의 연결고리로 그린 사람도 있었다.

나는 이 책의 초고를 쓰면서 몇 달 동안 모건의 가치 기반 통합 과정을 직접 진행해보았다. 과거에 내가 진정으로 살아 있다고 느

나의 가치관 조합하기

- 〈들어가며〉에서 서술한 당신 인생의 결정적 순간과 5장에서 그 순간의 본질이라고 파악된 몇 가지 핵심 가치를 되돌아보자. 이제 그것들을 쭉 적어본다. 그 뚜렷한 가치를 파악하는 것을 목표로 삼는다.

- 각각의 가치에 대한 정의를 적어보자. 사전적 정의가 아닌 개인적 정의여야 한다. 각각의 가치가 당신에게 어떤 의미인지 구체적으로 파악해야 하기 때문이다.

나만의 가치와 이것의 의미

나만의 가치와 이것의 의미

나만의 가치와 이것의 의미

- 마지막으로, 이 가치들이 서로 어떻게 연결되는지 이미지화한다. 중요한 취미나 경험을 나타낼 수도 있고, 당신이 살아 있음을 실감했던 특별한 순간 중 하나를 상기시킬 수도 있다. 모든 가치를 하나로 연결하며 조망하고 기억하는 데 도움이 되는 이미지를 만들어보자.

졌던 결정적 순간이 언제였는지 곰곰이 생각했다. 다른 자폐인들과의 면담과 내가 수행해온 연구도 자기 성찰에 도움이 되었다. 마지막으로 지금까지 내가 온전히 살아 있음을 실감하고 한 인간으로서 깨달음을 얻은 여러 강렬한 순간을 떠올려보았고, 이를 통해 나의 핵심 가치가 무엇인지 분명히 인식했다. 이 책에서도 그 순간들을 예로 들면 좋을 것 같았다.

한발 물러나서 나의 결정적 기억과 핵심 가치를 되돌아보면, 내가 역동적이고 활기차며 명석한 사람임을 실감하게 된다. 나는 꾸준히 성장하고 있으며, 몇 번이고 내게 중요한 사람들과 가치를 지키려 나서기도 했다. 항상 내가 비장애인들에게 무능하고 무력하고 우둔하며 처량해 보일까 봐 걱정했지만 전혀 그렇지 않았다. 과거에 종종 써왔던 차갑고 수동적인 지식인의 가면도 완전히 벗어던졌다.

이 연습은 또한 과거 나의 가면을 쓴 삶이 얼마나 숨 막히고 불만족스러웠는지 괴로울 만큼 선명하게 보여주었다. 홀로 아파트에 틀어박혀 아무도 만나지 않았으니 다른 사람에게 영감을 주거나 나 자신을 표현할 여지가 없었다. 남들을 화나게 할까 봐 너무 두려운 나머지 내 신념을 위해 위험을 무릅쓰지 않았고, 나를 기쁘게 하는 그 무엇에도 탐닉하지 않았다. 신경전형인의 가면을 쓰려던 나의 시도는 실패했다. 진정한 나는 훨씬 더 많은 것을 누릴 자격이 있는 아름다운 사람이었기 때문이다.

이 연습의 이상적 결과는 자폐인이 자신을 더 신뢰할 수 있게 돕는 것이다. 돌이켜보면 정직·신뢰·영감·열정에 따라 내린 결정을

나의 가치관 조합하기 예시

나만의 가치와 이것의 의미

첫 번째, 정직. 내가 느끼는 감정과 사물을 보는 방식을 정직하게 드러내기. 설사 불편하더라도 반드시 알려야 할 성찰을 솔직하게 공유하기. 내가 누구인지, 누구와 함께 있기를 좋아하는지, 인생에서 무엇을 원하는지 나 자신에게 정직해지기. 학대를 목격하면 나서서 발언하기.

나만의 가치와 이것의 의미

두 번째, 용기. 내 직관을 믿고 기꺼이 위험을 감수하기. 사람들이 동의하지 않더라도 내 신념을 유지하기. 내가 원하는 것을 부정할 핑계를 찾는 대신 열렬하고 단호하게 긍정하기. 내 감정을 확실하고 대담하게 표현하기. 나의 자리를 차지하고 인생을 제대로 만끽하기.

나만의 가치와 이것의 의미

세 번째, 영감. 주변 세상을 관찰하고 다양한 아이디어를 떠올리며 내 생각과 열정을 세상에 공유하기. 나만의 창의적 열망과 통찰력에 귀 기울이기. 다른 사람들이 최선을 다할 수 있도록 힘을 실어줌으로써 그들을 인도할 등대가 되기.

나만의 가치와 이것의 의미

네 번째, 열정. 만사를 깊이 느낄 여유를 찾기. 슬퍼하거나 화내거나 원망하거나 기뻐할 시간을 내기. 남들에 따라 내 감정을 검열하지 않기. 내 정체성을 부끄러워하지 않고 하고 싶은 유쾌한 일들을 실행하며 나를 괴롭히는 상황에서 마음 편히 벗어나기.

후회한 적은 단 한 번도 없다. 정중한 허튼소리를 물리치고, 만족스럽지 않은 직장을 그만두고, 뜬금없는 초대를 받아들이고, 충동적으로 문신을 새길 때마다 짜릿했다. 마치 평생 물속에서 지내온 끝에 신선한 공기를 깊이 들이마실 수 있게 된 사람처럼. 반면 두려움, 억압, 예의를 갖추려는 욕망에서 비롯된 온갖 잘못되고 후회스러운 결정들도 떠오른다. 감정을 표출하고 나서 사과하거나, 필요한 것을 숨기거나, 내게 맞지 않는 일을 수락하거나, 나를 존중하지 않는 친구를 참고 견딜 때마다 마음이 아프고 불안해지곤 했다. 그런 행동은 의미 있는 관계를 유지하는 데 전혀 도움이 되지 않았다. 내 시간을 낭비하고 화병을 부추길 뿐이었다. 어떤 대가를 치르더라도 나 자신에게 솔직한 편이 항상 더 나았다.

나의 네 가지 가치가 어떻게 통합되어 더 큰 총체를 이루는지 생각하면 방패가 떠오른다. 성 확정 절차를 밟으면서 **수비수**defender라는 뜻의 데번Devon이라는 이름을 선택한 것도 그 때문이었다. 트랜스젠더로서 그리고 자폐인으로서 벽장 속에 있던 시절 나는 위축되고 방어적인 태도를 취하곤 했다. 내 존재 전체가 나의 신성한 정체성에 대한 변명이었다. 이제 나는 나의 진정한 모습에서 힘을 얻어 다른 사람들을 위한 방패가 되고 싶다. 세상과 정면으로 맞서며 도움이 필요한 사람들을 보호하는 굳건하고 용감한 존재가 되려고 한다. 내 가치관이 나 자신과 내가 아끼는 사람들을 지켜줄 것이다. 한때는 가면이 나를 지켜주는 존재라고 믿었지만, 가면은 도리어 나를 짓눌렀을 뿐이다. 내 가치관을 존중하는 것은 그 정반대 효과가 있다. 나의 가장 자폐적인 특성도 숨김없이 전면에 내세워 나를 전장으로 이끌어낸다. 이제 나는 나라는 사람에 대해 감사할 뿐 아니라 다른 사람들도 나를 알게 되어 기뻐한다는 것을 안다. 자폐인이라는 정체성을 받아들이는 과정에서 나는 마찬가지로 자기 수용과 개방성을 향한 길을 걸어온 여러 사람들을 만났고, 거짓된 두려움에서 비롯된 수년간의 연기 끝에 마침내 통합되고 자유로우며 나 자신의 가치와 조화를 이루었다고 느낀다. 그리고 당신도 똑같이 느낄 수 있길 바란다.

공개적인 자폐인으로 살아가기가 어렵지 않다고 거짓말할 생각은 없다. 능력주의는 강력한 억압 세력이다. 가면을 완전히 벗지 못하는 자폐인이 너무나 많다. 우리 중 일부는 자폐인임을 공개할 엄두도 못 낼 만큼 위험한 상황에 처해 있다. 가면을 벗음으로써 노숙자가 되고 경찰의 폭력, 학대 관계, 강제적 시설 수용의 위험을 감수하기보다는 숨 쉴 구멍을 확보하고 다른 모든 장소에서 가면을 쓰는 편이 낫다고 결론 내리는 자폐인들도 있다. 이들에게는 생활환경의 획기적인 개선과 사회 체제의 변화가 필요하다.

자폐인 대다수는 불완전 취업 상태이며 착취와 고립, 빈곤으로 괴로워한다. 여성이거나 트랜스젠더, 흑인, 빈곤층 등 다중 소외계층인 가면 자폐인에게 가면을 벗는다는 것은 감히 생각하기도 어려운 일이다. 과감하게 가면을 벗어던질 자유가 있는 자폐인들도 여전히 온갖 사회적 편견과 과거의 정신적 외상에 따른 고통에 시달린다. 개인이 스스로 가치 있는 존재라고 주장하는 것만으로는 이런 압력을 이겨낼 수 없다. 신경다양성을 포용하는 세상은 마땅히 모든 사람, 문화, 생활 방식이 동등한 존엄과 자율성과 존중을 누리는 곳이어야 할 것이다. 하지만 더욱 광범위한 수용과 정의를 추구하는 자폐인에게 가면을 벗는 것은 꼭 필요한 진전일 뿐 아니라 여전히 기울어진 세상에서 제정신을 유지할 방법이기도 하다. 나는 불안정한 상황에서 벗어나 자신을 받아들여주는 커뮤니티를 찾아낸 자폐인이 사회적·심리적으로 얼마나 성장할 수 있는지 직접 목격했으며, 나 역시 그런 과정을 거친 바 있다. 신경다양성 사회를 실현하기 위해서는 우리가 공유하는 어려움을 고발하고 한데 모여 공동체를 형성하며 우리가 잘못되지 않았다고 단호히 선언해야만 한다. 여전히 신경전형성 세상의 대다수는 자폐인이 태어나지 못하게 막는 유전자 치료와 선별 수단, 우리가 개처럼 순응하도록 훈련하는 폭력적인 치료법을 통해 우리의 차이를 '치료'하려고 한다. 공식적인 자폐증 치료를 받지 않은 사람들조차도 날마다 더 미미하고 온순하며 고분고분한 존재가 되라는 조종과 압력에 처해 있다.

가면을 벗는 것은 신경전형적 요구의 무게에 굴복하지 않으며 당당하게 불복종 의사를 표현하는 일이다. 이는 대담한 행동주의이자 자부심의 선언이기도 하다. 가면을 벗는다는 것은 침묵하기를 거부하고, 분리되고 은폐되기를 거절하며, 온전한 우리 자신으로서 다른 장애인 및 소외 집단과 굳건하게 연대하겠다는 의미다. 우리는 자기 정체성 의식과 아무것도 숨길 필요 없다는 인식을 통해 확고하고 급진적인 수용으로 무장할 때 비로소 강인하고 자유롭게 연대할 수 있다.

내 글에서 잠재력을 발견하고 스스로는 엄두도 못 냈을 작가로서의 삶을 추구할 수 있도록 자신감을 북돋워준 에이전트 제니 헤레라Jenny Herrera에게 감사드립니다. 예전에도 말했지만 다시 한 번 말씀드릴게요. 당신은 내 인생을 완전히 바꿔놓은 분이에요. 이 책에 관심을 갖고 지원을 아끼지 않은 편집자 미셸 에니클레리코Michele Eniclerico의 날카로운 질문과 사려 깊은 재구성 제안, 그리고 내 판단을 믿어준 것에 깊은 감사를 표합니다. 신경전형적 시각에 호소하기보다 자폐인들에게 직접 말을 거는 책을 만들도록 격려해주셔서 정말 감사합니다. 내가 이 책에서 가장 자랑스럽게 여기는 부분이 된 8장만 해도 당신의 제안이 없었다면 존재할 수 없었겠지요. 항상 내 저술 작업을 응원해주시고 학자로서 내 정체성의 중요한 부분으로 여겨주시는 로욜라평생대학원 및 전문대학원의 잔 와이든Jeanne Widen 교수께도 감사드립니다. 언제나 온정과 신뢰로 대해주셔서 정말 감사하게 생각합니다. 아름다운 책을 만들고 세상에 선보일 수 있게 도와주신 하모니의 모든 팀원들에게도 감사드립니다.

이 책이 완성되기까지 수많은 자폐인 및 신경다양인 작가와 사상가들이 중요한 역할을 해주었습니다. 우리가 나눈 모든 대화, 커뮤니티를 위해 만든 모든 자료, 내게 보내준 모든 피드백에 대해 헤더 R. 모건, 제임스 핀, 제시 메도스, 마르타 로즈, 킬런 크룩섕크Keillan Cruickshank, 티모시어스 고든 주니어, 저지 노아, 제스 화이트Jess White에게 감사드립니다. 애머시스트 셰이버, 랍비 루티 레건, 젠 화이트-존슨Jen White-Johnson, 스카이 큐버큐브, 새뮤얼 딜런 핀치, 크리스티아나 오베이섬너, 리언 핀Rian Phin, 티파니 해먼드Tiffany Hammond, 아난드 프랄라드를 비롯해 내가 이 책에 인용한 모든 분들에게 그간의 모든 저술 활동에 감사드립니다. 이 책을 집필하는 과정에서 면담을 허락해주신 모든 분들과, 내 아이디어에 대한 생각과 피드백을 묻는 설문조사 및 요청에 응답해주신 온라인상의 자폐인 여러분께도 감사드립니다. 이 책을 쓰면서 가능한 한 많은 자폐인의 관점을 수용하려고 노력했습니다. 부디 내가 여러분이 나눠준 모든 이야기를 존중하고 여러분의 너그러움에 존경과 감사의 마음으로 대답했기를 바랍니다.

지난 몇 년 동안 내가 덜 상처받도록 도와준 모든 분들, 특히 나 자신을 이해하지 못하거나 다른 사람들과 관계 맺는 방법을 몰랐을 때 은혜를 베풀어준 모든 친구들에게 감사드립니다. 나는 의혹과 두려움에 사로잡힌 나머지 나를 사랑하는 사람들로부터 멀어지려고 갖은 애를 썼지만, 결국 내가 일어설 수 있었던 것은 여러분의 사랑과 정직함 덕분이었습니다. 내가 장애에 관한 글을 쓰기 시작한 이후 내게 커밍아웃하여 서로 생활의 핵심 '꿀팁'을 주고받으며 위로할 좋은 기회를 마련해준 모든 자폐인 및 신경다양인 친구들에게 감사드립니다. 항상 내가 나 자신일 수 있도록, 내 목소리를 억누르려 하지 않고 내 경험에서 나온 이야기를 할 수 있도록 수용해준 가족에게 감사합니다. 팬데믹 기간에도 내가 진정한 유대감을 느끼며 비교적 안정된 상태로 있게 해준 덤프트럭 디스코드 서버의 모든 친구들에게도 감사합니다. 마지막으로 조명을 은은하게 낮춰주고, 바쁜 업무를 미룰 핑계를 마련해주고, 감각 과부하에 빠졌을 때 침대 아래에 대피할 공간을 만들어주고, 온라인 체스 게임 소리가 너무 시끄러워도 말없이 헤드폰을 쓰며 참아준 닉에게 고마움을 전합니다. 나는 여전히 거의 항상 엄청나게 성가시고 징징거리는 사람인데, 어떻게 이런 나를 있는 그대로 사랑하는 사람이 있는지 도저히 모르겠어요. 언젠가는 당신의 무조건적인 관용과 애정을 내게(그리고 닉 당신과 나아가 모든 사람들에게) 마땅히 주어진 것으로 받아들일 날이 올 거라고 약속할게요.

• 주석

들어가며

1 P. Thomas, W. Zahorodny, B. Peng, S. Kim, N. Jani, W. Halperin, M. Brimacombe, "The association of autism diagnosis with socioeconomic status", *Autism* 16 (2), 201~213 (2012).

2 L. Hull, K. V. Petrides, W. Mandy, "The female autism phenotype and camouflaging: A narrative review", *Review Journal of Autism and Developmental Disorders*, 1~12 (2020).

3 "Interview with Temple Grandin", (January 2, 2006). Retrieved, (April 14, 2019).

4 A. M. Petrou, J. R. Parr, H. McConachie, "Gender differences in parent-reported age at diagnosis of children with autism spectrum disorder", *Research in Autism Spectrum Disorders* 50, 32~42 (2018).

5 L. A. Livingston, P. Shah, F. Happé, "Compensatory strategies below the behavioural surface in autism: A qualitative study", *The Lancet Psychiatry* 6 (9), 766~777 (2019).

6 https://www.cdc.gov/mmwr/volumes/69/ss/ss6904a1.htm?s_cid=ss6904a1_w.

7 E. Cage, Z. Troxell-Whitman, "Understanding the Reasons, Contexts and Costs of Camouflaging for Autistic Adults", *Journal of Autism and Developmental Disorders* 49, 1899~1911 (2019). https://doi.org/10.1007/s10803-018-03878-x.

8 L. A. Livingston, P. Shah, F. Happé, "Compensatory strategies below the behavioural surface in autism: A qualitative study", *The Lancet Psychiatry* 6 (9),

766~777 (2019).

9 S. A. Cassidy, K. Gould, E. Townsend, M. Pelton, A. E. Robertson, J. Rodgers, "Is camouflaging autistic traits associated with suicidal thoughts and behaviours? Expanding the interpersonal psychological theory of suicide in an undergraduate student sample", *Journal of Autism and Developmental Disorders* 50 (10), 3638~3648 (2020).

1 왜 '망가진 사람'과 '완벽한 정상인'을 구분할까

1 P. W. Corrigan, "Lessons learned from unintended consequences about erasing the stigma of mental illness", *World Psychiatry* 15 (1), 67~73 (2016). https://doi.org/10.1002/wps.20295.

2 D. Ben-Zeev, M. A. Young, P. W. Corrigan, "DSM-V and the stigma of mental illness", *Journal of Mental Health* 19 (4), 318~327 (2010).

3 N. Ysasi, A. Becton, R. Chen, "Stigmatizing effects of visible versus invisible disabilities", *Journal of Disability Studies* 4 (1), 22~29 (2018).

4 R. Mazumder, S. Thompson-Hodgetts, "Stigmatization of Children and Adolescents with Autism Spectrum Disorders and their Families: A Scoping Study", *Review of Journal of Autism and Developmental Disorders* 6, 96~107 (2019). https://doi.org/10.1007/s40489-018-00156-5.

5 D. M. Raymaker, A. R. Teo, N. A. Steckler, B. Lentz, M. Scharer, A. Delos Santos, (…) C. Nicolaidis, "Having All of Your Internal Resources Exhausted Beyond Measure and Being Left with No Clean-Up Crew", Defining Autistic Burnout", *Autism in Adulthood* 2 (2), 132~143 (2020).

6 K. L. Buckle, K. Leadbitter, E. Poliakoff, E. Gowen, "No way out except from external intervention: First-hand accounts of autistic inertia" (2020).

7 E. A. Demetriou, A. Lampit, D. S. Quintana, S. L. Naismith, Y. J. C. Song, J. E. Pye (…) A. J. Guastella, "Autism spectrum disorders: meta-analysis of executive function", *Molecular Psychiatry* 23 (5), 1198~1204 (2018).

8 자폐 스펙트럼 성향과 자폐성 인지 문제가 있음에도 사회 또는 행동 징후를 드러내지 않으려고 증상을 위장하는 자폐인들도 있다. L. A. Livingston, B. Carr, P. Shah, "Recent advances and new directions in measuring theory of mind in autistic

adults", *Journal of Autism and Developmental Disorders* 49, 1738~1744 (2019).

9 A. Thapar, M. Rutter, "Genetic advances in autism", *Journal of Autism and Developmental Disorders*, 1~12 (2020).

10 M. A. Gernsbacher, M. Dawson, L. Mottron, "Autism: Common, heritable, but not harmful", *Behavioral and Brain Sciences* 29 (4), 413 (2006).

11 L. Rylaarsdam, A. Guemez-Gamboa, "Genetic causes and modifiers of autism spectrum disorder", *Frontiers in Cellular Neuroscience* 13, 385 (2019).

12 A. Hahamy, M. Behrmann, R. Malach, "The idiosyncratic brain: Distortion of spontaneous connectivity patterns in autism spectrum disorder", *Nature Neuroscience* 18, 302~309 (2015). https://doi.org/10.1038/nn.3919.

13 자폐인은 성별과 관계없이 평생 사회적 기술과 의사소통 능력이 발달한다. A. Rynkiewicz, B. Schuller, E. Marchi, et al., "An investigation of the 'female camouflage effect' in autism using a computerized ADOS-2 and a test of sex/gender differences", *Molecular Autism* 7, 10 (2016). https://doi.org/10.1186/s13229-016-0073-0.

14 Y. Zhou, L. Shi, X. Cui, S. Wang, X. Luo, "Functional Connectivity of the Caudal Anterior Cingulate Cortex Is Decreased in Autism", *PloS One* 11 (3) (2016), e0151879. https://doi.org/10.1371/journal.pone.0151879.

15 J. M. Allman, K. K. Watson, N. A. Tetreault, A. Y. Hakeem, "Intuition and autism: A possible role for Von Economo neurons", *Trends in Cognitive Sciences* 9 (8), 367~373 (2005).

16 A. Rosenberg, J. S. Patterson, D. E. Angelaki, "A computational perspective on autism", *Proceedings of the National Academy of Sciences* 112 (30), 9158~9165 (2015).

17 A. Hahamy, M. Behrmann, R. Malach, "The idiosyncratic brain: Distortion of spontaneous connectivity patterns in autism spectrum disorder", *Nature Neuroscience* 18, 302~309 (2015). https://doi.org/10.1038/nn.3919; I. Dinstein, D. J. Heeger, M. Behrmann, "Neural variability: Friend or foe?", *Trends in Cognitive Sciences* 19 (6), 322~328 (2015).

18 와이즈먼과학연구소에서 발표한 다음 보도 자료를 참조할 것. https://www.eurekalert.org/pub_releases/2015-01/wios-abg-012115.php.

19 K. Koldewyn, Y. V. Jiang, S. Weigelt, N. Kanwisher, "Global/local processing in

autism: Not a disability, but a disinclination", *Journal of Autism and Developmental Disorders* 43 (10), 2329~2340 (2013). https://doi.org/10.1007/s10803-013-1777-z.

20 L. Mottron, S. Belleville, E. Ménard, "Local bias in autistic subjects as evidenced by graphic tasks: Perceptual hierarchization or working memory deficit?", *Journal of Child Psychology and Psychiatry* 40, 743~755 (1999).

21 D. Hubl, S. Bolte, S. Feineis-Matthews, H. Lanfermann, A. Federspiel, W. Strik, et al, "Functional imbalance of visual pathways indicates alternative face processing strategies in autism", *Neurology* 61, 1232~1237 (2003).

22 I. Minio-Paluello, G. Porciello, A. Pascual-Leone, S. Baron-Cohen, "Face individual identity recognition: A potential endophenotype in autism", *Molecular Autism* 11 (1), 1~16 (2020).

23 E. Longdon, J. Read, "People with Problems, Not Patients with Illnesses: Using psychosocial frameworks to reduce the stigma of psychosis", *Israel Journal of Psychiatry and Related Sciences* 54 (1), 24~30 (2017).

24 https://www.wired.com/story/how-earnest-research-into-gay-genetics-went-wrong.

25 J. A. Guiraud, E. Kushnerenko, P. Tomalski, K. Davies, H. Ribeiro, M. H. Johnson, "Differential habituation to repeated sounds in infants at high risk for autism", *Neuroreport* 22, 845~849 (2011).

26 M. Brosnan, M. Lewton, C. Ashwin, "Reasoning on the autism spectrum: A dual process theory account", *Journal of Autism and Developmental Disorders* 46 (6), 2115~2125 (2016).

27 M. Brosnan, C. Ashwin, M. Lewton, "Brief report: Intuitive and reflective reasoning in autism spectrum disorder", *Journal of Autism and Developmental Disorders* 47 (8), 2595~2601 (2017).

28 M. M. Seltzer, M. W. Krauss, P. T. Shattuck, G. Orsmond, A. Swe, C. Lord, "The symptoms of autism spectrum disorders in adolescence and adulthood", *Journal of Autism and Developmental Disorders* 33 (6), 565~581 (2003).

29 E. P. Hazen, J. L. Stornelli, J. A. O'Rourke, K. Koesterer, C. J. McDougle, "Sensory symptoms in autism spectrum disorders", *Harvard Review of Psychiatry* 22 (2), 112~124 (2014).

30 C. J. Jordan, C. L. Caldwell-Harris, "Understanding differences in neurotypical and autism spectrum special interests through internet forums", *Intellectual and Developmental Disabilities* 50 (5), 391~402 (2012).

31 S. K. Kapp, R. Steward, L. Crane, D. Elliott, C. Elphick, E. Pellicano, G. Russell "'People should be allowed to do what they like': Autistic adults' views and experiences of stimming", *Autism* 23 (7), 1782~1792 (2019).

32 K. Tchanturia, K. Smith, D. Glennon, A. Burhouse, "Towards an improved understanding of the Anorexia Nervosa and Autism spectrum comorbidity: PEACE pathway implementation", *Frontiers in Psychiatry* 11, 640 (2020).

33 P. J. M. Wijngaarden-Cremers, W. V. Brink, R. J. Gaag, "Addiction and autism: A remarkable comorbidity", *Journal of Alcoholism and Drug Dependence* 2 (4), 170 (2014).

34 R. McKenzie, R. Dallos, "Autism and attachment difficulties: Overlap of symptoms, implications and innovative solutions", *Clinical Child Psychology and Psychiatry* 22 (4), 632~648 (2017).

35 B. O. McElhanon, C. McCracken, S. Karpen, W. G. Sharp, "Gastrointestinal symptoms in autism spectrum disorder: A meta-analysis", *Pediatrics* 133 (5), 872~883 (2014).

36 C. Baeza-Velasco, D. Cohen, C. Hamonet, E. Vlamynck, L. Diaz, C. Cravero, (…) V. Guinchat, "Autism, joint hypermobility-related disorders and pain", *Frontiers in Psychiatry* 9, 656 (2018).

37 P. F. Bolton, I. Carcani-Rathwell, J. Hutton, S. Goode, P. Howlin, M. Rutter, "Epilepsy in autism: Features and correlates", *British Journal of Psychiatry* 198 (4), 289~294 (2011).

38 K. M. Antshel, Y. Zhang-James, S. V. Faraone, "The comorbidity of ADHD and autism spectrum disorder", *Expert Review of Neurotherapeutics* 13 (10), 1117~1128 (2013)

39 G. Russell, Z. Pavelka, "Co-occurrence of developmental disorders: Children who share symptoms of autism, dyslexia and attention deficit hyperactivity disorder", *InTech*, 361~386 (2013).

40 L. Hull, L. Levy, M. C. Lai, K. V. Petrides, S. Baron-Cohen, C. Allison, (…) W. Mandy, "Is social camouflaging associated with anxiety and depression in autistic

adults?", *Molecular Autism* 12 (1), 1~13 (2021).

41 https://leader.pubs.asha.org/doi/10.1044/leader.FTR2.25042020.58.

42 데이미언 밀턴Damian Milton이 쓴 에세이에 이런 내용이 잘 요약되어 있다. "프랜시스 골턴Francis Galton의 추종자가 꿈꿀 만한 이상화되고 환상적인 심리 검사에 따르면, 완벽한 신경전형인이란 존재하지 않을 것이다." (골턴은 우생학을 창안한 사람이다. 이 글을 내게 알려준 메도스에게 감사한다.) http://www.larry-arnold.net/Autonomy/index.php/autonomy/article/view/AR10/html.

43 Singer, Judy, "'Why can't you be normal for once in your life?' From a 'problem with no name' to the emergence of a new category of difference. In Corker, Mairian, French, Sally (eds.)", *Disability Discourse*. McGraw-Hill Education (UK), 61 (1999).

44 Y. Takarae, J. Sweeney, "Neural hyperexcitability in autism spectrum disorders", *Brain Sciences* 7 (10), 129 (2017).

45 L. P. Stewart, P. M. White, "Sensory filtering phenomenology in PTSD", *Depression and Anxiety* 25 (1), 38~45 (2008).

46 물론 감각 과부하가 불안의 원인이 될 수도 있다. 이는 양방향 관계일 가능성이 높다. 다음 논문을 참조할 것. S. A. Green, A. Ben-Sasson, "Anxiety disorders and sensory over-responsivity in children with autism spectrum disorders: Is there a causal relationship?", *Journal of Autism and Developmental Disorders* 40 (12), 1495~1504 (2010).

47 E. Bora, A. Aydın, T. Saraç, M. T. Kadak, S. Köse, "Heterogeneity of subclinical autistic traits among parents of children with autism spectrum disorder: Identifying the broader autism phenotype with a data-driven method", *Autism Research* 10 (2), 321~326 (2017).

48 https://www.cdc.gov/mmwr/volumes/67/ss/pdfs/ss6706a1-H.pdf.

49 D. S. Mandell, et al, "Racial/ethnic disparities in the identification of children with autism spectrum disorders", *American Journal of Public Health* 99 (3), 493~498 (2009). https://doi.org/10.2105/AJPH.2007.131243.

50 https://www.cdc.gov/ncbddd/autism/addm-community-report/differences-in-children.html.

51 K. Stevens, "Lived Experience of Shutdowns in Adults with Autism Spectrum Disorder" (2019).

52 J. J. Endendijk, M. G. Groeneveld, L. D. van der Pol, S. R. van Berkel, E. T. Hallers-Haalboom, M. J. Bakermans-Kranenburg, J. Mesman, "'Gender differences in child aggression: Relations with gender-differentiated parenting and parents' gender-role stereotypes", *Child Development* 88 (1), 299~316 (2017).

53 E. Cage, Z. Troxell-Whitman, *Journal of Autism and Developmental Disorders* 49 (5), 1899~1911 (2019). https://doi.org/10.1007/s10803-018-03878-x.

54 G. W. Andersson, C. Gillberg, C. Miniscalco, "Pre-school children with suspected autism spectrum disorders: Do girls and boys have the same profiles?", *Research in Developmental Disabilities* 34 (1), 413~422 (2013).

55 S. Silberman, "Chapter 5: Fascinating Peculiarities", *NeuroTribes: The Legacy of Autism and the Future of Neurodiversity* (New York: Penguin, 2015). (스티브 실버만, 《뉴로트라이브》, 강병철 옮김, 알마, 2018.)

56 https://www.nature.com/articles/d41586-018-05112-1.

57 S. Burch, L. Patterson, "Not Just Any Body: Disability, Gender, and History", *Journal of Women's History* 25 (4), 122~137 (2013).

58 https://nsadvocate.org/2018/07/11/treating-autism-as-a-problem-the-connection-between-gay-conversion-therapy-and-aba.

59 A. Hillier, N. Gallop, E. Mendes, D. Tellez, A. Buckingham, A. Nizami, D. OToole, "LGBTQ+ and autism spectrum disorder: Experiences and challenges", *International Journal of Transgender Health* 21 (1), 98~110 (2019). https://doi.org/10.1080/15532739.2019.1594484.

60 https://www.spectrumnews.org/news/extreme-male-brain-explained

61 S. C. Evans, A. D. Boan, C. Bradley, L. A. Carpenter, "Sex/gender differences in screening for autism spectrum disorder: Implications for evidence-based assessment", *Journal of Clinical Child & Adolescent Psychology* 48 (6), 840~854 (2019).

62 J. M. Metzl, *The Protest Psychosis: How Schizophrenia Became a Black Disease* (Boston: Beacon Press, 2010).

63 A. K. Halladay, S. Bishop, J. N. Constantino, A. M. Daniels, K. Koenig, K. Palmer, D. Messinger, K. Pelphrey, S. J. Sanders, A. T. Singer, J. L. Taylor, P. Szatmari, "Sex and gender differences in autism spectrum disorder: Summarizing evidence gaps and identifying emerging areas of priority", *Molecular Autism* 6, 36 (2015). https://

doi.org/10.1186/s13229-015-0019-y.

64 T. A. Becerra, O. S. von Ehrenstein, J. E. Heck, J. Olsen, O. A. Arah, S. S. Jeste, (…) B. Ritz, "Autism spectrum disorders and race, ethnicity, and nativity: A population-based study", *Pediatrics* 134 (1), e63-e71 (2014).

65 팬들은 오래전부터 릭이 (이 드라마의 기획자 댄 하먼Dan Harmon과 마찬가지로) 자폐인이리라 추측해왔지만, 이 사실은 시즌 3의 최종화 〈릭추리언 모티데이트The Rickchurian Mortydate〉에 등장하는 릭과 모티의 짧은 대화에서 비로소 공식으로 확인되었다.

66 https://autismsciencefoundation.org/what-is-autism/how-common-is-autism/#:~:text=In%20the%201980s%20autism%20prevalence,and%20later%201%20in%201000.

67 https://www.nami.org/Support-Education/Publications-Reports/Public-Policy-Reports/The-Doctor-is-Out#:~:text=800%2D950%2DNAMI&text=Each%20year%20millions%20of%20Americans,States%20go%20without%20any%20treatment.

68 E. Bora, A. Aydin, T. Saraç, M. T. Kadak, S. Köse, "Heterogeneity of subclinical autistic traits among parents of children with autism spectrum disorder: Identifying the broader autism phenotype with a data-driven method", *Autism Research* 10 (2), 321~326 (2017).

69 의료보험이 보장하는 내용에 대한 주별 분석은 다음 웹사이트를 참조할 것. https://www.ncsl.org/research/health/autism-and-insurance-coverage-state-laws.aspx.

70 https://www.clarifiasd.com/autism-diagnostic-testing/#:~:text=There%20is%20a%20cost%20associated,more%20than%20doubles%20the%20cost.

71 https://www.quora.com/How-much-does-it-typically-cost-to-get-a-formal-diagnosis-of-an-autism-spectrum-disorder.

72 https://www.wpspublish.com/ados-2-autism-diagnostic-observation-schedule-second-edition.

73 https://devonprice.medium.com/from-self-diagnosis-to-self-realization-852e3a069451.

74 https://www.bgsu.edu/content/dam/BGSU/equity-diversity/documents/university-policies/evidence-prove-discrimination.pdf.

75 장애의 사회적·의학적 모델과 그 상호 작용에 관한 좋은 입문용 글로 다음을

추천한다. S. Goering, "Rethinking disability: The social model of disability and chronic disease", *Current Reviews in Musculoskeletal Medicine* 8 (2), 134~138 (2015). https://doi.org/10.1007/s12178-015-9273-z.

76 https://www.phrases.org.uk/meanings/differently-abled.html.

77 P. K. Longmore, "A Note on Language and the Social Identity of Disabled People", *American Behavioral Scientist* 28 (3), 419~423 (1985). https://doi.org/10.1177/000276485028003009.

78 https://journals.sagepub.com/doi/abs/10.1177/000276485028003009?journalCode=absb.

79 https://www.nature.com/articles/d41586-018-05112-1.

80 "Significant Gay Events Timeline" (PDF). "Gay Police Association Scotland. Archived from the original" (PDF), (March 15, 2014). Retrieved, (March 15, 2014).

2 평생 가면을 쓰는 사람들

1 F. Ashley, "A critical commentary on 'rapid-onset gender dysphoria'", *Sociological Review* 68 (4), 779~799 (2020). https://doi.org/10.1177/0038026120934693.

2 https://www.washingtonpost.com/lifestyle/2020/03/03/you-dont-look-autistic-reality-high-functioning-autism.

3 S. Bargiela, R. Steward, W. Mandy, "The experiences of late-diagnosed women with autism spectrum conditions: An investigation of the female autism phenotype", *Journal of Autism and Developmental Disorders* 46 (10), 3281~3294 (2016).

4 W. Mandy, R. Chilvers, U. Chowdhury, G. Salter, A. Seigal, D. Skuse, "Sex differences in autism spectrum disorder: Evidence from a large sample of children and adolescents", *Journal of Autism and Development Disorders* 42, 1304~1313 (2012). doi:10.1007/s10803-011-1356-0.

5 M. H. Meier, W. S. Slutske, A. C. Heath, N. G. Martin, "The role of harsh discipline in explaining sex differences in conduct disorder: A study of opposite-sex twin pairs", *Journal of Abnormal Child Psychology* 37 (5), 653~664 (2009). https://doi.org/10.1007/s10802-009-9309-1.

6 A. Aznar, H. B. Tenenbaum, "Gender and age differences in parent-child emotion

talk", *British Journal of Developmental Psychology* 33 (1), 148~155 (2015).

7 W. K. Fung, R. W. Y. Cheng, "Effect of school pretend play on preschoolers' social competence in peer interactions: Gender as a potential moderator", *Early Childhood Education Journal* 45 (1), 35~42 (2017).

8 R. P. Goin-Kochel, V. H. Mackintosh, B. J. Myers, "How many doctors does it take to make an autism spectrum diagnosis?", *Autism* 10, 439~451 (2006). doi:10.1177/1362361306066601.

9 http://www.myspectrumsuite.com/meet-rudy-simone-autistic-bestselling-author-advocate-director-worldwide-aspergirl-society.

10 원래 목록이 있던 웹사이트 Help4Aspergers.com은 현재 다운되었다. 전체 목록은 다음 웹페이지에 보관되어 있다. https://mostlyanything19.tumblr.com/post/163630697943/atypical-autism-traits.

11 https://www.psychologytoday.com/us/blog/women-autism-spectrum-disorder/202104/10-signs-autism-in-women.

12 https://www.aane.org/women-asperger-profiles.

13 https://slate.com/human-interest/2018/03/why-are-a-disproportionate-number-of-autistic-youth-transgender.html.

14 https://www.wesa.fm/post/some-autism-furry-culture-offers-comfort-and-acceptance#stream/0.

15 C. Huijnen, M. Lexis, R. Jansens, L. P. de Witte, "Mapping Robots to Therapy and Educational Objectives for Children with Autism Spectrum Disorder", *Journal of Autism and Developmental Disorders* 46 (6), 2100~2114 (2016). https://doi.org/10.1007/s10803-016-2740-6.

16 https://www.psychologytoday.com/us/blog/the-imprinted-brain/201512/the-aliens-have-landed.

17 V. Warrier, D. M. Greenberg, E. Weir, C. Buckingham, P. Smith, M. C. Lai, (…) S. Baron-Cohen, "Elevated rates of autism, other neurodevelopmental and psychiatric diagnoses, and autistic traits in transgender and gender-diverse individuals", *Nature Communications* 11 (1), 1~12 (2020).

18 https://www.queerundefined.com/search/autigender.

19 A. I. R. van der Miesen, P. T. Cohen-Kettenis, A. L. C. de Vries, "Is there a link between gender dysphoria and autism spectrum disorder?", *Journal of the American*

Academy of Child & Adolescent Psychiatry 57 (11), 884~885 (2018). https://doi.org/10.1016/j.jaac.2018.04.022.

20 B. H. Neely Jr., "To disclose or not to disclose: Investigating the stigma and stereotypes of autism in the workplace", Master's thesis in psychology, submitted for partial fulfilment of degree requirements at Pennsylvania State University.

21 https://www.jkrowling.com/opinions/j-k-rowling-writes-about-her-reasons-for-speaking-out-on-sex-and-gender-issues.

22 L. K. Dale, *Uncomfortable Labels: My Life as a Gay Autistic Trans Woman* (London: Jessica Kingsley, 2019).

23 Ibid.

24 https://www.nature.com/articles/d41586-020-01126-w.

25 S. Fernando, *Institutional Racism in Psychiatry and Clinical Psychology* (London: Palgrave Macmillan, 2017).

26 정신질환과 장애의 정의가 시간이 지남에 따라 어떻게 변화해왔는지는 다음 책을 참고할 것. A. Scull, *Madness in Civilization: A Cultural History of Insanity from the Bible to Freud, from the Madhouse to Modern Medicine* (Princeton Univ. Press, 2015).

27 S. Dababnah, W. E. Shaia, K. Campion, H. M. Nichols, "We Had to Keep Pushing: Caregivers' Perspectives on Autism Screening and Referral Practices of Black Children in Primary Care", *Intellectual and Developmental Disabilities* 56 (5), 321~336 (2018).

28 S. Begeer, S. El Bouk, W. Boussaid, M. M. Terwogt, H. M. Koot, "Underdiagnosis and referral bias of autism in ethnic minorities", *Journal of Autism and Developmental Disorders* 39 (1), 142 (2009).

29 K. Bhui, N. Warfa, P. Edonya, K. McKenzie, D. Bhugra, "Cultural competence in mental health care: A review of model evaluations", *BMC Health Services Research* 7 (1), 1~10 (2007).

30 https://www.apa.org/monitor/2018/02/datapoint#:~:text=In%202015%2C%2086%20percent%20of,from%20other%20racial%2Fethnic%20groups.

31 https://www.npr.org/sections/health-shots/2020/06/25/877549715/bear-our-pain-the-plea-for-more-black-mental-health-workers.

32 https://www.hollywoodreporter.com/features/this-is-the-best-part-ive-ever-had-

how-chris-rocks-extensive-therapy-helped-prepare-him-for-fargo.

33 https://www.spectrumnews.org/news/race-class-contribute-disparities-autism-diagnoses.

34 D. S. Mandell, J. Listerud, S. E. Levy, J. A. Pinto-Martin, "Race differences in the age at diagnosis among Medicaid-eligible children with autism", *Journal of the American Academy of Child & Adolescent Psychiatry* 41 (12), 1447~1453 (2002).

35 T. T. Dyches, L. K. Wilder, R. R. Sudweeks, F. E. Obiakor, B. Algozzine, "Multicultural issues in autism", *Journal of Autism and Developmental Disorders* 34 (2), 211~222 (2004).

36 D. S. Mandell, R. F. Ittenbach, S. E. Levy, J. A. Pinto-Martin, "Disparities in diagnoses received prior to a diagnosis of autism spectrum disorder", *Journal of Autism and Developmental Disorders* 37 (9), 1795~1802 (2007). https://doi.org/10.1007/s10803-006-0314-8.

37 https://www.spectrumnews.org/opinion/viewpoint/autistic-while-black-how-autism-amplifies-stereotypes.

38 아프리카계 미국인 방언African American Vernacular English 또는 AAVE라고도 하지만, 이는 엄밀히 말하면 틀린 표현이다. AAE는 단순한 방언이 아니라 다양한 의사소통 양식과 맥락 전체를 아우른다. 다음 책을 참고할 것. M. Di Paolo, A. K. Spears, *Languages and Dialects in the U.S.: Focus on Diversity and Linguistics*, 102 (New York: Routledge)

39 C. E. DeBose, "Codeswitching: Black English and standard English in the African-American linguistic repertoire", *Journal of Multilingual & Multicultural Development* 13 (1~2), 157~167 (1992).

40 G. M. Walton, M. C. Murphy, A. M. Ryan, "Stereotype threat in organizations: Implications for equity and performance", *Annual Review of Organizational Psychology and Organizational Behavior* 2, 523~550 (2015). https://doi.org/10.1146/annurev-orgpsych-032414-111322.

41 A. Molinsky, "Cross-cultural code-switching: The psychological challenges of adapting behavior in foreign cultural interactions", *Academy of Management Review* 32 (2), 622~640 (2007).

42 https://hbr.org/2019/11/the-costs-of-codeswitching.

43 A. Molinsky, "Cross-cultural code-switching: The psychological challenges of

adapting behavior in foreign cultural interactions", *Academy of Management Review* 32 (2), 622~640 (2007).

44 https://www.spectrumnews.org/features/deep-dive/the-missing-generation.

45 https://apnews.com/b76e462b44964af7b431a735fb0a2c75.

46 https://www.forbes.com/sites/gusalexiou/2020/06/14/police-killing-and-criminal-exploitation-dual-threats-to-the-disabled/#39d86f6e4f0f.

47 https://www.chicagotribune.com/opinion/commentary/ct-opinion-adam-toledo-little-village-20210415-yfuxq4fz7jgtnl54bwn5w4ztw4-story.html.

48 https://namiillinois.org/half-people-killed-police-disability-report.

49 https://www.forbes.com/sites/gusalexiou/2020/06/14/police-killing-and-criminal-exploitation-dual-threats-to-the-disabled/#c4b478c4f0fa.

50 A. Prahlad, *The Secret Life of a Black Aspie: A Memoir* 69 (Fairbanks: University of Alaska Press, 2017).

51 '터놓고 이야기'하기의 인종적·문화적 차이를 누구나 이해하기 쉽게 설명한 공개 자료로는 마르코 로저스Marco Rogers가 작성한 다음 트위터 스레드를 참고할 것. https://twitter.com/polotek/status/1353902811868618758?lang=en.

52 S. Deep, B. M. Salleh, H. Othman, "Exploring the role of culture in communication conflicts: A qualitative study", *Qualitative Report* 22 (4), 1186 (2017).

53 https://www.webmd.com/brain/autism/what-does-autism-mean.

54 고대 그리스어 접두사 'allo-'에서 파생된 단어다.

55 https://www.vulture.com/2018/05/the-st-elsewhere-finale-at-30.html#:~:text=Today%20is%20the%2030th%20anniversary,[illegible]%20at%20all%20day%20long.

56 이 영화는 자폐인뿐 아니라 일반 비평가들에게도 많은 비판을 받았다. 예를 들어 다음 기사를 참조할 것. https://www.indiewire.com/2021/02/music-review-sia-autism-movie-maddie-ziegler-1234615917; https://www.rollingstone.com/movies/movie-features/sia-music-movie-review-controversy-1125125; https://www.nytimes.com/2021/02/11/movies/sia-music-autism-backlash.html.

57 증강 커뮤니케이션에 관한 잘못된 표현 등 〈뮤직〉의 문제점에 대한 간략한 요약은 다음 글을 참조할 것. https://www.bitchmedia.org/article/sia-film-music-ableism-autistic-representatation-film.

58 A. Wakabayashi, S. Baron-Cohen, S. Wheelwright, "Are autistic traits an

independent personality dimension? A study of the Autism-Spectrum Quotient (AQ) and the NEO-PI-R", *Personality and Individual Differences* 41 (5), 873~883 (2006).

59 N. Nader-Grosbois, S. Mazzone, "Emotion regulation, personality and social adjustment in children with autism spectrum disorders", *Psychology* 5 (15), 1750 (2014).

60 M. Morgan, P. J. Hills, "Correlations between holistic processing, Autism quotient, extraversion, and experience and the own-gender bias in face recognition", *PloS One* 14 (7), e0209530 (2019).

61 자폐 스펙트럼 특성이 강하고 외향적인 사람은 내향적 자폐인만큼 자기 위장에 공들이지 않을 가능성이 높다. E. Robinson, L. Hull, K. V. Petrides, "Big Five model and trait emotional intelligence in camouflaging behaviours in autism", *Personality and Individual Differences* 152, 109565 (2020).

62 K. A. Fournier, C. J. Hass, S. K. Naik, N. Lodha, J. H. Cauraugh, "Motor coordination in autism spectrum disorders: A synthesis and meta-analysis", *Journal of Autism and Developmental Disorders* 40 (10), 1227~1240 (2010).

63 A. E. Lane, S. J. Dennis, M. E. Geraghty, "Brief report: Further evidence of sensory subtypes in autism", *Journal of Autism and Developmental Disorders* 41 (6), 826~831 (2011).

64 Y. Liu, V. L. Cherkassky, N. J. Minshew, M. A. Just, "Autonomy of lower-level perception from global processing in autism: Evidence from brain activation and functional connectivity", *Neuropsychologia* 49 (7), 2105~2111 (2011). https://doi.org/10.1016/j.neuropsychologia.2011.04.005.

65 이 연구를 잘 요약한 오티스티캐츠Autisticats의 다음 트위터 스레드를 참조할 것. https://twitter.com/autisticats/status/1343996974337564674.전체 내용은 이 웹페이지에 영구 보관되어 있다. https://threadreaderapp.com/thread/1343993141146378241.html.

66 L. Mottron, M. Dawson, I. Soulieres, B. Hubert, J. Burack, "Enhanced perceptual functioning in autism: An update, and eight principles of autistic perception", *Journal of Autism and Developmental Disorders* 36 (1), 27~43 (2006).

67 https://www.queervengeance.com/post/autistic-people-party-too.

68 https://www.wcpo.com/news/insider/logan-joiner-addresses-his-fears-and-

those-of-others-on-the-autism-spectrum-by-riding-and-reviewing-roller-coasters#:~:text=Facebook-,Roller%20coaster%20conqueror%20Logan%20Joiner%2C%20on%20the%20autism%20spectrum,helps%20others%20overcome%20their%20fears&text=Since%20then%2C%20he's%20gone%20from,reviewer%20with%20a%20YouTube%20following.

69 B. A. Gargaro, N. J. Rinehart, J. L. Bradshaw, B. J. Tonge, D. M. Sheppard, "Autism and ADHD: How far have we come in the comorbidity debate?", *Neuroscience & Biobehavioral Reviews* 35 (5), 1081~1088 (2011).

70 H. J. Möller, B. Bandelow, H. P. Volz, U. B. Barnikol, E. Seifritz, S. Kasper, "The relevance of 'mixed anxiety and depression' as a diagnostic category in clinical practice", *European Archives of Psychiatry and Clinical Neuroscience* 266 (8), 725~736 (2016). https://doi.org/10.1007/s00406-016-0684-7.

71 https://www.sciencemag.org/news/2018/05/cold-parenting-childhood-schizophrenia-how-diagnosis -autism-has-evolved-over-time.

72 B. N. Moree, T. E. Davis III, "Cognitive-behavioral therapy for anxiety in children diagnosed with autism spectrum disorders: Modification trends", *Research in Autism Spectrum Disorders* 4 (3), 346~354 (2010).

73 https://medium.com/@KristenHovet/opinion-highly-sensitive-person-hsp-and-high-functioning-autism-are-the-same-in-some-cases-842821a4eb73.

74 Ibid.

75 https://www.autismresearchtrust.org/news/borderline-personality-disorder-or-autism.

76 S. Knaak, A. C. Szeto, K. Fitch, G. Modgill, S. Patten, "Stigma towards borderline personality disorder: Effectiveness and generalizability of an anti-stigma program for healthcare providers using a pre-post randomized design", *Borderline Personality Disorder and Emotion Dysregulation* 2 (1), 1~8 (2015).

77 G. King, "Staff attitudes towards people with borderline personality disorder", *Mental Health Practice* 17 (5) (2014).

78 H. R. Agrawal, J. Gunderson, B. M. Holmes, K. Lyons-Ruth, "Attachment studies with borderline patients: A review", *Harvard Review of Psychiatry* 12 (2), 94~104 (2004). https://doi.org/10.1080/10673220490447218.

79 L. N. Scott, Y. Kim, K. A. Nolf, M. N. Hallquist, A. G. Wright, S. D. Stepp, J.

Q. Morse, P. A. Pilkonis, "Preoccupied attachment and emotional dysregulation: Specific aspects of borderline personality disorder or general dimensions of personality pathology?", *Journal of Personality Disorders* 27 (4), 473~495 (2013). https://doi.org/10.1521/pedi_2013_27_099.

80 M. C. Lai, S. Baron-Cohen, "Identifying the lost generation of adults with autism spectrum conditions", *Lancet Psychiatry* 2 (11) 1013~1027 (2015). doi:10.1016/S2215-0366(15)00277-1. PMID:26544750.

81 S. Baron-Cohen, "The extreme male brain theory of autism", Trends Cogn Sci. 2002 Jun 1; 6 (6): 248~254. doi: 10.1016/s1364-6613(02)01904-6. PMID: 12039606.

82 L. Sheehan, K. Nieweglowski, P. Corrigan, "The stigma of personality disorders", *Current Psychiatry Reports* 18 (1), 11 (2016).

83 https://www.nytimes.com/2021/05/24/style/adhd-online-creators-diagnosis.html.

84 A. Lau-Zhu, A. Fritz, G. McLoughlin, "Overlaps and distinctions between attention deficit/hyperactivity disorder and autism spectrum disorder in young adulthood: Systematic review and guiding framework for EEG-imaging research", *Neuroscience and Biobehavioral Reviews* 96, 93~115 (2019). https://doi.org/10.1016/j.neubiorev.2018.10.009.

85 ADHD가 있는 많은 사람들이 각성제의 도움을 받고 있다. 이 문제를 섬세한 관점으로 살펴본 입문용 자료로는 메도스의 에세이 《비판적 ADHD 연구Critical ADHD Studies》를 추천한다. https://jessemeadows.medium.com/we-need-critical-adhd-studies-now-52d4267edd54.

86 자폐증과 ADHD의 연관성에 관해서도 메도스가 탁월한 에세이를 발표한 바 있다. https://www.queervengeance.com/post/what-s-the-difference-between-adhd-and-autism.

87 C. B. Velasco, C. Hamonet, A. Baghdadli, R. Brissot, "Autism Spectrum Disorders and Ehlers-Danlos Syndrome hypermobility-type: Similarities in clinical presentation", *Cuadernos de medicina psicosomática y psiquiatria de enlace,* (118), 49~58 (2016).

88 C. Black, J. A. Kaye, H. Jick, "Relation of childhood gastrointestinal disorders to autism: Nested case-control study using data from the UK General Practice Research Database", *BMJ* 325 (7361), 419~421 (2002).

89 P. F. Bolton, I. Carcani-Rathwell, J. Hutton, S. Goode, P. Howlin, M. Rutter, "Epilepsy in autism: Features and correlates", *British Journal of Psychiatry* 198 (4), 289~294 (2011).

90 https://www.youtube.com/watch?v=GCGlhS5CF08.

91 https://www.instagram.com/myautisticpartner.

92 https://autisticadvocacy.org/2012/10/october-2012-newsletter.

93 https://www.iidc.indiana.edu/irca/articles/social-communication-and-language-characteristics.html. 다음도 살펴볼 것. M. Foley-Nicpon, S. G. Assouline, R. D. Stinson (2012). "Cognitive and academic distinctions between gifted students with autism and Asperger syndrome", *Gifted Child Quarterly* 56 (2), 77~89.

94 이에 관한 자세한 내용은 다음 책을 참조할 것. D. Price, *Laziness Does Not Exist* (New York: Atria Books 2021). (데번 프라이스, 《게으르다는 착각》, 이현 옮김, 웨일북, 2022.)

3 가면 속을 들여다보면

1 K. Hume, *Transition Time: Helping Individuals on the Autism Spectrum Move Successfully from One Activity to Another*, The Reporter 13 (2), 6~10 (2008).

2 Dora M. Raymaker et al, "Having All of Your Internal Resources Exhausted Beyond Measure and Being Left with No Clean-Up Crew: Defining Autistic Burnout", *Autism in Adulthood*, 132~143 (2020). http://doi.org/10.1089/aut.2019.0079.

3 미성년자의 삶, 감정, 의견, 경험이 성인의 그것보다 가치가 떨어지는 생각을 성인 중심주의라고 한다. 성인 중심주의의 정의와 그로 인한 미성년자 학대에 관해서는 다음 책을 참조할 것. A. Fletcher, *Facing Adultism*, Olympia (WA: CommonAction, 2015).

4 L. A. Livingston, P. Shah, F. Happé, "Compensatory strategies below the behavioural surface in autism: A qualitative study", *Lancet Psychiatry* 6 (9), 766~777 (2019).

5 J. Parish-Morris, M. Y. Lieberman, C. Cieri et al, "Linguistic camouflage in girls with autism spectrum disorder", *Molecular Autism* 8, 48 (2017).

6 L. A. Livingston, E. Colvert, Social Relationships Study Team, P. Bolton, F. Happé, "Good social skills despite poor theory of mind: Exploring compensation in autism

spectrum disorder", *Journal of Child Psychology and Psychiatry*, 60, 102 (2019).

7 E. Cage, Z. Troxell-Whitman, "Understanding the reasons, contexts and costs of camouflaging for autistic adults", *Journal of Autism and Developmental Disorders* 49, 1899~1911 (2019).

8 M. C. Lai, M. V. Lombardo, A. N. V. Ruigrok et al, "Quantifying and exploring camouflaging in men and women with autism", *Autism* 21, 690~702 (2017).

9 B. Zablotsky, M. Bramlett, S. J. Blumberg, "Factors associated with parental ratings of condition severity for children with autism spectrum disorder", *Disability and Health Journal* 8 (4), 626~634 (2015). https://doi.org/10.1016/j.dhjo.2015.03.006.

10 https://sociallyanxiousadvocate.wordpress.com/2015/05/22/why-i-left-aba.

11 https://autisticadvocacy.org/2019/05/association-for-behavior-analysis-international-endorses-torture.

12 https://www.nbcnews.com/health/health-care/decades-long-fight-over-electric-shock-treatment-led-fda-ban-n1265546.

13 Ibid.

14 https://newsone.com/1844825/lillian-gomez-puts-hot-sauce-on-crayons.

15 O. Ivar. Lovaas, "Hugs", *Teaching Developmentally Disabled Children: The Me Book Paperback*, 50 (April 1, 1981)

16 https://neurodiversityconnects.com/wp-content/uploads/2018/06/PTSD.ABA_.pdf.

17 https://madasbirdsblog.wordpress.com/2017/04/03/i-abused-children-for-a-living/?iframe=true&theme_preview=true.

18 https://southseattleemerald.com/2018/12/05/intersectionality-what-it-means-to-be-autistic-femme-and-black.

19 크리스의 이름과 이야기의 몇몇 세부 사항은 익명성을 보호하기 위해 변경했다.

20 https://truthout.org/articles/as-an-autistic-femme-i-love-greta-thunbergs-resting-autism-face.

21 R. Woods, "Exploring how the social model of disability can be re-invigorated for autism: In response to Jonathan Levitt", *Disability & Society* 32 (7), 1090~1095 (2017).

4 가면의 사회적 비용

1 S. Bellini, "The development of social anxiety in adolescents with autism spectrum disorders", *Focus on Autism and Other Developmental Disabilities* 21 (3), 138~145 (2006).

2 R. P. Lawson, J. Aylward, S. White, G. Rees, "A striking reduction of simple loudness adaptation in autism", *Scientific Reports* 5 (1), 1~7 (2015).

3 Y. Takarae, J. Sweeney, "Neural hyperexcitability in autism spectrum disorders", *Brain Sciences* 7 (10), 129 (2017).

4 F. Samson, L. Mottron, I. Soulieres, T. A. Zeffiro, "Enhanced visual functioning in autism: An ALE meta-analysis", *Human Brain Mapping* 33, 1553~1581 (2012).

5 H. Takahashi, T. Nakahachi, S. Komatsu, K. Ogino, Y. Iida, Y. Kamio, "Hyperreactivity to weak acoustic stimuli and prolonged acoustic startle latency in children with autism spectrum disorders", *Molecular Autism* 5, 23 (2014).

6 R. S. Jones, C. Quigney, J. C. Huws, "First-hand accounts of sensory perceptual experiences in autism: A qualitative analysis", *Journal of Intellectual & Developmental Disability* 28 (2), 112~121 (2003).

7 P. E. Rothwell, "Autism spectrum disorders and drug addiction: Common pathways, common molecules, distinct disorders?", *Frontiers in Neuroscience* 10, 20 (2016).

8 https://www.theatlantic.com/health/archive/2017/03/autism-and-addiction/518289.

9 P. E. Rothwell, "Autism spectrum disorders and drug addiction: Common pathways, common molecules, distinct disorders?", *Frontiers in Neuroscience* 10, 20 (2016).

10 https://devonprice.medium.com/the-queens-gambit-and-the-beautifully-messy-future-of-autism-on-tv-36a438f63878.

11 M. Brosnan, S. Adams, "The Expectancies and Motivations for Heavy Episodic Drinking of Alcohol in Autistic Adults", *Autism in Adulthood* 2 (4), 317~324 (2020).

12 J. C. Flanagan, K. J. Korte, T. K. Killeen, S. E. Back, "Concurrent Treatment of Substance Use and PTSD", *Current Psychiatry Reports* 18 (8), 70 (2016). https://

doi.org/10.1007/s11920-016-0709-y.

13 K. M. Sze, J. J. Wood, "Enhancing CBT for the treatment of autism spectrum disorders and concurrent anxiety", *Behavioural and Cognitive Psychotherapy* 36 (4), 403 (2008).

14 S. B. Helverschou, A. R. Brunvold, E. A. Arnevik, "Treating patients with co-occurring autism spectrum disorder and substance use disorder: A clinical explorative study" *Substance Abuse: Research and Treatment* 13, 1178221819843291 (2019); 인지행동치료 수정에 관해 자세히 알아보려면 다음 논문을 참조할 것(다만 이 논문은 아동 한 명의 사례에 기반하며, 자폐인의 사회적 기술에 관해 여러모로 능력주의적 전제를 드러낸다는 한계가 있다). J. J. Wood, A. Drahota, K. Sze, K. Har, A. Chiu, D. A. Langer, "Cognitive behavioral therapy for anxiety in children with autism spectrum disorders: A randomized, controlled trial", *Journal of Child Psychology and Psychiatry* 50, 224~234 (2009).

15 https://jessemeadows.medium.com/alcohol-an-autistic-masking-tool-8aff572ca520.

16 브리지스는 자신을 자폐인이 아니라 아스퍼거인으로 규정한다. 그가 스물넷에 받은 진단이 자폐 스펙트럼 장애가 아니라 아스퍼거 증후군이었기 때문이다.

17 https://www.youtube.com/watch?v=q8J59KXog1M.

18 S. G. Assouline, M. F. Nicpon, A. Doobay, "Profoundly gifted girls and autism spectrum disorder: A psychometric case study comparison", *Gifted Child Quarterly* 53 (2), 89~105 (2009).

19 https://www.youtube.com/watch?v=zZb0taGNLmU.

20 H. Hobson, H. Westwood, J. Conway, F. S. McEwen, E. Colvert, C. Catmur, (…) F. Happe, "Alexithymia and autism diagnostic assessments: Evidence from twins at genetic risk of autism and adults with anorexia nervosa", *Research in Autism Spectrum Disorders* 73, 101531 (2020).

21 J. Wiskerke, H. Stern, K. Igelström, "Camouflaging of repetitive movements in autistic female and transgender adults", *BioRxiv*, 412619 (2018).

22 E. Coombs, M. Brosnan, R. Bryant-Waugh, S. M. Skevington, "An investigation into the relationship between eating disorder psychopathology and autistic symptomatology in a non-clinical sample", *British Journal of Clinical Psychology* 50 (3), 326~338 (2011).

23 V. Huke, J. Turk, S. Saeidi, A. Kent, J. F. Morgan, "Autism spectrum disorders in eating disorder populations: A systematic review", *European Eating Disorders Review* 21 (5), 345~351 (2013).

24 K. Tchanturia, Y. Li Z. Dandil, K. Smith, M. Leslie, S. Byford, "A novel approach for autism spectrum condition patients with eating disorders: Analysis of treatment cost-savings", *European Eating Disorders Review* (2020).

25 K. Tchanturia, J. Adamson, J. Leppanen, H. Westwood, "Characteristics of autism spectrum disorder in anorexia nervosa: A naturalistic study in an inpatient treatment programme", *Autism* 23 (1), 123~130 (2019). https://doi.org/10.1177/1362361317722431.

26 K. Tchanturia, Y. Li Z. Dandil, K. Smith, M. Leslie, S. Byford, "A novel approach for autism spectrum condition patients with eating disorders: Analysis of treatment cost-savings", *European Eating Disorders Review* (2020).

27 Li Z. Dandil, Y. Toloza, C. Carr, A. Oyeleye, O. E. Kinnaird, K. Tchanturia, "Measuring Clinical Efficacy Through the Lens of Audit Data in Different Adult Eating Disorder Treatment Programmes", *Frontiers in Psychiatry* 11, 599945 (2020). https://doi.org/10.3389/fpsyt.2020.599945.

28 https://www.youtube.com/watch?v=6Her9P4LEEQ.

29 T. Zalla, M. Sperduti, "The sense of agency in autism spectrum disorders: A dissociation between prospective and retrospective mechanisms?", *Frontiers in Psychology* 6, 1278 (2015).

30 T. Zalla, D. Miele, M. Leboyer, J. Metcalfe, "Metacognition of agency and theory of mind in adults with high functioning autism", *Consciousness and Cognition* 31, 126~138 (2015). doi:10.1016/j.concog.2014.11.001.

31 K. B. Schauder, L. E. Mash, L. K. Bryant, C. J. Cascio, "Interoceptive ability and body awareness in autism spectrum disorder", *Journal of Experimental Child Psychology* 131, 193~200 (2015). https://doi.org/10.1016/j.jecp.2014.11.002.

32 Ibid.

33 https://www.spectrumnews.org/features/deep-dive/unseen-agony-dismantling-autisms-house-of-pain.

34 https://www.spectrumnews.org/news/people-alexithymia-emotions-mystery/#:~:text=In%20a%20series%20of%20studies,to%20alexithymia%2C%20not%20

to%20autism.

35 J. Poquérusse, L. Pastore, S. Dellantonio, G. Esposito, "Alexithymia and Autism Spectrum Disorder: A Complex Relationship", *Frontiers in Psychology*, 9, 1196 (2018). https://doi.org/10.3389/fpsyg.2018.01196.

36 https://www.marketwatch.com/story/most-college-grads-with-autism-cant-find-jobs-this-group-is-fixing-that-2017-04-10-5881421#:~:text=There%20will%20be%20500%2C000%20adults,national%20unemployment%20rate%20of%204.5%25.

37 A. Ohl, M. Grice Sheff, S. Small, J. Nguyen, K. Paskor, A. Zanjirian, "Predictors of employment status among adults with Autism Spectrum Disorder", *Work* 56 (2): 345~355 (2017). doi:10.3233/WOR-172492, PMID: 28211841.

38 A. M. Romualdez, B. Heasman, Z. Walker, J. Davies, A. Remington, "People Might Understand Me Better: Diagnostic Disclosure Experiences of Autistic Individuals in the Workplace", *Autism in Adulthood* (2021).

39 S. Baldwin, D. Costley, A. Warren, "Employment activities and experiences of adults with high-functioning autism and Asperger's disorder", *Journal of Autism and Developmental Disorders* 44 (10), 2440~2449 (2014).

40 M. Romano, R. Truzoli, L. A. Osborne, P. Reed, "The relationship between autism quotient, anxiety, and internet addiction", *Research in Autism Spectrum Disorders* 8 (11), 1521~1526 (2014).

41 M. O. Mazurek, C. R. Engelhardt, K. E. Clark, "Video games from the perspective of adults with autism spectrum disorder", *Computers in Human Behavior* 51, 122~130 (2015).

42 M. O. Mazurek, C. R. Engelhardt, "Video game use and problem behaviors in boys with autism spectrum disorders", *Research in Autism Spectrum Disorders* 7 (2), 316~324 (2013).

43 S. Griffiths, C. Allison, R. Kenny, R. Holt, P. Smith, S. Baron-Cohen, "The vulnerability experiences quotient (VEQ): A study of vulnerability, mental health and life satisfaction in autistic adults", *Autism Research* 12 (10), 1516~1528 (2019).

44 D. A. Halperin, "Group processes in cult affiliation and recruitment", *Group* 6 (2), 13~24 (1982).

45 https://www.spectrumnews.org/features/deep-dive/radical-online-communities-

and-their-toxic-allure-for-autistic-men.

46 https://medium.com/an-injustice/detransition-as-conversion-therapy-a-survivor-speaks-out-7abd4a9782fa; https://kyschevers.medium.com/tell-amazon-to-stop-selling-pecs-anti-trans-conversion-therapy-book-7a22c308c84d.

47 R. J. Lifton, "Dr. Robert J. Lifton's eight criteria for thought reform" (2012); Originally published in *Thought Reform and the Psychology of Totalism*, Chapter 22, 2nd ed., (Chapel Hill: University of North Carolina Press, 1989), Chapter 15 (New York, 1987).

48 A. J. Deikman, *The Wrong Way Home: Uncovering the Patterns of Cult Behavior in American Society* (Boston: Beacon Press, 1990).

49 L. L. Dawson, *Comprehending Cults: The Sociology of New Religious Movements*, Vol. 71 (Oxford: Oxford University Press, 2006).

50 https://www.huffpost.com/entry/multilevel-marketing-companies-mlms-cults-similarities_l_5d49f8c2e4b09e72973df3d3.

51 학계의 프로그램, 특히 학생들의 노동력을 착취하는 대학원 프로그램의 학대 유형에 관해서는 캐런 켈스키Karen Kelskey의 테드 강연 "학계는 사이비종교다"를 참조할 것. https://www.youtube.com/watch?v=ghAhEBH3MDw.

52 C. Wood, M. Freeth, "Students' Stereotypes of Autism", *Journal of Educational Issues* 2 (2), 131~140 (2016).

53 P. Walker, "Complex PTSD: From surviving to thriving: A guide and map for recovering from childhood trauma. Createspace" (2013).

54 http://pete-walker.com/fourFs_TraumaTypologyComplexPTSD.htm?utm_source=yahoo&utm_medium=referral&utm_campaign=in-text-link.

55 D. M. Raymaker et al, *Autism in Adulthood* 2 (2): 132~143 (2020). http://doi.org/10.1089/aut.2019.0079.

56 https://letsqueerthingsup.com/2019/06/01/fawning-trauma-response.

57 https://www.healthline.com/health/mental-health/7-subtle-signs-your-trauma-response-is-people-pleasing.

58 https://www.autism-society.org/wp-content/uploads/2014/04/Domestic_Violence___Sexual_Assult_Counselors.pdf.

59 W. M. Kulesza, A. Cisłak, R. R. Vallacher, A. Nowak, M. Czekiel, S. Bedynska, "The face of the chameleon: The experience of facial mimicry for the mimicker and the

mimickee". *Journal of Social Psychology* 155 (6), 590~604 (2015).
60 https://www.instagram.com/p/B_6IPryBG7k.

5 자폐증이라는 선물

1 https://www.spectrumnews.org/opinion/viewpoint/stimming-therapeutic-autistic-people-deserves-acceptance.
2 X. Ming, M. Brimacombe, G. Wagner, "Prevalence of motor impairment in autism spectrum disorders", *Brain Development* 29, 565~570 (2007).
3 M. S. Kurcinka, *Raising Your Spirited Child: A Guide for Parents Whose Child Is More Intense, Sensitive, Perceptive, Persistent, and Energetic* (New York: William Morrow, 2015).
4 M. Waltz, "From changelings to crystal children: An examination of 'New Age' ideas about autism", *Journal of Religion, Disability & Health* 13 (2), 114~128 (2009).
5 B. H. Freedman, L. G. Kalb, B. Zablotsky, E. A. Stuart, "Relationship status among parents of children with autism spectrum disorders: A population-based study", *Journal of Autism and Developmental Disorders* 42 (4), 539~548 (2012).
6 https://www.washingtonpost.com/outlook/toxic-parenting-myths-make-life-harder-for-people-with-autism-that-must-change/2019/02/25/24bd60f6-2f1b-11e9-813a-0ab2f17e305b_story.html.
7 https://www.realsocialskills.org/blog/orders-for-the-noncompliance-is-a-social-skill, Retrieved, (January 2021).
8 P. W. Corrigan, J. Rafacz, N. Rüsch, "Examining a progressive model of self-stigma and its impact on people with serious mental illness", *Psychiatry Research* 189 (3), 339~343 (2011).
9 철저한 자료 검토를 통해 자기 낙인 감소를 다룬 많은 논문을 발견했지만, 전부 자폐인 당사자가 아닌 자폐인의 가족에 관한 것이었다. 가장 중요한 논문들을 두루 검토했음에도, 이 글을 쓰고 있는 지금까지 실제로 낙인찍힌 집단의 구성원인 자폐인의 자기 낙인 감소를 다룬 논문은 찾을 수 없었다. *Asian Journal of Psychiatry* 45, 88~94.
10 P. W. Corrigan, K. A. Kosyluk, N. Rüsch, "Reducing self-stigma by coming out

proud", *American Journal of Public Health* 103 (5), 794~800 (2013).

11 M. N. Martínez-Hidalgo, E. Lorenzo-Sánchez, J. J. L. García, J. J. Regadera, "Social contact as a strategy for self-stigma reduction in young adults and adolescents with mental health problems", *Psychiatry Research* 260, 443~450 (2018).

12 자폐인이 좋은 내부 고발자가 될 수 있다는 연구 결과가 있다. 뛰어난 내부 고발자는 혐오의 대상이 되는 데 익숙하고 사회적 압력에 구애받지 않는 확고한 도덕의식을 지닐 가능성이 높다. 예를 들어 다음 글을 참조할 것. F. Anvari, M. Wenzel, L. Woodyatt, S. A. Haslam, "The social psychology of whistleblowing: An integrated model", *Organizational Psychology Review* 9 (1), 41~67 (2019).

13 R. Grove, R. A. Hoekstra, M. Wierda, S. Begeer, "Special interests and subjective wellbeing in autistic adults", *Autism Research* 11 (5), 766~775 (2018).

14 M. Dawson, "The Misbehaviour of the Behaviourists: Ethical Challenges to the Autism-ABA Industry". https://www.sentex.ca/~nexus23/naa_aba.html.

15 R. Grove, R. A. Hoekstra, M. Wierda, S. Begeer, "Special interests and subjective wellbeing in autistic adults", *Autism Research* 11 (5), 766~775 (2018).

16 M. Teti, N. Cheak-Zamora, B. Lolli, A. Maurer-Batjer, "Reframing autism: Young adults with autism share their strengths through photo-stories", *Journal of Pediatric Nursing* 31, 619~629 (2016).

17 C. J. Jordan, C. L. Caldwell-Harris, "Understanding differences in neurotypical and autism spectrum special interests through internet forums", *Intellectual and Developmental Disabilities* 50 (5), 391~402 (2012).

18 특별한 관심사 주간 콘셉트 및 #AutieJoy 해시태그는 누이가 고안했다. 구체적인 내용은 지지와 나, 그 밖의 여러 자폐인 자기 옹호 운동가들이 개발했다. 본문의 표는 내가 정리한 것이다.

19 https://poweredbylove.ca/2020/05/08/unmasking.

20 본문의 표와 활동 내용은 모건의 가치 기반 통합 활동을 어느 정도 수정한 것이다.

21 N. Haruvi-Lamdan, D. Horesh, S. Zohar, M. Kraus, O. Golan, "Autism spectrum disorder and post-traumatic stress disorder: An unexplored co-occurrence of conditions", *Autism* 24 (4), 884~898 (2020).

22 J. Fisher, *Healing the Fragmented Selves of Trauma Survivors: Overcoming Internal Self-Alienation* (New York: Taylor & Francis, 2017).

1 M. Rose, Principles of Divergent Design, Part 1A. https://www.instagram.com/p/CKzZOnrh_Te.

2 S. Van de Cruys, R. Van der Hallen, J. Wagemans, "Disentangling signal and noise in autism spectrum disorder", *Brain and Cognition* 112, 78~83 (2017).

3 H. Zazzi, R. Faragher, "'Visual clutter' in the classroom: Voices of students with Autism Spectrum Disorder", *International Journal of Developmental Disabilities* 64 (3), 212~224 (2018).

4 여력이 된다면 미니멀리즘이 어떻게 사회적 지위의 상징이 되기 쉬운지 비평한 다음 글을 읽어보길 권한다. https://forge.medium.com/minimalism-is-a-luxury-good-4488693708e5.

5 M. Rose, Principles of Divergent Design, Part 2A. https://www.instagram.com/p/CK4BHVjhmiR.

6 R. C. White, A. Remington, "Object personification in autism: This paper will be very sad if you don't read it", *Autism* 23 (4), 1042~1045 (2019).

7 자폐인의 스트레스 관리에서 '애착 물건'의 역할에 관해서는 다음 글을 참조할 것. N. Taghizadeh, A. Davidson, K. Williams, D. Story, "Autism spectrum disorder (ASD) and its perioperative management", *Pediatric Anesthesia* 25 (11), 1076~1084 (2015).

8 L. Luke, I. C. Clare, H. Ring, M. Redley, P. Watson, "Decision-making difficulties experienced by adults with autism spectrum conditions", *Autism* 16 (6), 612~621 (2012).

9 https://algedra.com.tr/en/blog/importance-of-interior-design-for-autism.

10 https://www.vice.com/en/article/8xk854/fitted-sheets-suck.

11 https://www.discovermagazine.com/health/this-optical-illusion-could-help-to-diagnose-autism.

12 https://www.monster.com/career-advice/article/autism-hiring-initiatives-tech.

13 E. K. Baker, A. L. Richdale, "Examining the behavioural sleep-wake rhythm in adults with autism spectrum disorder and no comorbid intellectual disability", *Journal of Autism and Developmental Disorders* 47 (4), 1207~1222 (2017).

14 G. M. Galli-Carminati, N. Deriaz, G. Bertschy, "Melatonin in treatment of chronic

sleep disorders in adults with autism: A retrospective study", *Swiss Medical Weekly* 139 (19~20), 293~296 (2009).

15 https://www.businessinsider.com/8-hour-workday-may-be-5-hours-too-long-research-suggests-2017-9.

16 L. E. Olsson, T. Gärling, D. Ettema, M. Friman, S. Fujii, "Happiness and satisfaction with work commute", *Social Indicators Research* 111 (1), 255~263 (2013).

17 J. Su, *Working Hard and Work Outcomes: The Relationship of Workaholism and Work Engagement with Job Satisfaction, Burnout, and Work Hours* (Normal: Illinois State University 2019).

18 K. Sato, S. Kuroda, H. Owan, "Mental health effects of long work hours, night and weekend work, and short rest periods", *Social Science & Medicine* 246, 112774 (2020).

19 https://www.instagram.com/_steviewrites/?hl=en.

20 M. Aday, "Special interests and mental health in autism spectrum disorders" No. D. Psych (C). (Deakin University, 2011).

21 S. K. Kapp, R. Steward, L. Crane, D. Elliott, C. Elphick, E. Pellicano, G. Russell, "'People should be allowed to do what they like': Autistic adults' views and experiences of stimming", *Autism* 23 (7), 1782~1792 (2019).

22 M. Rose "Neuroemergent Time: Making Time Make Sense for ADHD & Autistic People", Martarose.com (2020).

23 https://twitter.com/roryreckons/status/1361391295571222530

24 http://unstrangemind.com/autistic-inertia-an-overview.

25 자폐성 관성이 '의지의 문제'로 오해받는 데 관해서는 다음 글을 참조할 것. A. M. Donnellan, D. A. Hill, M. R. Leary, "Rethinking autism: Implications of sensory and movement differences for understanding and support", *Frontiers in Integrative Neuroscience* 6, 124 (2013).

26 https://autistrhi.com/2018/09/28/hacks.

27 F. Sedgewick, V. Hill, R. Yates, L. Pickering, E. Pellicano, "Gender differences in the social motivation and friendship experiences of autistic and non-autistic adolescents", *Journal of Autism and Developmental Disorders* 46 (4), 1297~1306 (2016).

28 http://rebirthgarments.com/radical-visibility-zine.
29 N. J. Sasson, D. J. Faso, J. Nugent, S. Lovell, D. P. Kennedy, R. B. Grossman, "Neurotypical Peers are Less Willing to Interact with Those with Autism Based on Thin Slice Judgments", *Scientific Reports* 7, 40700 (2017). https://doi.org/10.1038/srep40700.
30 F. T. McAndrew, S. S. Koehnke, "On the nature of creepiness", *New Ideas in Psychology* 43, 10~15 (2016).
31 N. P. Leander, T. L. Chartrand, J. A. Bargh, "You give me the chills: Embodied reactions to inappropriate amounts of behavioral mimicry", *Psychological Science* 23 (7), 772~779 (2012). 바그의 1차 실험 상당수는 최근 재현 시도에 실패했다. 이와 비슷하지만 별개의 연속 실험 재현 실패에 관해서는 다음 논의를 참조할 것. D. Lynott, K. S. Corker, J. Wortman, L. Connell, M. B. Donnellan, R. E. Lucas, K. O'Brien, "Replication of 'Experiencing physical warmth promotes interpersonal warmth" by Williams and Bargh (2008). *Social Psychology* (2014).
32 N. J. Sasson, K. E. Morrison, "First impressions of adults with autism improve with diagnostic disclosure and increased autism knowledge of peers", *Autism* 23 (1), 50~59 (2019).
33 유튜버 순디아타 스미스Sundiata Smith는 자폐 스펙트럼 흑인의 자연스러운 머리 손질에 관한 동영상을 올렸다. https://www.youtube.com/watch?v=KjsnIG7kvWg.
34 https://www.instagram.com/postmodernism69/?hl=en.

7 어떤 이들을 곁에 남길 것인가

1 G. N. Gayol, "Codependence: A transgenerational script", *Transactional Analysis Journal* 34 (4), 312~322 (2004).
2 A. M. Romualdez, B. Heasman, Z. Walker, J. Davies, A. Remington, "'People Might Understand Me Better': Diagnostic Disclosure Experiences of Autistic Individuals in the Workplace", *Autism in Adulthood* (2021).
3 N. J. Sasson, K. E. Morrison, "First impressions of adults with autism improve with diagnostic disclosure and increased autism knowledge of peers", *Autism* 23 (1), 50~59 (2019).
4 https://www.distractify.com/p/jay-will-float-too-tiktok#:~:text=Source%3A%20

TikTok-,Jay%20Will%20Float%20Too's%20Latest%20TikTok,Lesser%2DKnown%20Aspect%20of%20Autism&text=On%20July%2028%2C%20a%20TikTok,grappling%20with%20the%20sheer%20cuteness.

5 https://nicole.substack.com/p/a-little-bit-autistic-a-little-bit.

6 Z. Richards, M. Hewstone, "Subtyping and subgrouping: Processes for the prevention and promotion of stereotype change", *Personality and Social Psychology Review* 5 (1), 52~73 (2001).

7 https://letsqueerthingsup.com/2019/06/01/fawning-trauma-response.

8 K. B. Martin, J. D. Haltigan, N. Ekas, E. B. Prince, D. S. Messinger, "Attachment security differs by later autism spectrum disorder: A prospective study", *Developmental Science* 23 (5), e12953 (2020).

9 J. A. Bastiaansen, M. Thioux, L. Nanetti, C. van der Gaag, C. Ketelaars, R. Minderaa, C. Keysers, "Age-related increase in inferior frontal gyrus activity and social functioning in autism spectrum disorder", *Biological Psychiatry* 69 (9), 832~838. doi:10.1016/j.biopsych.2010.11.007. Epub 2011 Feb 18. PMID: 21310395 (2011).

10 A. G. Lever, H. M. Geurts, "Age-related differences in cognition across the adult lifespan in autism spectrum disorder", *Autism Research* 9 (6), 666~676 (2016).

11 S. Bellini, "The development of social anxiety in adolescents with autism spectrum disorders", *Focus on Autism and Other Developmental Disabilities* 21 (3), 138~145 (2006).

12 C. J. Crompton, D. Ropar, C. V. Evans-Williams, E. G. Flynn, S. Fletcher-Watson, "Autistic peer-to-peer information transfer is highly effective", *Autism*, 1362361320919286 (2019).

13 https://www.jacobinmag.com/2015/05/slow-food-artisanal-natural-preservatives.

14 https://poweredbylove.ca/2019/08/19/why-everyone-needs-a-personal-mission-statement-and-four-steps-to-get-started-on-your-own.

15 각주 14번의 블로그 포스팅에서 질문과 문장을 가져오고 내가 약간의 내용을 추가했다.

16 S. Silberman, "Chapter 5: Princes of the Air", *NeuroTribes: The Legacy of Autism and the Future of Neurodiversity*, (New York: Penguin, 2015). (스티브 실버만, 《뉴로트라이브》.)

17 http://cubmagazine.co.uk/2020/06/autistic-people-the-unspoken-creators-of-our-world.

18 https://www.wired.com/2015/08/neurotribes-with-steve-silberman.

19 https://www.cam.ac.uk/research/news/study-of-half-a-million-people-reveals-sex-and-job-predict-how-many-autistic-traits-you-have.

20 https://www.accessliving.org/defending-our-rights/racial-justice/community-emergency-services-and-support-act-cessa/; https://www.nprillinois.org/statehouse/2021-06-02/illinois-begins-to-build-mental-health-emergency-response-system.

21 https://www.imdb.com/title/tt2446192.

22 M. Pramaggiore, "The taming of the bronies: Animals, autism and fandom as therapeutic performance", *Journal of Film and Screen Media* 9 (2015).

23 자폐인들의 사교 활동은 보통 정서적 유대보다도 공동 관심사를 중심으로 한다. G. I. Orsmond, P. T. Shattuck, B. P. Cooper, P. R. Sterzing, K. A. Anderson, "Social participation among young adults with an autism spectrum disorder", *Journal of Autism and Developmental Disorders* 43 (11), 2710~2719 (2013).

24 C. J. Crompton, S. Hallett, D. Ropar, E. Flynn, S. Fletcher-Watson, "I never realised everybody felt as happy as I do when I am around autistic people: A thematic analysis of autistic adults' relationships with autistic and neurotypical friends and family", *Autism* 24 (6), 1438~1448 (2020).

25 L. Cresswell, R. Hinch, E. Cage, "The experiences of peer relationships amongst autistic adolescents: A systematic review of the qualitative evidence", *Research in Autism Spectrum Disorders* 61, 45~60 (2019).

26 오티즘 스픽스의 문제점 일부를 요약 검토한 다음 기사를 참조할 것. https://www.washingtonpost.com/outlook/2020/02/14/biggest-autism-advocacy-group-is-still-failing-too-many-autistic-people.

8 모두가 물 밖에서 숨 쉬는 세상

1 오티즘 스픽스의 악명 높은 "나는 자폐인입니다" 캠페인에 관해서는 다음 기사를 참조할 것. http://content.time.com/time/health/article/0,8599,1935959,00.html.

2 Michael Oliver, *The Politics of Disablement* (London: Macmillan Education, 1990).

3 농인이 수화와 학교 교육에 대한 접근성을 어떻게 체계적으로 거부당해왔는지 알아보고 싶다면 다음 책을 참조할 것. A. Solomon, *Far from the Tree: Parents, Children and the Search for Identity* (New York: Simon & Schuster, 2012). (앤드류 솔로몬, 《부모와 다른 아이들》, 고기탁 옮김, 열린책들, 2015.)

4 팟캐스트 '지옥에서 온 뚱보'는 대부분의 공공장소가 과체중인에게 접근성이 떨어진다는 사실을 여러 차례 탁월하게 보도해왔다. 식당 바닥에 볼트로 고정된 테이블처럼 단순한 디테일도 과체중인 사람의 접근을 어렵게 할 수 있다. 의학 연구에서 뚱뚱한 환자를 배제함으로써 건강 불평등이 만연하는 현상에 관해서는 다음 기사를 참고할 것. Nature: https://www.nature.com/articles/ejcn201457.

5 S. Uono, J. K. Hietanen, "Eye contact perception in the West and East: A cross-cultural study", *PloS One* 10 (2), e0118094 (2015). https://doi.org/10.1371/journal.pone.0118094.

6 R. R. Grinker, *Nobody's Normal: How Culture Created the Stigma of Mental Illness* (New York: Norton, 30, 2021).

7 P. Esteller-Cucala, I. Maceda, A. D. Børglum, D. Demontis, S. V. Faraone, B. Cormand, O. Lao, "Genomic analysis of the natural history of attention-deficit/hyperactivity disorder using Neanderthal and ancient Homo sapiens samples", *Scientific Reports* 10 (1), 8622 (2020). https://doi.org/10.1038/s41598-020-65322-4.

8 다음 글들을 참고할 것. H. Y. Shpigler, M. C. Saul, F. Corona, L. Block, A. C. Ahmed, S. D. Zhao, G. E. Robinson, "Deep evolutionary conservation of autism-related genes", *Proceedings of the National Academy of Sciences* 114 (36), 9653-9658 (2017); A. Ploeger, F. Galis, "Evolutionary approaches to autism: An overview and integration", *McGill Journal of Medicine: MJM* 13 (2) (2011).

9 "해당 업무를 수행할 자격 요건을 갖추었다면 지원 가능." 이는 상당히 주관적인 서술이며 차별이 발생할 여지를 남긴다. 예를 들어 육체노동이 딱히 필요 없는 행정 보조직 등의 채용 공고에도 지원자가 10~20킬로그램의 상자를 들어 올릴 수 있어야 한다고 명시된 경우가 많다.

10 https://www.un.org/development/desa/disabilities/disability-laws-and-acts-by-country-area.html.

11 액세스 리빙 시카고Access Living Chicago를 설립한 고故 마르카 브리스토Marca Bristo가 조직했다. https://news.wttw.com/2019/09/09/disability-rights-community-

mourns-loss-pioneer-marca-bristo.

12 https://www.americanbar.org/groups/crsj/publications/human_rights_magazine_home/human_rights_vol34_2007/summer2007/hr_summer07_hero/#:~:text=In%20Chicago%20in%201984%2C%20people,My%20name%20is%20Rosa%20Parks.%E2%80%9D.

13 https://www.chicagotribune.com/news/ct-xpm-1987-05-27-8702080978-story.html.

14 시카고 교통국 웹사이트는 전체 전철역의 71퍼센트가 "엘리베이터 또는 경사로로" 접근 가능하다고 주장한다. 여기서 "또는"에는 많은 것이 생략되어 있다. 많은 전철역에 엘리베이터가 없고 지하로 이어진 경사로만 있으며, 정작 플랫폼까지 내려갈 수단은 제공하지 않는다. https://wheelchairtravel.org/chicago/public-transportation.

15 감각 친화 쇼핑 시간을 도입한 유명 소매업체로는 타겟Target과 소비스Sobey's가 있다. https://www.consumeraffairs.com/news/target-store-offers-sensory-friendly-shopping-hours-for-customers-with-autism-120916.html; https://strategyonline.ca/2019/12/04/sobeys-rolls-out-sensory-friendly-shopping-nationally.

16 https://autisticadvocacy.org/wp-content/uploads/2016/06/Autistic-Access-Needs-Notes-on-Accessibility.pdf.

17 http://ada.ashdownarch.com/?page_id=428#:~:text=Any%20disabled%20person%20who%20encounters,statutory%20damages%20plus%20attorney's%20fees.

18 이런 태도가 중세 시대부터 산업화 시대까지 어떻게 변화했는지 자세히 알아보려면 스컬의 《광기와 문명》과 그린커의 《정상은 없다》 1~3장을 읽어볼 것.

19 T. Mancini, L. Caricati, G. Marletta, "Does contact at work extend its influence beyond prejudice? Evidence from healthcare settings", *Journal of Social Psychology* 158 (2), 173~186 (2018).

20 L. Cameron, A. Rutland, "Extended contact through story reading in school: Reducing children's prejudice toward the disabled", *Journal of Social Issues* 62 (3), 469~488 (2006).

21 J. Kende, K. Phalet, W. Van den Noortgate, A. Kara, R. Fischer, "Equality revisited: A cultural meta-analysis of intergroup contact and prejudice", *Social Psychological and Personality Science* 9 (8), 887~895 (2018).

22 그중에서도 우울증이나 불안증이 가장 흔하지만, 정신건강 의료에 대한 접근성이 제한되어 있기에 이 수치는 과소평가되었을 가능성이 높다는 데 유의해야 한다. https://www.nami.org/mhstats#:~:text=20.6%25%20of%20U.S.%20adults%20experienced,2019%20(13.1%20million%20people).

23 https://mhanational.org/issues/2020/mental-health-america-access-care-data#adults_ami_no_treatment.

24 Ibid.

25 https://www.publicsource.org/is-my-life-worth-1000-a-month-the-reality-of-feeling-undervalued-by-federal-disability-payments.

26 https://www.specialneedsalliance.org/the-voice/what-happens-when-persons-living-with-disabilities-marry-2.

27 https://www.ssa.gov/ssi/text-resources-ussi.htm.

28 장애 수당 자격은 6~18개월마다 재심사를 받아야 한다. https://www.ssa.gov/benefits/disability/work.html#:~:text=Reviewing%20Your%20Disability.

29 https://www.vox.com/policy-and-politics/2017/5/30/15712160/basic-income-oecd-aei-replace-welfare-state.

30 J. M. Metzl, *The Protest Psychosis: How Schizophrenia Became a Black Disease* (Boston: Beacon Press, 2010).

31 https://psmag.com/education/america-keeps-criminalizing-autistic-children.

32 장애인에 대한 생식 통제는 매우 흔하게 벌어진다. https://www.thedailybeast.com/britney-spears-forced-iud-is-common-in-conservatorships.

나오며

1 D. McAdams, J. M. Adler. "Autobiographical Memory and the Construction of a Narrative Identity: Theory, Research, and Clinical Implications," in J. E. Maddux, J. P. Tagney, *Social Psychological Foundations of Clinical Psychology* (New York: Guilford Press 2010).

2 다음을 살펴볼 것. D. P. McAdams, R. E. Josselson, A. E. Lieblich, *Identity and Story: Creating Self in Narrative* (Washington, DC: American Psychological Association, 2006).

3 J. M. Adler, E. C. Kissel, D. P. McAdams, "Emerging from the CAVE:

Attributional style and the narrative study of identity in midlife adults", *Cognitive Therapy and Research* 30 (1), 39~51 (2006).

4 D. McAdams, J. M. Adler. "Autobiographical Memory and the Construction of a Narrative IdentityTheory, Research, and Clinical Implications," in J. E. Maddux, J. P. Tagney, *Social Psychological Foundations of Clinical Psychology* (New York: Guilford Press, 2010).

5 A. Cashin, G. Browne, J. Bradbury, A. Mulder, "The effectiveness of narrative therapy with young people with autism", *Journal of Child and Adolescent Psychiatric Nursing* 26 (1), 32~41 (2013).

6 자폐인의 이야기 치료에 관한 연구는 대부분 자폐아나 청소년에 초점을 맞추고 있다는 데 유의해야 한다. 일부 연구자들은 이야기 치료가 언어 능력이 뛰어난 자폐인에게는 효과적이지만 정보를 언어로 처리하지 못하는 자폐인에게는 적합하지 않을 수 있다는 이론을 제시했다. 자세한 내용은 다음 글을 참조할 것. V. Falahi, P. Karimisani, "The effectiveness of Narrative Therapy on improvement of communication and social interaction of children with autism", *Applied Psychological Research Quarterly* 7 (2), 81~104 (2016).

7 https://poweredbylove.ca/2017/11/09/your-values-diagram.

• 찾아보기

옮긴이 신소희

서울대학교 국어국문과를 졸업하고 출판사 편집자를 거쳐 다양한 분야의 책을 번역하고 있다. 옮긴 책으로는 《야생의 식탁》《몸이 아프다고 생각했습니다》《낙인이라는 광기》《우리가 선택한 가족》《야생의 위로》《내가 왜 계속 살아야 합니까》 등이 있다.

모두가 가면을 벗는다면

1판 1쇄 찍음 2024년 2월 2일
1판 1쇄 펴냄 2024년 2월 14일

지은이 데번 프라이스
옮긴이 신소희
펴낸이 김정호

주간 김진형
책임편집 이지은
디자인 피포엘, 박애영

펴낸곳 디플롯
출판등록 2021년 2월 19일(제2021-000020호)
주소 10881 경기도 파주시 회동길 445-3 2층
전화 031-955-9512(편집) · 031-955-9514(주문)
팩스 031-955-9519
이메일 dplot@acanet.co.kr
페이스북 facebook.com/dplotpress
인스타그램 instagram.com/dplotpress

ISBN 979-11-93591-03-1 03180

디플롯은 아카넷의 교양·에세이 브랜드입니다.